Herderbücherei

Band 475

Über das Buch

„Um einen primären Einstieg in Inhalt und Umfang der Soziologie zu erhalten, dürfte es keinen besseren Begleiter als Helmut Schoeck geben. Er zeigt in vorbildlicher Weise den Weg soziologischen Denkens und soziologischer Fragestellung von den Anfängen bei Platon und Aristoteles bis in die unmittelbare Gegenwart, wobei er die dokumentierenden Texte vorzüglich erläutert und zugleich in einen systematischen Zusammenhang stellt.“

Das Forum

Das Buch bietet: „eine ‚Soziologie der Soziologie‘. Immer wieder reflektiert Schoeck die gesellschaftlich-geschichtlichen Konstellationen, die erst das Bedürfnis nach soziologischer Theorie und Praxis produzieren.“

Die Zeit

Über den Autor

Prof. Dr. Helmut Schoeck, geb. 1922 in Graz, studierte in München und Tübingen, promovierte 1948 bei Eduard Spranger, war 1950 bis 1965 Professor an amerikanischen Universitäten und lehrt seit 1965 als ordentlicher Professor für Soziologie an der Universität Mainz. Internationale Anerkennung fand sein 1966 erstmals veröffentlichtes Werk „Der Neid. Eine Theorie der Gesellschaft“. 1970 erschienen davon Ausgaben in englischer Sprache in Nordamerika und England, eine spanische Übersetzung in Südamerika. Die Taschenbuchausgabe vom „Neid“ liegt in 3. Auflage in der Herderbücherei (Band 395) vor.
Schoecks „Soziologisches Wörterbuch“, als Originalausgabe in der Herderbücherei veröffentlicht, erschien 1973 in 7. Auflage. Eine spanische Ausgabe erschien 1973. Die jüngsten Veröffentlichungen Schoecks sind das Taschenbuch „Entwicklungshilfe“ (Langen Müller, 1972), der vieldiskutierte Essay „Ist Leistung unanständig?“ (A Fromm Verlag, Osnabrück, 5. Aufl. 1973); „Vorsicht Schreibtischtäter. Politik und Presse in der Bundesrepublik“ (Seewald, 1972) und „Die Lust am schlechten Gewissen“ (Herderbücherei Band 464, 3. Aufl. 1973).

Helmut Schoeck

Geschichte der Soziologie

Ursprung und Aufstieg der Wissenschaft
von der menschlichen Gesellschaft

Herderbücherei

Veröffentlicht als Herder-Taschenbuch
Gekürzte und bearbeitete Neuausgabe
des im Verlag Karl Alber erschienenen Werkes
„Die Soziologie und die Gesellschaften“ (Orbis Academicus)

Herder Freiburg · Basel · Wien
Herder Druck Freiburg im Breisgau 1974
ISBN 3-451-01975-2

Inhalt

Die amerikanische Soziologie

Vorwort

Dieses Buch möchte nachvollziehen lassen, wie es im Zeitraum von der Antike bis zur unmittelbaren Gegenwart zu *dem* Betrachten und Erklären der Vorgänge zwischen den Menschen, den Gruppen und sozialen Systemen gekommen ist, das man seit dem 19. Jahrhundert „Soziologie" zu nennen pflegt.

Der Weg der soziologischen Denkweise und Begriffsbildung von den frühesten Anfängen bis heute soll über charakteristische gesellschaftliche und ideengeschichtliche Stationen und ihre Autoren deutlich gemacht werden. Im Hinblick auf die angestrebte Kürze des Buches konnte keine erschöpfende und umfassende Behandlung aller wesentlicheren bisherigen Soziologen geboten werden. Was aber zwecks Raffung der Schritte durch die Soziologiegeschichte da und dort wegfiel, sollte man nicht als ein Werturteil des Verfassers über einzelne Soziologen oder Richtungen mißverstehen.

Das Buch möchte eine Kenntnis der Geschichte der Soziologie vermitteln, wie sie vorausgesetzt wird, wenn jemand sich im Fach Soziologie prüfen läßt. Auf jeden Fall werden hier alle bekannteren Soziologen vorgestellt, auf die man nach meinen 25jährigen Erfahrungen in den Vereinigten Staaten und in Europa im Prüfungsabschnitt „Geschichte der Soziologie" in der Regel zu sprechen kommt.

Vor allem hoffe ich auch, daß dieses Taschenbuch den Lehrern und Schülern aller Schularten nützlich sein wird, die sich heute mehr und mehr auf die soziologische Betrachtungsweise einzustellen haben – nicht nur bei der Sozialkunde, sondern auch bei anderen Fächern. Für sie alle lohnt es sich, einmal nachzulesen, wie es zur heutigen Vorherrschaft der Soziologie gekommen ist – und welche Zweifel dieser Entwicklung gegenüber auch schon früher geäußert worden sind.

Vorliegendes Buch ist – gekürzt, durchgehend bearbeitet,

zum Teil ergänzt und umgeschrieben – hervorgegangen aus meinem Werk „Die Soziologie und die Gesellschaften“ (2. Auflage 1964), das in der Reihe Orbis Academicus, Problemgeschichten der Wissenschaft in Dokumenten und Darstellungen, erschienen ist. Diese Reihe stellt bei der Entwicklung der einzelnen Wissenschaft das ausführliche Originaldokument in den Vordergrund. In diesem Taschenbuch ist der gekürzte Dokumenttext zwar bei einigen Autoren teilweise noch in Form längerer Zitate erhalten geblieben, aber großenteils bin ich zur Darstellung übergegangen. Um den Druck lesbarer und gefälliger zu machen, wurde auf verschiedene Drucktypen für Text des Verfassers und Zitattext verzichtet. Der Leser möge also auf die Anführungszeichen achten. Von den bekannteren Autoren in der Geschichte der Sozialtheorie und Soziologie finden sich auch in vorliegender Ausgabe noch zusammenhängende Textproben, in denen sie ihre Kerngedanken und zentralen Begriffe einführen und behandeln; dazu gehören u. a. Max Weber, Vilfredo Pareto, Karl Mannheim, Scheler, Talcott Parsons, Leopold v. Wiese, Ferdinand Tönnies, Durkheim, Georg Simmel, Marx, Engels, Lorenz v. Stein, Comte, Herder, Hegel, Rousseau. Auch aus diesem Grund dürfte sich dieser Band als Lektüre für Arbeitsgemeinschaften, Schulklassen, Diskussionsgruppen in der Erwachsenenbildung und ähnliche Veranstaltungen eignen, in denen soziologische Texte und Positionen besprochen werden, die alle Teilnehmer vorher zu lesen Gelegenheit hatten.

Mainz, im Dezember 1973 Helmut Schoeck

Einleitung

Was ist Soziologie?

Wenn man zeigen will, wie es im Lauf der Geschichte zur Soziologie im heutigen Sinne gekommen ist, darf man keine zu strenge Definition anlegen. Als geschichtliche Erscheinung hat Soziologie ungewöhnlich viele Richtungen und Lager aufzuweisen. Es sei nur angedeutet, was bei einem Querschnitt durch die heutige Wissenschaft als „Soziologie" angetroffen wird; anschließend soll die besondere Schwierigkeit einer Geschichte der Soziologie betrachtet werden.

Als Gegenstand der Soziologie kann zunächst alles gelten, woran eine Mehrzahl von Menschen beteiligt ist (oder war) – sofern der soziale Vorgang, die Handlung oder das soziale Gebilde nicht absolute geschichtliche Einmaligkeit beanspruchen. Das heißt, die Geschichtswissenschaft benützt die Soziologie und gibt ihr selber wieder Stoff, ist aber keine Soziologie. Der Ausdruck „Mehrzahl von Menschen" bedarf der Einschränkung. Zur Geschichte der Soziologie gehört beispielsweise das literarische Denkmodell der Robinsonade. Selbst in der vollkommenen Einsamkeit kann der Mensch Gegenstand der Soziologie sein, indem sich gesellschaftliche Zusammenhänge in seinem Verhalten gerade im Fehlen der Gesellschaft erweisen könnten. Man muß fragen, ob es überhaupt eine anthropologische Problemstellung ohne jede soziologische „Kategorie" geben kann.

Man kann den Menschen nie als ein außergesellschaftliches Wesen betrachten. Immer ist er Zoon politikon, ein „geselliges Lebewesen". Ein Mindestmaß an Gemeinschaftsleben gehört notwendig zur menschlichen Existenz. Die bewußte Aufnahme soziologischer Überlegungen in die verschiedenen Wissenschaften vom Menschen wurde zwar erst im Lauf der ersten

Hälfte unseres Jahrhunderts vollzogen, aber das Programm dazu ist älter. Doch erst seit etwa 1950 lernte man die Fruchtbarkeit der Soziologie wirklich schätzen. Reine Psychologie, reine Medizin, reine Anthropologie usw. müssen im Grunde das soziologische Moment einklammern, um zu ihrem Gegenstand zu kommen. Im Grunde steckt in jedem einzelmenschlichen Verhalten, in jedem Krankheitsgeschehen, in jeder sprachlichen oder religiösen Eigenart auch immer ein soziologisches Problem.

Die Geschichte jeder Wissenschaft wird von den Modellvorstellungen getragen, die sich die Forscher über die gerade noch unterscheidbaren Einheiten machten. Am deutlichsten wird diese Rolle der Modellvorstellung bei den Naturwissenschaften sichtbar. Atom und Atomaufbau in der Physik, Moleküle in der Chemie, Baupläne organischer Einzelstrukturen und höherer Lebewesen in Botanik und Zoologie, Chromosomen und Gene in der Vererbungslehre, Urtypen in der Paläontologie, Stilbegriffe in der Kunstwissenschaft oder die zahlreichen Modellvorstellungen in der Psychologie: immer hängt die jeweilige Entwicklungsstufe einer wissenschaftlichen Disziplin von der Leistungsfähigkeit der Modellvorstellung ab. Dabei kann es geschehen, daß durch einen genialen oder gelegentlichen Einfall die für eine Wissenschaft günstigste Modellvorstellung bereits zu einer Zeit gebildet wird, zu der man noch nicht in der Lage ist, sie richtig auszuwerten. Beispiele dafür lassen sich in den Naturwissenschaften finden.

Die Soziologie ist in besonderem Maße von Modellvorstellungen abhängig. Als eine Wissenschaft, die sowohl von der nomothetischen als auch der idiographischen, d.h. von der generalisierenden als auch der individualisierenden Methode zehrt, gerät die Soziologie immer dort in Gefahr, keine Soziologie mehr zu sein, wo sie ihren Gegenstand in zu großer Reinheit der Wirklichkeit entnimmt. Wer beispielsweise eine Revolution, einen Tumult, den Zusammenbruch einer Planwirtschaft, die Verstädterung eines Dorfes, das Verschwinden einer bestimmten gesellschaftlichen Schicht, das Auftauchen neuer Führungstypen oder die nachbarschaftlichen Beziehungen der Wirklichkeit unmittelbar als Einzelfall entnimmt, wird eher Historie, Wirtschaftsgeschichte, Soziographie oder Politikwissenschaft treiben und wird die Ziele der Soziologie aus den Augen verlieren.

Seit wann gibt es Soziologie?

Wann ist eigentlich die Soziologie als Wissenschaft entstanden? Ist es berechtigt, je nach Geschmack mit Platon oder den alten Indern zu beginnen und das offene Hervortreten der Soziologie im Europa der bürgerlichen Revolutionen nur als die jüngste Entwicklungsphase anzusehen? So fragt Hans Freyer in seiner „Soziologie als Wirklichkeitswissenschaft" (1930) und erklärt es als einen geistesgeschichtlichen Irrtum, die Geschichte der Soziologie zu überdehnen. Nach Freyer beginne die „Soziologie als Wirklichkeitswissenschaft" in Deutschland erst mit dem dialektischen Idealismus, und ihr erster Schritt sei die dialektische Überwindung dieser idealistischen Philosophie, also der Schritt von Hegel zu Karl Marx bzw. zu Lorenz v. Stein. Einen etwas weiteren Standpunkt nimmt Werner Sombart 1923 ein. Nach ihm wäre im ganzen Verlauf der europäischen Neuzeit eine Naturlehre der menschlichen Gesellschaft als empirisch-kausales Gegenstück zu den älteren Normenlehren und zum Naturrecht entstanden.

Mir scheint es berechtigt, von der Antike her bis ins 19. Jahrhundert hinein in großen Linien eine wissenschaftsgeschichtliche Entwicklung anzunehmen. Wenn früher die Stationen der wissenschaftsgeschichtlichen Entwicklung zeitlich recht weit auseinanderlagen, so soll das nicht heißen, die Entwicklung des Denkens über soziale Dinge sei sprunghaft verlaufen. Zwischen der in diesem Band behandelten, der tatsächlich schriftlich fixiert in der Überlieferung vorhandenen und der in dem einzelnen menschlichen Bewußtsein der einzelnen Epochen abgelaufenen Entwicklung besteht jeweils ein sehr großer Abstand. Im Grunde wäre selbst die umfassendste Kulturgeschichte nur ein Gemälde der Zeiten, in das hinein man sich die Entwicklung der Soziologie projiziert denken müßte. Jede Veränderung des menschlichen Lebens wie auch auffallende Gleichförmigkeit bei äußerem Wechsel der Umstände hat einen Beitrag zur Schärfung des soziologischen Blickes geliefert. Eine Bevölkerungszu- und -abnahme, der Aufstieg und Verfall von Städten, von Handelsunternehmungen, die Entstehung des Kapitalismus, religiöse Bewegungen, Schismen und Sekten, sittengeschichtliche Merkwürdigkeiten, soziale und rassische Vorurteile, Kriege, Revolten und Revolutionen: alle diese Vorgänge haben die Menschen angeregt, ihr Denk- und Beobachtungsvermögen auf diese eigenartige unsichtbare Realität des Sozialen zu richten.

Es ist also berechtigt, die geschichtlichen Beobachtungs- und Versuchsreihen, die der Soziologie vorangingen, nicht erst im 19. Jahrhundert beginnen zu lassen, etwa unter dem Einfluß der sozialistischen Theorien. Man wird vielmehr in dem wissenschaftsgeschichtlichen Entwicklungsvorgang auch die Naturrechtslehre selbst als eine Erneuerung wichtiger Gedanken der antiken Sophistik, den Ausdruck neuer gesellschaftlicher Einsicht ansehen. Es ist überhaupt eine neue Metaphysik aus der als sozial begriffenen Umwelt und Geschichte entsprungen und bis zur Gegenwart von der soziologischen Naturansicht nicht mehr losgekommen. Der Fortschritts- und Gleichheitsgedanke, typischerweise die Kernmotive der modernen Revolutionen, konstituieren großenteils die Soziologie. Ferner bilden auch die politischen und wirtschaftlichen Veränderungen, über die im 17. und 18. Jahrhundert in England die parlamentarische Aristokratie an die Macht gelangte, den realen Untergrund der großen soziologischen Arbeiten im westeuropäischen Barockzeitalter.

Der vorgesehene Raum unseres Buches sowie sein eigentlicher Zweck verbieten, daß bei den einzelnen Autoren mehr als ein Mindestmaß von Angaben über ihre philosophische oder sonstige wissenschaftliche und geschichtliche Bedeutung gebracht wird. Wir konnten hier keine Geschichte der Soziologie mit einer Geschichte der Philosophie verquicken. Wir wollen nur zeigen, wie sich die Soziologie im Laufe der Zeit zur heutigen Bewußtheit ihrer Aufgaben und Möglichkeiten durchgearbeitet hat. Im Zentrum steht die Frage: Wie entwickelte und differenzierte sich die Kenntnis vom „sozialen Bereich", vom „sozialen Sein", vom Kollektiven, von den sozialen Strukturen als Sondergebilden und als Determinanten des Verhaltens der einzelnen Menschen und Gruppen?

Die Soziologie entstand aus der Unruhe, den Spannungen unter den Menschen. Sie lebte von der Hoffnung, neben ihren diagnostischen Mitteln auch echte therapeutische Möglichkeiten zu entdecken. Das Krisenbewußtsein der vergangenen 200 Jahre trieb die Soziologie auf ihren heutigen Stand. Wir dürfen aber nicht übersehen, daß auch immer wieder Menschen zu soziologischen Fragestellungen gekommen sind, weil sie, ähnlich wie der Beobachter der Naturereignisse, von der Stabilität, den

Gleichförmigkeiten, der Macht der Tradition beeindruckt waren. Die Frage: „Weshalb haben wir überall ein Mindestmaß an sozialer Ordnung, an eingehaltenen Regeln, an Vorhersagbarkeiten im zwischenmenschlichen Verkehr, an Vertragstreue usw.?", ist im Grunde – und auf lange Sicht – die wissenschaftlich viel tiefere, belangvollere und aussichtsreichere als die Frage: „Weshalb kam es zu dieser oder jener Unruhe, Revolte oder sozialen Kurzschlußreaktion?"

Das Veralten soziologischen Wissens

Nicht nur für das Lehren der Soziologie, sondern auch für die Suche nach Kriterien echten Wissenszuwachses in ihr wäre es wesentlich, wenn man sich auf endgültig veraltete Inhalte einigen könnte. Falls nämlich aus dem gegenwärtigen, anscheinend gesicherten und relevanten Wissensbestand der Soziologie fortwährend ein gewisser Prozentsatz durch eine unvermeidliche Antiquierung der Probleme abbröckeln sollte, müßten die Kriterien für den erforderlichen Erkenntniszuwachs anders aufgestellt werden. Man könnte beispielsweise sagen, über das Problem des Zusammenlebens von zwei oder mehr Minderheiten in einem Staat oder in einer Stadt seien über so lange Zeit hinweg so viele Arbeiten veröffentlicht worden, daß der Ertrag weiterer Studien für den grundwissenschaftlichen Kenntnisstand der Soziologie nunmehr sehr gering geworden sei. Ließe sich aber überzeugend darlegen, daß die meisten dieser Forschungen infolge eines gemeinsamen blinden Flecks, einer gemeinsamen sehr schwachen Theorie (etwa aus der Psychoanalyse entlehnt) sich selbst zeitlich gebunden hatten, würde das Problemgebiet unvermittelt neu an Reiz und Bedeutung gewinnen.

Über das Veralten soziologischen Wissens müssen wir uns aber auch Gedanken machen, weil oft übersehen wird, daß eine Unsumme zielloser Einzelstudien in der Gesellschaftswissenschaft eben nicht automatisch zu einem sinnvollen Gebäude der Disziplin zusammenwächst. Obgleich es viel weniger wahrscheinlich ist als in einer Naturwissenschaft, könnte prinzipiell zwar auch eine zunächst belanglose, zufällige Einzelstudie den Schlüssel zu wesentlichen neuen Erkenntnissen enthalten – sofern er eben überhaupt gesehen wird. Und hier liegt eine Schwierigkeit, sowohl für die Lehre als auch die Forschung in der Soziologie. In den Naturwissenschaften weiß selbst der Anfänger von seiner vorwissenschaftlichen Anschauung her, um was es sich bei einem tierischen Organismus, einer Pflanze, einem Gedicht, einer Melodie, einer Krankheit als Gestalt oder in großen Zügen eigentlich handelt. Er verliert dies bei der Zerlegung des Gegenstandes in kleinste Einzelprobleme nicht ohne weiteres aus den Augen. Die Soziologie (wie auch die Nationalökonomie übrigens) hingegen handelt von einem Stoff, der von der vorwissenschaftlichen Lebenspraxis her kaum begriffen und in seinen Umrissen erkannt werden kann. Zur Not hat jeder eine Familie als Ganzes gesehen, aber ob er sich ein kompliziertes, verästeltes Sippensystem vorstellen kann, ist schon fraglich. Eine Gesellschaft, eine Wirtschaft aber in ihrer erstaunlichen wechselweisen Abhängigkeit der Teile zu „sehen", ist unmöglich. Und die Zuordnung des soziologischen Wissens zu eben diesen Gebilden ist ungemein schwer. Nicht zuletzt deshalb, weil jede Kultur, jede Gesellschaft, wie wir heute wissen, eine Unmenge funktioneller Elemente – Einrichtungen, Bräuche, Auffassungen usw. – mitschleppt, deren Aufgaben nicht immer sofort erkennbar sind.

Wie kann es nun zum Veralten soziologischen Wissens kommen? Wenn eine grundsätzlich richtige Verallgemeinerung, auf Grund empirischer Beobachtungen, zu irgendeiner Zeit gelungen ist, braucht sie nicht ohne weiteres dem sozialen Wandel zum Opfer fallen. Und jeder Blick in die Geschichte der Disziplin, die Schriften ihrer Klassiker und deren Vorgänger, zeigt das auch. Übrigens – und in gewissem Sinne paradoxerweise – erwartet heute selbst die amerikanische Soziologie, ungeachtet ihres stolzen Entdeckerkomplexes, von ihren Studenten eine gute Kenntnis der großen Soziologen des letzten Jahrhunderts und der Anfänge des unsrigen – also alles doch Autoren, die mit einem Tatsachenmaterial zu arbeiten hatten, von dem in der heutigen Sozialwirklichkeit der Industrieländer so wenig übriggeblieben sein soll. Bloßes Alter schadet einer soziologischen Theorie offenbar nicht, und zwar schon deshalb nicht, weil es bisher nie eine einzige, so dominierende Vorstellung in unserem Fach gegeben hat, daß ihre Entkräftung für sämtliche anderen Wissensbestände Konsequenzen gehabt hätte. Derlei ist in den Naturwissenschaften eher der Fall.

Ein soziologischer Gedanke kann auf dreierlei Art veralten:

1. Wenn eine dem Gegenstand inadäquate Theorie, z. B. die organologische oder eine andere biologistische, für ihn und die zugeordnete Tatsachensammlung maßgebend war. Hier antiquiert also die Ablösung einer Theorie bzw. der Fortschritt im Theoretischen.

2. Es kann einen Irrtum in den Fakten gegeben haben. Eine soziologische Verallgemeinerung ruhte auf erdichtetem ethnologischem Material, auf fehlerhaften Statistiken, auf fingierten Interviews usw. Das sind gelegentliche Irrtumsquellen, die u. U. mit einer zeitlich gebundenen politischen Konstellation zusammenhingen und somit im Lauf der Jahre weichen könnten.

3. Veralten kann etwas in unserem Fach aber auch, wenn ein bestimmtes Wissen für eine so begrenzte historische Begebenheit erarbeitet wurde und allein für sie als gültig erklärt wird, daß ein Extrapolieren praktisch ausgeschlossen ist. Als hypothetisches Beispiel käme das Wissen über eine Kleingruppe in Frage, die so eigentümlich ist, daß man von ihr nicht auf andere Kleingruppen schließen möchte. Falls eine solche Kleingruppe völlig im Laufe des sozialen Wandels verschwunden ist, hat auch das Wissen über sie höchstens historischen, aber nicht mehr soziologischen Belang. Als ein der Wirklichkeit entnommener Gegenstand fürs Veralten etwaigen Wissens in diesem Sinne könnten die Shakers dienen, eine religiöse Sekte, die darauf bestand, sich nicht biologisch, sondern allein durch Adoption zu vermehren bzw. am Leben zu erhalten. Gäbe es über diesen merkwürdigen Mechanismus eine genaue und an sich mustergültige soziologische Studie, einschließlich einer überzeugenden Theorie, so würde sie mit dem Aussterben der Shaker für uns antiquiert sein.

Soziologisches Wissen kann aber auch veralten, d. h. irreführend oder unzulänglich werden, wenn es sich über Jahrzehnte hinweg an einer einmaligen Tatsachensammlung orientiert, die infolge des sozialen Wandels nicht mehr viel für die gegenwärtige Problemstellung enthält. Ein Beispiel: Zu den brennendsten Problemen der Soziologie in den Vereinigten Staaten gehört seit der Jahrhundertmitte die Jugendkriminalität („juvenile delinquency"). Kenner der Materie wiesen aber vor zehn Jahren darauf hin, daß wir mehr Theorien als verläßliche und umfassende empirische Studien auf diesem Gebiet haben. Die beste Tatsachenquelle über amerikanische Jugendkriminalität ist, nach Ansicht dieser Autoren, immer noch Frederick Thrashers Buch, The Gang, das 1927 erschienen ist, aber auf Beobachtungen des Verfassers ruht, die noch viel früher angestellt wurden und deren Methoden weithin unbekannt sind. (Howard S. Becker, Outsiders. Studies in the Sociology of Deviance. 1963, S. 165.) Dürfen wir annehmen, daß sich aus der erschöpfenden Beschreibung jugendlicher Banden in Chikago im Jahre 1920 Tatsachen und Hypothesen gewinnen lassen, die für die Erforschung der Jugendkriminalität, sagen wir, in New York im Jahre 1973 fruchtbar sein werden? Man kann daran erhebliche Zweifel haben, vor allem nach der Lektüre der sehr guten Einleitung zu einer Neuausgabe von Thrashers Buch von James F. Short, Jr. (1963). Anders ausgedrückt: die Soziologie der Gegenwart kann nicht nur unter dem Schatten ihrer großen Theoretiker und Systematiker der Vergangenheit stehen und leiden, sondern kann auch an der Fortwirkung klassischer Werke ihrer reinen Empiriker Schaden nehmen.

Behielte man diese verschiedenen Gefährdungen unseres Wissens im Auge, gäbe es vielleicht nicht den erdrückenden Stoffzuwachs in der heutigen Soziologie, der es immer schwerer macht, über das wirklich des Vermittelns werte soziologische Grundwissen, für Forschung und Lehre, einig zu werden.

Soziologie und wissenschaftlicher Fortschritt

Wer sich mit der Soziologie als Wissenschaft zu beschäftigen beginnt, findet keine epochemachenden Errungenschaften, wie sie ihm etwa beim Studium einzelner Naturwissenschaften entgegentreten. Es ist für die Soziologie bezeichnend, daß sie keine sprunghaften Fortschritte, ja kaum Entdeckungen mit weitreichenden Folgen aufweist. Die Geschichte einer Disziplin der Sozialwissenschaft unterscheidet sich von vornherein dadurch von den meisten naturwissenschaftlichen Disziplinen, daß der sozialwissenschaftliche Gegenstand selbst eine Geschichte hat und die Wissenschaft von diesem Gegenstand logischerweise, dank ihrer eigenen Historizität, in zwei geschichtlichen Ebenen steht. Im Gegensatz zum Substrat der Physik, Chemie, Biologie (hier gibt es deszendenztheoretische Grenzfälle), der Astronomie usf. entsteht das Substrat der Soziologie selbst immer neu, ist im Wachsen begriffen. In der Regel entfaltet sich der Sozialprozeß langsam – und so auch dic zugeordnete Wissenschaft.

Schon im 19. Jahrhundert hat man erkannt, daß Krisenzeiten, also Beschleunigungen des Sozialprozesses, des sozialen Wandels meist auch den soziologischen Erkenntnisvorgang fördern.

Eine Geschichte der Soziologie muß sonach eine Geschichte des Gegenstandsgebiets und die seiner wissenschaftlichen Erfassung – zumindest als grundsätzliche Einsicht – unterscheiden. Praktisch können wir nicht bei einem jeden Dokument zeigen, wieviel hier der Denker kraft seines Denkens neu an Begriffen gewonnen hat, wieviel er dem Wandel der sozialen Verhältnisse verdankt. Zu den scharfsinnigsten Kennern dieser Umstände gehörte der Soziologe Karl Mannheim. Er hat wohl am deutlichsten erkannt, wie jeder systematische soziologische Begriff zunächst eine eigene reale Geschichte als politisches oder soziales Motiv durchlaufen hat, bevor er die Stufe der gedanklichen Abstraktion erreichte. (Nietzsche zeigte das Analoge für die psychologischen Begriffe; auch hier mußten seelische Vorgänge erst als Motiv verdichtet sein, ehe man sie zu seelenkundlichen Begriffen abstrahierte.)

Für den englischen Sprachraum, in dem die Soziologie ja ihre bisher größte Rolle errungen hat, läßt sich besonders gut zeigen, wie die wichtigsten Fachausdrücke bereits vor Jahrhunderten in ziemlich genau ihrem heutigen soziologischen Sinn aufgetaucht sind. Edward Rose („The English Record of a Natural Sociology", American Sociological Review, Bd. 25, April 1960) hat gezeigt, daß es fast keinen heute allgemein anerkannten soziologischen Fachausdruck gibt, der nicht schon lange vor der Gründung der Soziologie als Disziplin in strengem soziologischen Sinne gebräuchlich gewesen wäre. Rose belegt das für Begriffe wie Persönlichkeit, Kultur, Struktur, Institution, Funktion, Rolle, Norm, Status, Gruppe, Interaktion, Konformität, Assoziation, Suburbia, Symbol, Mob und andere. Im Grunde arbeitet selbst der gewandteste heutige Soziologe fast ausschließlich mit einem Begriffsapparat, den Unbekannte, vor Hunderten von Jahren, mit einem unbestreitbar soziologischen Gefühl und Blick für das Wesentliche bereitgestellt haben.

In verschiedenen soziologischen Untersuchungen Mannheims, zum Beispiel der über die Typen der Konkurrenz im Geistigen, zeigt sich, wie konkret-historische, innerlich notwendige Entwicklungen zu systematischen, verstehbaren

Strukturtypen werden. Mannheims Verfahren kennzeichnet sich durch den unermüdlichen Versuch, jede historische (und damit individuelle einmalige) Erkenntnis sofort in einen überzeitlichen (oder zumindest für eine gewisse Epoche allgemeingültigen) Begriff systematischen Charakters zu verwandeln. Die historische Analyse schlägt in der Gegenwartsanalyse zur strukturellen, systematischen Begriffsanalyse um. Es ist daher bei den meisten soziologischen Gedankengängen nicht einfach, zu erkennen, ob es sich um eine konstruktive Synthese oder erst um eine historische Erkenntnis handelt. Vielfach konkretisiert sich der begriffliche Apparat des Soziologen unmittelbar am historischen Sachverhalt und wird dann sofort als generalisierendes Denkmittel für die Theorie über Vorgänge in Gegenwart und Zukunft bereitgestellt.

Aus diesem Grund ist für den Soziologen die Prioritätsfeststellung nicht von derselben Bedeutung wie für die reine Ideengeschichte. Mannheim sagt einmal vom Soziologen: „Einzelentdeckungen gelten ihm ja stets als Ausdruck umfassenderer, sich bekämpfender Positionen. Ob Hegel, Schelling, Müller, um dieselben Jahre herum, selbständig oder einander beeinflussend diesen Durchbruch zur dynamischen Logik vollzogen haben, ist für uns nicht so wichtig wie dies: jene Quellpunkte im sozialen und geistigen Dasein aufzusuchen, von wo aus der Antrieb, der Impuls zum Suchen einer dynamischen Logik erwächst." Deshalb scheint Wissenschaftsgeschichte nie im eigentlichen Sinne so stark biographisch durchtränkt zu sein wie etwa die Literaturgeschichte. Es genügt bei ihr, in großen Zügen anzudeuten, wohin der einzelne Autor oder seine Schule im sozialen Spannungsfeld gehörte.

Diese Bindung der Soziologie an das jeweilige Zeitgefühl erklärt eine weitere Eigenart ihrer Geschichte. Die persönliche soziale Gleichung in jeder soziologischen Theorie raubt der Soziologie den eindeutigen Fortschritt, wie ihn sonst, als klaren Erkenntniszuwachs, die meisten Wissenschaften aufweisen. Die Physik kann auf das Flugzeug, die Chemie auf ein synthetisches Heilmittel zeigen: Beide gab es früher nicht, weil die Menschen in den betreffenden Wissenschaften nicht genug wußten. Die praktische Leistung der Wissenschaften, empirisch feststellbar an bestimmten handgreiflichen Resultaten, ist ein recht einfacher Beweis für die Tatsächlichkeit der Erkenntnis und widerlegt jeden oberflächlichen Agnostizismus. Bei einer

Sozialwissenschaft von der Art der Soziologie läßt sich die Erkenntniszunahme oder gar ein Erkenntnisverlust nicht so eindeutig durch die Leistungen beweisen. Seit es Soziologie gibt, kann man nicht behaupten, daß sich die menschlichen „Beziehungen“ gebessert hätten. Im Gegenteil. Von Fall zu Fall läßt sich zeigen, daß manchmal eine übereifrige, eigensinnig der Wirklichkeit aufgezwungene Soziologie menschlich und sozial unbefriedigendere Zustände zurückgelassen hat, als zuvor bestanden haben. Der moderne Soziologe gefällt sich leider nicht selten in der Prokrustesrolle. Er verschweigt, vor allem in den Vereinigten Staaten, der Öffentlichkeit die Grenzen seiner Einsicht und seiner Mittel. Beispiele für dieses menschliche Versagen der Disziplin findet man in erster Linie auf den Gebieten des Gruppenkonfliktes und der Kriminologie. Im Sinne einer Sozialtherapie haben sich soziologische Erkenntnisse noch kaum, höchstens in Einzelfällen und für sehr kleine Gruppen, durchgesetzt.

Genauso wie es auch heute gelegentlich noch schwierig ist, eine Schutzimpfung durchzusetzen, wird selbst die eindeutigste soziologische Situationsanalyse sehr selten in der Lage sein, die menschlichen Leidenschaften und die Irrationalität zu steuern.

In keiner Gesellschaft sind Soziologen früher und in zunehmend größerer Zahl tätig geworden als in den Vereinigten Staaten von Amerika. Ihren bisher größten Einfluß auf Entscheidungen im öffentlichen und privaten Leben dürften sie, wie sich jetzt zeigt, dort zwischen 1940 und 1960 gehabt haben. Seither hat sich unter den Sozialwissenschaftlern, in den Massenmedien, in der Öffentlichkeit, in der Politik der USA eine zunehmende Ernüchterung über die Möglichkeiten der Soziologie als gesellschaftspolitische Leitwissenschaft ausgebreitet. Auf- und Abstieg (gemessen auch an öffentlichen Forschungsmitteln) der Soziologie um die Mitte dieses Jahrhunderts in den USA deckt sich weithin mit dem der Bürgerrechtsbewegung der Neger und anderer Minderheiten.

Ebenso vorsichtig wie zutreffend hat Schelsky das Vermögen und die Aufgabe der heutigen Soziologie bestimmt, wenn er sie nicht als Mitgestalterin der sozialen Wirklichkeit, sondern als eine Disziplin für Wirklichkeitskontrolle verstanden wissen will. Schelsky schreibt:

„[wenn wir die Soziologie] als ‚Wirklichkeitskontrolle‘

kennzeichnen wollen... werden wir unter ‚Kontrolle' etwas sehr anderes zu verstehen haben als ‚Planung', aber auch als das englische ‚control', das zudem heute, mindestens in der amerikanischen Soziologie, schon die Bedeutung von ‚Planung' mit angenommen hat. Suspekt geworden ist nämlich in der Soziologie heute nicht nur jede ideologisch orientierte Gesamtordnungstendenz revolutionärer oder konservativer Art, sondern verdächtig geworden ist auch die unmittelbare Umsetzung soziologischer Einsichten in praktische Pläne und Sozialtechniken, sei es in der Form einer allgemeinen Absicht auf soziale Nützlichkeiten durch soziologische Manipulierung des Menschen, sei es in der konkreten Form einer Orientierung an vorher festgesetzten oder vorgeschlagenen Zielen einer soziologischen Auftragswissenschaft. Diesen praktischen Verpflichtungen gegenüber ist die Aufgabe der Soziologie als einer reinen Wirklichkeitsanalyse zu betonen, d.h. einer diagnostischen Tatbestandsfeststellung des Sozialen, die sich gerade im innersten Wesen und Antrieb ihres Erkennens von allen praktischen Folgerungen und Anforderungen zu entlasten hat. Diese Aufgabe der ‚reinen Analyse' ist nur von einer neuen Auffassung der sozialen Handlung her zu verstehen und zu verantworten..." (Ortsbestimmung der deutschen Soziologie, 1959).

Schelsky präzisiert dann seine Auffassung: „Die wichtigste Leistung der soziologischen Analyse für das soziale Handeln liegt heute gar nicht mehr in der Angabe dessen, was zu tun und wie zu entscheiden ist, sondern viel mehr darin, sichtbar zu machen, was sowieso geschieht und was gar nicht zu ändern ist. Die wesentlichste Aufgabe der wissenschaftlichen Kontrolle der Wirklichkeit könnte im gegenwärtigen Zeitpunkt also gerade eine Funktion gegen die Planungs- und Manipulierungsallmacht des modernen Menschen, gegen die universal gewordene Anschauung von der ‚Machbarkeit' der Menschen und Dinge sein. Dann sind nicht die Ziele, sondern die Grenzen des sozialen Handelns der legitime Gegenstand der gegenwärtigen Soziologie. Und dies gerade um der Freiheit und der Wirksamkeit des sozialen Handelns willen!"

Obgleich es selbstverständlich im äußeren Betrieb, in der statistischen Methode, in der Sammlung historischer Fakten usw. einen Fortschritt auch der Soziologe gegeben hat, fehlt ihr doch die eindeutige Skala ihres Fortschritts. Die Kenntnis vom

Sozialen hat nicht so logisch und notwendig stufenweise zugenommen wie beispielsweise die vom atomaren und inneratomaren Aufbau der Materie. Man kann die Soziologen nicht in eine Reihe bringen wie notfalls die großen Physiker (also etwa an Stelle der Reihe „Galilei–Newton–Einstein–Planck–Hahn" eine Reihe bilden mit den Namen Montesquieu, Hegel, Comte, Durkheim, Nietzsche, Max Weber, Pareto, Karl Mannheim oder wie immer man die Namen wählen würde). War ein Friedrich Julius Stahl (1802–1861), nach dem Urteil Mannheims, z.B. schon in der Lage, Zusammengehörigkeiten zwischen Denkmodellen und politischen Richtungen zu erkennen, so könnte es heute, hundert Jahre später, Soziologen geben, die eine solche Abhängigkeit leugnen. Ein Physiker hingegen wird sich nicht leicht Abweichungen vom jeweiligen Stand der physikalischen Theorien gestatten, die ihn um ein Jahrhundert zurückverlegen.

Der Begriff Wissenschaftsgeschichte schließt – im Gegensatz zur Geschichte schlechthin, bei der das fraglich ist – im strengen Sinne „Fortschritt" ein. Wissenschaft ist ein Gebilde, das seinem eigensten Wesen nach auf Fortschritt zielt; und zwar Fortschritt durchaus im Sinne der Aufklärung als „Perfektion", als Vervollkommnung. Es wäre widersinnig, Wissenschaftsgeschichte ohne Augenmerk auf diesen immanenten Fortschritt darstellen zu wollen. Weil aber die Soziologie – zumindest heute noch – die klare Zumessung eines Fortschritts nicht zuläßt, hat sie – von dieser Seite her betrachtet – weniger Geschichte als die anderen Wissenschaften. Mit aller Vorsicht sei ein Erklärungsversuch dafür gegeben: Es ist möglich, daß der Gegenstand der modernen Soziologie, also die gesellschaftlichen Verhältnisse der jeweiligen Gegenwart, seit etwa 150 Jahren zunehmend diffuser, unübersichtlicher und krisenhafter wurde. Der Gegenstand läuft der Wissenschaft davon. Sie kommt mit ihrer Arbeit nicht mehr nach, da ihre Teilanalysen durch den ungewöhnlich beschleunigten Sozialprozeß fortlaufend entwertet werden. Sowohl die Nachprüfbarkeit der einzelnen Beobachtungen als auch die etwaige praktische Verwertung ist dadurch erschwert.

Selbstverständlich gibt es auch bei den anderen Wissenschaften Ausnahmen. Die Biologie hatte, etwa um 1890, manche Errungenschaften der Zeit zwischen 1800 und 1850 vergessen oder abgetan. Sie sind seither wieder zu Ehren gelangt.

Dasselbe gilt für die Psychologie; vielleicht auch für die Sprachwissenschaft als Theorie und sicher für die Philosophie, wo Fortschritt und Rückschritt abwechseln können. Aber nicht zufällig enthält die Soziologie gerade von diesen Wissenschaften, die an der Grenze zur „Exaktheit" stehen, zahlreiche Strukturelemente.

Nach dem bisher Gesagten wird die Ansicht von Soziologen wie z. B. Howard Becker oder Nicholas Timasheff nicht mehr verwundern: daß nämlich zwischen 1930 und ca. 1960 in der theoretischen Soziologie keine allzu wesentlichen Ergebnisse erzielt wurden, sondern vielmehr das bis dahin gewonnene theoretische Gerüst lediglich konsolidiert, verfeinert und durch Tatsachensammlung unterbaut wurde.

So kommt beispielsweise Timasheff in Sociological Theory: Its Nature and Growth (2. A. 1957) zu dem Schluß:

„Während der ersten Hälfte des 20. Jahrhunderts machte die Soziologie einen entscheidenden Fortschritt: aus einem vorläufigen Programm und einem Bündel von Kontroversen über Reichweite und Methode einer erst noch zu schaffenden Wissenschaft entwickelte sie sich in Richtung eines festen Wissensbestandes, der auf einer großen Anzahl von überprüften Beobachtungen ruht... Allerdings haben sich die verschiedenen soziologischen Richtungen noch nicht zu einer einheitlichen soziologischen Theorie gefunden, etwa als Gegenstück zu dem Typus der Theorie, die man als Teil jeder einzelnen Naturwissenschaft kennt."

Bemerkenswerterweise sieht Timasheff als Haupthindernis heute nicht das Babel der Terminologien an, sondern die Streitereien über die „richtige" Methode der Soziologie, also die oft sehr kurzsichtigen und eigensinnigen Auseinandersetzungen zwischen den „Quantifizierern" (quantitativists) und den Kritikern des Szientifismus (scientism), zwischen den Behavioristen und ihren Gegnern, und nicht zuletzt die noch ungeklärten Probleme der „operationalisierenden Definitionen" einerseits und des Verstehens andererseits.

Der Weg, auf dem die Soziologie sich vervollkommnen kann, liegt nicht immer auf der gleichen Ebene, auf der die Wissenschaften von den raumzeitlichen Körperdingen fortschreiten. Ihr Weg ist durch die Geschichte des Menschen bestimmt. Das Rohmaterial für den Wissens-Zuwachs, dessen die Soziologie bedarf, um eine lebendige Wissenschaft zu sein, erhält sie größtenteils von der Geschichte angeboten. In manchen Ländern, zum Beispiel in den Vereinigten Staaten, ist das Verhältnis zwischen Soziologen und Historikern schlecht. Die bei diesem Zwist auf ihre überlegenen modernen Methoden pochenden Soziologen übersehen aber gerne, daß ihr Fach sofort in einem leeren Raum hinge, wenn die Fähigkeit des Historikers, Tatsachen und Einsichten für die Soziologie zu liefern, angezweifelt wird. Ehe wir beispielsweise die soziale Schichtung eines Ortes untersuchen können, möchten wir wissen, welche Gruppen ihn zuerst besiedelt haben, von woher sie kamen, welche Vorstellungen über die eigene Vergangenheit sie an den neuen Ort mitbrachten, welche anfänglichen Schwierigkeiten sie erlebten. Fast alle diese Informationen müssen in der Regel beim Historiker gesucht werden.

Je größer und überraschender die Vielfalt dessen wird, wozu sich die Menschen innerhalb der verschiedenen Verbindungen (Familie, Kameradschaft, Verein, Partei, Splitterpartei, Untergrundbewegung, Sekte, Volk, zufällige Masse, Groß- und Kleinstaat, Weltbürger-Gruppe usf.) handelnd oder leidend bereit finden, desto eher vermag die Soziologie auf Gleichförmigkeiten vorzustoßen: auf Konstanten, auf innere Beharrlichkeiten in den Handlungen der Menschen, die – selbst unter extremen Außenbedingungen – der menschlichen Natur entsprechen. Hier steckt auch der spezifisch anthropologische Ansatzpunkt jeder Soziologie.

Gewiß, für Benjamin Constant genügte 1814 die Existenz Napoleons, um aus dem damaligen politischen Tatbestand in bewundernswerter Genauigkeit die Regeln der modernen Tyrannis herauszulösen. Aber gegen den Optimismus eines sonst so unbestechlichen Soziologen, wie es Karl Mannheim war, der in der Schicht der freischwebenden Intellektuellen ein Mittel zur Konsolidierung der modernen politischen Sphäre erblicken wollte, mußte doch erst die faktische Entwertung seiner Theorien durch die Tyrannis des 20. Jahrhunderts eintreten. Die Elitentheorie Mannheims im britischen Exil sieht wesentlich anders aus als seine Theorie von der vermittelnden Funktion des Intellektuellen zur Zeit der Weimarer Republik. Soziologische Thesen mancher ehemals marxistischer Sozialforscher haben sich in den letzten Jahren an der sowjetrussischen Wirklichkeit neu orientiert.

Es ist bemerkenswert, daß gerade seit dem Anfang der dreißiger Jahre unseres Jahrhunderts immer deutlicher geworden ist, wie wenig bloße Studien des Verhaltens bei Betrachtung der menschlichen Vergesellschaftungen genügen. Das Problem der Werte, der geistigen, der ideologischen Motive rückte für die Soziologie in den Vordergrund. Es ist nicht einmal möglich, Gruppierungen aus zwei Personen ohne Rücksichtnahme auf Wertgebilde zu untersuchen. Howard Becker führte aus, welch sinnloses Beginnen es zum Beispiel sei, genaue Analysen der Gruppierungen von Arbeitern und Angestellten hinsichtlich der Streiksituation anzustellen, wenn die Gewerkschaftsideologien, die ja bestimmte Wertsysteme sind, außer acht gelassen werden. Howard Becker machte diese Bemerkung vor über fünfundzwanzig Jahren. Inzwischen haben sich die Dinge in den Vereinigten Staaten aber wieder geändert, und eine soziologische Untersuchung, die mit der Hypothese begänne, daß ein amerikanisches Gewerkschaftsmitglied von der Ideologie dieser Bewegung viel, oder wenigstens einiges, halten müsse, würde etwas in die Sozialwirklichkeit hineinlesen, das etwa seit der Mitte der fünfziger Jahre immer weniger sicher geworden ist. Inzwischen haben Untersuchungen gezeigt, daß gewerkschaftskonformes Verhalten irgendwelcher Arbeitnehmer nicht ohne weiteres auf Haltungen oder Handlungen (z. B. beim Wählen) im Sinne der Gewerkschaftsideologie schließen läßt. Man muß sich den jetzigen Menschen eher im Sinne eines Loyalitätspluralismus vorstellen. Die Soziologie darf sich deshalb den ständigen Blick auf die zeitgenössische Politik nie schenken. Sie wird sonst zu einer Abstraktion, die den Vorwurf der Lebensfremdheit mit Recht empfängt.

Klassifikationsversuche

Im vorliegenden Buch wäre es vergeblich gewesen, mit Hilfe einer Klassifikation soziologischer Systeme und Betrachtungsweisen eine Dokumentargeschichte aufzubauen. Es ist auch fraglich, ob eine Systematik nach Sachgebieten (Kultur, Wirtschaft, Recht, Religion usw.) für die Behandlung des Stoffes und sein Verständnis zuträglich gewesen wäre. Die Begeisterung für verschiedene Bindestrichsoziologien, wie man sie einmal genannt hat, also Wirtschaftssoziologie, Religionssoziologie, Rechtssoziologie und dergleichen, nahm in der Geschichte unserer Disziplin nur einen verhältnismäßig kurzen Zeitraum ein; vielleicht von 1890 bis 1930. Vorher – und auch heute wieder – näherte man sich dem gesellschaftlichen Problemgebiet eher von einem methodischen Standpunkt aus, der es erlaubt, das Wechselspiel, das Ineinanderwirken der sozialen Handlungen in einer ganzen Reihe von Institutionen – wie Wirtschaft, Recht, Religion, Politik – gleichzeitig zu erfassen und zu verfolgen. Deshalb wurde das Prinzip einer möglichst weitgehenden Chronologie gewählt. Wir gingen davon aus, daß es eine gewisse Gleichzeitigkeit der wissenschaftlichen Problemreife gibt. Dieser Gesichtspunkt läßt sich um so eher aufrechterhalten, als wir keine „Weltgeschichte" der Soziologie geben (in dem Sinne, wie man eine Weltgeschichte der Heilkunde, Astronomie oder Geographie versuchen könnte), sondern nur den europäisch-atlantischen Geschichtsraum als Gegenstandsgebiet einbeziehen. Von wenigen Ausnahmen abgesehen (so z.B. Vicos Schicksal der langen Verkennung bzw. Unbeachtetheit), waren sich im kontinentalen Europa, in England und in den Vereinigten Staaten die Denker und Forscher doch immer gegenseitig genügend leicht erreichbar, um die Annahme einer gegenseitigen Beeinflussung in den Grundanschauungen zu rechtfertigen. Und das auch dort, wo sich die Verbindungsfäden im einzelnen nicht belegen lassen. Unsere zweite Hypothese meint, daß es fast zu jeder Zeit irgendwo einen Höhepunkt der jeweiligen soziologischen Denkweise gegeben hat; einen Höhepunkt der gedanklichen Bewältigung der sozialen Wirklichkeit, der dann gleichsam als Beispiel für die anderen gleichzeitigen Werke und Systeme gelten darf.

Aus diesem Grunde verzichten wir auch auf das vielleicht naheliegende Einteilungsprinzip nach Nationalitäten. Dieses, im Grunde selbst eine kultursoziologische Anschauung, wurde z.B. auch von H. E. Barnes in seiner gediegenen Sammelarbeit zur Geschichte der Soziologie (1948) verwandt, wenn er nach einem kurzen Abschnitt über die „Pioniere der Soziologie" (Comte, Spencer, Lewis Henry Morgan, William Graham Sumner, Lester Frank Ward und Ludwig Gumplowicz) seine Mitarbeiter die verschiedenen Richtungen der Soziologie getrennt nach nationalen Gruppen behandeln läßt. Diese Einteilung wird mit den führenden Soziologen in den deutschsprachigen Ländern eröffnet, denen sich die kontinentalen Soziologen der außerdeutschen Länder anschließen. Diese an sich aus geschichtlichen Gründen („westliche“ und „deutsche“ Soziologie) einleuchtende Gliederung hätte in vorliegender Darstellung der Geschichte der Soziologie jedoch zu unzweckmäßigen Ballungen und Wiederholungen geführt.

Timasheff in seiner Geschichte der neueren soziologischen Theorie mußte auch verschiedene Kompromisse wählen, um seine Autoren in eine sinnvolle Anordnung zu bringen. Er hilft sich damit, daß er zunächst die „Pioniere“ der Soziologie (Comte, Spencer, Le Play, Marx u. a.) geschichtlich behandelt. Daran an schließt sich bei ihm das „Emportauchen konkurrierender Schulen“, und zwar: Sozialdarwinismus, psychologischer Evolutionismus, organismische Theorie, frühe analytische Soziologie, wobei aber Durkheim und dem russischen Subjektivismus je ein Sonderkapitel eingeräumt werden. Dann kommt die Phase der psychologisierenden Soziologie, wo Timasheff solche Autoren auftreten läßt wie Charles H. Cooley, W. I. Thomas, V. Pareto und Max Weber. Zum Schluß bedient er sich der Kategorie „Heutige Konvergenzen bei soziologischen Theorien“ und behandelt darunter den amerikanischen Neopositivismus (George A. Lundberg, Stuart C. Dodd, William F. Ogburn u.a.), Ökologie und Soziometrie, die funktionelle Schule, die heutige analytische Soziologie (Sorokin, Parsons, Znaniecki, MacIver u.a.) sowie philosophische und historische Soziologien.

Der soziologische Blick

Vorliegende Geschichte der Soziologie mußte sich beschränken. Der äußere Umfang war festgelegt. Aus dem Zeitraum von rund 2500 Jahren wurde deshalb entnommen, was beispielhaft, was typisch erschien. Eine „ideale“ Dokumentation hätte darin bestanden, nur diejenigen Autoren vorzuführen, deren Kenntnis einen Leser, der noch nie etwas von Soziologie gehört hat, ohne weiteres begreifen ließe, wie die problemgeschichtliche Entwicklung der Soziologie verlief. Ein Minimum an Wiederholung, an Quantität, aber ein Maximum an Kontinuität und begrifflicher Dichte! Eine solche ideale Wissenschaftsgeschichte läßt sich vielleicht annähernd bei manchen der „exakten“ Wissenschaften erreichen. Mathematik, Physik, Chemie: Hier gibt es, zumindest abschnittweise, einen eindeutigen Erkenntnisfortschritt, in der einzelnen Entwicklungsphase eine so eindeutige Kenntnis von dem, was endgültig überholt scheint, daß sich die Linie der Wissenschaftsentwicklung sehr klar darstellen und belegen läßt.

Sicher ist die Soziologie, als Gegenstand einer wissenschaftsgeschichtlichen Betrachtung und dank ihrer Verbundenheit mit den Geisteswissenschaften, stärker persönlichkeitsgebunden als die eben genannten Wissenschaften. Nicht als ob bei den exakten Wissenschaften das Genie weniger entscheidend den Erkenntnisfortschritt bestimmt hätte. Aber es ist doch für die Soziologie eigentümlich, so ziemlich an jeder Stelle ihrer geschichtlichen Entwicklung dank einer begabten Einzelpersönlichkeit zu besonderer Tiefe der Problemerfassung geführt werden zu können, während andere Wissenschaften viel mehr vom sachlichen Problembestand und von der technischen Methode abhängen. Solange man in der Soziologie wenig Kriterien für die eindeutige Deckung zwischen einem soziologischen Begriff und der sozialen Wirklichkeit hat, wird die Wissenschaftsgeschichte die einzelnen soziologischen Errungenschaften nur schwer in eine innerlich notwendige Reihenfolge bringen können.

Der Historiker der Physik zum Beispiel kann eine frühere Erklärung der Natur des Lichtes zwar für genial und originell halten, wird sie aber doch eindeutig von der späteren „richtigen" Lösung abheben können. Im Fall der Soziologie ist das viel weniger einfach. Für eine bestimmte Situation des sozialen Lebens kann manchmal der soziologische Blick eines Denkers im 18. Jahrhundert wesentlich geschärfter gewesen sein als der eines Soziologen im 20. Jahrhundert; selbst wenn dieser die handwerklichen Mittel seiner Wissenschaft sachlich beherrscht. Übrigens wird das Problem des – persönlichkeitsgebundenen – Verstehens in der Sozialwissenschaft heute wieder verstärkt diskutiert. Man verrät ein Ungenügen an der bisherigen Routine. Der soziologische Blick soll durch menschliche Reife und „humanistische" Bildung der Soziologen erweitert werden.

Ungleich stärker als bei einer scharf umrissenen exakten Wissenschaft hat zum Entstehen der Soziologie eine unübersehbare Fülle von Gedankenlinien und geschichtlichen Prozessen beigetragen. Dabei findet sich die sogenannte „soziologische Dimension" auch im 19. und 20. Jahrhundert bei anderen

Wissenschaften und ist eben selber nicht Soziologie; und ist auch nicht bloße Übernahme der soziologischen Methode in eine andere Disziplin. Man darf wohl annehmen, daß in solchen Fällen vorgegebene Probleme sich im Bewußtsein des Forschers oft von selbst in „soziologischer Dimension" präsentieren. Erst die Betrachtung von dritter Seite findet, daß hier vielleicht bessere soziologische Arbeit geleistet wurde als in mancher Abhandlung, die von vornherein soziologische Absichten hatte. Solche Möglichkeiten sind zu beachten.

Diese Geschichte der Soziologie will dem Leser, wenn er sie fortlaufend liest, zunächst einen Eindruck von der Entwicklung des soziologischen Blickes und des soziologischen Denkens vermitteln. Die Menschen haben immer und überall, seit wir eine schriftliche Überlieferung haben, die menschliche Gemeinschaft, den Staat, die zwischenmenschlichen Beziehungen beobachtet und darüber nachgedacht. Das Ergebnis haben sie in Fragmenten, Essays oder auch in Lyrik niedergelegt. Es gab natürlich stets Unterschiede in der Schärfe, mit der man die soziale Komponente der Wirklichkeit erfaßte. Es gilt nun, für die Vorgeschichte möglichst solche Dokumente aus unserem abendländischen Kulturkreis zu betrachten, die jene allmähliche Konkretisierung des soziologischen Blicks sowie des soziologischen Denkens bis zur Entstehung einer eigentlichen Wissenschaft vom Sozialen im Anfang des 19. Jahrhunderts zeigen. Die Geschichte einer Wissenschaft ist letztlich Geschichte einer Funktion. Solange eine nicht zu große Anzahl von Menschen in unkomplizierten Verhältnissen lebt, ist die Funktion der Soziologie von geringer Bedeutung. Bis zum Ende des 18. Jahrhunderts bleibt der soziologische Blick und Essay Zufallsergebnis. Wirkliche Aufgaben stellten sich der Soziologie erst im 19. Jahrhundert.

Abgrenzung der Soziologie zu den Nachbarwissenschaften

Kern dieser Darstellung ist eine Soziologie, die sich ihrer Grenzen zur Wirtschafts- und Staatswissenschaft, zur Ethnologie und Psychologie sowie zur Kulturgeschichte bewußt bleibt. Texte aus der Nationalökonomie, auch gerade dann, wenn sie auf einen bestimmten wirtschaftlichen Vorgang bezogen sind, können jedoch gelegentlich dort für das Verständnis wichtig werden, wo die Soziologie einen wesentlichen Anstoß von Beobachtungen oder Theorien der Volkswirtschaftslehre erhielt. Solche Schnittpunkte beider Wissenschaften gibt es mehrfach. Man denke an Bevölkerungsprobleme, Krisensituationen gesellschaftlich-ökonomischer Art oder die industrielle Revolution.

Für die Wissenschaftsgeschichte sind auf den jeweiligen zeitlichen Stufen immer auch kurze Textproben wichtig, die eine konkrete soziologische Schlußfolgerung, d.h. die Wissenschaft in ihrer Arbeitsweise am Einzelfall, am Problem zeigen. Es leuchtet ein, daß gerade in dieser Form auch gute Belege vor Comte auffindbar sind. Jede Wissenschaft „arbeitet" meist schon einige Zeit, ehe sie ausdrücklich benannt und von ihren Geschwistern unterschieden wird. Ein vielfältiges Gedanken- und Erfahrungsgewebe mußte zusammenkommen, ehe Anfang des 19. Jahrhunderts die Vorstellung von einem „sozialen Sein", einem eigentlichen Substrat der Gesellschaftwissenschaft entstehen konnte. Ein Ziel dieses Buches ist die Veranschaulichung des Weges, auf dem unser Denken diese Konzeption erwarb.

Soziographie und Statistik

Man kann die Soziographie als eine Unterdisziplin der Soziologie ansehen, die sich innerhalb der ohnehin jungen Disziplin (einer Soziologie dem strengen Sinne nach) durch noch größere Jugend auszeichnet. Der Name Soziographie wurde erst 1913 von R. Steinmetz eingeführt. Wie auch bei der Soziologie selbst besagt das Auftauchen des Namens über die eigentliche Entstehung einer Wissenschaft sehr wenig. Man kann mit Ferdinand Tönnies „Soziographie" als lediglich neuen Namen für eine wissenschaftliche Disziplin nehmen, die aus Anfängen im 16. und 17. Jahrhundert im 18. als „Statistik" Bedeutung und Einfluß gewann. Selbstverständlich hat die Methode, aus der Beobachtung von Massen bestimmte Schlüsse zu ziehen, eine Vorgeschichte. Bereits das Altertum kannte eine Art Statistik in Form von zahlenmäßigen Erhebungen, für die sich der Staat interessierte. Auch dem Mittelalter war dergleichen nicht ganz fremd. Als Wissenschaft im Sinne einer „Zustandskunde des

Staates" trat die Statistik im 16. Jahrhundert in Italien hervor, um dann bald in Deutschland besonders gepflegt zu werden. Der Name Statistik findet sich zuerst bei dem Göttinger Professor Achenwall (1719–72), dem in der zweiten Hälfte seiner Schaffenszeit besonders die Jurisprudenz am Herzen lag. Also nicht allein über das ius naturale, sondern auch über eine soziographisch interessierte Rechtswissenschaft kamen Anstöße zur Entfaltung der Sozialwissenschaften. Die Geschichte der Soziologie an sich und eine Spezialgeschichte der Soziographie gehen also in den Anfängen parallel. Entsprechend können Textstellen erscheinen, die – vor dem 19. Jahrhundert – sowohl zur Vorgeschichte der Soziologie als auch der Soziographie gehören mögen. Gerade wenn in der Wissenschaftsgeschichte eine sozusagen anachronistische Rekonstruktion oder Systematisierung der Disziplinen vom modernen Standpunkt der wissenschaftlichen Arbeitsteilung aus unterbleiben soll, ist es nicht zweckmäßig, bei einem an sich von soziologischem Blick zeugenden Text aus früheren Jahrhunderten darüber zu streiten, ob er der Soziologie oder mehr der Soziographie, der Staatswissenschaft, der Jurisprudenz oder Sozialpsychologie angehört. Diese feinen Differenzierungen, wie sie die moderne wissenschaftliche Arbeitsteilung einführte, waren teilweise bis weit ins 19. Jahrhundert hinein wenig üblich und scheinen sich gegenwärtig nicht selten, vielleicht im Interesse einer Gesamtwissenschaft vom Menschen, wieder aufzulösen.

In der Regel habe ich darauf geachtet, möglichst alles auszuschließen, was zu deutlich der Staatsphilosophie, der normativen, philosophischen oder ethisch-politischen Diskussion – etwa bei den antiken Autoren – zugehört. Es ist klar, daß man auch dort, wo es die genannte Arbeitsteilung der Disziplinen noch nicht gab, in gewisser Hinsicht soziologisch-beschreibende und erklärende Erörterungen von solchen normativer Art abheben kann. Auch bei den antiken Autoren lassen sich Ausführungen finden, die man heute Morphologie der Gesellschaft, Soziologie des Staates oder dynamische Soziologie nennen würde.

Es ist aus Raumgründen nicht möglich, für jedes Jahrzehnt einen Schritt der Soziologiegeschichte zu beschreiben. Solche Dichte der Belege kann erst in den letzten hundert Jahren erreicht werden. Der Weg von der Antike bis ins 19. Jahrhundert muß in großen Schritten durchmessen werden. Das schadet aber bei einer Wissenschaftsgeschichte weniger als bei einer Kultur- oder Staatengeschichte; denn es liegt im Wesen der Wissenschaftsgeschichte, daß sie schon von sich aus nicht die zeitliche Kontinuität besitzt, wie sie der allgemeinen Geschichte eigen ist. In dieser wirkt jeder Tag auf den folgenden, jede Handlung verursacht zahllose andere. Es ist sehr schwer, in der politischen Geschichte etwa die wirklich zum Fortgang der Ereignisse unbedingt nötigen Kausalketten allein herauszulösen und darzustellen. Der Historiker wird hier in seiner Darstellung immer vor der Notwendigkeit stehen, bewußt auf vieles zu verzichten, was in seinem Bewußtsein zwar vorhanden ist, dem Leser oder Hörer aber aus Zeit- oder Raumgründen einfach nicht mitgeteilt werden kann. Demgegenüber hat die Geschichte einer Wissenschaft, obgleich natürlich nicht minder in das endlose Netz der allgemeinen geschichtlichen Kausalität verstrickt, die Eigenschaft, von vornherein viel klarer akzentuiert zu sein.

Die Geschichte der Soziologie ist jedoch, dem Charakter jeder Sozialwissenschaft zufolge, viel inniger in die allgemeine Geschichte der menschlichen Dinge hineingestellt. Insofern muß der Historiker der Soziologie viel beiseite lassen, was seinem besseren Wissen nach eben doch auf die Ausbildung des soziologischen Denkens von Einfluß war, was er aber wiederum aus äußeren Gründen nicht zur Darstellung verwenden kann.

Andererseits macht es uns die Soziologie auch in manchem einfacher, weil sie als eine sehr junge Wissenschaft viel eher eine grobe Typisierung bis zum 19. Jahrhundert hinein erlaubt, als es sich z. B. die Geschichte der Physik gestatten dürfte, deren bewußte wissenschaftsgeschichtliche Tradition sich viel weiter zurück erstreckt. Einen Newton der Soziologie gibt es – immer zeitlich verstanden – nicht; ebensowenig kann die Soziologie einen Descartes oder Leibniz vorweisen, wie es die Mathematik vermag. Zum Selbstbewußtsein einer echten und eigenen Wissenschaft kam die Soziologie erst im 19. Jahrhundert. In manchen Ländern hatte sie aber selbst um die Mitte unseres Jahrhunderts noch um Anerkennung als wissenschaftliche Disziplin zu kämpfen. Ein weiterer Grund, weshalb die Geschichte der meisten Wissenschaften in früheren Jahrhunderten bis etwa zum Jahre 1800 sich auf sparsame Belege verlassen darf, liegt darin, daß früher zwischen der Publikation der einzelnen Werke tatsächlich ein viel größerer Abstand lag als heute. Die einzelnen wirklich entscheidenden Werke, zumindest solche, die ihren Wert durch den Bestand im Gedächtnis der Menschheit gezeigt haben, sind recht selten. Außerdem war früher die Neigung viel geringer, mit jedem Buch auch eine neue Theorie einführen zu wollen. Zwischen Aristoteles und Thomas von Aquin, also immerhin in einem Zeitraum von rund einundeinhalb Jahrtausenden, hat sich – für den soziologischen Blick, begrenzt auf Familie, Freundschaft, Stadt, Staat und Land, so wenig verändert, daß Thomas ohne das Gefühl, unangemessen vorzugehen, mit den gesellschaftskundlichen Typen eines Aristoteles arbeiten konnte.

Dafür gibt es zumindest zwei Gründe: einmal hat sich im gesellschaftlichen Gefüge der europäischen Menschheit erst in den letzten dreihundert Jahren so viel geändert, daß die Soziologie als eine Wissenschaft nicht zuletzt der sozialen und politischen Krisen entstehen mußte; zum anderen aber hat auch erst das moderne Bewußtsein die Hellhörigkeit erreicht, um mit der Soziologie, gleichsam wie mit einem Seismographen, den leisen Erschütterungen und Veränderungen in der sozialen Erdkruste zu folgen. Die seit der großen Französischen Revolution ausgelösten sozialen Verschiebungen und die außerordentliche Bevölkerungszunahme haben jenen Zustand der Vergesellschaftung herbeigeführt, der zur Entstehung der Soziologie nötig war. Kritische, wenn vielleicht auch extreme Köpfe am Ende des 19. Jahrhunderts konnten deshalb, nicht ganz grundlos, behaupten, die Soziologie sei eine typische Wissenschaft des Verfalls; sie behandle ja gerade die Verfallsformen des menschlichen Zusammenlebens, Soziologie ist dann – wenn auch keineswegs ausschließlich – Sozialpathologie. Die Wissenschaft der Diagnose und Therapie, die Medizin, entsteht erst, wenn es Krankheit gibt. Wie es aber auch in der modernen Medizin beträchtliche Strömungen gibt, die Heilkunde zu einer vorbeugenden Hygiene zu entwickeln, so hat die Soziologie von

Anfang an die Tendenz, nicht bloß Regeln für das Geschehene aus rein theoretischem Interesse zu finden, sondern vielmehr – nicht minder als Wissenschaft – die künftigen Formen des menschlichen Zusammenlebens zu planen, zu überwachen.

Man kann nicht bestreiten, daß – wie jede Wissenschaft – auch die Soziologie bestimmte Voraussetzungen abwarten muß, bis ihr Gegenstand in eine der Forschung zugängliche Position gerückt wird. Ist dieser Augenblick aber einmal gekommen, dann fällt es nicht schwer, auch für die vorangegangene Zeit zu sehen, wie der soziologische Gegenstand schon längst existierte.

Mensch, Gruppe und Staat in Antike und Mittelalter

Vorchristliche Antike

Jede menschliche Gemeinschaft besitzt aufgespeichert in ihrer Kultur ein mehr oder minder ausreichendes Wissen über das menschliche Zusammenleben und seine wichtigsten Regeln. In manchen, uns zeitlich oder geographisch sehr fernliegenden Gesellschaften mögen solche Regeln und solches Wissen, gemessen an heutigen Vorstellungen, recht seltsam und wenig förderlich gewesen sein. Sie paßten gerade für diese eine Stammesgemeinschaft. Andere Kulturräume wieder, so der griechische, sind so ausgeprägt einem modernen menschlichen Maß und Typus nahegekommen, daß manche Äußerungen von Platon oder Aristoteles zur sozialen Wirklichkeit im Jahre 1973 erstaunlich aktuell klingen, beispielsweise die aristotelische Betrachtung zum Klassenproblem. Die darin aufgezeigte funktionelle Bedeutung des Mittelstandes gilt nach wie vor.

Am entschiedensten für die Annahme einer eigentlichen „Griechischen Soziologie" sprach sich Adolf Menzel aus. Nach ihm läßt sich bei den „sozialwissenschaftlichen" Untersuchungen Platons und Aristoteles' eine deduktive Methode (bei Platon) und eine induktive (bei Aristoteles) herausheben. Platon beginnt mit den Worten: „Wir wollen im Gedanken einen Staat entstehen sehen ..." (Staat 369 A). Doch hat Platon, besonders in den „Gesetzen", auch die Erfahrung herangezogen. Über Aristoteles sagt Menzel:

„Wesentlich anders beschaffen ist die methodische Einstellung von Aristoteles. Die Erforschung der Wirklichkeit, die Sammlung von Erfahrungen scheinen ihm nicht etwa bloß im Gebiete der Natur, sondern auch für das Sozialleben die Basis der Erkenntnis zu bilden. Zeugnis dessen bildet vor allem die große Sammlung der Verfassungen, welche der Stagirite angelegt hat; von diesem Werke wurde vor einigen Jahrzehnten ‚Die Verfassung Athens' aufgefunden. Es handelt sich dabei nicht bloß um eine Zusammenstellung deskriptiven Materials, sondern um den Versuch einer Entwicklungsgeschichte des Staatslebens ..."

Sobald eine menschliche Kultur ihre erste Schrift entwickelt hat, beginnt die Aufzeichnung aller wissenswerten Beobachtungen, Regeln, Erwägungen, und damit naturgemäß auch die Aufzeichnung eines vorwissenschaftlichen Materials, das sicher als eine Art Ursoziologie ausgelegt werden könnte. So gab es etwa in den frühen Großreichen des Orients ein erhebliches Wissen von den sozialen Vorgängen. Es war ein gelegentliches, ungegliedertes Wissen. In Griechenland jedoch wird das soziologisch zu nennende Denken im allgemeinen geistigen Strom emporgeführt. Logik, Methode, unerbittlich um festumrissene Probleme kreisende Philosophie, diese griechischen Fundamente zur abendländischen Kultur, beeinflußten auch die Erkenntnis der sozialen Sphäre.

Herodot (etwa 484–426) und Thukydides (etwa 460–400) schrieben bereits eine Art deskriptive und teilweise erklärende Sozialgeschichte. Der Sophist Protagoras (480–410) lehrte die Entwicklung des Satzungsstaates aus einem Naturzustand des Kampfes, unter Einfluß des Rechtsgefühls der Menschen. In der Sophistik beginnt man die Bedeutung des Menschen für seine eigene soziale Umwelt zu ahnen. Sie ist für den Sophisten weder natur- noch gottgegeben; sie hängt von seiner humanen Natur, von seinem Wollen ab. Überhaupt ist die Frage, ob die Gesellschaft und ihre Einrichtungen (Institutionen) Ergebnis des menschlichen Willens oder aber Erzeugnis der Natur seien, der eigentliche Antrieb im gesellschaftstheoretischen Denken der Griechen. Eine andere, damit verbundene Frage richtet sich auf die Motive des Machttriebes, auf den Gegensatz von Macht und Recht. Trasymachos (er lehrte seit 430 in Athen) gewann aus eigenen Beobachtungen die Einsicht, daß Macht vor Recht gehe. Jeder, ob Staat, Gruppe oder Einzelmensch, suche nur stets seinen Vorteil. Trasymachos verfaßte eine „Große Technik" der Massenbeherrschung.

Entgegen dieser reinen Augenblickspraxis wirft Platon (427–347) die Frage ethisch-politischer Normen auf. Wie muß es in einem (Stadt-)Staat der Gerechtigkeit aussehen, welches sind die Bedingungen seines Funktionierens? „Der Staat", das Hauptwerk aus Platons Reifezeit (sie wird etwa von 387 bis 366 v. Chr. gelegt), ist der Versuch, mit den Denkformen der damaligen Philosophie und Wissenschaft vom Staat zu untersuchen, weshalb das politische und soziale Leben entartet. Kann man die „Gerechtigkeit" im politischen Handeln eindeutig bestimmen? Im Umkreis dieser Frage kommt es nun zu ausgesprochen soziologischen Überlegungen, wobei der griechische Stadtstaat als soziologisches Modell dient. Dabei taucht als sozialökonomisches Problem die Frage der Arbeitsteilung auf, wenn Platon beobachtet: „Einer zieht den anderen zu Hilfe, einen für dieses, einen anderen für jenes Bedürfnis, und die Mannigfaltigkeit der Bedürfnisse läßt viele Genossen und Helfer sich auf einem Wohnplatz zusammenfinden, eine Zusammensiedlung, der wir den Namen Staat geben..."

Für Platon ist eben „von Natur keiner dem andern völlig gleich, sondern jeder hat verschiedene Anlagen... Dadurch steigert sich also die Größe der Leistung in jedem Fach, und alles gelingt besser und leichter, wenn der einzelne nach seiner Anlage und zur rechten Zeit es verrichtet und von allem anderen die Hand fernhält..."

Platon sieht auch ein Problem, das heute noch nicht an Bedeutung verloren hat, nämlich den wechselseitigen Zusammenhang zwischen Staatsverfassung und „Seelenverfassung" des jeweiligen Volkes. Er zählt zunächst verschiedene Verfassungen auf und meint, daß man allerlei Formen von Gewaltherrschaft und käuflicher Königswürde nicht weniger bei den Barbaren als bei den Griechen findet, und fährt dann fort:

„Nun gibt es doch ... ebenso viele Formen von menschlichen Charakteren wie Formen von Verfassungen. Oder meinst du, die Verfassungen leiteten ihren Ursprung wer weiß woher, von Eiche oder Fels, und nicht vielmehr von den im Staate herrschenden sittlichen Anschauungen, die nach der einen oder anderen Seite ausschlaggebend wirken, indem sie alles übrige mit sich ziehen? ... Wenn es nun fünf staatliche Verfassungsformen gibt, so wird es, was die einzelnen Menschen betrifft, auch fünf Arten von Seelenverfassung geben..."

Platon beschäftigten auch Verfall und Wechsel der Staatsformen, das Problem der Generationen und das soziologische Kreislaufproblem:

„Ein Staat... läßt sich zwar nur schwer aus seinem Geleise bringen; allein da alles, was entstanden ist, auch dem Untergang geweiht ist, so wird auch eine solche Verfassung nicht in alle Ewigkeit bestehen, sondern der Auflösung verfallen. Die Auflösung ist aber diese: nicht nur für die aus dem Schoß der Erde entsprossenen Gewächse, sondern auch für die auf ihr wandelnden Geschöpfe ergibt sich Fruchtbarkeit und Unfruchtbarkeit der Seele sowohl wie des Leibes, wenn Umdrehungen für jede Art des Erschaffenen Kreisumschwünge herbeiführen..."

Den für ihn unvermeidbaren inneren Verfall der führenden Eliteschicht als echtes soziologisches Problem zeichnet Platon im Schicksal der Wächter seines Idealstaates. Ungeachtet ihrer Weisheit wird es auch bei den Wächtern, also der Führungsschicht, immer wieder „schlecht gezeugte" Kinder, schlecht geratene Nachkommen geben. Zwar werden, wie er glaubt, „anfänglich die Wächter nur die Besten unter ihren Nachkommen zu ihren Nachfolgern machen; gleichwohl werden diese, als der vollen Würdigkeit ermangelnd, wenn sie in die Machtstellung ihrer Väter eintreten, bei Verwaltung ihres Wächteramts in der Achtsamkeit... nachzulassen beginnen..." Die Nachkommen werden die Bildung vernachlässigen und auf die Heiratsschranken zwischen der Wächterkaste und den anderen Schichten nicht mehr genügend achten. Die damit verbundene Ungleichförmigkeit innerhalb der Führungsschicht wird zu Zwietracht und Verfall führen. Die Heterogenität einer Elite als Ursache spannungsreichen sozialen Wandels, mit ungewissem Ausgang, gehört als Hypothese und als Problem auch noch zur Elitenforschung der Gegenwart.

Platon war in erster Linie mit einem streng ethisch durchdachten Idealstaat befaßt, der dem Griechentum seiner Zeit als Spiegel dienen sollte. Es handelte sich nicht um den Grundriß einer Gesellschaft, die verwirklicht werden sollte. Ungeachtet der normativen Zielsetzung bleiben viele seiner Beobachtungen und Überlegungen im Bereich wirklichkeitsnaher soziologischer Problemerörterung. Platon verstand es, die menschlichen Grundtriebe mit der anthropologischen Gebundenheit der sozialen Institutionen in ein Bild zusammenzuschauen.

Aristoteles

Aristoteles (384–322) kam aus Platons Wirkungskreis. Oft wird er dem Idealisten Platon als der große Empiriker gegenübergestellt. Dank der persönlichen Berührung mit Alexander d. Gr. und seiner Kenntnis von den verschiedenen politischen Lebensformen in den Stadtstaaten seiner Zeit war Aristoteles mit den politischen Problemen seiner Epoche vertraut. Allerdings darf nicht übersehen werden, daß auch Platon, etwa durch seine Bekehrungsversuche am Tyrannenhof zu Syrakus, unmittelbar auf politische Abläufe einzuwirken versucht hatte. Bei Aristoteles findet sich bereits eine Wissenschaft der Politik um ihrer selbst willen. So läßt er seine Schüler eine Sammlung und Erforschung von 158 Verfassungen griechischer Städte ausführen. Zum Teil gibt es bei Aristoteles eine wertfreie Sozialwissenschaft. Das ethische Anliegen ist nicht mehr allgegenwärtig. Die politische Wissenschaft muß zur Hand sein, selbst wenn sie gebraucht wird, einen schlechten, verkommenen Staat zu regieren. Doch spielt auch der Idealstaat bei Aristoteles eine Rolle. Die Ähnlichkeit seiner sozialphilosophischen und anthropologischen Auffassungen mit denen Platons betont auch Charles N. Cochrane (Christianity and Classical Culture, A Study of Thought and Action from Augustus to Augustine, 1940). Aus allen erhaltenen Schriften geht aber doch klar hervor, daß Aristoteles nicht nur normative Staatsphilosophie oder Verfassungsgeschichte trieb, sondern sehr bewußt, in wissenschaftlicher Nüchternheit und mit dem Ethos des am Spezialgebiet interessierten Forschers, zahlreiche Einzelzüge des sozialen Lebens als Gesetzmäßigkeit herauszuarbeiten suchte.

So stellt Aristoteles den Gipfel antiken Denkens und Wissens über soziale Verhältnisse dar. Dank des Thomas von Aquin Rezeption wirkte er weit in die Neuzeit hinein.

Vor allem in seiner sogenannten „Politik“, einem umfangreichen Werk mit umstrittener Entstehungsgeschichte, werden soziologische Problembehandlungen deutlich.

Für Aristoteles ist der Mensch ein Vereinswesen. Dabei kann er sich entsprechend seiner sozialen Umwelt nur die aus mehreren Dorfgemeinschaften gebildete Gesellschaft vorstellen, die zugleich der Staat und eine Gemeinschaft ist und damit „gleichsam das Ziel vollendeter Selbstgenügsamkeit erreicht hat, die um des Lebens willen entstanden ist und um des vollkommenen Lebens willen besteht..."

Für Aristoteles gehört der Staat zu den von Natur bestehenden Dingen, so daß der Mensch von Natur ein politisches Wesen ist. Wenn jemand von Natur und nicht bloß zufällig außerhalb des Staates lebt, muß er entweder schlecht oder besser als ein Mensch sein:

„Daß aber der Mensch mehr noch als jede Biene und jedes schwarm- oder herdenweise lebende Tier ein Vereinswesen ist, liegt am Tage... Nun ist aber einzig der Mensch unter allen animalischen Wesen mit der Sprache begabt... Das Wort aber oder die Sprache ist dafür da, das Nützliche und das Schädliche und so denn auch das Gerechte und das Ungerechte anzuzeigen... Die Gemeinschaftlichkeit dieser Ideen aber begründet die Familie und den Staat..."

Aristoteles differenziert sorgfältig verschiedene Herrschaftsstrukturen und soziale Klassen, wenn er z.B. ausführt, „daß Demokratie vorliegt, wenn die Freien, Oligarchie, wenn die Reichen Herr sind... Doch sind gedachte Staatsformen durch diese Merkmale allein noch nicht ausreichend gekennzeichnet. Da es vielmehr der Bestandteile in Demokratie wie in Oligarchie mehrere gibt, muß man noch weiter unterscheiden und sagen, daß da keine Demokratie ist, wo die Freien in kleiner Zahl über eine Mehrheit von Unfreien herrschen... Vielmehr hat man Demokratie, wenn die armen Freien als Majorität im Besitze der Herrschaft sind, und Oligarchie, wenn die Reichen und Edleren als Minorität sie haben..."

Vor allem der Mittelstand zeigt das Problem sozialer Klassen auf: „In allen Staaten gibt es drei Klassen von Bürgern: sehr reiche, sehr arme und solche, die zwischen beiden in der Mitte stehen. Da also die Voraussetzung gilt, daß das Gemäßigte und das Mittlere das beste ist, so sieht man, daß auch in bezug auf die Vermögensverhältnisse der mittlere Besitz von allen der beste ist; ein solcher Vermögensstand gehorcht am leichtesten der Vernunft. Dagegen fällt es... dem übermäßig Reichen und... dem übermäßig Armen, Schwachen oder Niedrigen... schwer, der Vernunft zu folgen. Jene werden mehr übermütig und schlecht im großen, diese allzu tückisch und schlecht im kleinen... Zudem besitzen die sich eines Übermaßes von Glücksgütern, von Stärke, Reichtum, Anhang... erfreuen, weder Neigung noch Einsicht dazu, anderen zu gehorchen... Umgekehrt sind diejenigen, die an diesen Dingen übermäßigen Mangel leiden, allzu unterwürfig. Und so können die einen nicht herrschen und nur in sklavischer Weise gehorchen, und die anderen können keiner Art von Herrschaft gehorchen und selbst nur in despotischer Weise herrschen... Nun will aber ein Staat möglichst aus gleichen und ähnlichen Bürgern bestehen, und das findet sich am meisten bei dem Mittelstande, und so muß der Staat die beste Verfassung haben, der eine solche Zusammensetzung hat..."

Auch eine Analyse der politischen Stabilität versucht Aristoteles, wenn er meint, „daß die Gemeinschaft, die sich auf den Mittelstand gründet, die beste ist und daß solche Staaten sich in der Möglichkeit befinden, eine gute Verfassung zu haben, in denen eben der Mittelstand zahlreich vertreten ist und womöglich die beiden anderen Klassen oder doch eine von ihnen an Stärke übertrifft. Denn auf welche Seite er sich wirft, nach der gibt er den Ausschlag und verhindert das Aufkommen der entgegengesetzten Extreme. Daher ist es das größte Glück, wenn die Bürger eines Staates ein mittleres und ausreichendes Vermögen haben... denn die Tyrannis entsteht ebensogut aus der zügellosesten Demokratie als aus der Oligarchie, dagegen aus der Herrschaft des Mittelstandes und der sozial beinahe gleichgestellten Klassen weit weniger."

Wenn man an die chronischen Schwierigkeiten mancher sogenannten Entwicklungsländer, vor allem auch relativ kleiner, im wesentlichen von einer Hauptstadt aus beherrschten, seit der Mitte des 20. Jahrhunderts denkt, gewinnen die Beobachtungen von Aristoteles zur Funktion des Mittelstandes zeitlosen Erklärungswert. Seit zwanzig Jahren gehört die Schwäche oder das Fehlen eines eigentlichen Mittelstandes in manchen Entwicklungsländern zu den wichtigsten Erklärungen ihrer unbefriedigenden Situation. Aristoteles fährt fort:

„Ein Staat aus solchen Mittelexistenzen ist... allein frei von Aufruhr: denn wo der Mittelstand zahlreich ist, da entstehen am wenigsten Aufstände und Zwiste unter den Bürgern. Es sind auch die großen Staaten, weil der Mittelstand in ihnen zahlreich ist, weniger vom Aufruhr heimgesucht. In den kleinen Staaten trifft es sich leicht, daß die ganze Bevölkerung in zwei Klassen zerfällt, so daß kein Mittleres übrig ist, sondern beinahe alle entweder arm oder reich sind. Es sind aber auch vermöge des Mittelstandes die Demokratien fester und dauerhafter als die Oligarchien. Denn der Mittelstand ist in den Demokratien zahlreicher und mehr an den angesehenen Ämtern beteiligt als in den Oligarchien; und wenn er fehlt und die Proletarier an Zahl überwiegen ... gehen die Staaten schnell zugrunde ..."

Zur Ursachenerklärung von Revolte und Revolution bietet Aristoteles einen erstaunlich vollständigen Hypothesenkatalog:

„Wegen Übergewichts kommen Aufstände vor, wenn einer oder mehrere eine größere Macht besitzen, als es dem Staate und dem Umfang der Regierungsgewalt angemessen ist; denn daraus pflegt Monarchie oder Dynastenregiment zu entstehen ... Aus Furcht wird Aufruhr gestiftet sowohl von denen, die Ungerechtigkeiten verübt haben und der Strafe anheimzufallen fürchten, als auch von denen, die Unrecht gewärtigen und ihm zuvorkommen wollen ... Aus Verachtung schreitet man zur Auflehnung wie zur Fehde einmal in den Oligarchien, wenn die an der Staatsleitung nicht beteiligten Bürger in der Überzahl sind und darum auch stärker zu sein glauben, dann auch in den Demokratien, wenn die herrschende Unordnung und Gesetzlosigkeit die gutsituierten Bürger mit Verachtung erfüllt ...

Auch wegen unverhältnismäßigen Wachstums erfolgen Verfassungswechsel. Denn wie der Leib aus Teilen besteht und nach deren Verhältnis wachsen muß, damit das Gleichmaß bleibt, sonst aber zugrunde geht – ... so besteht auch der Staat aus Teilen, von denen oft einer unbemerkt wächst, wie z. B. die besitzlose Masse in den Demokratien und Politien.

... Verfassungswechsel tritt aber auch ohne Aufstand ein, einmal infolge von Amtserschleichung ... dann aber auch infolge von Nachlässigkeit, wenn man in die maßgebenden Ämter Männer gelangen läßt, die keine Freunde der Verfassung sind ...

Eine andere Ursache liegt in den kleinen Übergängen; ich meine damit, daß sich oft unmerklich ein großer Abfall vom Gesetze vollzieht, wenn man auf das Kleine nicht achtet ..."

Als Umsturzmotiv nennt Aristoteles auch die Stammesverschiedenheit, bis eine Verschmelzung eingetreten ist: „Wie ein Staat nicht aus jedweder Menge entsteht, so auch nicht in jedweder Zeit. Daher haben die meisten Gemeinwesen, die entweder gleich zu Anfang Synöken (Mitkolonisten) oder im Verfolg Epöken (Zugezogene) zuließen, ihre Aufstände gehabt.

In den Oligarchien gehen die Aufstände von den vielen aus, die Unrecht zu erleiden meinen, weil sie, obwohl den anderen gleich, nicht die gleichen Rechte mit ihnen genießen, dagegen stehen in den Demokratien die Vornehmen auf, weil sie, obwohl nicht gleich, die gleichen Rechte genießen.

Zuweilen kommt es in den Staaten auch wegen der Örtlichkeit zu inneren Zwistigkeiten, wenn die Lage von Natur für die Einheitlichkeit des Gemeinwesens nicht günstig ist…"

Ein in seinen verschiedenen philosophischen, theologischen und sozialen Motiven unzureichend geklärtes Problem ist die Bevölkerungspolitik. Platon und Aristoteles bevorzugten eine begrenzte Bevölkerung. Viel eindringlicher als die Mehrzahl der Soziologen im 19. Jahrhundert hat Aristoteles die Gefahren der Überbevölkerung gesehen. Er stellt eine Lehre von den „optimalen Dimensionen" sozialer Gebilde auf, die in ähnlicher Grundhaltung wieder, 1948, von dem Demographen Ernst Wagemann (Menschenzahl und Völkerschicksal) auf breiter Grundlage entworfen und ausgearbeitet wurde. Nach Wagemann entwickelte sich der Gegensatz zur griechischen Auffassung, der bevölkerungspolitische Optimismus erst seit dem 16. Jahrhundert, im Zusammenhang mit dem neuzeitlichen Machtstaatsdenken. Zuerst wies offenbar Machiavelli auf die Vorteile hoher Bevölkerungszahlen hin. Aristoteles schrieb:

„Nach Ausweis der Erfahrung ist es schwer und vielleicht unmöglich, daß ein allzu volkreicher Staat sich guter gesetzlicher Einrichtungen erfreut. Wenigstens sehen wir kein einziges Gemeinwesen mit dem Rufe einer guten Einrichtung, das eine Überbevölkerung duldete… Die Staaten haben ein bestimmtes Maß ihrer Größe, so gut wie alle anderen Dinge, die Tiere, die Pflanzen, die Werkzeuge…"

„Deshalb muß es einen Staat erst von dem Augenblicke an geben können, da er aus einer Volksmenge besteht, die hinreichend groß ist, um sich zu einem glücklichen Leben in staatlicher Gemeinschaft selbst zu genügen. Es mag aber auch größere Staaten geben, die ihn an Einwohnerzahl übertreffen. Aber dieses Steigen der Bevölkerungsziffer darf nicht ins Grenzenlose fortgehen, und welches die Grenze ist… läßt sich leicht aus den Ausgaben, die ein Staat hat, abnehmen."

Die Nuancen zwischenmenschlicher Beziehungen untersucht Aristoteles in seiner Nikomachischen Ethik am Wesen der Freundschaft. Wie scharf man in der Antike soziologische Probleme zu sehen wußte und wie sehr es sich dabei um echte soziologische Probleme gehandelt hat – auch im Sinne jener modernen Autoren, nach denen es vor dem 19. Jahrhundert keine Soziologie gegeben haben soll –, zeigen nicht zuletzt die Bemühungen heutiger Sozialpsychologen und Soziologen, die Bedingungen der Anfreundung und Entfreundung experimentell und quantitativ zu erforschen. Das Problem, die Fragestellung bleibt dieselbe und sehr einfache. Die Methode und die Bereitschaft, von den Einzelbeobachtungen aus zu verallgemeinern, haben sich gewandelt. (Siehe etwa Theodore M. Newcomb, The Acquaintance Process, 1961, ein heutiger Versuch, das Wesen der Anfreundung zu erforschen.)

„Über ... das Wesen der Freundschaft ... gehen die Ansichten auseinander. Die einen meinen, gleichartige Menschen müßten Freunde sein ... Die anderen ... behaupten, die Gleichartigen seien alle einander feind wie ein Töpfer dem anderen ... Dagegen wollen wir untersuchen, was den Menschen angeht und was sich auf Charaktere und Affekte zurückführen läßt: z. B. ob es unter allen Menschen Freundschaft geben kann oder ob es unmöglich ist, daß Schurken befreundet sind, und ob es nur eine Form der Freundschaft gibt oder mehrere ...

Vielleicht können wir darüber ins klare kommen, wenn wir zuvor erkannt haben, was die Freundschaft erweckt. Denn nicht alles scheint das zu vermögen, sondern nur das Liebenswürdige."

Dem Freunde soll man, nach Aristoteles, um seiner selbst willen Gutes wünschen. Und er definiert „gegenseitiges Wohlwollen ist Freundschaft". Aristoteles stellte eine Typologie dieser Beziehungsform auf:

„... Es gibt drei Arten der Freundschaft, ebenso viele als es Formen des Liebenswürdigen gibt; und bei jeder besteht eine offenkundige Gegenliebe. Diejenigen, die Freundschaft gegeneinander hegen, wünschen sich gegenseitig Gutes im Hinblick auf den Grund ihrer Freundschaft. Diejenigen, die um eines Nutzens willen Freundschaft geschlossen haben, lieben sich gegenseitig nicht an sich, sondern nur, insofern ihnen aus ihrem Verhältnis wechselseitig etwas Gutes erwächst. Wer jemand um des Nutzens willen zum Freunde hat, liebt ihn, weil für ihn selbst daraus etwas Gutes entspringt; und wer einen um der Lust willen zum Freunde hat, tut es, weil ihm selbst daraus ein Vergnügen erwächst: bei beiden gilt also die Freundschaft nicht den persönlichen Eigenschaften des Freundes als solchen, sondern nur dem Nutzen oder der Lust, die sich für die Betreffenden daraus ergeben. Solche Freundschaften beruhen also auf einer Zufälligkeit; denn der Freund wird dabei nicht um seiner persönlichen Eigenschaften willen geliebt, sondern teils mit Rücksicht auf ein (äußeres) Gut, teils mit Rücksicht auf die Lust, die man daraus gewinnt. Bei solchen Freundschaften ist daher die Gefahr der Lösung groß, wenn bei den Beteiligten irgendeine Veränderung eintritt: denn gewähren sie einander keine Lust oder keinen Nutzen mehr, so hören sie auch auf, sich zu lieben. Denn der Nutzen ist nichts Dauerndes... Diese Art der Freundschaft scheint hauptsächlich unter alten Leuten vorzukommen, die nicht so sehr auf die Lust als auf den Nutzen ausgehen, bei Männern in der Vollreife und jungen Leuten nur dann, wenn sie ihren Vorteil verfolgen. Freunde solcher Art legen nicht einmal Wert auf häufiges Zusammensein. Denn manchmal hat ihr Umgang gar nicht viel Reiz, und so haben sie kein Bedürfnis danach, außer wenn ein Vorteil dabei herausspringt, denn nur insoweit macht es ihnen Vergnügen, als sie die Hoffnung auf irgendeinen Gewinn dabei hegen. Zu dieser Art von Freundschaft rechnet man auch die Gastfreundschaft..."

Das „homogene Menschentum" des Hellenismus

Was Stoa und die Schule Epikurs zur Sozialphilosophie beitrugen, läßt sich aus den geschichtlichen Umständen der beginnenden Zeitenwende ableiten. Der politische Zustand des griechischen Stadtstaates, mit dem sich noch Platon und Aristoteles befaßten, gehörte jetzt der Vergangenheit an. Die griechischen Stadtstaaten wurden vom Imperium Alexanders d. Gr. und dem seinem Zusammenbruch folgenden Chaos aufgesogen. Dem einzelnen Menschen boten sich angesichts des raschen sozialen Wandels zwei Wege an: weltbürgerliche Aufrichtigkeit und Resignation, so die Stoa, oder das individualistische Glück des Epikureers, mit dem leisen Anklang eines Materialismus. Der dritte Weg, das Christentum, zeichnete sich damals erst schwach in orientalischen Sekten ab, deren Weltanschauung den Boden für die spätere Ausbreitung des Christentums vorbereitete.

Den mehr kleinbürgerlichen Stoikern entsprach eine Lehre vom ursprünglichen Naturzustand der menschlichen Gemeinschaft bei Gleichheit aller. Eduard Meyer charakterisiert in einem einzigen Satz die neue soziologische Situation: „Die hellenistische Kultur ignoriert, soweit das irgend möglich ist, die Eigenart und das Sonderleben der Nationalitäten und setzt an ihre Stelle das homogene Menschentum der geläuterten Bildung, die auf der Basis der nationalen hellenischen Bildung erwachsen ist, aber jetzt den nationalen Charakter abstreift und Menschheitskultur sein will; das hat sich nachher, umgesetzt in Religion, auf das Christentum und den Islam vererbt."

Poseidonios

Poseidonios (135–51) verstand seine vielfältigen einzelwissenschaftlichen Interessen und Beobachtungen mit seiner philosophischen Grundhaltung – er gehörte der mittleren Stoa an – zu durchdringen. Für sein ethnologisches Unterscheidungsvermögen spricht, daß er als erster seines Kulturkreises den Unterschied zwischen Germanen und Kelten bemerkte.

Poseidonios, wie die Stoa als Bewegung insgesamt, drückt sich bereits im Sinne des Naturrechts aus. Ein Naturgesetz oder Naturrecht als Prüfstein aller politischen und sozialen Erwägungen wird von der Stoa an eine zunehmend bedeutungsvolle Rolle spielen. Die Grundüberlegung ist recht einfach. Wenn sowohl das Universum als auch die Sozialordnung, die soziale Sphäre in gleicher Weise von einem Vernunftprinzip durchdrungen sind, muß es ein Naturgesetz, einen naturrechtlichen Zustand geben, nach dem sich alle menschlichen sozialen Institutionen zu richten haben.

Nachfolgendes Textstück aus Poseidonios' „Empfehlung der Philosophie" zeigt uns die stoische Grundvorstellung von einem Urzustand; bezeichnend ist auch die Frage nach der Entstehung von Herrschaftsordnungen und Gesetzen.

„Die Aufgabe der Philosophie ist es, die Wahrheit über Gott und Welt zu finden ... Sie lehrt das Göttliche verehren und das Menschliche lieben, daß die Herrschaft in Händen der Götter liege, unter den Menschen aber eine Gemeinschaft bestehe.

Diese blieb so lange unverletzt, bis die Habsucht sie trennte und auch denen die Armut brachte, die sie am wohlhabendsten gemacht hatte. Denn sie hörten auf, alles zu besitzen, sobald sie Eigentum verlangten. Aber die ersten Menschen und die nächste Generation folgten harmlos der Natur und sahen in ihr ihre Führerin und ihr Gesetz, indem sie sich dem Schiedsspruch des Überlegenen anvertrauten. Denn es ist ein Gesetz der Natur, das Schwächere dem Stärkeren zu unterwerfen ... Auch die Elefantenherde führt das mächtigste Tier. Unter den Menschen aber tritt an die Stelle der Beste. Deshalb wurde hier der Herrscher nach seiner geistigen Begabung ausgesucht, und so herrschte das größte Glück unter den Völkern, unter denen nur der Beste der Mächtigste sein konnte. Denn derjenige kann so viel, als er will, der glaubt, er könne nur das, was er soll. In jenem goldenen Zeitalter lag also die Herrschaft in den Händen der Weisen. Sie taten der Gewalt Einhalt und schützten die Schwächeren vor den Stärkeren. Sie rieten zu und ab und zeigten, was nützlich und unnütz sei. Ihre Klugheit sorgte dafür, daß den Ihrigen nichts mangelte ... Auch hatte niemand Neigung oder Ursache zum Unrechttun, da man dem richtigen Gebot richtig gehorchte und der König denen, die schlecht gehorchten, nichts Schlimmeres androhen konnte, als daß sie das Reich verlassen müßten. Als sich dann aber die Laster einschlichen und das Fürstentum in eine Gewaltherrschaft verwandelten, da machte sich das Bedürfnis nach Gesetzen geltend, und auch sie gaben am Anfang die Weisen."

Lucretius: der erste Evolutionist

Lucretius (etwa 99–55), aus der römischen Schule der Epikureer, drückte in seiner Lyrik Gedanken zur Entwicklung der menschlichen Gesellschaft aus, die in einer erstaunlichen Scharfsicht das anthropologisch Wesentliche betonten. Man kann Lucretius als ersten soziologischen Evolutionisten bezeichnen. Manche seiner Einsichten werden erst wieder am Ende des 18. Jahrhunderts im sozialphilosophischen Denken auftreten. Seine Theorie der sozialen Evolution enthält viele „moderne" Gesichtspunkte: Daseinskampf, Überleben der Tüchtigsten, Ethnologie der Primitiven, Ursprung der Sprache, Gebrauch des Feuers, Industrie, Religion und organisierte

Vergnügen, Abfolge verschiedener Kulturen, Entwicklung von Handelsbeziehungen. Doch wird man bei Lucretius keine soziale Fortschrittsidee erwarten dürfen. Dem Individualismus des Epikureers lag eine ausgesprochene Lehre zur Verbesserung der menschlichen Gesellschaft noch fern. Aus den Wirren der zeitgenössischen Welt kann sich der Mensch am besten lösen, wenn er sich den Naturgesetzen beugt, die sich durch eine rationelle Betrachtung der natürlichen Gegebenheiten erkennen lassen.

Leider blieb Lucretius mit seinen originalen soziologischen Einsichten praktisch ohne Einfluß auf die Nachwelt. Seine Gedanken tauchen in der Neuzeit wieder auf, werden ungemein wirkungsvoll, doch läßt sich kein unmittelbarer Zusammenhang mit ihm annehmen. Hinsichtlich der Weitergabe des griechischen Materialismus an die modernen Völker ist Lucretius' philosophisches Lehrgedicht, aus dem wir zitieren, allerdings sehr bedeutsam gewesen. De rerum natura („Das Wesen des Weltalls") stellte Epikurs Welterklärung dar, die auf Demokrits Atomlehre fußt.

Lucretius sieht den Menschen unter dem Druck der Umwelt:
„Denn von der Fläche, worüber der riesige Himmel sich wölbet,
Haben zunächst ein Teil die Berge und Wälder und Tiere
Gierig besetzt, zum Teil bedecken sie Felsen und Wüste
Sümpfe und Meer, das weithin scheidet die Küsten und Länder.
Ferner sind fast zwei Drittel durch glühende Hitze und wieder
Dann durch eisige Kälte der menschlichen Siedlung entzogen.
Was an Boden noch bleibt, das bedeckte mit Dornengestrüppe
Leicht aus eigenem Trieb der Natur, wenn nicht, um zu leben,
Seufzend des Menschen Kraft, an den wuchtigen Karst sich gewöhnend,
Sich widersetzt' und das Land mit dem Drucke des Pfluges durchfurchte.
Wendeten wir mit der Pflugschar nicht die fruchtbaren Schollen,
Riefen, den Boden durchackernd, die Keime wir nicht zur Entfaltung,
Niemals vermöchten sie selbst in die leuchtende Luft sich zu heben.
Aber selbst wenn dann nach hartem Bemühen es grünet und blühet
Rings auf den Fluren, so läßt es zuweilen die Sonne, vom Himmel

Allzu glühende Strahlen versendend, wieder verwelken,
Oder ein Wolkenbruch auch und eisiger Hagel vernichten's,
Oder der Stürme Gebraus zerstört es mit wütendem Wirbel.
Wozu ernährt die Natur der wilden Tiere Geschlechter,
Die auf dem Land und im Meer, dem Menschen feindlich, gedeihen?
Wozu entstehen zu Zeiten im Jahr verderbliche Seuchen?
Und warum darf der Tod vorzeitig oft ernten die Opfer?
Ach, und dem Schiffer vergleichbar, den zürnend die Woge ans Land warf,
Nackt und bloß und bedürftig der lebensfördernden Hilfe:
So liegt das Kind am Boden, sobald aus dem Schoße der Mutter
Unter Weh'n die Natur es warf an die Küste des Lebens,
Und es erhebt ein traurig Gewimmer, wie es nur billig,
Muß es des Ungemachs doch noch so viel im Leben bestehen.
Anders wachsen da auf die Tiere, die zahmen und wilden:
Nimmer bedarf es der Klapper dabei, nicht schmeichelnder Worte
Seitens der nährenden Amme und kosender Sprache. Die Tiere
Brauchen nicht Kleider zu fertigen sich, die zur Jahreszeit passen,
Künstlicher Waffen bedürfen sie nicht, noch mächtiger Mauern,
Um sich das Ihre zu schützen; denn alles bringt reichlich für alle
Selber die Erde hervor und Natur, die kunstvoll es bildet."

Die Entstehung der menschlichen Gemeinschaft stellt sich Lucretius so vor:

„Aber das Menschengeschlecht auf jenen Gefilden war härter,
Wie zu erwarten, dieweil es die Erde, die harte, geboren.
Größer und kräftiger war ihm erbaut das Knochengerüste,
Stärker auch zogen die Sehnen sich hin im Innern des Leibes;
Hitze und Kälte vermocht' es zu trotzen, kein Wechsel der Nahrung
Konnte ihm schaden, noch sank es dahin in schleichender Krankheit.
Und Jahrhunderte zog ihre Bahn am Himmel die Sonne,
Während ein Leben sie führten nach Art des schweifenden Wildes.
Noch verstanden sie nicht des Feuers sich zu bedienen

Oder mit Fellen, den Tieren geraubt, den Körper zu kleiden.
Ihre Behausung war Wald und Hain und Höhlen der Berge,
Und unter Laubwerk bargen sie wohl die schmutzigen Glieder,
Um des Sturmes Gepeitsch, die Nässe des Regens zu meiden.
Immer noch wußten sie nicht das Wohl der Gemeinschaft zu achten,
Kannten kein Sittengebot noch Gehorsam gegen Gesetze.
Was das Jagdglück beschert', das nahm man als Beute und wußt' es
Anders nicht, als aus eigener Kraft sich selber zu leben.
Trotzdem waren es damals nicht mehr von den Menschen als heute,
Welche das freundliche Licht des schwindenden Lebens verließen.
Wohl ward vom Raubtier ergriffen zuweilen ihm einer zur Beute,
Und von den Zähnen zerfleischt, verfiel er ihm lebend als Speise."

Für Lucretius wächst die Gefährdung des Menschen mit der Zivilisation:
„Aber noch wurden an Einem Tag nicht unter den Fahnen
Tausende gleich dem Verderben geweiht; auch ließen des Meeres
Stürmische Wogen an Klippen noch scheitern nicht Schiffe und Männer.
Nein, umsonst noch hob sich die See in wütendem Rasen
Und ließ leicht ihr Dräu'n, wenn sich's als eitel erwiesen.
Noch nicht vermochte berückend die Stille des friedlichen Meeres
Ins Verderben zu locken ein Opfer mit lachenden Wellen.
Später, nachdem sie sich Hütten und Felle und Feuer bereitet
Und das Weib mit dem Mann in ehlichem Bunde sich vereint,
Daß sie die eigenen Kinder bei sich nun sahen erwachsen,
Da erst begann die Härte des Menschengeschlechts zu erweichen ..."

Auch die später so wichtige Vertragstheorie klingt bei Lucretius schon an:
„Nun erst fingen sie an, mit Nachbarn Freundschaft zu schließen,

Wünschend sich selber zu schützen und andere nicht zu verletzen.
Jetzt empfahlen sie auch die Kinder und Weiber der Schonung.
Stammelnd mit Wort und Gebärde versuchten sie sich zu bedeuten.
Billigkeit fordre, daß jedermann sich der Schwachen erbarme.
Noch zwar konnte die Eintracht sich nicht völlig gestalten,
Aber ein guter, beträchtlicher Teil hielt treu am Vertrage.
Denn sonst hätten schon längst die Menschen sich gänzlich vernichtet,
Und nicht hätt' ihr Geschlecht bis zum heutigen Tage gedauert ..."

Nach Lucretius erschafft die Zeit die Kultur im Fortschritt:
„Sonne und Mond, der beweglichen Welt hochwandelnde Wächter,
Welche mit ihrem Licht den gewaltigen Tempel erhellen,
Lehrten die Menschen genau, daß die wechselnden Zeiten des Jahres
Und die gesamte Natur nach festem Gesetz sich bewege.
Nunmehr lebten geschützt sie rings durch starke Umwallung,
Bauten das Land, das verteilt und zum Eigenbesitze begrenzt war;
Nunmehr flogen durchs Meer mit schwellenden Segeln die Schiffe,
Und es schlossen die Staaten Verträge zu Hilfe und Bündnis.
Aber die Taten der Helden vertrauten die Sänger dem Liede,
Als man zuvor noch hatte die Kunst des Schreibens erfunden.
Darum kann unsere Zeit, was früher geschah, nicht erforschen,
Wenn nicht vernünftiges Denken sie führt auf die richtigen Spuren.
Schiffahrt, Bebauung der Felder, Befestigung, staatliche Ordnung,
Straßenbau, Waffengebrauch, Bekleidung und allerlei Handwerk,
Auszeichnungen und was an Genüssen das Leben verschönert,
Dichtkunst und Malerei und Schöpfung plastischer Werke:
All das lehrte die Menschen im Laufe der Zeit das Bedürfnis
Und die Erfahrung des regen, stets vorwärtsschreitenden Geistes.
Also erschafft die Zeit die Kultur in allmählichem Fortschritt,

Und aufklärend führt die Vernunft empor sie zum Lichte.
Denn aus dem einen entstand mit wachsender Klarheit das andre,
Bis die Entwicklung der Menschheit den Gipfel der Bildung erreichte ..."

Etwa gleichzeitig mit Lucretius finden sich bei Cicero (106–43) die Platonische Lehre vom Herrenstaat, die Typenlehre der Herrschaft von Aristoteles zu einer Synthese mit dem neuen naturrechtlichen Empfinden des antiken Weltbürgertums. Nach dieser Auffassung sind alle Menschen als vernünftige Wesen verwandt. „Jus igitur datum est omnibus" (Cicero, Leges 12,33). Der einzelne Mensch wird Glied, nicht mehr bloßes Teilchen, der umfassenden Lebensgemeinschaft. Begreiflicherweise tritt für eine solche Anschauungsweise das Interesse an den kleineren Gruppen der Vergesellschaftung zurück. Die liebevolle Betrachtung der Sonderzüge in den kleineren gesellschaftlichen Gruppierungen scheint hier nicht mehr vertraut gewesen zu sein, obgleich sie sich mit der politischen Pragmatik durchaus vereinbaren ließe, wofür später Machiavelli oder noch später die französischen Moralisten zeugen.

Christliche Antike und Mittelalter

Eine ganz neuartige Situation für die Betrachtung sozialer Gegebenheiten schuf das Urchristentum und der Frühkatholizismus. Die Gesamtgesellschaft, gleichgültig ob aus Völkern oder Individuen zusammengesetzt, wird in zwei Teile getrennt. Es gibt Gläubige und Nichtgläubige, Auserwählte und Nichtauserwählte. Ursprünglich handelte es sich nur um den Gegensatz zwischen Judentum und Nichtjuden. Später wird der Dualismus im Neuen Testament soziologisch dadurch verschärft, daß an Stelle des ethnisch definierbaren Judentums die Sozialgestalt der Kirche tritt. Der Geltungsanspruch dieser Gemeinde aus allen Völkern verwischt die bisherigen soziologischen Trennungslinien. Sie verlaufen nicht mehr zwischen staatlich oder volksmäßig sich unterscheidenden Gruppen. Für die kirchliche Weltanschauung kann es keine derartige stark integrierte Gesellschaft, keine einheitliche Gesellschaftslehre, verbindlich für alle sozialen Gruppierungen, mehr geben. Vielmehr tritt jetzt der Unterschied zwischen religiös bestimmten Klassen auf. Es gibt Gruppen von „dieser Welt" und solche, die von „jener Welt" sind. Paulus wie Augustinus haben das eindeutig ausgesprochen. Paulus verkündete die Lehre universaler Liebe und eine organische Gesellschaftsstruktur. Im Grunde unterscheidet sich die Auffassung von der Gesellschaft, wie sie die Stoiker mit ihrem Naturrecht vertraten, und die der Begründer des Christentums nicht sehr stark. Eine Bruderschaft aller Menschen entspricht der Ansicht beider. Die christliche Auffassung brach jedoch mit der rationalen Beschränkung der Stoa, die jene Bruderschaft im Grunde nur für die geistig ebenbürtigen Menschen, für die „Weisen", gelten lassen wollte.

Eine gewisse „Egalisierung", eine Art „Kollektivierung" einerseits und anderseits der im Diesseits-Jenseits-Dualismus angelegte Dynamismus mit dem Endziel der irdischen Geschichte in einem künftigen endgültigen Übergang zur reinen Jenseitsexistenz haben das Christentum zu einem der wichtigsten Wegbereiter für das spätere soziologische Denken gemacht. Das Christentum bringt zum erstenmal die Konzeption einer eschatologischen Geschichtsauffassung deutlich ins abendländische Bewußtsein. Eine Hinbewegung der Geschichte auf ein festgelegtes Endziel: dieses dynamische Element, selbst wenn es stark säkularisiert ist, macht sich bis in die gegenwärtigen soziologischen Theorien hinein geltend.

Allerdings enthielt dieser eschatologische Gesichtspunkt auch die Neigung, die irdischen Einrichtungen als nicht besonders wichtig anzusehen. Sie konnten nur relativen Wert haben. Wesentliche Ansatzpunkte für das Denken über gesellschaftliche Probleme gibt es zwischen Augustin und dem späteren Mittelalter nicht. Doch befaßt sich die Patristik mit dem Problem des Staates. Mit ganz wenigen Ausnahmen stimmen die Kirchenväter in der Betonung der sozialen Natur des Menschen überein. Es finden sich sogar Vergleiche mit der Tierwelt. Das Problem der Unter- und Überordnung, von Gehorsam und der Einstellung zum weltlichen Staat, der Obrigkeit; die Kontroverse, ob natürlicher oder konventioneller Ursprung des Staates: all das wird erörtert, gehört aber doch mehr in eine Wissenschaftsgeschichte der Staatswissenschaft als in die der Soziologie im engeren Sinne.

Am umstrittensten sind die Darlegungen Augustins (354–430), Sohn eines heidnischen Vaters und einer christlichen Mutter. Seinen politischen Erlebniskreis bestimmt vornehmlich die Bedrohung des Römischen Reiches durch die Germanen. 413–426 entsteht sein „Gottesstaat" (De civitate Dei), aus dem die Textstellen stammen. In Auseinandersetzung mit Cicero schildert dieses Werk das Bild einer aus mehreren Staaten bestehenden Glaubensgemeinschaft. Geschichtsphilosophisch (und darum im weiteren Sinne auch sozialphilosophisch) wichtig ist allein, daß es Augustins Geschichtsbild gelingt, in einer auch die Zukunft einbeziehenden Konstruktion die Geschichte als Ganzheit zu sehen. Der vorweggenommene Endzustand ermöglicht es, jedem geschichtlichen Einzelereignis seinen Sinn für das Ganze zuzuschreiben.

Augustins Bedeutung für die Fortschrittsidee wird in der neueren Forschung allerdings unterschiedlich beurteilt. Étienne Gilson (Der Geist der mittelalterlichen Philosophie, 1950) beschreibt das mittelalterliche Geschichtsbewußtsein als die „Geschichte eines Fortschrittes, der eine ganz bestimmte Richtung hat ... Der Gedanke eines fortschreitenden Wandels im genannten Sinne ist mit besonders starkem Nachdruck von Augustin und den ihm nahestehenden christlichen Denkern vertreten worden. Die Menschheit wird verstanden als ein einziges Kollektiv ... das sich in beständigem Fortschritt zur Vollkommenheit hin befindet und sich ihr auch unaufhörlich nähert. Es war das ein neuer Gedanke; denn weder bei Platon noch bei Aristoteles noch bei den Stoikern findet man diese uns heute so vertraute Vorstellung ... Die heutige Geschichtsphilosophie ist ... von den christlichen Prinzipien des Mittelalters viel stärker geformt, als sie sich träumen läßt." Oder: „Wenn man Comte und seine ‚drei Perioden', die zu der Religion der reinen Menschlichkeit führen, näher betrachtet, denkt man unwillkürlich, Augustin hätte sich hier in einen Atheisten verwandelt und sein Gottesstaat sei vom Himmel auf die Erde herabgekommen."

War aber Augustin überhaupt in der Lage, eine unserer heutigen oder dem neunzehnten Jahrhundert vergleichbare Fortschrittsidee zu fassen? Skeptischer stellt sich zu dieser Frage Theodor E. Mommsen in seiner Untersuchung des „Hl. Augustin und die christliche Vorstellung des Fortschritts“ (Journal of the History of Ideas, Juni 1951, Bd. XII): Für Augustin nimmt die Geschichte ihren Lauf nicht in Zyklen, sondern entlang einer Linie. Jedes einzelne Ereignis auf dieser Zeitlinie ist eine einmalige Begebenheit und besitzt eine bestimmte Bedeutung. Diese lineare Geschichtsauffassung – im Gegensatz zur zyklischen der Griechen – geht auf hebräische Vorstellungen zurück, weiterentwickelt durch frühe christliche Theologen. Nach Mommsen kam Augustin zur Bekämpfung der Zyklentheorie vermutlich infolge der Einsicht, daß dieser heidnische Gedanke von dem ihm verdächtigen Origenes geteilt wurde. Eine Zyklentheorie der Geschichte ist aber auch mit der Lehre von der Erlösbarkeit des Menschen unvereinbar. Sie rührt nach Augustin aus dem geistigen Unvermögen, den Begriff der Unendlichkeit zu erfassen. Das Festhalten an der Vorstellung von sich notwendig schließenden Kreisen verrate ein Bedürfnis des begrenzten menschlichen Verstandes.

Aber, und das ist Mommsens eigentliche These, noch viel gefährlicher muß für Augustin die „christliche Fortschrittsidee“ gewesen sein. Es gibt, wie neuere Forschungen gezeigt haben, eine solche frühe Fortschrittsidee, vielleicht entzündet an der Frage des Millenniums. Wenngleich das nicht bei jedem Denker irdische Prosperität in sich schloß, haben doch manche Apologeten angedeutet, daß die Welt unter dem Christentum innerhalb der geschichtlichen Zeit einen echten Fortschritt gemacht habe und weiterhin machen werde. Für eine solche Fortschrittsidee mußte der Fall Roms im Jahre 410 eine bittere Erfahrung sein. Und Augustin hat daran erkannt, wie gefährlich dem echten Christentum eine irdische Fortschrittsidee sein konnte. Man durfte nicht, wie Eusebius und andere im 4. Jahrhundert, den Begriff „Fortschritt“ im materiellen Sinne verstehen. So bctont Augustin dle Veranderlichkeit der menschlichen Dinge, die Abwesenheit jeglicher Sicherheit und damit auch jedes stetigen Fortschritts. Er ist nicht optimistisch, es kann neue Verfolgungen geben, und den so erstaunlichen Erfindungen der Menschen wohnen doch auch schon zerstörerische Momente inne. Und wenn Augustin das Wort procurrere oder procursus verwendet, so ist es, nach Mommsen, unrichtig, es mit Progression, mit Fortschritt und Perfektion im modernen Sinne zu übersetzen.

Ernst Troeltsch hat die Rückständigkeit Augustins nachgewiesen. Nach seiner These gehört Augustins „De civitate dei" ans Ende der alten Kirchengeschichte, nicht zum Beginn des Mittelalters. Auch Alois Dempf (Sacrum Imperium, 1929) rückt Augustins Werk, um der wissenschaftlichen Gerechtigkeit willen, aus seiner bisherigen zentralen Stellung. Beide Forscher bezweifeln, daß Augustin überhaupt einen eigentlichen Zugang zu den gesellschaftlichen Problemen seiner Zeit gehabt hat. Augustin gehörte der römischen Gesellschaft an. Von einer tatsächlich weiterwirkenden christlichen Gesellschaftslehre könne bei Augustin schon deshalb keine Rede sein, da er „der letzte und größte Denker der christlichen Antike, ihr geistlicher Praktiker und Volkstribun, die letzte und größte Zusammenfassung der absterbenden antiken Kultur mit Ethos, Mythos, Autorität und Organisation der frühkatholischen Kirche" ist (Troeltsch). Augustin konnte mit seinen wesentlichen Aussagen gar nicht auf den Boden einer anderen Kultur übernommen werden. Nach Troeltsch ist für Augustin der eigentliche Wendepunkt der Weltgeschichte das Weltende, nicht etwa das Christentum. Die Kirche als sozialen Organismus sieht er noch nicht. Die sozialen Grundbedingungen für die mittelalterliche christliche Gesellschaftslehre konnten auf Augustin noch nicht wirken: seine Umwelt ist noch nicht homogen christlich. Noch ist das christliche Kaisertum nicht aufgetaucht. Augustins staatssoziologischen Wünsche und Überlegungen sind deshalb naiv und konservativ. Er möchte die Welt in lauter Kleinstaaten organisieren.

Troeltschs These ist nicht unbestritten geblieben. G. Beyerhaus weist darauf hin, daß Augustins frühere Schriften den staatspolitischen Pessimismus der Schrift vom „Gottesstaat" noch nicht besäßen. Erst die Plünderung Roms durch Alarich (410) habe Augustin entmutigt, eine positive Staatslehre zu geben. W. Köhler hält aber doch seines Lehrers Troeltschs Ansicht für richtig, daß Augustin der antiken Soziologie verhaftet bleibt. Die Verbindung zwischen Christentum und Kultur, die Leistung des Mittelalters, fehlt bei Augustin und trennt ihn unweigerlich von der Gesellschaftslehre der Scholastik.

Dempf vergleicht Augustin mit Hegel. Wie dieser am Ende der sog. Neuzeit steht, so schließe Augustin die Antike ab, wenn er auch manche Elemente dem neuen Reichsbewußtsein des Mittelalters beigesteuert habe. Augustin sei – geradezu tragisch – seiner Zeit verhaftet. Die Vorstellung einer konkreten

Reichskirche, woraus erst wieder echte soziologische Probleme hätten begriffen werden können, ist bei Augustin verschüttet. Die antike, nur rational entworfene Idee eines richtigen Staates – Ciceros Erbe an Augustin – trübte ihm den Blick für die konkreten Vorgänge.

Eine mustergültige, soziologisch und vor allem sprachsoziologisch vorgehende Interpretation der Grundbegriffe Augustins bietet Wilhelm Kamlah, Christentum und Geschichtlichkeit. Untersuchungen zur Entstehung des Christentums und zu Augustins „Bürgerschaft Gottes", 2. A. 1951. Vgl. z.B. die Untersuchung der Begriffe „civitas Dei", civitas, Bürger und Bürgerschaft. Wichtig ist auch Kamlahs Auseinandersetzung mit Troeltsch.

Augustin unterscheidet zwei Arten menschlicher Gemeinschaft:

„Gott hat die Menschen aus einem einzigen Menschen hervorgehen lassen wollen, um so das Menschengeschlecht durch Gleichheit der Natur gesellig zu verbinden und auch durch Zwang der Blutsverwandtschaft mit dem Band des Friedens zu Einheit und zu Eintracht zu verknüpfen... Des Todes Herrschaft aber über die Menschen reicht so weit, daß die verdiente Strafe alle in den zweiten Tod auch werfen würde, der kein Ende kennt, wenn Gottes unverdiente Gnade nicht bestimmte Menschen davor rettete. Und so ist es geschehen, daß es, so viele Völker auch auf Erden nach mannigfacher Art und Sitte, nach Sprache, Werkzeug, Tracht sich voneinander unterscheiden, doch nicht mehr als nur zwei Arten menschlicher Gemeinschaft gibt, die wir nach unserem Sprachgebrauch gar wohl zwei Staaten nennen dürfen. Die eine ist die Gemeinschaft der Menschen, die nach dem Fleisch, die andere ist die Gemeinschaft derer, die nach dem Geiste leben wollen, eine jede im Frieden ihrer Art, und die beide, da sie, was sie erstreben, auch erreichen, nach ihrer Art des Friedens leben..."

Weltstaat und Gottesstaat unterscheidet Augustin so:

„Ich habe die Menschheit geteilt in zwei Arten, in solche, die nach Gott, und solche, die nach dem Menschen leben. Die haben wir in... übertragenem Sinn zwei Staaten genannt, das heißt zwei Gemeinschaften der Menschen, deren einer vorherbestimmt ist, in Ewigkeit mit Gott zu herrschen, deren andrer, mit dem Teufel ewige Strafe zu erleiden... Diese ganze lange Zeit, da die Menschen gehn und kommen, sterben und geboren werden, gehört der Geschichte beider Staaten an, von denen wir jetzt handeln...

Stets wird es diesen Weltstaat und die Genossenschaft von Menschen geben, die nach dem Menschen leben, und sie wird nicht aufhören bis zum Ende dieser Welt, das der Herr im Auge gehabt hat, als er sagte: ‚Die Kinder dieser Welt zeugen und werden geboren.‘ Den Gottesstaat dagegen, der auf dieser Welt in der Fremde ist, führt eine Wiedergeburt in eine andere Welt, deren Kinder weder zeugen noch geboren werden. Hienieden also ist Zeugen und Geborenwerden beiden Staaten gemeinsam, obschon der Gottesstaat auch hienieden viele tausend Bürger zählt, die sich des Zeugungswerkes enthalten; aber auch der Weltstaat zählt infolge einer Art Nachahmung solche Bürger, die freilich Irrwege wandeln. Denn zum Weltstaat gehören auch jene, die vom Glauben des Gottesstaates abwichen und verschiedenerlei Häresien gründeten; sie leben nämlich nach dem Menschen, nicht nach Gott..."

Durch das Gerechtigkeitsideal verbaute sich Augustin den Blick auf reale Gesellschaften:

„Hier ist auszuführen... daß nach den Begriffsbestimmungen, die Scipio in Ciceros Schrift über den Staat gebraucht, Rom nie ein Staat gewesen ist. Denn er bestimmt in Kürze den Begriff des Staates dahin, daß er Sache des Volkes sei. Ist diese Bestimmung richtig, so ist das Römische Reich nie ein Staat gewesen, weil es nie Sache des Volkes gewesen ist, was ja den Begriff des Staates ausmachen soll. Denn Volk nennt er eine Vereinigung von Menschen, die durch Übereinstimmung des Rechts und durch Gemeinschaft des Nutzens in sich selbst verbunden ist. Was er aber unter Übereinstimmung des Rechts versteht, das erklärt er im Verfolg der Auseinandersetzung, indem er zeigt, daß ohne Gerechtigkeit ein Staatswesen nicht geführt werden könne. Wo also keine wahre Gerechtigkeit ist, kann auch kein Recht sein. Denn was nach Recht geschieht, das geschieht doch gerecht; was aber ungerecht geschieht, kann nicht nach Recht geschehen. Denn als Recht kann man nicht irgendwelche schlechte Bestimmung im Menschen gelten lassen und bezeichnen, da ja Recht nur sein soll, was aus dem Quell der Gerechtigkeit geflossen ist; und es ist falsch, was gewisse Leute zu sagen pflegen, die kein Gefühl für Recht besitzen: das nämlich sei Recht, das dem von Nutzen, der der Stärkere ist. Wo also keine wahre Gerechtigkeit ist, kann auch keine durch

Übereinstimmung des Rechts verbundene Gemeinschaft der Menschen sein und also auch kein Volk nach jener Begriffsbestimmung des Scipio bei Cicero. Und wo kein Volk, da ist auch keine Sache des Volkes, sondern irgendeiner Menge, die des Namens Volk nicht würdig ist; da es ferner kein Recht gibt, wo keine Gerechtigkeit, so kann also, wo keine Gerechtigkeit, auch kein Staat sein ..."

Die drei Stufen menschlicher Gemeinschaft sind nach Augustin:

„das Haus, der Staat, der Erdkreis; und dieser letztere, gleich einer Wassermasse, ist um so reicher an Gefahr, je größer er ist. Da ist zunächst die Verschiedenheit der Sprache, die den Menschen dem Menschen fremd macht. Wenn zwei im Leben sich begegnen, dauernd, und zur Gemeinschaft durch die Not gezwungen sind und keiner versteht des anderen Sprache: leichter würden sich stumme Tiere fremder Art gesellen als solche, die doch beide Menschen sind. Denn wenn sie, was sie fühlen, sich nicht mitzuteilen wissen, so hilft schon darum, der Verschiedenheit der Sprache wegen, die Gleichheit der Natur doch nichts, sich gesellig zu verbinden, so daß der Mensch oft lieber seinen Hund als einen Menschen fremder Sprache zur Gemeinschaft hat ..."

Gesellschaftslehre der Scholastik

Am Ende des 12. Jahrhunderts zeichnen sich in der europäischen Geistesgeschichte verschiedene Erscheinungen und Motive ab, deren Zusammenwirken das 13. Jahrhundert zur Vorstufe des neuzeitlichen Europa machte.

Das 12. Jahrhundert sah die Geburt der Universität. Oxford, Paris und Bologna wurden zu den ersten Stätten organisierter höherer Bildung. Die beiden großen Bettelorden, Dominikaner und Franziskaner, waren der geistige und wirtschaftliche Rahmen für viele Gelehrtenexistenzen dieser Zeit. Bettelorden wie Universität bedurften zur Entfaltung ihrer Wirksamkeit und zu ihrer wirtschaftlichen Fundierung des neuen Gemeinschaftstyps dieser Zeit, der dichtbevölkerten Stadt. Dieses eigentümliche soziale Problem selbst zu betrachten lag aber den mittelalterlichen Gelehrten fern. Die Rezeption der Vergangenheit und ihrer geistigen Werke hemmte den Blick in die Zukunft sozialer Vorgänge. So fesselnd und aufschlußreich für uns heute die mittelalterlichen Institutionen oder das Zusammenspiel zwischen Politik und Religiosität in der damaligen Zeit sind, so „*un*soziologisch" blieb das zeitgenössische Denken und Beobachten in all diesen Gebieten, wenn man vom Rechtsdenken dieser Zeit absieht, das sich ja auch mit sozialen Institutionen beschäftigt. Gleichzeitig mit den Universitäten gewannen nämlich die großen Rechtsschulen an Bedeutung. In Einzelfällen mag ihre Tradition, ihre Existenz auf einer ununterbrochenen Linie zurück in die Antike geführt haben. Jedenfalls geht jetzt von ihnen ein verstärkter geistesgeschichtlicher Einfluß aus. Sie verbreiten das römische Recht in einer Welt, deren Verkehrsgrundsätze und Institutionen dem römischen Kaiserrecht nicht mehr entsprachen. Dieses Zusammenschweißen eines Rechtssystems, das auf untergegangene Gesellschaftsformen gemünzt war, mit den Lebensformen des späteren Mittelalters hätte an sich zahlreiche soziologische Probleme ans Licht bringen müssen. Aber auch dieser Vorgang regte offenbar kaum zu wirklich soziologischem Denken an.

Sozialphilosophisches Denken wurde wach, als man nach den Kreuzzügen – zum erstenmal im Besitz größerer Werke des Aristoteles – begann, antike Werke ins Lateinische zu übersetzen, zu kommentieren. Umrankt war dieses Erbe der Antike von zahlreichen Kommentaren arabischer und jüdischer Autoren. Und weithin begnügte sich die Scholastik mit den philologischen Problemen dieser Übersetzungen. Sachlich wichtig ist die Übersetzung der aristotelischen „Politik" durch Wilhelm von Moerbeke. Er war flamländischer Dominikaner und philologischer Mitarbeiter des Thomas von Aquin. Für eine soziologische Erkenntnis der mittelalterlichen Welt konnten die auf den antiken Stadtstaat bezogenen sozialethischen Feststellungen des Aristoteles allerdings nicht viel beitragen. Neben griechisch-antiken Vorstellungen, römischer Rechts- und Staatslehre blieb deshalb als Grundstrom für die Sozialphilosophen des 13. Jahrhunderts die soziale und politische Gedankenwelt der Patristik und der Bibel bestehen.

Es hätte wenig Zweck, in einer Geschichte der Soziologie, also einer Wissenschaft, deren eigentliche Geburtsstunde sehr viel später liegt, die feineren Unterscheidungen der mittelalterlichen Geistesgeschichte zu nennen. Auch bietet das weithin normativ aufbauende und wenig analytische Denken jener Zeit kaum Anhaltspunkte für soziologische Beobachtungsergebnisse. Spuren solcher Denkformen finden sich vielleicht erst im 14. Jahrhundert; etwa in sozialkritischen Glossen wie folgende aus England überlieferte (1360 n. Chr.): „Als Adam grub und Eva spann, wer war da der Edelmann?"

Thomas von Aquin

Thomas von Aquin kann in seiner prägenden Eigenart für die ganze Epoche stehen. Bei ihm kam es zur Synthese christlicher und antiker Elemente im Gemeinschaftsbegriff.

Thomas wurde 1225 oder 1226 auf Roccasecca bei Aquino geboren, er starb 1274 im Kloster Fossanuova, südlich Rom. Philosoph der Scholastik, 1323 heiliggesprochen, seit 1567 Doctor ecclesiae, aus gräflichem Geschlecht. Zu Monte Cassino von Benediktinern erzogen, studierte er in Neapel, wurde 1243 (?) Mitglied des Dominikanerordens, in Köln Schüler Alberts d. Gr.: von 1252 bis 1259 war er als Bakkalar und Magister in Paris, 1259 wurde er von Urban IV. nach Rom berufen, war dort Leiter der päpstlichen theologischen Schule und 1265–1267 des Studiums der Dominikaner. 1269–1271 war er wieder in Paris, 1272–1273 am neugegründeten Generalstudium in Neapel. Thomas schrieb u. a. Kommentare zu den Schriften des Aristoteles und zu den Sentenzen des Petrus Lombardus sowie systematische Werke: „Summa contra gentiles" (1259–1264), „Summa theologiae" (1265–1273), „Quaestiones disputatae" (1256–1273).

Thomas erschien bereits den Zeitgenossen als großer Neuerer. Er versuchte eine deutliche Grenze zwischen Glauben und Wissen zu ziehen, womit der Weg zur eigentlichen Wissenschaft frei wurde.

Schon der Lehrer des Aquinaten, Albertus Magnus (1206–1280), hatte die Aristotelische Politik seinen Kommentaren zu politischen Problemen zugrunde gelegt. Aber erst in des Thomas Abhandlung De regimine principum (1265) verdichtete sich das staatsrechtliche und sozialphilosophische Gedankengut der abendländischen Geschichte zu seinem prägnantesten Ausdruck, den es gegen Ende des Mittelalters fand. Es ist eine optimistische Gesellschaftslehre. Der soziale Mensch ist Baustein der Gemeinschaft, nicht etwa der homo homini lupus, den vor allem spätere Jahrhunderte wieder ins Lampenlicht rückten.

Die Theorie des Aquinaten über den Einfluß des Klimas auf die menschliche Gesellschaft und Kultur zeigen gegenüber den Vorgängern (Aristoteles und Vegetius) nur geringfügige Ergänzungen. In der für das Mittelalter so wichtigen Streitfrage über den Vorrang der geistlichen oder weltlichen Autorität nimmt Thomas einen auffallend gemäßigten Standpunkt ein. Das Naturrecht ist nach Thomas für alle Menschen, gleichgültig ob Christen oder Heiden, verbindlich. Der bürgerliche Gehorsam wird für Thomas durch das Naturrecht begründet. Die christlichen Untertanen eines heidnischen Regenten dürfen ihre Untertanenpflicht nicht im Hinblick auf sein Heidentum vernachlässigen. Doch war, im Zweifelsfall, das sacerdotium für Thomas eine höhere Art der Autorität als das imperium. Eine Reihe von Thomasinterpreten sieht mit dem Aquinaten das Ende des Mittelalters unwiderruflich gekommen. Thomas „schrieb den Prolog der Neuzeit" (Dempf).

In der Rechtsphilosophie (im Traktat De legibus) gibt Thomas politische Gebote für vier soziologische Verhältnisse: die Beziehung Fürst–Untertan; Untertanen unter sich; Volk–Fremde und Familienordnung. Im Rahmen dieser Gedankengänge gelingen Thomas problemgeschichtlich wesentliche Feststellungen. So vor allem über die Eigentumsordnung bei Privatpersonen. Im Gegensatz zur mittelalterlichen Idee des Reichsgemeinbesitzes „ist im ganzen nun die soziologische Ordnung des Privatrechts schon wieder Ausgangspunkt der Staatsanschauung" (Dempf). Bezeichnend ist ferner, daß Thomas bereits den politischen Menschen, etwa beim Problem der Kriegsverhinderung, entdeckte.

Im folgenden Text befaßt sich Thomas mit einem Grundproblem der normativen Gesellschaftslehre, das aber zugleich an den realen Bedingungen des Zusammenlebens dargestellt wird: Freiheit und Autorität, Selbstbestimmung des einzelnen und gesellschaftliche Ordnung durch Herrschaft. Zunächst geht es um das Prinzip der Regierung:

„Wenn es ... dem Menschen natürlich ist, in Gemeinschaft mit vielen zu leben, dann muß es auch unter den Menschen etwas geben, wodurch die Vielheit regiert wird. Bei der so großen Zahl von Menschen und bei dem Bestreben des einzelnen, egoistisch für sein Privatinteresse tätig zu sein, würde die menschliche Gesellschaft nach den entgegengesetzten Richtungen aus den Fugen gehen, wenn niemand da wäre, dem die Sorge für das Gemeinwohl der Gesellschaft obliegt ... Es muß also außer dem, was jeden zu seinem eigenen Wohl hinbewegt, noch etwas geben, das auf das allgemeine Beste von vielen hinarbeitet. Deswegen nehmen wir überall, wo vieles auf eine Einheit hingeordnet ist, ein leitendes Prinzip wahr ..."

Mit dem zeitlosen Problem des Widerstandsrechtes, der Gehorsamsverweigerung und den Kriterien dafür setzt sich Thomas im folgenden Abschnitt auseinander:

„Es kann aus zweifachem Grunde zutreffen, daß der Untergebene seinem Vorgesetzten nicht in allem zu gehorchen braucht. Einmal weil das Gebot einer höheren Gewalt vorliegt. Zu Röm. 13,2: ‚Wer sich gegen sie (die Gewalt) auflehnt, zieht sich das Gericht zu', sagt nämlich die Glosse: ‚Wenn der Stadtkommissar etwas angeordnet hat, mußt du es dann tun, falls es dem Auftrag des Prokonsuls widerspricht? Und wenn der Prokonsul selbst etwas befohlen hat, der Kaiser aber etwas anderes, besteht dann Zweifel darüber, daß man jenen unbeachtet zu lassen und diesem zu folgen habe? Wenn also der Kaiser und Gott etwas anderes befehlen, muß man jenem nicht willfahren, sondern muß Gott gehorchen.' Zweitens ist der Untergebene seinem Vorgesetzten nicht zu Gehorsam verpflichtet, wenn dieser ihm etwas befiehlt, worin er ihm gar nicht untersteht ... In den Dingen also, die sich auf die innere Bewegung des Willens beziehen, braucht der Mensch nicht dem Menschen, sondern nur Gott zu gehorchen."

Thomas gelangt nun zu einer außerordentlich bemerkenswerten, modernen soziologischen Vorstellungen entsprechenden Differenzierung menschlichen Verhaltens. Er unterscheidet vom inneren psychischen Verhalten das äußere motorische Verhalten, durchaus in der Weise des Behaviorismus. Bei diesem äußeren Verhalten differenziert er aber das allen Menschen stets gemeinsame biologisch, somit naturrechtlich aufzufassende Verhalten, z.B. das Sexualverhalten, von dem sekundären Rollenverhalten, das aus dem Status des einzelnen stammt. Thomas verwendet nicht den Begriff Rolle, sieht aber unzweifelhaft das Phänomen Status und Rolle. Selbstbestimmt (bei Thomas Gottbestimmt) ist der Mensch beim allen Menschen gemeinsamen natürlichen Verhalten, nicht aber beim Rollenverhalten:

„Der Mensch muß indessen dem Menschen gehorchen in den Dingen, die nach außenhin mittels des Körpers zu tun sind. Doch auch hier darf der Mensch sich nicht dem Menschen, sondern nur Gott unterwerfen hinsichtlich dessen, was die Natur des Körpers betrifft; denn alle Menschen sind von Natur aus gleich. Dahin gehört z.B. das, was sich auf die Erhaltung des Körpers und die Erzeugung der Nachkommen bezieht. Wo es daher um den Abschluß der Ehe oder die Bewahrung der Jungfräulichkeit oder sonst etwas Ähnliches geht, sind weder die Sklaven ihren Herrn noch die Kinder ihren Eltern zu Gehorsam verpflichtet. – In den Belangen jedoch, die zur ordnungsgemäßen Ausrichtung der menschlichen Handlungen und Angelegenheiten gehören, hat der Untergebene seinem Vorgesetzten nach Maßgabe von dessen Vorrangstellung zu gehorchen, wie der Soldat dem Feldherrn in kriegerischen Entscheidungen, der Knecht seinem Herrn in der Verrichtung der ihm aufgetragenen Arbeiten, das Kind dem Vater in Sachen der Erziehung und der Besorgung des Hauses, und genauso bei ähnlichen Verhältnissen... Wie die Tätigkeit der Naturdinge aus Naturvermögen fließen, so entspringen die menschlichen Handlungen dem menschlichen Willen. Nun ist es aber unter den Naturdingen so, daß die höheren die niederen zu deren Tätigkeiten hinbewegen durch die größere Stärke ihrer von Gott verliehenen Kräfte. Daher müssen auch im menschlichen Lebensbereich die Oberen durch ihren Willen auf Grund der von Gott übertragenen Vollmacht die Untergebenen bewegen. Durch Verstand und Willen bewegen heißt aber befehlen. Wie daher eben kraft der von Gott festgesetzten Naturordnung die tieferstehenden Naturdinge in der notwendigen Lage sind, der Bewegung der höheren unterworfen zu sein, so sind auch im menschlichen Lebensbereich die Untergebenen auf Grund natürlicher und göttlicher Rechtsordnung gehalten, ihren Vorgesetzten zu gehorchen...“

Das ursprünglichste und wichtigste Differenzierungsprinzip jeder Gemeinschaft, die Arbeitsteilung, leitet Thomas als eine Naturforderung ab:

„Es ist für den Menschen eine Naturforderung, daß er als ein für Gesellschaft und Staat veranlagtes Lebewesen [animal sociale et politicum] in der Gemeinschaft mit vielen lebt. Dies ist für den Menschen in höherem Maße Naturbedürfnis als für alle anderen Lebewesen. Denn für die Tiere hat die Natur Nahrung, die schützende Kleidung der Haare, Verteidigungsmittel gegen die Feinde ... oder doch die Schnelligkeit zum Fliehen bereitet. Der Mensch hat von all dem nichts von der Natur mitbekommen, es ist ihm dafür die Vernunft verliehen worden, auf daß er durch sie mit Hilfe seiner Hände sich all das verschaffe. Der einzelne Mensch kann dies aber nie und nimmer sich verschaffen, wenn er auf sich allein angewiesen ist. Darum ist es für den Menschen Naturforderung, in Gesellschaft mit vielen zu leben. Eine ähnliche Erwägung stützt sich auf die Tatsache, daß bei den Tieren der Instinkt für all das, was ihrem Leben nützlich oder schädlich ist, viel ausgebildeter ist als beim Menschen. Dieser muß durch seinen Verstand sich diesbezüglich orientieren. Er kann es erfolgreich aber nur tun, wenn er in Gemeinschaft mit anderen lebt. In der Gemeinschaft unterstützt der eine den andern, indem die verschiedenen Menschen durch ihren Verstand an der Erfindung von Verschiedenem sich beteiligen. Der eine gibt sich mit Medizin ab, der andere mit anderem usw. Am deutlichsten aber bekundet sich die soziale Veranlagung des Menschen darin, daß er allein das Sprachvermögen hat, die Fähigkeit, seine Gedanken den anderen voll und ganz auszudrücken ..."

Utopie, Naturrecht und Revolution: Schritte zur Soziologie vom Beginn der Neuzeit bis zur Aufklärung

Gesellschaft in Antike und Neuzeit

Die Frage, wann und in welchen Gestalten die Neuzeit eigentlich begann, braucht uns hier nicht im einzelnen zu beschäftigen. Stets und unschwer kann man bestimmte Einzelzüge in Form von wissenschaftlichen, künstlerischen, wirtschaftlichen oder religiösen Vorgängen und Gestaltungen (Objektivationen) herausheben und als „Anfang" einer Epoche wählen. Da die Soziologie die wissenschaftliche Besinnung auf bereits sicht- und spürbare Veränderungen und Vorgänge in der gesellschaftlichen Struktur ist, wird ihre neuzeitliche Frühform nicht gerade am ersten Beginn der Neuzeit zu finden sein. Vor allem stellt man sich den Beginn einer solchen Kulturära besser vor in Form mehrerer Stöße, von denen jeder ein wenig weiter dringt als der vorangegangene Rückschlag; nicht so sehr als einmaligen Beginn.

Im neueren Schrifttum, nicht zuletzt bei den Italienern, scheint die Neigung vorzuherrschen, die Geburts- und Entscheidungsstunde für das moderne Europa früher zu legen, als man gemeinhin annahm. Das eigentlich vorbereitende Jahrhundert zu den geistigen und sozialen Formungen, die uns die okzidentale Kultur, auf wissenschaftlicher Grundlage, bescherten, wird nun oft im 13. Jahrhundert erblickt. Wir werden dann bei der Einleitung zu Machiavelli sehen, wie eine bestimmte politisch-institutionelle Situation, aus der Renaissance hervorgebrochen, den historiographischen Blick zur Soziologie (in Form einer halbbewußten Methode oder wenigstens Sehweise) lenkt.

Die politisch-pragmatische Haltung der Renaissancedenker kommt allerdings kaum so sehr aus den humanistischen Wurzeln, aus der Neubelebung der Antike. Eher darf man als

Hauptkräfte für die Auslösung der Moderne den neuartigen Versuch und Wunsch der Menschen sehen, alle verfügbaren intellektuellen Hilfsmittel zur Meisterung, Veränderung und Besserung der Umwelt anzuwenden. Es wird zu dieser Zeit klar, daß man bei allen geistigen Anstrengungen unterscheiden kann zwischen solchen, bei denen es auch künftig nur eine Reihe sich widersprechender Meinungen geben wird, und solchen, bei denen man doch ein verhältnismäßig sicheres Wissen erarbeiten kann, das sich in erster Linie in technischen Leistungen bestätigen läßt. Dilthey beobachtet, daß es die neuartige Verbindung zwischen manueller Geschicklichkeit und Ausdauer mit abstrakteren geistigen Leistungen war, aus denen die moderne Wissenschaft wuchs.

Die innere Organisation der großen Gemeinwesen fordert zu vermehrten Beobachtungen und Überlegungen auf. Bis hin zu Justus Möser noch läßt sich deutlich sehen, wie glänzende soziologische Beobachtungen und Vorschläge eng zusammenhängen mit der Kameralistik, mit der „Polizeiwissenschaft", der Lehre von lokaler Zivilverwaltung. So wird der aus der nationalstaatlichen Ideologie hervorgehende Merkantilismus, diese Frühform zentraler Planwirtschaft, ein Problemgebiet, an dem sich Keime der Soziologie entfalten konnten. (Und gerade bei der ersten starken Reaktion auf den Merkantilismus, bei Adam Smith, bricht dann eine Fülle soziologischer Kategorien ins Licht des zeitgenössischen Bewußtseins.)

Inwieweit es berechtigt ist, bei der Geschichte der Soziologie über das Mittelalter hinweg in die Antike zurückzugehen, ist umstritten. Nach Auffassung der strengen Verfechter einer nur gegenwartsgebundenen Soziologie kann es keine Analogie zwischen der Soziologie und der mittelalterlichen bzw. antiken Gesellschaftsphilosophie geben. Die Wirtschaften der vorneuzeitlichen Zivilisationen seien so grundverschieden, da ohne modernen Kapitalismus, daß man die Geschichte der Soziologie eben notwendig erst mit dem Kapitalismus und der bürgerlichen Welt beginnen lassen könne. Dies ist etwa die von René König (1950) eingenommene Position. Andere Forscher, so Carl Brinkmann, sehen gerade „hinter den kirchlich-feudal-bäuerlichen Pfeilern der mittelalterlichen Gesellschaft" die antike Überlieferung der Polis wieder bestimmend auftauchen. Diese, zusammen mit den neuen Wirtschaftsformen des Kapitalismus, erzeuge die Kultur des neuzeitlichen Bürgertums (und damit letztlich dann auch die Soziologie).

Auf jeden Fall gibt es durchlaufende Problemzüge. Für die Arbeitsteilung, ein ausgesprochen soziologisches Problem, lassen sich etwa folgende Beobachter (ohne Vollständigkeitsanspruch) nennen: Platon (und andere antike Denker), Comenius, der Begründer der Pädagogik, Locke, Mandeville, Hutcheson, Berkeley, Turgot, Ferguson, Smith. Das typisch Moderne bei diesem Problem wird allerdings erst im 18. Jahrhundert geleistet: nämlich die konsequente Anwendung des Prinzips der Arbeitsteilung auf den gesamten Sozialprozeß, in seinem Fortschritt und Verfall (bei Ferguson).

Auch bevölkerungspolitische Probleme haben eine durchlaufende Behandlung erfahren: Platon, Aristoteles, Polybius, Thomas von Aquin, Ibn Chaldun, Luther, Bodin, viele Merkantilisten und Physiokraten haben sich damit beschäftigt. Im 18. Jahrhundert waren es dann Montesquieu und Hume, bei denen das Problem behandelt wurde.

Oder wenn wir bei Adam Ferguson schon überraschend ins 19. Jahrhundert weisende soziologische Äußerungen finden, so muß man fragen, ob er sie allein aus der Literatur seit 1500 oder 1600 hat oder ob nicht gerade über diese vielbelesenen Autoren des 18. Jahrhunderts mancher antike Gedanke für die Soziologie des 19. Jahrhunderts bereitgestellt wurde. Die erste Monographie über Fergusons Soziologie (W. C. Lehmann, New York 1930) läßt keinen Zweifel, daß Thukydides, Polybius, vielleicht auch Xenophon, Cäsar, Tacitus und Livius für Ferguson nicht allein Beobachtungsmaterial geboten haben, sondern ihm auch Anregungen für die soziologische Methode gaben. H. H. Jogland (Ursprünge und Grundlagen der Soziologie bei Adam Ferguson, 1959) sieht die Verbindung zwischen Fergusons Gedanken und dem Denken der Stoiker als bestätigt an.

Man darf eines nicht vergessen: wissenschaftsgeschichtliche Vergleiche zwischen Antike und Neuzeit berühren nur bestimmte Schichten analoger Begriffe. Wenn Aristoteles etwa den Zusammenhang zwischen Verringerung des Mittelstandes und Revolutionsbereitschaft des Gemeinwesens analysiert, treffen seine Bezeichnungen (Mittelstand, Revolution, Gesellschaft) – oder eben das, was in lateinischen und deutschen Übersetzungen für die griechischen Worte stand; (so las auch Thomas von Aquin den Aristoteles auf Latein, also schon in einer modifizierten, durch das lateinische Staatsdenken gefilterten Weise) – nicht dasselbe, was spätere Beobachter mit denselben Bezeichnungen belegen werden. Nur zu leicht glauben wir, bei einem antiken Autor eine überraschend „moderne“ Problembeschreibung zu finden, wenn in Wirklichkeit allein nominelle Berührungen vorliegen, die sich aus der Begrenztheit sprachlicher Schablonen ergeben. Echte Problem- und Phänomenanalogien können dadurch vorgetäuscht werden, daß wir, rein sprachgeschichtlich, mit denselben Grundbegriffen arbeiten, die seit der Antike geläufig sind. Soziologische Begriffe setzen sich in der Regel aus einer psychologischen und einer gesellschaftlichen Komponente zusammen. In der Regel ändert sich die erste weniger rasch als die zweite.

Diesen, in der Ideen-, Theorien- und Problemgeschichte m. E. viel zu häufig übersehenen Umstand eindringlich hervorgehoben zu haben ist z. B. das Verdienst von Wilhelm Kamlah (Christentum und Geschichtlichkeit, 2. A. 1951). In bezug auf Augustins Verwendung des Wortes ecclesia schreibt er: „Es ist in jedem Falle eine Konstruktion, wenn wir die möglichen Bedeutungen eines Wortes, die in der Bewegtheit der Sprache kommen und gehen, lexikographisch nebeneinanderordnen. Diese Konstruktion wird aber geradezu gewaltsam, wenn es sich nicht um Begriffe unseres Weltverständnisses handelt, mit denen wir die vertrauten Dinge außer uns begreifen, sondern um Begriffe unseres existentiellen Selbstverständnisses.“ Kamlah sucht dann die Frage zu beantworten: Was meint Augustin mit „civitas Dei“? „Wer diese Frage sorgsam beantworten will, wird zunächst bedenken müssen, daß Augustin die lateinische Sprache seiner Zeit gesprochen hat und daß er von denjenigen, denen diese Sprache vertraut war, erwartet hat, sie würden ihn verstehen ... Was verstand man denn damals unter ‚civitas‘? Man meinte mit ‚civitas‘ entweder (1) ‚Bürgerrecht‘ oder (2) ‚Bürgergemeinde‘ oder (3) ‚Stadt‘ ... Jedoch wird die scharfe Trennung dieser drei Bedeutungen erst durch die Übersetzung ins Deutsche bewirkt. Wenn die Übersetzung das Verstehen fördern, statt erschweren soll, muß also auf die ursprüngliche Einheit des Begriffes ‚civitas‘ geachtet werden.“

Auf den folgenden Seiten untersucht Kamlah dann die geschichtlich und soziologisch bedingten Fehldeutungen des Wortes ‚civitas‘, wenn man die deutschen Worte Bürger und Stadt heranzieht. Wir zitieren einige seiner Beobachtungen, weil sie, abgesehen vom Wunsch, Augustin zu verstehen, uns zeigen können, wie vorsichtig man bei einer Jahrhunderte und Jahrtausende umspannenden Geschichte der sozial relevanten Begriffe sein muß: „Zwar ist ‚Bürgerschaft' von ‚Bürger' hergeleitet ähnlich wie ‚civitas' von ‚civis', das Wort ‚Bürger' ist jedoch seinerseits schon hergeleitet von ‚Burg'. ‚Bürgerschaft' kann die Bedeutung ‚Stadt' deshalb nicht mehr erreichen, weil diese dritte Bedeutung von ‚civitas' im Deutschen schon der Ursprung der Wortentfaltung ist ... Während in der Antike das Bürgersein in der Polis eine ursprüngliche Weise geschichtlichen Existierens darstellt, kommen die Deutschen als Bauernvolk erst spät zur civitas. Sie sehen die bergende ‚Burg' zunächst nur vom offenen Bauernlande her. So dringt denn der deutsche Zusammenhang von Burg, Bürger, Bürgerschaft gleichsam von draußen her ein in die Stadt, während der lateinische Zusammenhang von civitas als Bürger, Bürgerschaft, Burg innerstädtisch, ursprünglich bürgerlich ist. Die geschichtliche [man könnte auch sagen, soziologische] Verschiedenheit deutscher und römischer Geschichtlichkeit also ist schuld daran, daß die Übersetzung von ‚civitas' die Alternative ‚Bürgerschaft' oder ‚Stadt' nicht umgehen kann und damit in die Gefahr gerät, die jeweilige Hinsicht von ‚civitas' nach der Seite von ‚Burg' oder von ‚Bürgergemeinde' entstellend zu verschärfen."

Oder ein anderes Beispiel: die Motive, durch die eine Gruppe von Menschen zum Umsturz einer korrupten Regierung in einem antiken Stadtstaat getrieben wurde, mögen, wären sie charakterologischer Untersuchung zugänglich, sehr ähnlich den Motiven sein, mit denen man in der Neuzeit Tyrannenmord rechtfertigt (und gerade bei diesem Thema vielleicht durch die Antike angeregt war). Die soziale Struktur, die Technik der Machtausübung, die Rückwirkungen nach dem erfolgten Umsturz können jedoch verschieden sein, je nachdem, ob der Machtwechsel an der Küste Kleinasiens zur Zeit des Aristoteles, in einem italienischen Stadtstaat der Neuzeit oder einer lateinamerikanischen Republik nach dem Zweiten Weltkrieg vor sich ging.

Übrigens trennt gerade die Grundeinstellung zur sozialen Veränderung die Neuzeit von allen vorangegangenen Epochen. Aufstände, Revolutionen, Klassengegensätze – derlei pendelt früher doch immer um einen möglichen Gleichgewichtszustand. Und wenn etwas wirklich so verändert wird, daß es nicht mehr restauriert werden kann, so handelt es sich um partielle Vorgänge. Der Wille zur sozialen Umordnung, zum unbedingt Neuen, nie vorher Dagewesenen, meist zum vermeintlichen Fortschritt ist ausgesprochen modern. Teils kommt er aus dem eschatologischen Geschichtsbild des Christentums, also der Zukunftsbezogenheit, teils ruht er auf den – dabei gerne überschätzten – Möglichkeiten technokratischer Organisation, die ja allein soziale Planung großen Stils erst vorstellbar machte. Sehr wahrscheinlich muß auch erst eine ziemlich große, vielschichtige Bevölkerung entstanden sein, ehe eine Vielfalt polarer Ideologien, alle miteinander in rücksichtslosem Wettstreit, möglich ist. Diese Mannigfaltigkeit der ideologischen Standorte, eine natürliche Begleiterscheinung der mit Klassen und Gruppen reich ausgestatteten Gesellschaftskörper, hat ebenfalls mitgeholfen, die Soziologie als Wissenschaft hervorzutreiben; hat ihr auch zugleich Untersuchungsmaterial gegeben. Eine organisierte Mannigfaltigkeit der geistigen Standorte konnte es auch erst mit der differenzierten Arbeitsteilung der Neuzeit und vor allem mit der Ausweitung der allgemeinen Bildung geben.

Utopien

Eine Rolle in der Soziologiegeschichte haben unzweifelhaft auch die sog. Utopien gespielt. Es handelt sich dabei um den Versuch, einen mehr oder minder idealen Gesellschaftszustand – als Spiegel für die Gegenwart – zu schildern. „Utopia", das Nirgendsheim – so nannte Thomas Morus als erster seine 1516 veröffentlichte Utopia –, wird meist als abgelegenes Gemeinwesen vorgestellt, wo ein von der Außenwelt wenig beeinflußtes oder gestörtes Gesellschaftssystem funktioniert. Morus ging es mehr um eine Zeitsatire; ernstlich wollte er wohl kaum die sozialistische Utopie eines geschlossenen Staates verwirklicht sehen. Er übt ätzende Kritik am England des 16. Jahrhunderts, ist nicht prophetischer Künder einer neuen Gesellschaftsordnung, die einst unweigerlich zu kommen hat. Jedoch nehmen einige seiner Sätze, gerichtet gegen das zeitgenössische England, die Gesellschaftskritik von Karl Marx merkwürdig voraus. So spricht er etwa von Taglöhnen, die nicht über eines Tages Bedürfnisse hinausreichen, zu schweigen von einer

Rücklage fürs Alter. Soziologisch gesehen ist es ferner, wenn er die Ausbeutung der Armen unter dem Deckmantel eines Gewohnheitsrechts vollzogen sieht, das bewußt sich gegen die unteren Schichten auswirkt. Morus spricht sogar von einer „Konspiration der Reichen".

Die Geschichte der Utopien ist lang. 1623 publizierte der Italiener Campanella seinen „Sonnenstaat", 1627 erscheint New Atlantis von Francis Bacon, 1656 James Harringtons Oceana. Harrington geht auf des Aristoteles Theorie zurück, daß ein starker Mittelstand die größte Stabilität für ein Staatswesen bedeute. Deshalb fordert der liberale Republikaner Harrington eine Eigentumsverteilung, die weder nach Seite der Armut noch des Reichtums extrem sein soll.

Im 19. Jahrhundert treten dann verschiedene literarische Utopien auf, so: Ch. Fouriers Idee der „Phalanges", in: „Nouveau monde industriel" (1829); E. Cabet, „Voyage en Icarie" (1842); E. Bellamy, „Looking Backward" (1888); Th. Hertzka, „Freiland" (1890).

Ein solch utopisches, meist kommunistisch organisiertes Gemeinwesen auch tatsächlich – hier und jetzt – zu errichten, wurde allerdings von Philosophen und Politikern weniger erstrebt. Hingegen haben religiöse Schwärmer und Gruppen einige Ansätze zu rigoros „geplanten" Gemeinwesen gemacht; man denke an Thomas Münzers merkwürdige Rolle, an die Gemeinwesen mancher Sekten oder an die südamerikanischen Indianersiedlungen des Jesuitenordens. Die ethischen und sozialen Unterschiede zwischen solchen Versuchen und den zugrunde liegenden Vorstellungen mögen denkbar groß sein, soziologisch geht es doch immer um etwas recht Ähnliches: man glaubt sich im Besitz eines vorher nicht dagewesenen besseren Wissens über die bestmögliche Organisationsform der Gesellschaft. Dieses Wissen wird bewußt angewandt, um eine neue Gesellschaftsform einzurichten; sei damit nun der Idealstaat schon erreicht oder nur vorbereitet. Sehr wahrscheinlich nährt sich der sozialrevolutionäre Gedanke des 19. Jahrhunderts aus diesen Quellen. Und tatsächlich kommt die neuere, eigentliche Soziologie, wie wir sehen werden, aus diesem ungemein starken Glauben an die Möglichkeit einer vorausschauenden Gesellschaftsplanung. Erst später, eigentlich erst nach dem Zweiten Weltkrieg, wuchs die Skepsis gegenüber den Möglichkeiten sozialer Planung wieder zu größerem Einfluß heran.

Außerordentlich bedeutsam für die Vorbereitung soziologischer Überlegungen war nicht zuletzt der Vertragsgedanke: das Naturrecht in seinen verschiedenen Gestalten. Hatten die antiken römischen Denker zur Entfaltung des „soziologischen" Begriffsschatzes auch wenig beigesteuert, so überlieferten sie doch juristische und politische Beobachtungen, Regeln, Erwägungen. Man wird bei ihnen die wesentlichen Wurzeln zum Gedanken des Gesellschaftsvertrages suchen dürfen. Die neuere Vertragstheorie – also, kurz gesagt, die Vorstellung, daß der tatsächlichen Gesellschaft, so wie man sie vor sich hat, ursprünglich eine Vertragsschließung zwischen zuvor ungebundenen Einzelwesen vorangegangen sein muß – entwickelt sich entlang folgender Autoren: Richard Hooker (The Laws of Ecclesiastical Polity, 1594; 1597); Francisco Suárez (Tractatus de legibus ac deo legislatore, 1612); Johannes Altusius (Politica methodice digesta, 1603; erweitert 1610); dann der erste Völkerrechtler Hugo Grotius (Mare liberum, 1609; De jure belli et pacis, 1625); Samuel Pufendorf (De jure naturae et gentium, 1672); dann aber auch die eigentlichen Philosophen, wie Thomas Hobbes (Elements of Law Natural and Politic, 1639; Leviathan or the Matter, Form and Authority of Government, 1651), Spinoza, John Locke, Rousseau. Alle diese kritisch oder vorbehaltlos mit der Annahme eines natürlichen Rechts als Schlüssel zur Vielfalt sozialer Phänomene umgehenden Denker haben einen kaum überschätzbaren Beitrag zur Entstehung der Sozialwissenschaft geleistet. In manchen Fällen dürfte es allerdings schwer zu entscheiden sein, ob der Autor nicht vielleicht ausschließlich eine Gedankenkonstruktion im Sinne hatte, wenn er eine Vertragstheorie der Gesellschaft entwarf und kaum damit einen Hinweis auf wirkliche geschichtliche Ereignisse geben wollte.

Letztlich steckte hinter dem Ansehen des Naturrechts die Hoffnung, hier in seinen Regeln eine ähnliche Systematik für die soziale Welt gefunden zu haben, wie sie seit Galilei und Newton für die physische Welt erarbeitet worden war. Die Vorstellung vom Gesellschaftsvertrag war keineswegs einheitlich. Teils dachte man sich den ursprünglichen Zusammenschluß recht friedlich, teils, so Thomas Hobbes, war man recht skeptisch über die böse Grundnatur des Menschen und erblickte in der relativ friedlichen Gesellschaftsstruktur nur einen aus Not geborenen Zustand, mit dem Zweck, die wechselseitige Ausrottung zu verhindern.

In der politischen Motivgeschichte spielte das Naturrecht eine unterschiedliche Rolle. Die Französische Revolution lehnte sich gegen einen „naturgegebenen" Gesellschaftszustand auf, anerkannte nicht mehr die gott- und naturgewollte monarchische Hierarchie. Genau umgekehrt baute sich die Ideologie der amerikanischen Revolution auf. Hier wurde positives Recht (das common law Englands) und das Recht der Natur im selben Atemzug angerufen.

Soziologische Gründe für das Auftreten des Vertragsgedankens und damit der Suche nach einem ursprünglichen Recht, von dem sich die Gültigkeit aller sekundären Verträge ableiten läßt, hat man in der wirtschaftlichen Struktur der abendländischen Neuzeit erblickt. Das Wachstum des Handels, Frühkapitalismus, starke Nationalstaaten riefen nach einer gefestigteren Vertragslehre. Gerade das Wirtschaftsrecht wurde zur Abwicklung der immer weiter ausgreifenden Handelsbeziehungen notwendig und legte zugleich sozialwissenschaftliche Beobachtungen und Überlegungen nahe. Nicht zuletzt mußte aber die politisch-militärische Dynamik (und Gefährlichkeit) der neuen nationalstaatlichen Epoche die Philosophen und Juristen dieser Zeit herausfordern, sich den Ursprung, die Rechtfertigung und die mögliche Kontrolle dieser sozialen Körper eindringlich zum Problem zu machen.

Zuletzt ist der naturrechtliche Gedankenstrom, vor allem gegen Ende des 19. Jahrhunderts, immer stärker mit einer utilitaristischen Note durchwoben, eine Motivkette, die zur Verkündigung der Gleichheit aller Menschen führt. Diese Bannersprüche der beiden großen Revolutionen in der Alten und Neuen Welt am Ende des 18. Jahrhunderts bereiten dann aber auch das Bett für jene Gesellschaft des 19. und 20. Jahrhunderts, die, bar aller früheren legitimen Hierarchien, sich selber fortwährend mehr zum Problem wird. Eine in sich ständisch oder kastenmäßig gegliederte Gesellschaft wird kaum zu einer Wissenschaft vom sozialen Wechsel kommen. Es sind die Zweifel über ein gesellschaftliches Ordnungssystem, es sind sachlich analysierende Untersuchungen der sozialen Auf- und Abwärtsbewegungen, die im 19. Jahrhundert zum Selbstbewußtsein der Soziologie als Wissenschaft führten.

Mißtrauen gegen Mensch und Politik in der Renaissance

Machiavelli

Niccolò Machiavelli, geboren 1469 und gestorben 1527 in Florenz, war Staatsmann, Geschichtsschreiber, 1488–1512 Sekretär der Kanzlei des Rates der Zehn von Florenz, 1512–1513 in Ungnade geraten, lebte danach auf einem Landgut in Percussina; schrieb u. a.: „I tre libri de discorsi sopra la prima decade de Tito Livio" (1531) und „Il Principe". Aus der praktischen Politik heraus, unterbaut mit einer historiographischen Neigung und Begabung, leistete er grundlegende Vorarbeit für das soziologische Sehen und Argumentieren. Der Florentiner hohe Regierungsbeamte, später dann unfreiwillig außer Dienst gesetzte, pragmatisch philosophierende und doch gleichzeitig um die Rückkehr auf die politische Bühne ringende Schriftsteller hinterließ in seinen Werken eine überraschende Vielfalt echt soziologischer Beobachtungen und Gedankenketten. Das Mittelalter ist zusammengebrochen. Gerade im Bereich der sozialen Institutionen befinden sich die Dinge im Fluß. Es ist eine Periode des Umbaus im politischen und sozialen Körper. So ist vielleicht zum erstenmal seit der Antike ein vergleichender, nahezu unbefangener Blick auf soziologische Vorgänge und Strukturen möglich. Es gelingt zum Beispiel, religiöse Sekten und politische Verbände als ähnlich konstruierte soziale Gebilde idealtypisch zu erfassen.

Aus dem untergegangenen Mittelalter hatte sich eine neue soziale Schicht in den Vordergrund gespielt. Der Bürger, die wagemutige Klasse der Handeltreibenden, hat vom aufreibenden Antagonismus der kleinen und größeren Aristokraten genug; ebenso von der Geistlichkeit. Das Bürgertum erblickt im König der aufstrebenden Nationalstaaten, im „starken Mann", der die ihrer Landessprache stolz bewußt gewordene Nation politisch zusammenraffen, zu einem wirklich funktionierenden Gebilde machen kann, ihren Schutz; jedenfalls setzt man in ihn Hoffnung und Vertrauen. Der über die Mauern der Städte hinausdrängende Handel, die Unternehmungs- und Investierungslust, wohl auch die Bedürfnisse einer neuen Gelehrtenschicht, die neue, auf breiterer Basis ruhende Mäzene brauchte, ändern geistiges und politisches Weltbild.

Machiavelli erkannte das Absterben veralteter Einrichtungen, sah, welche Bedeutung brutaler Gewalt und Macht im politischen Leben zukommt; im Innersten wird er sich nach einem ordnenden Zentrum gesehnt haben. Als Beobachter, als Sprecher einer Gesellschaft, die der mittelalterlichen Leitung entwachsen war, den neuen Herrn aber noch nicht überall gefunden hatte, gibt Machiavelli ein nahezu nihilistisches Handbuch der politischen Herrschaft. Wie bei Francis Bacon soll aber die politische Wissenschaft für Machiavelli die „Ordnung der künftigen Ereignisse" ermöglichen.

Das alte Thema des Kreislaufes der Staatsformen beschäftigte Machiavelli ebenfalls. Sehr realistisch sah er, daß es mit solchen Kreisläufen zeitlich nicht unbegrenzt fortgehen kann, da es für ihn keine unendliche Lebenskraft der politischen Körper gibt. Aller Skepsis zum Trotz erwähnt er aber doch auch die Möglichkeit der Regeneration.

Man hat Machiavelli oft einer doppelten Moral angeklagt; und sicher ist es gerade sein eigentümlicher Vorzug, in zynischer Unmittelbarkeit die Beherrschung des politischen Mechanismus als Endzweck vorgeführt zu haben. Dadurch gelang es ihm aber, das dialektische Wesen des Ideologienproblems bereits überraschend feinfühlig herauszustellen.

„Il Principe", das Buch über den geschickten Herrscher (1513 verfaßt und 1532 erschienen), gilt als Machiavellis Hauptwerk. Im Grunde ist es aber doch eine politische Zweckschrift, vielleicht den wieder zur Macht gelangten Medici auf den Leib geschrieben, um ihre Gunst zu erringen. Der eigentliche, schon staatswissenschaftlich vorgehende Machiavelli findet sich erst in den „Discorsi" (1531), wo eine Fülle frappierender Beobachtungen und Einfälle den heutigen Leser sehr soziologisch anmuten.

Eine bemerkenswerte soziologische Abstraktionsfähigkeit läßt Machiavelli erkennen, wenn er an sich so verschiedene soziale Gebilde wie Staaten und religiöse Sekten auf ihre Überlebenschancen hin vergleicht und außerdem allgemein die Institutionen (Einrichtungen) in beiden Arten von sozialen Gebilden als das Mittel erfaßt, von dem die Anpassungsfähigkeit der jeweiligen Organisation an innere und äußere Probleme abhängt:

„Da ich nun hier von zusammengesetzten Körpern spreche, wie es die Republiken und Sekten sind, so sage ich: diejenigen Krankheiten gereichen ihnen zum Heil, die sie zu ihren Anfängen zurückführen. Die sind daher am besten geordnet und haben das längste Leben, welche vermittels ihrer Einrichtungen sich häufig erneuern können oder aber durch einen äußeren Zufall zu dieser Erneuerung geführt werden.

Es ist klarer als der Tag, daß diese Körper, wenn sie sich nicht erneuern, keine Dauer haben. Das Mittel, sie zu erneuern, ist ..., sie zu ihrem Anfang zurückzuführen; denn alle Anfänge der Sekten, Republiken und Königreiche müssen notwendig etwas Gutes haben, mit Hilfe dessen sie ihr ursprüngliches Ansehen und ihr ursprüngliches Wachstum wieder annehmen. Dieses Gute verdirbt im Laufe der Zeit; wenn daher nichts dazwischentritt, das es wiederherstellt, so muß der Körper notwendigerweise sterben ..."

Gemeint ist hier offensichtlich, daß bei einem sozialen Gebilde, damit es überhaupt entstehen konnte, anfänglich Strukturen und Funktionen sich weitgehend decken.

Eine frühe Erkenntnis des politischen Ideologieproblems, der Standortgebundenheit des Bewußtseins, der Urteile läßt Machiavelli, wie auch Karl Mannheim betonte, durchblicken, als er über einen Machtwechsel in seiner Heimatstadt berichtet:

„Als die Medici aus Florenz vertrieben waren und keine geordnete Regierung bestand, gaben viele Volksmänner, die den Ruin der Stadt sahen und keine andere Ursache begreifen konnten, dem Ehrgeiz irgendeines Mächtigen die Schuld, der die Unordnungen nähren sollte, um eine Staatsverfassung nach seinen Zwecken herbeizuführen und ihnen die Freiheit zu rauben. Diese Männer gingen in den Häusern und auf den Plätzen umher, indem sie vielen Bürgern Böses nachsagten und ihnen drohten: sollten sie selbst jemals in die Signoria kommen, so wollten sie ihre Arglist aufdecken und sie züchtigen. Oft kam es nun, daß einer von ihnen wirklich ans Staatsruder gelangte und, als er so hoch gestiegen war und jetzt die Dinge mehr in der Nähe sah, erkannte, woraus die Unordnungen entsprangen, welche Gefahren bevorstanden und wie schwer es sei, ihnen abzuhelfen. Als er nun sah, daß die Zeiten, nicht die Menschen die Ursache der Unordnung waren, änderte er plötzlich seine Gesinnung und Handlungsweise, weil ihm die Kenntnis der einzelnen Verhältnisse die Täuschung nahm, in der er bei allgemeiner Betrachtung befangen war. Wer ihn aber früher, noch als Privatmann, hatte sprechen hören und ihn jetzt an der Spitze der Regierung ganz ruhig sah, glaubte, dies rührte nicht aus einer richtigeren Erkenntnis der Dinge, sondern aus Ehrgeiz oder daraus her, daß er von den Großen umgestimmt oder bestochen worden sei. Da nun diese Erscheinung sehr häufig wiederkehrte, so entstand daraus in Florenz das Sprichwort: Diese Leute haben eine Gesinnung auf dem Markt und eine andere im Palast."

Die öffentliche Meinung charakterisiert Machiavelli so:

„Was die Klugheit und Beständigkeit anbelangt, so sage ich, daß ein Volk klüger und beständiger ist und ein richtigeres Urteil hat als ein Fürst... Die öffentliche Meinung prophezeit so wunderbar richtig, was geschehen wird, daß es den Anschein hat, als sehe sie durch eine verborgene Eigenschaft ihr Wohl und Wehe voraus.

Was die richtige Beurteilung der Dinge betrifft, so sieht man äußerst selten, daß das Volk, wenn es zwei Redner von gleicher Kraft, die verschiedenen Parteien angehören, sprechen hört, nicht dem besseren Vorschlag folgt und die Wahrheit vom Scheine zu unterscheiden weiß...

Ferner sieht man, daß das Volk bei Besetzung der Ämter eine viel bessere Wahl trifft als ein Fürst. Nie wird man ein Volk überreden können, einen verworfenen, ehrlosen Menschen von verdorbenen Sitten zu einer Würde zu erheben, wozu sich ein Fürst leicht und auf tausenderlei Wegen überreden läßt..."

Die Gleichförmigkeit menschlichen Handelns erlaube Vorhersage:

„Wenn man die alten und neuen Begebenheiten betrachtet, erkennt man leicht, daß alle Städte und alle Völker von jeher dieselben Wünsche und Launen hatten. Untersucht man daher sorgfältig die Vergangenheit, so ist es ein leichtes, die zukünftigen Ereignisse vorherzusehen und dieselben Hilfsmittel anzuwenden, welche von den Alten angewendet worden sind, oder finden sich nicht gerade solche, neue, der Ähnlichkeit der Vorfälle angemessene zu ersinnen..."

Auch über soziale Anpassung machte sich Machiavelli Gedanken:

„Oft habe ich über die Ursachen des Glückes und Unglückes der Menschen nachgedacht und glaube sie darin gefunden zu haben, daß ihre Handlungsweise in ihre Zeit paßt oder nicht paßt ... Der fehlt weniger und hat günstige Erfolge, dessen Art zu handeln in seine Zeit paßt. Immer ... jedoch tut der Mensch nur das, wozu ihn seine Natur zwingt ... Dies letztere ist der Grund, warum eine Republik eine längere Dauer und länger gutes Glück hat als ein Königreich. Sie kann sich wegen der Verschiedenheit ihrer Bürger besser in die verschiedenen Zeiten schicken als ein Fürst. Ein Mann hingegen, der an eine Art zu handeln gewöhnt ist, ändert sich niemals und muß, wenn die wechselnde Zeit seiner Art zu handeln widerstrebt, notwendig untergehen ... Zwei Dinge sind die Ursache, daß wir uns nicht ändern können. Erstens können wir uns dem nicht widersetzen, wozu sich unsere Natur hinneigt. Zweitens ist es unmöglich, einen Mann, dem durch eine Art zu verfahren, viel geglückt ist, zu überzeugen, er könne gut daran tun, anders zu verfahren. Daher kommt es, daß das Glück eines Mannes wechselt; denn die Zeiten wechseln, er aber wechselt nicht sein Verfahren. Auch der Untergang der Städte entsteht aus dieser Ursache, weil die Institutionen der Republiken nicht mit den Zeiten geändert werden."

Bemerkenswert klar erkannte Machiavelli auch eine Grundhypothese der modernen Kulturanthropologie: Dank seiner Natur hat der Mensch zwar überall ungefähr dieselben Emotionen und Triebfedern; eine Ursache für den generellen Teil der menschlichen Natur wird in der wesentlichen Gleichheit der Drangsale der frühen Kindheit gesucht, worauf z.B. Clyde Kluckhohn hingewiesen hat, unter Heranziehung der psychoanalytischen Theorie. Aber die beobachtbaren Handlungen, das Verhalten (behavior) der Menschen wechselt eben von Land zu Land, d.h. von Kultur zu Kultur, je nach „der Form der Erziehung, welche den Völkern ihre Eigentümlichkeit gibt". Die Erziehung, also das, was die amerikanische Sozialwissenschaft „socialization" des Kindes in seiner jeweiligen Kultur und Gesellschaft bezeichnet, macht nach Machiavelli aus dem allgemeinmenschlichen Antriebspotential verschiedene Persönlichkeitstypen:

„Alle Begebenheiten sind jederzeit nur die Seitenstücke zu

irgendeinem Ereignis der Vergangenheit. Dies kommt daher, daß ... die Menschen stets dieselben Leidenschaften haben und also dieselbe Ursache stets dieselbe Wirkung hervorbringen muß. Wahr ist, daß die Handlungen der Menschen bald in dem einen, bald in dem anderen Lande kräftiger und tugendhafter sind, je nach der Form der Erziehung, welche den Völkern ihre Eigentümlichkeit gibt."

Montaigne

In der skeptischen Grundhaltung Machiavelli nicht unähnlich war der französische Rechtsgelehrte und Politiker Michel de Montaigne (1533–1592). Er widmete seine Essayistik vorwiegend moralphilosophischen und gesellschaftskritischen Betrachtungen. Die Nüchternheit des Kaufmanns, Skepsis, eine sorgfältige Selbstbeobachtung, das Weltbild des Humanismus bestimmten die wissenschaftliche Entwicklung Montaignes, der sich schon im Alter von 38 Jahren in die Einsamkeit seines Familiensitzes zurückzog, um allein dem Studium und der Schriftstellerei zu leben. 1580 unternahm Montaigne über Lothringen, die Schweiz, Bayern und Tirol eine Reise nach Rom, deren Eindrücke seinem gesellschaftskritischen Blick weitere Nahrung boten. Einflußreich für die Ausbildung des soziologischen Sehens war Montaignes Analyse der menschlichen Natur und seine Aufstellung von Lebensregeln. Sein ausgeprägtes Empfinden für die ständigen Gefährdungen der menschlichen Existenz führt zur Kritik an den schon zu seiner Zeit beliebten Gedankenexperimenten mit idealen Gemeinschaftsgebilden von der Art, wie sie im 18. und 19. Jahrhundert dann tatsächlich versucht werden – und fast immer mit dem von Montaigne vorhergesagten Ende. Ebenso findet sich bei ihm bereits deutlich eine Modellvorstellung von der Gesellschaft, die auch in der heutigen Soziologie eine Rolle spielt: sie wird als ein System im Gleichgewichtszustand begriffen, das nach einer Störung dieses Gleichgewicht stets wieder anstrebt:

„Die menschliche Gesellschaft hält zusammen und fügt sich wieder zusammen um jeden Preis. In welche Lage man sie auch versetzt, die Menschen fügen sich und ordnen sich bei allem Gedränge und Geschiebe immer wieder, wie Dinge, die man ganz unordentlich einsteckt, ihre Ordnung von selbst finden und sich ineinanderfügen, oft besser, als die Kunst selbst es zu tun vermöchte. König Philipp sammelte einen Haufen der ruchlosesten und unverbesserlichsten Menschen und versetzte sie in eine Stadt, die er für sie bauen ließ und nach ihnen die Frevlerstadt benannte. Sie mußten wohl aus ihren Lastern selbst einen staatlichen Bau errichten und eine Gesellschaft, in der es sich leidlich und recht leben ließ. Die Not führt die Menschen zusammen und vergesellschaftet sie. Was der Zufall zusammenballt, bildet sich in der Folge nach Gesetzen aus. Denn es hat Völkerschaften gegeben, wilder, als menschliche Phantasie sich erdenken kann, und die trotzdem ihren Zusammenhang aufrechterhalten haben, ebenso kräftig und dauerhaft, wie die Republiken des Platon und Aristoteles es nur sein könnten. Und wirklich erweisen sich alle diese künstlich ersonnenen Staatsideale, wenn man sie in die Praxis umsetzen will, als lächerlich und untauglich. Der große, lange Streit über die beste Form der menschlichen Gesellschaft und die besten Regeln für unser Zusammenleben sind ein Gezänk, das höchstens zur Übung unseres Geistes nützlich sein mag. Mancher Verfassungsentwurf möchte für eine neue Welt wohl passen. Wir aber haben eine Welt vor uns, die schon fertig und an gewisse Bräuche angepaßt ist."

Francis Bacon

Francis Bacon, geboren 1561 zu London, gest. 1626 in Highgate, war zunächst Advokat, wirkte später als Staatsmann und (dem Empirismus verschriebener) Philosoph; 1603 wurde er zum Ritter geschlagen, dann war er 1607 Sollicitor-General, 1613 Generalfiskal, 1616 Mitglied des Geheimen Rats, 1617 Siegelbewahrer, 1618 Großkanzler und Baron von Verulam, 1621 wurde er der Bestechlichkeit überführt. Seine Hauptwerke sind: „De dignitate et augmentis scientiarum" (1623), „Novum Organon" (1620), „History of the Reign of King Henry VII" (1622), „Nova Atlantis" (1627), das ein Fragment blieb.

Während der Cambridger Collegezeit faßte Bacon seine Abneigung gegen die scholastische Philosophie. Seine metaphysischen Ansichten lassen sich zwar nicht eindeutig von der mittelalterlichen Grundauffassung abheben, doch datiert von ihm die moderne Erfahrungsphilosophie. Lediglich Beobachtung und Experiment dürfen von den Tatsachen stufenweise zu Sätzen höherer Allgemeinheit führen. Man kann nach Bacon auf diese Weise zu Gesetzen gelangen, von denen aus sich wieder auf Einzeltatsachen schließen läßt. Zweck dieses Verfahrens ist die Erforschung der Natur um ihrer Beherrschung willen. (Von Bacon rührt das Schlagwort: Wissen ist Macht [tantum possumus, quantum scimus].)

Bei Bacon wird der für die Sozialphilosophie der Aufklärung so entscheidende Fortschrittsbegriff schon deutlich sichtbar. In seiner fragmentarischen Frühschrift De interpretatione naturae prooemium heißt es:

„Ich untersuche eingehend, was am meisten der Menschheit dienlich sein könnte, und überlege mir, zu welcher Aufgabe ich von Natur aus am besten ausgestattet bin. Ich entdecke nun, daß nichts von solch großem Nutzen für die menschliche Gattung ist, als neue Wahrheiten und Techniken (arts) aufzufinden und sich ihnen zu widmen, wodurch das Leben der Menschen verbessert wird."

Bacon klassifiziert bereits die Wissenschaften vom Menschen und spricht von einer Civil Philosophy, die man in drei Abteilungen gliedern könne: die Wissenschaft der Konversation, die Wissenschaft der Verhandlungen und die Wissenschaft vom Empire oder der Regierung. Diese drei Teile entsprechen den drei Arten von Gütern, „welche die Menschen in der Gesellschaft suchen: Schutz gegen Einsamkeit, Beistand in Geschäften und Bewahrung vor Unrecht".

Die bürgerliche Wissenschaft (civil knowledge) befaßt sich nach ihm mit einem Gegenstand, der mehr als jeder andere nur äußerst schwer zu Axiomen und Gesetzen vereinfacht werden kann. In dieser Einsicht liegt ein Ansatz zum Methodenproblem der Soziologie.

Am lesenswertesten sind Bacons „Essays" (1597). Als Vorbild dienten wohl Montaignes „Essays" (1580). In zahlreichen Einzelbetrachtungen wird über das menschliche Leben in den verschiedensten Situationen gehandelt. Eine genaue Kenntnis solcher Daten soll es uns ermöglichen, die Umstände zu lenken und damit die „Technik" des Lebens methodisch in die Hand zu bekommen. Gleich Machiavelli, durch den er entscheidend beeinflußt sein dürfte, schwebt Bacon eine Politik rationaler Gesellschaftslenkung vor.

Bemerkenswert als eigentümlich ahnungsvolle Utopie ist nicht zuletzt Bacons unvollendete Altersschrift Nova Atlantis. Hier wird der Fortschrittstraum, der schon in der Frühschrift anklingt, ausgemalt. Unter den Utopien dieser Zeit (Thomas Morus: „Utopia", 1516; Campanella: „Civitas solis", 1643) wäre Bacons Inselstaat nicht so wichtig, läge nicht sein Schwerpunkt im Technischen und im Organisatorischen der Wissenschaft. Nicht die Gerechtigkeit, wie in Platons oder auch des Morus Utopie, ist für Bacon Hauptthema, sondern eine erstaunlich modern anmutende, fast lückenlose Organisation der wissenschaftlich-technischen Arbeitsteilung. Sämtliche Forschungsergebnisse, auch aus regelmäßigen ethnologisch-soziologischen Entdeckungsreisen, sollen mit Hinblick auf das Wohl der Gesellschaft ausgewertet werden.

Dieser Idealstaat Nova Atlantis wird als geschlossener Handelsstaat dargestellt. Man kann ihn vielleicht als Vorläufer des „geschlossenen Handelsstaates" Fichtes ansehen.

Ein religionssoziologischer Ansatz Bacons liegt in seiner Theorie vom Wechsel der Sekten und Religionen, von den Ursachen der Entstehung neuer Sekten:

„Wenn eine früher angenommene Religion durch Zwietracht gespalten, wenn der Wandel der Geistlichkeit zerrüttet und ärgerniserregend und zu alledem das Zeitalter dumm, unwissend und roh ist, so kann man mit Sicherheit auf das Auftauchen einer neuen Sekte rechnen, falls gleichzeitig auch noch ein überspannter und außergewöhnlicher Geist hervortritt, der sich zum Gründer derselben aufwirft. Alle diese Umstände trafen zusammen, als Mahomet sein Gesetz verkündigte. Wenn eine neue Sekte nicht folgende zwei Merkmale besitzt, so fürchte man sie nicht, denn dann wird sie sich nicht ausbreiten. Das eine ist die Verdrängung der bestehenden Obrigkeit oder der Kampf gegen sie, denn nichts wirkt mehr auf das Volk als das; das andere ist ein Freibrief für Ausschweifungen und üppigen Lebenswandel. Denn die vergeistigten Sektierer, wie vor Zeiten die Arianer und heutzutage die Arminianer, bringen, obschon sie einen gewaltigen Eindruck auf den menschlichen Geist machen, dennoch keine großen Staatsumwälzungen zuwege, ausgenommen, wo ihnen politische Ereignisse zu Hilfe kommen. Auf dreifache Weise werden neue Sekten gegründet: durch die Macht von Zeichen und Wundern, durch die Gewandtheit kluger, hinreißender Rede und durch das Schwert.

Das Märtyrertum rechne ich mit zu den Wundern, weil es offenbar die Stärke der menschlichen Natur übersteigt, ebensowohl mit Recht die vollkommenste und bewundernswerteste Heiligkeit des Lebenswandels. Es gibt bestimmt kein besseres Mittel gegen das Auftauchen neuer Sekten und Glaubensspaltungen als das Abstellen von Mißbräuchen, das Beilegen unwesentlicher Streitpunkte, ein mildes Vorgehen ohne grausame Verfolgungen und Unschädlichmachen der Hauptvertreter, indem man sie für sich gewinnt und befördert, anstatt sie durch Gewaltsamkeit und Grausamkeit zur Wut zu reizen."

Ähnlich nüchtern sieht Bacon die Soziologie der politischen Parteien:

„Die unbedeutendere und schwächere Partei ist am stärksten in der Vereinigung, und man findet oft, daß einige wenige Hartnäckige eine größere Anzahl Gemäßigter matt setzen. Wenn eine Partei aufgelöst wird, spaltet sich gewöhnlich die übrigbleibende, wie die aus Lucullus und dem Rest des Adels und Senats bestehende Partei, die Optimaten genannt wurde, sich eine Zeitlang gegen die des Pompeius und Cäsar behauptete; als aber die Autorität des Senats dahin war, zerfielen auch Cäsar und Pompeius kurz darauf miteinander. Die Partei oder Verbindung des Antonius und Octavianus Cäsar gegen Brutus und Cassius hielt sich ebenfalls eine Weile; als aber Brutus und Cassius gestürzt worden waren, entzweiten und trennten sich auch Antonius und Octavianus bald nachher. Diese Beispiele sind zwar Kriegen entnommen, aber in bürgerlichen Verhältnissen geht es genauso zu. Daher übernehmen dann auch oft, wo eine solche Spaltung stattfindet, Leute, die vorher in der Partei eine untergeordnete Rolle spielten, die Führung, häufiger aber erweisen sie sich als vollständige Nullen und verschwinden gänzlich; denn die Stärke vieler liegt nur im Widerstand, und wo dieser fehlschlägt, haben sie ausgespielt. Man findet oft, daß Menschen, wenn sie einmal festen Fuß gefaßt haben, zur Gegenpartei derjenigen übergehen, die ihnen in den Sattel geholfen hat; vermutlich glauben sie, daß ihnen die erste sicher ist und sie nun neue Erwerbungen machen können. Der Überläufer in einer Partei kommt gewöhnlich sehr gut weg. Denn wenn die Sachlage längere Zeit in der Schwebe geblieben war, gibt der Übertritt eines einzelnen den Ausschlag, und er allein erntet allen Dank..."

Die neue Gesellschaft des 18. Jahrhunderts als Grundlage der Wissenschaft vom sozialen Prozeß

Aufklärung und „Sozialwissenschaft“

Schon die bisherigen Abschnitte haben gezeigt, daß dem einzelnen zu allen geschichtlichen Zeiten ein scharfer Blick auf gelegentliche soziologische Abhängigkeiten und Strukturen möglich war. Es fehlte aber das geschärfte Bewußtsein einer zusammenhängenden sozialen „Decke“, die gleichsam das ganze menschliche Leben einhüllt. Man fühlte sich unter dieser Decke, der unmittelbaren Gemeinschaft, geborgen und hatte deshalb keinen Grund, sie näher und konsequenter zu untersuchen. Vor allem gab es jeweils eine Decke, die so allgewaltig das Leben umhüllte, daß niemand sich ihr völlig entziehen konnte: das jeweilige politische Machtzentrum. Gewiß, man kannte auch früher das Ringen der politischen Parteien um die Macht, wußte von Korruption und Scheinthesen. Virtuos durchschaut und bereits in ein pragmatisches, wenn auch loses System gebracht hat all diese Abhängigkeiten des politischen Lebens erstmals Machiavelli.

Der „soziologische Blick“ dieser früheren Jahrhunderte war aber doch noch gleichsam nur ein greller schmaler Scheinwerferkegel. Er wanderte, je nach dem Hauptproblem der Epoche, von der einen politischen Struktur zur nächsten. Die Übergänge blieben im Dunkel. Auch stand der Betrachter entweder völlig entmachtet am Rande des Geschehens oder aber war am Zentrum der Macht an ihre Meinung gebunden, sah nur von oben nach unten. Wer immer auch, Stand oder Persönlichkeit, als Soziologe in Frage gekommen wäre: man war noch zu tief von der Legitimität, einer letzten Ordnung der sozialen Verhältnisse, überzeugt, um zur gesellschaftswissenschaftlichen Problematik vorzustoßen.

Erst im 18. Jahrhundert ändert sich das von Grund auf. Es

gibt eine deutlich akzentuierte Gesellschaft außerhalb des jeweiligen politischen Machtsystems. Die Menschen empfinden sich nicht mehr identisch mit dem Staat. Obgleich Europa im 18. Jahrhundert die großen mächtigen Körper seiner Nationalstaaten aufbaut, gibt es zugleich erstmalig eine internationale, selbstbewußte, lebhaft miteinander verkehrende europäische Gesellschaft; eine Intellektuellenrepublik Europa. Sie ist aber nicht nach rückwärts gewandt, wie die europäische Gelehrtenschicht des Humanismus. Sie blickt nach vorne. Sie fühlt – und bald auch weiß sie –, daß sie den Lauf der Zukunft bestimmt. Die bisher allgewaltigen Mächte, der politische Herrscher und die geistliche Macht, werden von der Ironie und Skepsis der opponierenden Intelligenz kritisch beleuchtet. Der Betrachter der sozialen Vorgänge im 18. Jahrhundert steht nicht mehr allein, isoliert und machtlos; er braucht aber auch nicht mehr am Hof eines Fürsten zu gastieren: wirtschaftliche Veränderungen, wie Ausweitung der pädagogischen Bedürfnisse, Entstehung der Publizistik im modernen Sinn, des Schriftstellers im Hauptberuf, der wissenschaftlichen Akademien, nicht zuletzt auch die Beschäftigung vieler wirtschaftlich unabhängiger Aristokraten mit der (bürgerlichen) Wissenschaft lassen im 18. Jahrhundert erstmals eine Schicht entstehen, die überhaupt Soziologen im modernen Sinne hervorbringen konnte. Das allmähliche Aufkommen einer „öffentlichen Meinung“ zwingt die verschiedenen Interessengruppen, sich Publizisten dienstbar zu machen. Publizistik als Beruf, sei es aus Überzeugung oder finanziellen Erwägungen, ist ein wesentlicher Vorläufer der Soziologie. Erst die Publizistik vermag kurzlebigen sozialen Veränderungen zu folgen und schärft so ihrerseits den sozialkritischen Blick.

Die zwischen Paris und London hin und her reisenden Gebildeten, die in den Salons und Klubs der eigenen Hauptstadt wieder die Erlebnisse und Beobachtungen aus der anderen Metropole diskutierten, woben ständig an einem Gesellschaftsbewußtsein, aus dem geradezu notwendig die Ausdehnung des Wissenschaftsgedankens auf die soziale Welt kommen mußte.

Bernhard Groethuysen hat in zwei Bänden „Die Entstehung der bürgerlichen Welt- und Lebensanschauung in Frankreich“ (1927ff.) meisterhaft dargestellt. Diese bürgerliche Weltanschauung war aber zugleich die notwendige Vorstufe der Soziologie. Das Bürgertum war ein in der Mitte des politischen Spannungsfeldes liegender Stand, der allein die nötige Nähe zur

Wirtschaft des Alltags, zugleich aber das Interesse für politische Angelegenheiten besaß. Aus dieser Doppelpoligkeit seiner Interessen rührte das gleichmäßige, Zusammenhänge sehende Verständnis für politische, ökonomische, gesellschaftliche, religiöse und krisenhafte Vorgänge. Es führte unausweichlich zur Soziologie.

An den Resultaten der Mathematik und Naturwissenschaft lernte der Gebildete im 17. Jahrhundert die Methode des wissenschaftlichen Denkens. Im 18. Jahrhundert kehrt der Blick vom Sternenhimmel, wo man die ewigen Gesetze der Natur erforschte, zurück auf die Erde und findet eine sehr veränderte, zur wissenschaftlichen Betrachtung lockende soziale Welt vor. In ihr sucht man nun nach Gesetzmäßigkeiten.

François Quesnay, ein französischer Arzt, begründete den Physiokratismus, eine nationalökonomische Theorie im Gegensatz zum Merkantilismus, und schrieb u. a.: „Tableau économique" (1758), ein Beginn, die soziale Welt auf Naturgesetze hin zu durchforschen. Der Einfluß der Naturwissenschaft auf die entstehende Sozialwissenschaft war von unterschiedlichem Wert. Vielleicht wäre es ohne die Gesetzmäßigkeit der Natur nie zu einem wissenschaftlichen Bewußtsein gekommen; aber die Soziologie litt in der Folge immer wieder unter dem Primat einer oft von Soziologen mißverstandenen naturwissenschaftlichen Denkweise. Die Ursachen für jene scharfe Kritik an der Soziologie, die am Ende des 19. Jahrhunderts von seiten der Geisteswissenschaftler (Dilthey, Graf Yorck von Wartenburg, Benedetto Croce, Heinrich Rickert u. a.) geübt wird, liegen im 17. Jahrhundert. Hier prägte sich der Stolz, der Fortschrittsglaube, der kühle Mechanismus der Naturwissenschaft auch den Anfängen der Sozialwissenschaft ein. Sie beginnt ihre Bahn als Kind des kräftigen „Vaters Naturwissenschaft" und der geschmeidigen, aber unterlegenen „Mutter Historie". Und wie ein Zwitter weiß sie während des 19. Jahrhunderts nie, ob sie Geistes- oder Naturwissenschaft sein soll. Und selbst heute ist dieser Streit nicht geschlichtet.

Theologie und Soziologie

Neben dem Bürger haben auch manche Kleriker des Ancien Régime, die nach Groethuysen mehr Soziologen als Theologen waren, das allgemeine Bewußtsein für eine Sozialwissenschaft vorbereitet. Weil der Laie der Aufklärung anfing, über den Glauben zu disputieren, gingen bewegliche französische Kleriker dazu über, ihn mit soziologischen Argumenten zu parieren. Da die Kirche nicht mehr mit einem unbefragt hingenommenen sozialen Körper der Gläubigen rechnen konnte, mußte sie durch Argumente um den Eintritt der Laien in ihre Gemeinschaft werben. Um die soziale Wirklichkeit der Kirche zu zeigen, entwickeln manche Geistliche wie der Abbé Pluche bereits eine Art christlicher Soziologie. Um zu beweisen, daß der Anspruch der Kirche selbstevident ist, daß er nicht aus Urkunden herausgekramt werden muß, schreibt Abbé Pluche: „Diese großen Institutionen bedürfen der Bücher nicht, um sich zu bilden, noch um ihre Rechte auszuüben und sie öffentlich zur Anerkennung zu bringen." Die Sicherheit unserer sozialen Struktur beruht nicht auf Bücherwissen; sie entspringt aus der Kontinuität in der Ausübung bestimmter Funktionen im gesellschaftlichen Leben. Woher wissen wir beispielsweise, daß ein heutiges Parlament zu Recht arbeitet? Es rührt aus unserem Wissen um die Kontinuität der Rechtsprechung. „Daraus entsteht ein Ganzes, das in unzweideutiger Weise bekundet, daß es sich um die gleiche Funktion handelt und daß der ursprüngliche Sinn der Institution sich erhalten hat. Nichts vermag uns besser die Bedeutung eines Parlamentes zu erweisen als die Folge von Entscheidungen und Verordnungen, welche die besonderen Fälle regeln und auf die sich das Volk beruft als auf etwas, was für die Verwaltung und für den Besitz der einzelnen maßgebend ist." Und die theologische Nutzanwendung: „Das gleiche gilt für das effektive Recht, das die katholische Geistlichkeit ausübt, alle Wahrheiten zu lehren..." Abbé Pluche weist ferner auf die Gleichartigkeit der Kulthandlungen auf der ganzen Erde hin, um den Sozialorganismus der Kirche zu demonstrieren. Auch hier wieder eine enge Verbindung zwischen theologischem Anliegen und soziologischem Argument.

Anfänge der Geschichtswissenschaft und soziale Gebilde

Die Aufklärung bringt eine Ausweitung der historischen und ethnographischen Interessen. Sie spielen im Fundament der Soziologie eine wesentliche Rolle, wenngleich man in diesem

Zusammenhang auf die individuellen Erkenntnisse kein zu großes Gewicht legen darf, um den frühen Historismus nicht mit der frühen Soziologie zu verwechseln.

François Marie Voltaire, der bekannteste und wohl einflußreichste Schriftsteller der Aufklärung, muß neben Montesquieu und Vico als einer der ersten Kultursoziologen betrachtet werden. Voltaire (eigentlich F. M. Arouet), geb. 1694 und gest. 1778 in Paris, war Geschichtsschreiber, Dichter, Publizist, Philosoph. Sohn eines Justizbeamten, wurde bis 1711 im Jesuitenkolleg Louis-le-Grand in Paris erzogen, lebte 1726–1729 in England, dann in Paris und Umgebung, 1750–1753 bei Friedrich d. Gr., und seit 1758 in Berney bei Genf; er schrieb u. a.: „Lettres sur les Anglais“ (1734), „Le siècle de Louis XIV“ (gedruckt 1751, datiert 1752), „Essai sur les mœurs“ (1756), „La philosophie de l'histoire“ (1756 und 1769). Sein historisches Hauptwerk „Essai sur les mœurs et l'esprit des nations“ will die Entfaltung der Weltgeschichte als Kampf des Menschen um Fortschritt und Bildung erweisen. An dem „Essai“ arbeitete Voltaire von 1740–1769. Das in den Fragmenten zwischen 1745 und 1756 den Zeitgenossen bereits bekannt gewordene Werk kann man als soziologisch orientierte Universalgeschichte bezeichnen. Voltaire schätzte die Bedeutung der politischen, sozialen und geistigen Faktoren einer Zeit richtig ein. Gegen Montesquieu, der den Klimafaktor betonte, bezweifelte Voltaire z. B. im Artikel Climat in seinem philosophischen Wörterbuch (1764) den Vorrang der Klimaeinflüsse: „Das Klima hat einige Macht, aber die Regierung hat sie hundertmal mehr und die Religion, vereint mit der Regierung, noch mehr.“

Im übrigen gibt es bei Voltaire auch starke Vereinfachungen im Sinne der späteren Milieutheorie: „Alles hängt von der Zeit, dem Orte, wo man geboren ist, und den Umständen, in denen man sich befindet, ab.“

Mechanismus und Moralismus liegen bei Voltaire noch miteinander im Streit. Beide Grundhaltungen der historisch-sozialen Betrachtung beeinflußten dann auch viele Soziologen des 19. Jahrhunderts. Die kultursoziologische Freude am Vergleichen verschiedener Rassen, Kulturen, Völker und Stämme ist zur Zeit Voltaires schon reich genährt durch Berichte über China, die Welt des Islams und über altamerikanische sowie primitive Kulturen. Voltaire muß angesichts dieser Vielfalt nach einem verbindenden Medium suchen: er fand es in der menschlichen Natur und schreibt im Essai:

„Alles, was intim mit der menschlichen Natur zusammenhängt, gleicht sich von einem Ende des Universums zum anderen; alles, was von der Gewohnheit abhängt, ist verschieden, und es ist ein Zufall, wenn es sich gleicht. Das Reich der Gewohnheit ist sehr viel weiter als das der Natur, es erstreckt sich über die Sitten, über alle Gebräuche, es verbreitet die Varietät über die Szene des Universums. Die Natur (des Menschen) aber verbreitet darüber die Einheit, sie stellt überall eine kleine Zahl von unveränderlichen Prinzipien auf."

Soziologisch interessant ist hier die Trennung zwischen Natur und Gewohnheit beim Menschen. – Voltaire, der Schöpfer des Wortes „Philosophie der Geschichte", hat – neben Montesquieu – auch die wichtige Leistung vollbracht, den Esprit, den Geist der Zeiten, Völker, Gruppen, der Gesellschaften, der Körperschaften und Gesetze als historische bzw. soziologische Macht, als Motiv und Struktur festzustellen. Auch Meinecke (Historismus I) deutet die Vorgeschichte des – für den Soziologen der Kultur nicht weniger als für den Historiker – wichtigen Geistbegriffes nur an. Immerhin gibt es schon vor Voltaire den Sprachgebrauch caractère des âges, und von einem genio della nazione sprachen bereits die venezianischen Gesandten des 17. Jahrhunderts.

Die merkwürdige Erscheinung, daß gerade die Aufklärung mit ihrer Neigung zu mechanistischen Erklärungen für das unfaßbare Etwas, das die sozialen Gebilde beseelt und antreibt, einen so vagen Begriff wie den Geist wählte, deutet Meinecke als Folge eben der mechanischen Erklärungssucht: bei den geschichtlichen und sozialen Gebilden konnte man kein mechanisches Bewegungsgesetz finden, also blieb nur der Ausweg, vom „Geist" zu sprechen. So Voltaire beispielsweise im Essai:

„Mein Ziel ist es immer, den Geist der Zeit zu beobachten; er ist es, der die großen Ereignisse der Welt dirigiert ... Jeder Mensch wird durch sein Jahrhundert geformt; sehr wenige erheben sich über die Sitten der Zeit."

Voltaire beobachtet auch schon richtig, daß jede Revolution, jeder politische Handstreich eine bestimmte geistige Situation voraussetzt. Er hält zu seiner Zeit etwas wie den Cromwellschen Umsturz für ausgeschlossen. Die Bildung sei jetzt schon so verbreitet, daß eine fanatische Revolte nicht mehr durchdringen würde. In dieser Unumkehrbarkeit, diesem Hinordnen sämtlicher Einzelheiten auf den großen Gesamtfortschritt liegt auch die Schwäche Voltaires begründet. Sein Optimismus, sein Fortschrittsglauben ist unerschüttert durch Erfahrungen, die der Menschheit in den folgenden Revolutionen wieder beschieden waren. Und doch setzte wohl allein dieser Fortschrittsglauben genügend menschliche Energien frei, bot genügend Unbefangenheit, um zum erstenmal aus dem Glücksgefühl einer die gebildete Welt umspannenden geistigen Solidarität die Sozialwissenschaft einzuleiten. Voltaire schrieb über den Anfang seines Jahrhunderts:

„Zu keiner Zeit war die Verbindung unter den philosophischen Geistern allgemeiner, Leibniz wirkte, sie zu beleben. Man sah eine Gelehrtenrepublik allmählich in Europa entstehen trotz der Kriege und religiösen Gegensätze. Die Akademien haben diese Republik gebildet. Die modernen Forscher in jedem Wissenszweige haben die Bande der großen Gesellschaft der Geister geknüpft, die überall verbreitet, überall unabhängig ist. Diese Verbindung dauert fort, und sie ist eines der Trostmittel gegen die Übel, welche Ehrgeiz und Politik über die Erde verbreiten.“

Dies war die Stimmung des 18. Jahrhunderts. Gerade, weil die Aufklärung in mancher Hinsicht unhistorisch dachte (obgleich diese ältere Auffassung nicht unbedingt und überall gültig ist), zugleich aber einen für damalige Verhältnisse ungeheuren universalgeschichtlichen Stoff zu übersehen begann, konnte sie die Soziologie vorbereiten. Das vorangegangene Entdekkungszeitalter hatte die Augen geöffnet für historische, geographische, ethnologische und statistische Bedingungen auf der ganzen Welt. Der so bedenklich zum Relativismus treibende Versuch, nun überall und von allem den „Ursprung“ zu rekonstruieren, führte zum aufklärerischen Argument der Relativität aller Staaten und Religionen. Um dieser Relativität etwas entgegenzusetzen, ließ man aus den Individuen und ihren sozialen Trieben die sozialen Gebilde aufgebaut sein. Wie kommt es dann überhaupt zu einer stabilen Gesellschaft? Diese Frage läßt, abgewandelt, im 18. Jahrhundert noch einmal die Vertragstheorie aktuell werden. Vor allem Rousseaus Lösung, abweichend von allen früheren, wird zu beachten sein.

Die Kultursoziologie Vicos

Abseits vom großen literarischen Strom ihrer Zeit haben zwei Geschichtsdenker in der ersten Hälfte des 18. Jahrhunderts wichtige und erstaunlich scharfsichtige kultursoziologische Beobachtungen angestellt und versucht, sie teilweise theoretisch auszuwerten: der Italiener Vico und der Franzose Montesquieu. Beide sind als Persönlichkeiten und Charaktere, sind mit ihrem geistesgeschichtlichen Standort schwer einzuordnen.

Der Neapolitaner Giambattista Vico (1668–1744) war mit seiner Geschichtsphilosophie von geringem Einfluß auf die Geschichtsbetrachtung im 18. und die Kultursoziologie im 19. Jahrhundert. Montesquieu hat Vicos Hauptwerk, die Scienza Nuova (1744), wohl besessen, aber offenbar nie benutzt. Eine geringe Einwirkung der Vicoschen Kreislauflehre auf Montesquieu ist vielleicht nachweisbar. Vico entwarf eine eigentümliche soziologische Kreislauftheorie. Das Denken in einer Kreislaufbewegung (Kulturzyklentheorie) ist ein Urgedanke der Menschheit; ebenso wie die beliebte Dreiteilung aller Schritte und Betrachtungen. Allerdings hatte Vico einen Vorläufer, dessen Gedanken über Kulturzyklen ausgeprägter als die der antiken Denker waren: der maurische Geschichtsphilosoph Ibn Chaldûn (1332–1406) hatte eine umfassende Kenntnis der verschiedenen Kulturen entlang den Küsten des Mittelmeers. Seine Beobachtungen in der arabischen und romanischen Welt führten ihn bereits zu interessanten Überlegungen soziologischer Art. Wirkungsgeschichtlich war der wenig bekannte Ibn Chaldûn jedoch kaum von Belang. Wir wissen auch nicht, ob Vico seinen arabischen Vorläufer kannte. Vermutlich besteht kein Zusammenhang zwischen beiden.

Mit solchen nicht geglückten Befruchtungen, mit „toten Geleisen“ muß sich die Wissenschaftsgeschichte abfinden. Bei Vico ist der Mangel einer breiten Wirkung besonders deutlich geworden: Auguste Comte, der eigentliche Schöpfer der „Soziologie“ im 19. Jahrhundert, las Vicos Schriften erst nach der Ausarbeitung seines eigenen Hauptwerks. Erstaunt sah Comte, mit welcher Präzision Vico seine Grundgedanken (Stadiengesetz) vorweggenommen hatte. Comte schrieb daraufhin an J. St. Mill nach England: er wüßte nicht, welchen Lauf sein Leben und seine Arbeit genommen hätte, falls ihm Vicos Werk zwei Jahrzehnte früher in die Hände gekommen wäre.

Im 19. Jahrhundert wird Vico zwar vielfach übersetzt, auch erscheint eine Reihe biographischer Veröffentlichungen über ihn. Aber im 20. Jahrhundert erst widmet B. Croce, ebenfalls Neapolitaner, Vico eine angemessene systematische Darstellung, die ihn weiteren Kreisen bekannt macht.

Aus einer Kombination zwischen theologischer Lehre und neuerer geschichtlicher Erkenntnis gewann Vico sein eindrucksvolles zyklisches Geschichtsbild. An ihm kann man sich das Grundsätzliche jeder Kulturzyklenlehre klarmachen. In steter Analogie zum Lebensablauf des Einzelmenschen wird gezeigt, wie alle Völker (Vico nimmt die Juden aus) einen und denselben Prozeß vom primitivsten Anfang bis zur Reife durchlaufen. Am Ende zerstört aber jedesmal innerer Verfall wieder die Blüte. Das Volk sinkt in Barbarei zurück, und derselbe Lauf beginnt von neuem. „Corso e ricorso!“

Gegenüber den alten Kreislauflehren der Antike und Renaissance (Platon, Polybius, Machiavelli, Campanella), die lediglich die Aufeinanderfolge leerer politischer Formen zum Gegenstand hatten, findet sich bei Vico zum erstenmal der Versuch einer umfassenden kulturwissenschaftlichen Verarbeitung aller Lebensäußerungen. „Indem er sie auf ihre innerste Quelle, die der menschliche Geist ist, zurückführt, begründet er ihre Aufeinanderfolge nach dem Rhythmus der elementaren Formen des Geistes“ (Croce). Wie bei jeder Zyklentheorie der Geschichte war auch hier die Einseitigkeit und Schwäche durch die Aufgabe bedingt, ein gültiges historisches Modell zu finden. Vico kannte am besten die Geschichte Roms und nahm sie als typisches Maß für alle anderen. Das Vorbild vom Aufstieg und Verfall Roms zwang Vico zu zahlreichen Ausnahmen, die sein Gesetz von der Wiederkehr durchbrechen. Elastischer gehandhabt, wäre Vicos Gesetz der ricorsi in geringerem Maße Angriffen ausgesetzt gewesen.

Ähnlich wie Oswald Spengler am Anfang des 20. Jahrhunderts stellt Vico den gegenseitigen Austausch und die wechselseitige Durchdringung der Kulturen in Abrede. Diese Sichtenge, die bei Spengler Ziel berechtigt scharfer Kritik und Widerlegung war, konnte bei Vico von seinem Interpreten Croce noch in Schutz genommen werden. Vico wollte ja gerade vom empirischen Aspekt aus die physiologischen Gesetze der organischen Entwicklung untersuchen und mußte konsequenterweise die Verschlingungen außer acht lassen. Den naturwissenschaftlich geprägten Fortschrittsbegriff kennt Vico nicht; für den soziologischen Charakter seiner Sehweise spricht, daß die individuellen Züge der Menschen und Ereignisse innerhalb der jeweiligen Kulturphase als bedeutungslos zurücktreten.

Die folgenden Stellen aus Vicos „Neuer Wissenschaft über die gemeinschaftliche Natur der Völker" zeigen, wie konsequent er eine allgemeine Kultursoziologie, im Unterschied zu einer herkömmlichen Kulturgeschichte, zu geben versuchte:

„Entstehen gleiche Ideen bei ganzen Völkern, die untereinander sich nicht kennen, so müssen sie einen gemeinsamen Untergrund von Wahrheit haben.

Dieser Grundsatz ist ein großes Prinzip: er setzt fest, daß der dem Menschengeschlecht gemeinsame Sinn das Kriterium ist, welches die göttliche Vorsehung den Menschen gelehrt hat, um das Gewisse über das natürliche Recht der Völker zu bestimmen; über dieses Gewisse verständigen sich die Völker, indem sie die prinzipielle Einheitlichkeit des genannten Rechts erkennen, in welchem sie alle mit verschiedenen Modifikationen übereinstimmen. Daraus entsteht das geistige Wörterbuch, der Ursprung all der verschiedenen artikulierten Sprachen. In ihm ist abgefaßt die ideale ewige Geschichte, die uns die Geschichten aller Völker in der Zeit gibt: von welchem Wörterbuch und von welcher Geschichte späterhin die ihnen eigentümlichen Grundsätze aufgestellt werden sollen."

Vico setzte sich mit einem Grundproblem der vergleichenden Völkerkunde, der komparativen Soziologie und Ethnologie auseinander, das auch später, am Anfang des 20. Jahrhunderts, aber auch noch in der Gegenwart eine Rolle gespielt hat. Es ist die Frage, ob man eine mehrfache, von einander unabhängige Entstehung gleicher bzw. sehr ähnlicher Institutionen annehmen soll oder ob in der Regel immer eine Ausbreitung (Diffusion), ein Kulturkontakt, eine Entlehnung stattgefunden hat. Vico glaubt, sein Grundsatz zerstöre „all die Vermutungen, die man bislang über das natürliche Recht der Völker gehabt hat; man nahm an, es sei von einem Urvolk ausgegangen, von dem die andern es übernommen hätten; dieser Irrtum wurde zum Ärgernis durch die Ägypter und die Griechen, die sich ohne Ursache rühmten, daß von ihnen die Humanität in der

Welt verbreitet worden sei. In diesem Irrtum ließ man natürlich auch das Zwölftafelgesetz von den Griechen zu den Römern gelangen. Aber auf diese Art wäre es ein bürgerliches Recht, das durch menschliche Voraussicht unter den Völkern verbreitet wurde, nicht eines, das zugleich mit den menschlichen Sitten selbst auf natürlichem Wege von der Vorsehung für alle Völker bestimmt ward. Dies wird eine der unablässigen Bemühungen der folgenden Bücher sein: zu zeigen, daß das natürliche Recht der Menschen gesondert bei allen Völkern entstand, ohne daß eines vom anderen wußte: welches später, bei Gelegenheit der Kriege, Botschaften, Bündnisse, Handelsbeziehungen als dem ganzen menschlichen Geschlecht gemeinsam erkannt wurde. Die Natur der Dinge ist nichts anderes als ihr Entstehen in bestimmten Zeitläuften und unter bestimmten Umständen; jedesmal, wenn diese so sind, entstehen die Dinge daraus so und nicht anders.

Die von den Gegenständen untrennbaren Eigenschaften müssen erzeugt worden sein durch die Modifikation oder Art, mit der die Dinge entstanden sind; daher können uns solche Eigenschaften bezeugen, daß so und nicht anders Natur oder Entstehung jener Dinge ist.

Die Volksüberlieferungen müssen geschichtlich wahre Motive gehabt haben, aus denen sie entstanden sind und sich bei ganzen Völkern durch lange Zeiträume erhielten. Dies wird eine zweite große Bemühung dieser Wissenschaft sein: die wahren Motive wiederaufzufinden, die uns durch den langen Zeitablauf und den Wechsel von Sprachen und Sitten unter Erdichtung verborgen überliefert sind.

Die Volkssprachen müssen die gewichtigsten Zeugen der alten Sitten der Völker sein, die sie zu der Zeit hatten, als sie die Sprachen bildeten."

Vico läßt einen sehr modern anmutenden funktionalistischen Ansatz seiner Kultursoziologie erkennen, wenn er nach dem „Nützlichen" und dem „Notwendigen" in einer jeden Gesellschaft forschen will: „Um diese Natur der menschlichen Dinge aufzufinden, verfährt unsere Wissenschaft nach einer strengen Analyse der menschlichen Gedanken bezüglich des Notwendigen und des Nützlichen im Gemeinschaftsleben; denn dies sind die beiden unversiegbaren Quellen des natürlichen Rechts der Völker."

Obwohl Vico letztlich sein wissenschaftliches Prinzip an die christliche Metaphysik bindet, führt ihn dies eben nicht, wie andere, zu einer geradlinigen, endlosen Fortschrittsvorstellung, sondern zu der für ihn eigentümlichen Kreislauflehre der Kulturgeschichte: „Um nun die Zeiten und Orte für eine solche Geschichte zu bestimmen, das heißt, wann und wo jene menschlichen Gedanken entstanden, und sie so mit ihrer eigenen sozusagen metaphysischen Chronologie und Geographie zu bestätigen, gebraucht unsere Wissenschaft eine ebenfalls metaphysische kritische Kunst, mit der sie die Gründer der Völker behandelt ... Und das Kriterium, dessen sich die Kritik bedient, ist jenes, das die göttliche Vorsehung gelehrt hat, welches allen Völkern gemeinsam ist: es ist der allgemeine Sinn des menschlichen Geschlechts; er wird bestimmt von der notwendigen Harmonie der menschlichen Dinge, einer Harmonie, die die ganze Schönheit der historischen Welt ausmacht. Also herrscht in unserer Wissenschaft folgende Art von Beweisen: daß die Dinge so, wie sie es darstellt, geschehen mußten, geschehen müssen und werden geschehen müssen, nachdem einmal die göttliche Vorsehung diese Ordnungen eingesetzt hat; wäre es selbst, daß in alle Ewigkeit immer wieder neue Welten entstünden – was ohne Zweifel falsch ist.

Daher gelangt unsere Wissenschaft dazu, eine ewige ideale Geschichte darzustellen, nach der in der Zeit ablaufen die Geschichten aller Völker mit ihrem Aufstieg, Fortschritt, Zustand, Verfall und Ende. Ja wir getrauen uns zu sagen, daß wer diese Wissenschaft überdenkt, insofern sich selbst die ewige ideale Geschichte erzählt, als er sie mit jenem Beweis: es muß, es mußte, es wird müssen, sich selbst schafft – da doch, nach unserm ersten unbezweifelbaren Prinzip, die historische Welt ganz gewiß von den Menschen gemacht worden ist und darum ihr Wesen in den Modifikationen unseres eigenen Geistes zu finden sein muß; denn es kann nirgends größere Gewißheit für die Geschichte geben als da, wo der, der die Dinge schafft, sie auch erzählt. So verfährt diese Wissenschaft gerade so wie die Geometrie, die die Welt der Größen, während sie sie ihren Grundsätzen entsprechend aufbaut und betrachtet, selbst schafft; doch mit um so mehr Realität, als die Gesetze über die menschlichen Angelegenheiten mehr Realität haben als Punkte, Linien, Flächen und Figuren."

Montesquieu (Charles de Secondat, Baron de la Brède et de M.), geboren 1689 in la Brède bei Bordeaux, gestorben 1755 in Paris, war Philosoph, Staatstheoretiker und Politiker. Er gilt neben Rousseau als bedeutendster politischer Theoretiker Frankreichs im 18. Jahrhundert. 1714 Parlamentsrat, 1716 bis 1726 Senatspräsident in Bordeaux, von 1726 bis 1729 auf Reisen in Deutschland, Ungarn, Italien, Schweiz, Holland und England, dessen Verfassung ihm als Modell diente. Der soziologische Grundgedanke, ein großangelegter Vergleich der sozialen Institutionen, war genial, die Ausführung konnte aber über die Schranken nicht hinwegkommen, die im 18. Jahrhundert einem solchen Unternehmen noch gesetzt waren. In dem Hauptwerk L'esprit des lois (1748), an dem Montesquieu 19 Jahre geschrieben haben soll, besticht die Unzahl der Beobachtungen, die er auf seinen Reisen in Europa und vor allem bei seinem Aufenthalt in England gemacht hatte. Seine Absicht war, den Nationen zu zeigen, worauf ihre Gesetze eigentlich beruhen. Montesquieus Unvermögen, soziologische Ursachenketten konsequent zu verfolgen, läßt uns am Ende aber im unklaren, wie er sich die Entstehung der Gesetze eigentlich dachte. Vollkommene Naturbedingtheit der Gesetze (etwa durch Klima und dergleichen) hätte zu einem Relativismus geführt, den Montesquieu offenbar nicht annehmen möchte, wenn er gelegentlich von der Rationalität menschlicher Gesetze spricht.

Außer „Esprit des lois" schrieb er u. a.: „Lettres persanes" (1721), „Considérations sur les causes de la grandeur des Romains et de leur décadence" (1734).

Seine Bedeutung als Vorläufer der politischen Wissenschaft im 19. Jahrhundert erhält Montesquieu, weil er, angezogen von den Erfolgen der Newtonschen physikalischen Methode, eine ähnliche, im Grunde naturwissenschaftliche Betrachtungsweise in die Lehre vom Staat und seinen Institutionen einführte; dazu kommt seine Begründung der idealtypologischen Methode.

Montesquieu befaßte sich auch schon mit Bevölkerungsproblemen und siedlungspolitischen Vorschlägen:

„Eine zu große Stadt (Hauptstadt) ist in einer Republik äußerst gefährlich; die Sitten entwickeln sich dort immer zum Schlechten. Wenn man eine Million Menschen an einem Ort zusammenkommen läßt, kann man dort nur so viel Ordnung aufrechterhalten, daß jeder Bürger sein Brot hat und nicht ermordet wird. Man soll die Menschen dorthin verpflanzen, wo es Arbeit, und nicht dorthin, wo es Genüsse gibt.

In einer Monarchie kann die Hauptstadt auf zweierlei Arten wachsen: entweder weil die Reichtümer der Provinzen die Einwohner dorthin ziehen, wie es in einem gewissen seebeherrschenden Reich der Fall ist, oder weil die Armut der Provinzen sie dorthin treibt. In diesem Fall wird das Ganze zugrunde gehen, wenn man kein Auge mehr auf die Provinzen hat.

Eine Monarchie, in der Ordnung und Recht herrschen, wird durch ihre Hauptstadt nicht ruiniert. Eine solche kann ihr sogar Glanz verleihen. Der Fürst hat tausend Mittel zur Hand, um das Gleichgewicht herzustellen und die Bevölkerung in die Provinz zurückzuführen. Um nur von solchen zu reden, die mir gerade in den Sinn kommen, kann er in der Provinz die Lebensmittelsteuern verringern und in der Hauptstadt vermehren. Er kann Prozesse an den Provinzgerichten in letzter Instanz zum Abschluß kommen lassen, ohne sie ständig vor seinen Rat und seine Sondergerichte zu ziehen. Er kann alle, die irgendwelche Beschäftigungen oder Rechtstitel in der Provinz haben, dorthin senden. Dabei mag ihm der Gedanke vorschweben, daß, je mehr Leute eine Stadt verlassen, um so mehr bei anderen der Wunsch wächst, gleichfalls wegzuziehen, weil sich dann auch die Freuden in der Stadt vermindern ...

Oft haben sich anscheinend in voller Blüte stehende Staaten in Wirklichkeit als sehr schwach erwiesen. Die Menschen waren in ihnen schlecht verteilt, und während die Städte von unnützen Bewohnern überfüllt waren, herrschte auf dem Lande Mangel an den nötigsten Kräften."

Bemerkenswert ist auch Montesquieus Methode des Idealtypus. Ernst Cassirer (Die Philosophie der Aufklärung, 1932) meint, daß es Montesquieu offenbar mehr auf den Geist der Gesetze als auf die Tatsachen ankam. Die Tatsachenforschung soll nur ein – mit großer Liebe zum Detail geschildertes – Typenmaterial zustande bringen. Cassirer weist auf folgende Worte Montesquieus in der Vorrede zu seinem Hauptwerk hin:

„Ich habe damit begonnen, die Menschen zu prüfen, und ich habe geglaubt, daß sie in der unendlichen Mannigfaltigkeit ihrer Gesetze und ihrer Sitten nicht von bloßer Willkür und Laune gelenkt werden. Ich habe die Prinzipien aufgestellt, und ich habe gefunden, wie alle besonderen Fälle sich wie von selbst ihnen anbequemen, so daß die Geschichte aller Nationen nur die Folge von ihnen ist und jedes besondere Gesetz mit einem anderen allgemeinen zusammenhängt oder von ihm abhängt ..."

Nach Cassirer ist die eigentlich soziologische Leistung Montesquieus, daß die Faktizität als solche nicht mehr das eigentliche Leitziel seiner Forschung, sondern nur das Medium ist, „das er durchschreiten muß, um zum Verständnis eines anderen zu gelangen ... Man kann von Montesquieu sagen, daß er der erste Denker ist, der den Gedanken des historischen ‚Idealtypus' gefaßt und der den Gedanken klar und sicher ausgeprägt hat. Der ‚Geist der Gesetze' ist eine politische und soziologische Typenlehre. Was hier gezeigt und was streng bewiesen werden soll, ist dies, daß die politischen Gebilde, die wir mit dem Namen der Republik, der Aristokratie, der Monarchie, des Despotismus bezeichnen, keine bloßen Aggregate sind, die aus bunt zusammengewürfelten Einzelheiten bestehen, sondern daß jedes von ihnen gewissermaßen... Ausdruck einer bestimmten Struktur ist." Cassirer betont: „Über die eigentümliche logische Beschaffenheit der auf diese Weise eingeführten Grundbegriffe ist Montesquieu sich völlig klar ... Der empirische Unterbau, auf den er dieses System zu gründen sucht, mag heute, auf Grund ... der Verschärfung der soziologischen Problemstellung, noch so unvollkommen erscheinen: das hindert nicht, daß Montesquieu ... ein neues und fruchtbares Prinzip ergriffen und eine neue Methodik der Sozialwissenschaft begründet hat ... sie ist als solche nicht wieder aufgegeben worden; sie ist vielmehr erst in der Soziologie des neunzehnten und zwanzigsten Jahrhunderts zu ihrer allseitigen Entfaltung gelangt."

Gesellschaftstheorie Rousseaus

Jean-Jacques Rousseau, geboren 1712 in Genf, gestorben 1778 in Ermenonville, war Kulturphilosoph, Staatstheoretiker und Pädagoge. Der Sohn eines Uhrmachers war 1740–1741 Hauslehrer in Lyon und 1741–1743 in Paris, 1743–1744 war er im Dienst des französischen Gesandten in Venedig. Rousseau war der letzte Autor aus der klassischen Schule des Gesellschaftsvertrags. Man kann bei ihm zwei Phasen unterscheiden. Ursprünglich gehörte er zu den Gegnern der Auffassung Hobbes' und glaubte, der Mensch habe im Urzustand geradezu in idealer Einfachheit und Friedfertigkeit gelebt. Seine Vollendung habe der Mensch zur Zeit der alten Patriarchen erlangt; erst der Fortschritt, die Zivilisation und Aufklärung habe zur körperlichen und geistigen Degeneration geführt. In seiner zweiten Phase versuchte Rousseau die tatsächliche moderne Gesellschaftsstruktur mit seiner eigenen pessimistischen Kulturphilosophie zu vereinbaren. In der Schrift über den Gesellschaftsvertrag (Du Contrat Social, 1762) gleicht sich Rousseau der Position von Locke an und erklärt, daß die ursprüngliche Verfassung der Menschen nicht der Hobbessche Krieg aller gegen alle gewesen sei, wohl aber ein Zustand dauernder Unsicherheit und Mängel. Die bürgerliche Gesellschaft hätte dem abhelfen müssen. Der Vertrag war der Weg, über den die bürgerliche Gesellschaft errichtet werden konnte. Allerdings führte der Kontrakt nur zur Gesellschaft, nicht aber zur staatlichen Regierung. Rousseau änderte die Vertragstheorie gegenüber Hobbes an einem entscheidenden Punkte. Der Sozialvertrag ist für Rousseau widersinnig, wenn er die Willen der einzelnen Menschen nur durch physische Machtmittel des Staates zusammenzwingt, anstatt sie innerlich und gutwillig zu einem Gesamtwillen (volonté générale) zu führen. Mit dem Gedanken von diesem – schwer definierbaren – Gesamtwillen wird Rousseau auch schon der eigentliche Vorläufer der Lehre vom sozialen Sein, vom objektiven Geist. Rousseaus Unterscheidung zwischen Gesellschaft und Regierung, gewonnen am Modellbild des Genfer Bürgerstaates, machte ihn zum Vorläufer der modernen demokratischen Staatslehre. Die Französische Revolution versuchte Rousseaus Lehre, daß die naturgemäße Vereinigung der Menschen ohne weiteres den guten Staat erzeuge, zu verwirklichen. Letzten Endes war Rousseau aber auch Vorläufer der totalitären Demokratie, der Pseudodemokratie. Die Lehre vom allgemeinen Willen ist logisch und empirisch unbefriedigend. Sie mag für kurze Zeitspannen und für kleine Gruppen zutreffend sein; z. B. für das Mitreißen der Mitglieder einer Kampftruppe, einer Rettungsmannschaft durch ihren Führer, im Sinne einer Situationsanalyse, die dieser Führer besitzt und die nicht bei jedem einzelnen Mitglied seiner Gruppe in gleicher Klarheit vorhanden sein muß. Angewandt aber auf ein größeres Staatswesen, dient Rousseaus Theorie der Rechtfertigung eines die freie Diskussion unterbindenden totalitären Systems, dessen Führer exklusives Wissen von dem zu haben behaupten, was dem Volke auf lange Sicht nütze. Man vergleiche dazu die Kritik Rousseaus von J. L. Talmon, Die Ursprünge der totalitären Demokratie, 1961 (englische Erstausgabe 1952).

Die folgenden Abschnitte aus dem „Contrat social“ zeigen, wie sich bei Rousseau politische Absicht und Hoffnung mit einem abstrakten Modell der Vergesellschaftung paarten:

„Ich setze den Fall, daß die Menschen in ihrer Entwicklung einen Punkt erreicht haben, wo die Widerstände, die sich ihrer Erhaltung im Naturzustande entgegensetzen, diejenigen Kräfte überwiegen, die der einzelne aufbringen muß, um sich in diesem Zustande erhalten zu können. Dann kann dieser ursprüngliche Zustand nicht mehr fortbestehen, und das menschliche Geschlecht würde zugrunde gehen, wenn es nicht die Art seines Daseins änderte. Da nun die Menschen unfähig sind, neue Kräfte hervorzubringen, sondern lediglich die einmal vorhandenen zu vereinigen und zu lenken vermögen, verbleibt ihnen zu ihrer Erhaltung nur das Mittel, durch Vereinigung eine Summe von Kräften zu bilden, die den Widerstand überwinden kann, und alle diese Kräfte durch eine einzige Triebkraft in Bewegung zu setzen und sie in Gemeinschaft wirken zu lassen. Diese Summe von Kräften kann nur durch das Zusammenwirken mehrerer entstehen, doch sind die Stärke und die Freiheit des einzelnen Menschen die Hauptziele seiner Erhaltung. Wie kann er nun diese hergeben, ohne sich zu schaden und die Sorgfalt zu vernachlässigen, die er sich selbst schuldet? Auf den Gegenstand meiner Untersuchung zurückgeführt, läßt sich diese Schwierigkeit wie folgt zusammenfassen: Es ist eine Gesellschaftsform zu finden, die mit der ganzen gemeinsamen Kraft die Person und das Eigentum eines jeden Mitgliedes schützt und verteidigt und in der jeder, obwohl er sich mit allen zusammenschließt, dennoch nur sich selber gehorcht und ebenso frei bleibt wie vorher. Das ist die Grundaufgabe, deren Lösung den Vertrag der Gesellschaft ergibt...“

Die bis zur Gegenwart weiterwirkende Gefährlichkeit des Grundgedankens von Rousseau ist im Begriff vom „Allgemeinen Willen“ begründet. Die volonté générale wird zum demokratischen Alibi des Paternalismus, zum Ansatz einer totalitären Demokratie, weil die Inhaber der Macht sich stets darauf berufen können, daß dieser „Allgemeine Wille“ eben das sei, was das Volk wünschen würde, wenn es sich wünschte, was es sich wünschen sollte – und darüber befinden diejenigen, die bereits an der Macht sind.

Augustin Cochin in seinen Nachlaßanalysen von „1789“, Abstraction révolutionnaire et réalisme Catholique (Paris 1935, S. 83), bemerkte dazu: „Der Egoismus hatte alle Mittel benutzt, um zu Macht und Genuß zu gelangen: Geschicklichkeit, Gewalt, Lüge, Geld; diese Mittel machten Ungelegenheiten und setzten Talent voraus oder Mut oder Vermögen; schließlich erfand er eins, das nichts dergleichen voraussetzt: Tugend, Güte, Gerechtigkeit; wenigstens jene Tugenden ... die darin bestehen, den Mitmenschen Gutes tun zu lassen – durch das Gesetz.“

Die These von der Irrtumsfreiheit des „Allgemeinen Willens“ baut Rousseau nun wie folgt auf: „Die Bedingungen des Vertrages ... lassen sich auf eine einzige zurückführen, nämlich auf die vollständige Hingabe jedes Mitgliedes mit allen seinen Rechten an die ganze Gemeinschaft. Denn da sich jeder ganz hingibt, ist die Bedingung erstens für alle gleich, und niemand kann ein Interesse daran haben, sie für den anderen drückend zu machen. Da ferner dieses Aufgeben ohne jeden Vorbehalt geschieht, so ist die Vereinigung so vollkommen, wie sie sein kann, und kein Mitglied kann weitere Ansprüche erheben. Denn würden irgendwelche Rechte den einzelnen verbleiben, so müßten sie in irgendeinem Punkte, da kein gemeinsames Oberhaupt zwischen ihnen und der Gemeinschaft entscheiden könnte, ihr eigener Richter sein und würden bald beanspruchen, es in allem zu sein. Der Naturzustand würde fortbestehen, und die Vereinigung würde notwendigerweise tyrannisch oder zwecklos ...

Befreit man also den Gesellschaftsvertrag von allem Unwesentlichen, so wird man finden, daß er sich auf folgende Formel zurückführen läßt: Jeder von uns stellt seine Person und seine ganze Kraft unter die oberste Leitung des allgemeinen Willens; wir nehmen jedes Mitglied in einen Körper als untrennbaren Teil des Ganzen auf.

An Stelle der einzelnen Person jedes Vertragschließenden entsteht jetzt durch diesen Akt der Vergesellschaftung ein sittlicher und gemeinschaftlicher Körper, der sich aus so viel Mitgliedern zusammensetzt, wie die Versammlung Stimmen hat, und der durch eben diesen Akt seine Einheit, sein gemeinschaftliches Ich, sein Leben und seinen Willen empfängt. Diese Staatspersonalität, die sich so durch die Vereinigung aller Einzelpersonen bildet, erhielt ehemals den Namen Stadt (Cité) und heißt jetzt Republik oder Staatskörper, der von seinen Mitgliedern Staat genannt wird, wenn er passiv bleibt, Staatsoberhaupt, wenn er aktiv ist, Macht, wenn er sich in Vergleich zu anderen setzt. Die Mitglieder der Gesellschaft erhalten als Gemeinschaft den Namen Volk und nennen sich als einzelne Staatsbürger in ihrer Eigenschaft als Teilhaber der höchsten Staatsgewalt und Untertanen, soweit sie den Gesetzen des Staates unterworfen sind. Diese Ausdrücke werden oft ohne Unterschied gebraucht und miteinander verwechselt, aber es genügt, sie zu unterscheiden, um sie in ihrer genauen Bedeutung anzuwenden."

Der allgemeine Wille ist also immer richtig und zielt immer auf das allgemeine Wohl ab, aber – und das ist wichtig – daraus folgt nicht, daß die Beschlüsse des Volkes auch immer richtig sind:

„Oft besteht ein großer Unterschied zwischen dem Willen aller und dem allgemeinen Willen. Dieser zielt nur auf das gemeinsame Interesse, jener auf das Privatinteresse und ist nur die Summe der einzelnen Willensmeinungen. Zieht man aber von diesen Willensmeinungen die sich gegenseitig vernichtenden Extreme ab, so bleibt als Summe der Differenzen der allgemeine Wille."

Geradezu verblüffend ist nun, wie zwingend Rousseau auf die tatsächliche Praxis heutiger totalitärer Diktaturen durch seinen Grundansatz hingeführt wird, nämlich die Verhinderung jeglicher horizontalen Kommunikation zwischen den Einwohnern des Landes, also die völlige Abwesenheit einer Pressefreiheit: die Staatsbürger dürfen unter sich keine Verbindung haben, nur so kann es zum reinen „Gemeinwillen" kommen:

„Ja, hätten bei einer Beschlußfassung eines hinreichend unterrichteten Volkes die Staatsbürger keine Verbindung unter sich, so würde aus der großen Zahl der kleinen Differenzen immer der allgemeine Wille hervorgehen, und der Beschluß wäre immer gut. Wenn sich aber auf Kosten der allgemeinen Vereinigung Cliquen und Parteien bilden, so wird der Wille jeder dieser Parteien in bezug auf ihre Mitglieder allgemein und dem Staat gegenüber ein einzelner: man kann alsdann sagen, daß nicht mehr so viele Stimmberechtigte wie Menschen vorhanden sind, sondern nur so viele, wie es Parteien gibt. Die Differenzen werden weniger zahlreich und führen zu einem weniger allgemeinen Ergebnis. Wenn endlich eine dieser Parteien so groß ist, daß sie über alle anderen das Übergewicht hat, so ist das Ergebnis nicht mehr eine Summe kleiner Differenzen, sondern nur eine einzige Differenz; dann gibt es keinen allgemeinen Willen mehr, und die Ansicht, die den Sieg davonträgt, ist nur eine besondere Ansicht."

Gewiß, bis heute ist das Problem ungelöst geblieben, inwieweit das Gemeinwohl, das öffentliche Interesse von politischen Parteien erkannt und gewahrt wird, ob ein Zwei- oder ein Vielparteiensystem dazu besser geeignet ist. Rousseaus Vorstellung aber läuft bei Ländern mit einer Millionenbevölkerung auf die Ablehnung der parlamentarischen Demokratie hinaus:

„Um den klaren Ausdruck des allgemeinen Willens zu erhalten, ist es wichtig, daß der Staat keine Parteien hat und daß jeder Staatsbürger für seine eigene Überzeugung eintritt."

Helvétius und seine Inselutopie

Zu einer dauernden Opposition gegen die ständischen Mächte gezwungen, gelangte die französische Intelligenz des 18. Jahrhunderts zur Ableitung der sozialen Hauptgebilde aus einer, naturrechtlich gesehen, minderwertigen Absicht: die sozialen Institutionen seien meist Erfindung einzelner. Die Theorie vom Priesterbetrug taucht auf. In dieser Situation ist Helvétius' Gedankenexperiment über die Gesellschaftsbildung auf der Insel entstanden. So mangelhaft alle derartigen Überlegungen sind, so bereiten sie doch soziologische Gedanken vor, die später in neuem Gewand immer wieder durchbrechen werden: die soziale Bezogenheit der Gesetze, eine Soziologie der Herrschaftsformen, der Gesichtspunkt, daß Bevölkerungszunahme und Diktatur zusammenhängen: all das sind Überlegungen, die nicht mehr verlorengingen.

Eingeleitet wurde dieser Zweig der französischen Gesellschaftskritik durch die hugenottische Kirchen- und Staatskritik, die 1689 in P. Jurieus „Lettres pastorales" gipfelte. Pierre Jurieu (1637–1713) erhob nicht nur auf theoretische Art Forderungen nach einer Beseitigung der Mängel in öffentlichen und staatlichen Dingen, sondern machte auch praktische Vorschläge. Hierdurch gelangt gegenüber der Abstraktheit eines La Bruyère oder Fontenelle (1657–1757) durch den religiöskritischen Reformwillen eine praktische Note in die allgemeine Zeitkritik, die sie dann – neben vielen Abschweifungen – bis zur Französischen Revolution beibehielt.

Claude Adrien Helvétius, geb. 1715 und gest. 1771 in Paris, war der Philosoph eines strikten Materialismus. Er kam vom Finanzwesen zur Publizistik, bereiste 1764 England und 1765 Deutschland, wurde von Friedrich II. aufgenommen und lebte später wieder in Paris. Er schrieb u. a.: „De l'esprit" (1758), „De l'homme", 2 Bde. (1772), „Les progrès de la raison dans la recherche du vrai" (1779).

Helvétius gehört zur Reihe jener französischen Anti-Metaphysiker, die mehr Psychologen als Philosophen waren. Nietzsche preist seine psychologischen Einsichten. Wo sich die Einzelbeobachtungen aber zu einer allgemeinverbindlichen Theorie versteigen, wird ihre Bedingtheit sichtbar. Des Helvétius Anthropologie kann mit seinem Satz zusammengefaßt werden: „Der Mensch ist eine Maschine, die, durch sinnliche Empfindungen in Bewegung gesetzt, alles tun muß, was sie ausführt." Da als Motiv aller Handlungen nur der Egoismus anerkannt wird, stellt sich die Aufgabe, der Gesellschaft eine künstliche Organisation zu schaffen, worin die einzelnen Mitglieder sich einander im Interesse der Gemeinschaft nicht zu viel Böses antun.

In Helvétius' Schrift „De l'homme, de ses facultés et de son éducation" (1772) geht es um eine Inselutopie. Einige Familien haben sich auf einer Insel angesiedelt, deren Boden gut, aber unbebaut und wüst sei.

Die Interessen dieser entstehenden Gesellschaft werden zuerst, so meint Helvétius, wenig kompliziert sein, und folglich werden ihr wenige Gesetze genügen, die sich auf das Verbot des Diebstahls und des Mordes beschränken: „Derartige Gesetze werden immer gerecht sein, weil sie mit der Zustimmung aller gemacht sind, denn ein Gesetz, das in einem entstehenden Staat allgemein angenommen ist, entspricht immer dem Interesse der Mehrzahl."

Helvétius geht davon aus, daß diese Gesellschaft ein Oberhaupt wählt, unter dessen Befehl sie die Seeräuber bekämpfen. Dieses Oberhaupt wird, wie jeder Ansiedler, nur den Boden besitzen, den er urbar gemacht hat, aber so fragt er, werden die Nachfolger des ersten Oberhauptes lange in diesem Zustand der Machtlosigkeit verbleiben?

„Das Ziel der Mehrzahl unter ihnen wird die Unterwerfung der Insel sein, die sie bewohnen. Aber ihre Anstrengungen werden vergeblich sein, solange das Volk klein an Zahl ist. Der Despotismus setzt sich schwer durch in einem Land, das, erst vor kurzem besiedelt, spärlich bevölkert ist. In allen Monarchien nimmt die Macht langsam zu. Die Zeit, die die Herrscher Europas gebraucht haben, um ihre großen Vasallen zu unterwerfen, ist der Beweis dafür." Helvétius versucht eine Theorie der Entstehung von Herrschaft:

„Der Zeitpunkt, wo die Macht des Fürsten oder des Oberhauptes zunimmt, ist gekommen, wenn das Volk reich und groß an Zahl geworden ist, wenn jeder Bürger aufhört, Soldat zu sein, oder wenn das Volk einwilligt, die Truppen zu Boden zu schmettern und weiterzuverfolgen, um den Feind zurückzuschlagen. Wenn das Oberhaupt sich die Befehlsgewalt in Krieg und Frieden vorbehält, nimmt sein Ansehen unmerklich zu, und das benützt es, um seine Armee zu vergrößern. Ist sie stark genug, dann läßt das ehrgeizige Oberhaupt die Maske fallen, es unterdrückt die Völker, vernichtet allen Besitz, plündert die Nation aus."

Bei Helvétius taucht auch bereits das Ideologieproblem auf, der interessengebundene Wahrheitsbegriff:

„Alle Menschen geben die Wahrheit der geometrischen Sätze zu: Ist dem so, weil sie bewiesen sind? Nein, sondern weil, gleichgültig gegen ihre Falschheit oder ihre Richtigkeit, die Menschen kein Interesse haben, das Falsche für das Wahre zu nehmen. Nimmt man Interesse bei ihnen an? Dann würden die Sätze, die am klarsten bewiesen sind, ihnen problematisch erscheinen. Ich würde nötigenfalls beweisen, daß der Inhalt größer ist als das Gefäß: das ist eine Tatsache, über die einige Religionen Beispiele liefern."

Dies ist eine charakteristische Vorstufe des Ideologieproblems und damit der Wissenssoziologie im 20. Jahrhundert. Eng verbunden mit dem Problem der interessengebundenen Wahrheit ist der soziologische Begriff der öffentlichen Meinung, über deren Zusammenhang mit dem Problem der Herrschaft Helvétius keinen Zweifel läßt:

„Die Meinung, sagt man, ist die Herrscherin der Welt. Es

gibt Augenblicke, da zweifellos die allgemeine Meinung selbst die Herrscher beherrscht. Aber was hat diese Tatsache gemein mit der Macht der Wahrheit? Beweist sie, daß die allgemeine Meinung deren Erzeugnis ist? Nein: die Erfahrung zeigt uns im Gegenteil, daß beinahe alle Fragen der Moral und Politik durch das Mächtige und nicht durch das Vernünftige entschieden werden und daß, wenn die Meinung die Welt beherrscht, es mit der Zeit der Mächtige ist, der die Meinung beherrscht.

Wer auch die Ehren, die Reichtümer und die Züchtigungen austeilt, er wird immer eine große Zahl von Männern an sich binden. Diese Verteilung unterjocht ihm die Geister, gibt ihm die Herrschaft über die Seelen..."

Salons, Akademien und Enzyklopädisten

Mit Jean le Rond d'Alembert, 1717 geb. und 1783 gest. in Paris, kündigt sich das „positive Zeitalter", das „siècle de la science", noch deutlicher an. Zusammen mit Diderot gab d'Alembert (1771–1780) die „Enzyklopädie" heraus. Im Kreis der sogenannten Enzyklopädisten (neben Diderot und d'Alembert wirkten mit u.a. Rousseau, Voltaire, Grimm, Holbach) zeichnet sich die moderne Organisationsform der Wissenschaft ab: Sie soll nicht mehr an einzelne Genies gebunden sein, sondern aus der „Union" der schöpferischen Geister genährt werden. D'Alembert, Mathematiker und Philosoph, seit 1772 Sekretär der Pariser Akademie der Wissenschaften, sieht den wesentlichen Unterschied des 18. Jahrhunderts zu den früheren Epochen in dieser erstmals bewußten Konzentration der Intellektuellen zur Lösung wissenschaftlicher Aufgaben. Das Wissen wird in seiner sozialen Funktion verstanden. Es kann sich, wie man jetzt glaubt, nur innerhalb einer bestimmten sozialen Organisation entwickeln.

Die zahlreichen Artikel der „Enzyklopädie", die sich mit Fragen des staatlichen und gesellschaftlichen Lebens befassen, getragen vom Fortschrittsglauben (gegen den Rousseau revoltiert), sind entscheidende Keime für die positive Soziologie des 19. Jahrhunderts. Noch suchen diese „Kultursoziologen" nach einem gültigen Gemeinschaftsbegriff, der alles umfaßt, was ihnen vorschwebt. Der französische Ausdruck société (aus dem dann Comte die Bezeichnung unserer Wissenschaft bilden wird) bedeutet für die Enzyklopädisten sowohl „Gesellschaft" als auch „Geselligkeit". Die soziologische Funktion der „Salons" wird deutlich: die Geselligkeit treibt Wissenschaft und „Gesellschafts(ordnung)" hervor. Wir werden bei Schleiermacher sehen, wie auch hier im deutschen Sprachgebiet dieselbe allmähliche Entwicklung des Begriffs vor sich geht: aus Geselligkeit wird allmählich der moderne Gesellschaftsbegriff. Zunächst wechselt auch Schleiermacher zwischen der Bedeutung von Gesellschaft im Sinne der gelegentlichen Gäste eines Salons und im Sinne bereits der Gesellschafts(struktur) einer Zeit und eines Volkes ab.

Nirgends wird die Bildung soziologischer Begriffe aus vorausgehenden tatsächlichen sozialen Gebilden so deutlich wie gerade am Begriff der Gesellschaft selbst. Die Salons des 18. Jahrhunderts waren zunächst von Mitgliedern „der Gesellschaft", der „gebildeten Gesellschaft", bevölkert. Man diskutiert und politisiert. Man „fühlt sich", mehr oder minder bewußt, als Elite, als Träger der kommenden Zeit. Man besinnt sich auf die eigene Funktion innerhalb des Volkes.

Man beginnt aber auch, sich als Schicht, als Gruppe, als „Gesellschaft" im modernen Sinn zu sehen. So entsteht aus dem „Gesellschaftempfinden" im 18. Jahrhundert der Begriff der Gesellschaft zugleich mit den Ansätzen der Gesellschaftswissenschaft.

Aus einer d'Alembert verwandten Geisteshaltung stammen Äußerungen zum Problem der Gesellschaft, die wir bei den französischen Moralisten in aphoristischer Form finden. Hier wird der Gesellschaft bloßer Rang eines Machwerks zugemessen. Allerdings ist um diese Zeit, in den neunziger Jahren des 18. Jahrhunderts, der Begriff der Gesellschaft noch völlig im Fluß. Dem einen Schriftsteller gilt er schon mehr oder weniger eindeutig als Oberbegriff für die menschliche Gesellschaft schlechthin; der andere hebt damit die bürgerliche Gesellschaft (die Nichtadligen und Nichtklerikalen) hervor; bei vielen schwankt der Begriff aber noch zwischen diesen Bedeutungen und jener älteren, da „Gesellschaft" sich mit dem „Zirkel", mit einem „Salon", mit einer „festlichen Gesellschaft" deckte. Auch heute laufen ja im Sprachgebrauch drei Bedeutungen noch nebeneinander her. Es gibt die (gute) Gesellschaft und endlich die allgemeine Gesellschaftsordnung in einem Volk oder auf einem ganzen Kontinent. Die moderne Gesellschaftswissenschaft baute sich auf den Beobachtungen auf, die man im 18. Jahrhundert an allen drei Erscheinungsformen des Gesellschaftlichen anstellte, ohne sie immer genau auseinanderhalten zu können.

Die analoge Entwicklung im 19. Jahrhundert findet statt, als die Arbeiter beginnen, sich als Schicksalsgemeinschaft zu erleben. Das Wort „Klasse“ taucht auf. Wieder treibt eine Oppositionsstimmung zur ideologischen und tatsächlichen Integration des neuen sozialen Verbandes: der Arbeiterklasse wird gegen Mitte des 19. Jahrhunderts ihre Sonderstellung bewußtgemacht. Karl Marx greift die neue Situation auf und entwickelt seine Soziologie auf Grund des Klassenbegriffs ähnlich, wie jene opponierende bürgerliche Intelligenz des 18. Jahrhunderts aus dem Begriff der Gesellschaft eine Gesellschaftswissenschaft vorbereitete.

Im Discours préliminaire (1751) zur „Enzyklopädie“ entwickelte d'Alembert ein Programm für die Politik als Wissenschaft. Er will untersuchen, „wie die gleichsam in mehrere große Familien gesonderten Menschen sich zu den verschiedenen Gesellschaftsverbänden zusammengefunden haben; wie diese verschiedenen Gesellschaften die verschiedenen Regierungsformen haben entstehen lassen; wie sie sich voneinander sowohl durch ihre Gesetzgebung zu unterscheiden suchten als auch durch das Erdenken besonderer Zeichen, um den wechselseitigen Verkehr ihrer eigenen Mitglieder zu erleichtern“.

Die Politik, „diese ganz besondere und höhere Sorte von Moral, der sich die Grundsätze der bürgerlichen Moral bisweilen nur mit großer Geschicklichkeit anpassen können“, durchdringe die wichtigsten Amtsgebiete der Staatsregierung und kläre uns darüber auf, was zu deren Erhaltung beiträgt oder sie schwächen und vernichten kann. Die Politik sei somit „das schwierigste aller Studienfächer, weil sie die genaue Kenntnis der Völker und Menschen voraussetzt, insbesondere aber eine weitblickende und schmiegsame Begabung erheischt, besonders wenn der Politiker nicht übersehen soll, daß das Naturrecht nicht bloß allen Sonderverträgen zeitlich vorangeht, sondern auch das oberste Gesetz der Völker ist und daß man, um Staatsmann zu sein, nicht aufhören darf, Mensch zu sein“.

D'Alembert stellte auch schon interessante Überlegungen zur Soziologie der Intellektuellen an, die zu jener Zeit in den wissenschaftlichen Akademien ihr Selbstverständnis schärften:

„Derartige Gesellschaften können nicht verfehlen, einem Staatsleben große Vorzüge zu verschaffen, vorausgesetzt, daß man nicht durch ihre übermäßige Vermehrung zu vielen mittelmäßigen Elementen den Zutritt erleichtert. Auch darf man in ihnen nicht irgendwelche sozialen Unterschiede aufkommen lassen, die geeignet wären, die Männer zu entfremden oder abzuschrecken, welche zur Aufklärung der anderen berufen sind. Man darf keine andere Überlegenheit dort anerkennen als die des Genies; die Achtung sei der Preis der Arbeit, und den Talenten muß die gebührende Auszeichnung zuteil werden, ohne Beeinträchtigung durch irgendwelche Intrigen. Denn man soll sich nicht darüber täuschen, daß man den Fortschritten des Geistes mehr schadet, wenn man Auszeichnungen ungerecht verteilt, als wenn man sie ganz unterläßt."

Anklänge einer „Soziologie des Wissens" und einer Typologie der Intellektuellen zeigen sich, wenn d'Alembert glaubt, „daß die Verschiedenheit der Regierungsformen, die die geistige Kultur und ihre Träger so sehr beeinflußt, auch für die Gattungen der Wissenschaften bestimmend ist, die bei ihnen vorzugsweise in Blüte stehen und dort ihre besondere Bedeutung haben. So wird es in einer Republik im allgemeinen mehr Redner, Geschichtsschreiber und Philosophen geben und in einer Monarchie mehr Dichter, Theologen und Mathematiker. Doch ist diese Regel durchaus nicht so unbedingt gültig, daß sie nicht durch die mannigfachsten Umstände geändert und eingeschränkt werden könnte."

Adam Smith: Sozialpsychologie der Herrschaft

Adam Smith wurde 1723 in Kirkcaldy, Schottland, geboren und starb 1790 in Edinburgh. Er studierte 1737–1746 in Glasgow und Oxford, war ab 1751 Professor für Logik und Moralphilosophie in Glasgow. 1778 wurde er Beamter der obersten Zollbehörde von Schottland; er schrieb u. a.: „Inquiry into the Nature and Causes of the Wealth of Nations" (1776). Smith gilt als Begründer der modernen Volkswirtschaftslehre. Sein von Hume beeinflußtes Werk, an dem wir seinen Beitrag zur Soziologie zeigen, trägt den Titel „Theory of Moral Sentiments"; es erschien 1759.

Als Sozialethiker wird Smith den tatsächlichen Erscheinungen nicht immer gerecht. Beispielsweise sieht er die Ordnung der Gesellschaft durch die Affekte der Massen nicht gefährdet. Sehr realistisch hingegen erscheint die Beobachtung des schottischen Denkers, daß eine an sich gleichgültig gewordene Bevölkerung noch durch „merkantile“ Erwägungen und Praktiken zusammengehalten werden kann.

Die Ordnung der Gesellschaft ruht nach Smith auf einer Neigung der Menschen, für alle Affekte der Reichen und Mächtigen Teilnahme zu hegen. Dadurch komme es zur Unterscheidung der Stände und zur Ordnung der Gesellschaft: „Unsere Unterwürfigkeit gegen diejenigen, die über uns stehen, entspringt häufiger aus unserer Bewunderung für die Annehmlichkeiten ihrer Situation als aus unserer Hoffnung auf Wohltaten, die wir von ihrem Wohlwollen erwarten dürfen. Ihre Wohltaten können sich nur auf einige wenige erstrecken; aber ihre Schicksale interessieren beinahe jedermann... Auch entspringt unsere ehrerbietige Achtung gegenüber ihren Neigungen nicht... aus einer Rücksichtnahme auf den Nutzen solcher Unterwerfung und auf die Ordnung der Gesellschaft, die durch diese am besten gefördert wird. Selbst wenn die Ordnung der Gesellschaft es zu fordern scheint, daß wir ihnen Widerstand leisten, vermögen wir es doch kaum über uns zu bringen, dies zu tun.“

Smith leitet die Wirksamkeit der „sozialen Kontrolle“ (wie man im 20. Jahrhundert sagen würde), die Aufrechterhaltung eines politischen Herrschaftssystems ausdrücklich *nicht* aus der Einsicht in irgendwelche Funktionszusammenhänge, in Nutzen von Ordnung ab, sondern aus einem der menschlichen Natur innewohnenden Trieb „Ehre zu erweisen“: „Die stärksten Triebfedern, die wütendsten Affekte, wie Furcht, Haß und Vergeltungstrieb, sind kaum stark genug, als daß sie jenem natürlichen Hang, ihnen Ehre zu erweisen, die Waage halten könnten. Ihr Vorgehen muß – ob mit Recht oder Unrecht – den höchsten Grad jener Affekte in der Masse des Volkes erregt haben, bevor dieses dazu gebracht werden kann, ihnen mit Gewalt Widerstand zu leisten oder sogar bloß den Wunsch zu empfinden, sie bestraft oder abgesetzt zu sehen. Selbst wenn das Volk aber so weit gebracht worden ist, so ist es doch jeden Augenblick imstande, sich erweichen zu lassen, und fällt dann leicht in den eingewurzelten Zustand der Unterwürfigkeit gegenüber jenen zurück, die es als seine natürlichen Vorgesetzten anzusehen gewohnt war. Mitleid tritt bald an Stelle des Vergeltungsgefühles ... seine alten Grundsätze der Untertanentreue leben wieder auf, und es eilt, die zerstörte Autorität seines alten Herrn mit der gleichen Gewalt wiederherzustellen, mit der es ihr Widerstand geleistet hatte."

Das klingt gewiß sehr altmodisch, sehr monarchistisch; wie wenig aber dieser Hang seither gewichen ist, zeigen z. B. einige westliche Demokratien seit der Mitte des 20. Jahrhunderts, in denen Regierungschefs es offensichtlich verstanden haben, vom Hang der Ehrerweisung in der Bevölkerung zu profitieren. Dies dürfte nicht dasselbe sein wie eine Herrschaftsausübung dank Charisma.

Während Smith das vertikale Herrschaftssystem aus einer vor-, ja einer irrationalen Unterwerfungsneigung abgesichert sieht, komme es zur horizontalen Kooperation, zur wirtschaftlichen Zusammenarbeit aller Mitglieder einer Gesellschaft auch allein aus Nützlichkeitserwägungen, selbst wenn die positiven Gefühle zueinander fehlen: „So wurde der Mensch, der nur in Gesellschaft bestehen kann, von der Natur jener Situation angepaßt, für die er geschaffen war. Alle Mitglieder der menschlichen Gesellschaft bedürfen des gegenseitigen Beistandes, und andererseits ist auch jedes von ihnen den Beleidigungen des anderen ausgesetzt. Wo jener notwendige Beistand aus wechselseitiger Liebe, aus Dankbarkeit, aus Freundschaft und Achtung von einem Mitglied dem anderen gewährt wird, da blüht die Gesellschaft ... Alle ihre Mitglieder ... gravieren gleichsam zu einem gemeinschaftlichen Zentrum gegenseitiger guter Dienste." Schmith räumt ein, daß der notwendige Beistand nicht immer aus solchen edlen und selbstlosen Beweggründen gewährt werden wird. Die Gesellschaft wird dann zwar weniger glücklich und harmonisch sein, wird sich aber deshalb doch nicht auflösen müssen. Die Gesellschaft kann, wie Smith meint, zwischen einer Anzahl von Menschen – „wie eine Gesellschaft unter mehreren Kaufleuten – auch aus einem Gefühl ihrer Nützlichkeit heraus ohne gegenseitige Liebe und Zuneigung bestehenbleiben; und mag auch kein Mensch in dieser Gesellschaft einem anderen verpflichtet oder in Dankbarkeit verbunden sein, so kann die Gesellschaft doch durch eine Art kaufmännischen Austausches guter Dienste, die gleichsam nach einer vereinbarten Wertbestimmung geschätzt werden, aufrechterhalten werden.

Indessen kann eine Gesellschaft zwischen solchen Menschen nicht bestehen, die jederzeit bereit sind, einander wechselseitig zu verletzen und zu beleidigen... Wenn es eine Gesellschaft zwischen Räubern und Mördern gibt, dann müssen sie sich wenigstens des Raubens und Mordens untereinander enthalten. Wohlwollen und Wohltätigkeit ist darum für das Bestehen der Gesellschaft weniger wesentlich als Gerechtigkeit. Eine Gesellschaft kann ohne Wohltätigkeit weiterbestehen, wenn auch freilich nicht in einem besonders guten und erfreulichen Zustande, das Überhandnehmen der Ungerechtigkeit dagegen müßte sie ganz und gar zerstören."

In folgender Beobachtung kommt Adam Smith dem auch in der heutigen Soziologie, beim Studium der sozialen Schichtung, der sozialen Klassen, so wichtigen Begriff vom verschiedenen „Lebensstil" der Stände, Berufe und Klassen nahe. Man könnte diese je nach Lebensalter, Lebensverhältnissen und Berufen *verschiedenen Manieren,* aber auch als eine Vorwegnahme des *Rollenbegriffes* ansehen:

„Da die Gegenstände, mit welchen die Menschen in verschiedenen Berufen und Lebensverhältnissen in Berührung kommen, sehr verschieden sind und sie an verschiedene Leidenschaften gewöhnen, bilden sie auch in den Menschen ganz verschiedene Gewohnheiten und Sitten aus... Auch die verschiedenen Lebensalter haben aus dem gleichen Grunde ihre verschiedenen Sitten und Manieren, die gleichsam für sie bestimmt sind."

Smith beobachtete und deutete bereits zutreffend die Erscheinung des sozialen Vorurteils, des Stereotypisierens im zwischenmenschlichen Verkehr (der Begriff der sozialen Stereotypie wurde von Walter Lippmann in seinem Buch „Public Opinion", 1922, ausgearbeitet und hat seither in der Sozialwissenschaft eine große Rolle gespielt).

„Jede Art des Betragens, die wir in einer ehrsamen Menschenklasse einmal zu sehen gewohnt sind, wird sich schließlich in unseren Gedanken so mit jener Klasse assoziieren, daß wir, sobald wir nur das eine Glied dieser Verbindung sehen, schon damit rechnen, auch dem andern zu begegnen, und daß wir, wenn wir darin getäuscht werden, etwas vermissen, das wir zu finden erwartet haben. Es verwirrt uns, bringt uns in Verlegenheit, und wir wissen nicht, wie wir uns verhalten sollen, wenn ein Mensch offenbar sein Wesen erheuchelt, das von dem gewöhnlichen Wesen derjenigen Klasse abweicht, in die wir ihn sonst einzureihen geneigt gewesen wären."

Smith erfaßt auch genau die Erscheinung der je nach den soziokulturellen Bedingungen verschiedenen Rollenerwartungen in einer Gesellschaft: „Die verschiedenen Lebensverhältnisse verschiedener Zeitalter und Länder pflegen der Mehrzahl derjenigen Menschen, die unter ihnen leben, ein verschiedenes Wesen zu verleihen, und ihre Empfindungen darüber, welcher Grad einer jeden Eigenschaft ihnen für tadelnswert oder lobenswürdig gilt, werden voneinander abweichend und durch jenen Grad derselben bestimmt sein, der in ihrem Lande oder zu ihrer Zeit üblich ist. Jener Grad von Höflichkeit, der in Rußland auf das höchste geachtet, ja vielleicht für unmännliche Schmeichelei gehalten werden würde, würde am Hofe von Frankreich als Roheit und Barbarei gelten. Jeder Grad von Wirtschaftlichkeit und Einfachheit, der bei einem polnischen Edelmann als übergroße Sparsamkeit betrachtet werden würde, würde bei einem Bürger von Amsterdam als Verschwendung gelten. Jedes Zeitalter und jedes Land betrachtet jenes Maß einer Eigenschaft, dem man gemeinhin bei denjenigen begegnet, die unter ihnen geachtet sind, als die goldene Mitte eben jenes Talentes oder jener Tugend. Und da dieses sich ändert, je nachdem ihre verschiedenen Verhältnisse verschiedene Eigenschaften ihnen mehr oder weniger zur Gewohnheit machen, ändern sich dementsprechend auch ihre Empfindungen davon, welches Betragen und welches Wesen gerade das richtige sei."

In der folgenden Beobachtung zeigt sich besonders deutlich, wie aus allgemeinen ethischen Überlegungen allmählich die soziologische Fragestellung erwächst. Smith isoliert bereits unverkennbar den Funktionsbegriff der modernen Kulturanthropologie und Soziologie:

„Die verschiedenen Sitten, welche wir auf Grund von Gewohnheit und Brauch in den verschiedenen Berufen und Lebensständen zu billigen pflegen, betreffen keine Dinge von besonders großer Wichtigkeit... Aber auch in bezug auf diese unterscheidenden Kennzeichen ihres Standes findet sich oft ein unbeachteter Umstand, der uns, wenn wir auf ihn geachtet hätten, gezeigt haben würde, daß in dem Wesen, das wir auf Grund der Gewohnheit einem jeden Beruf zuzuteilen pflegen, an sich und unabhängig von Gewohnheit und Brauch eine gewisse sittliche Richtigkeit gelegt ist... Die Sitten verschiedener Völker verlangen zwar verschiedene Grade der gleichen Eigenschaft an demjenigen Charakter, den sie für achtungswert halten, doch ist das Ärgste, was man als Folge davon behaupten könnte, dies, daß hier die Pflichten der einen Tugend mitunter so ausgedehnt werden, daß sie ein wenig den Bereich irgendeiner anderen Tugend beeinträchtigen... Im allgemeinen kann man wohl sagen, daß die Art und Weise der Sitten, die bei irgendeinem Volk sich einbürgert, im großen und ganzen derart ist, wie sie für seine Situation am besten paßt."

Adam Fergusons Soziologie des Bewußtseins

Adam Ferguson, geb. 1723 in Perth, Schottland, gest. 1816 in Saint Andrews, war Professor der Physik, später der Moralphilosophie in Edinburgh. Er hat als erster eine Geschichte der bürgerlichen Gesellschaft geschrieben (Essay on the History of Civil Society; 1767). Ferguson leitet die Klassenunterschiede aus den verschiedenen Eigentumsverhältnissen ab. Auch andere Schriften Fergusons bieten teilweise erstaunlich gute soziologische Einfälle und Beobachtungen. Dem Titel nach interessant ist Principles of Moral and Political Science (1792). In seiner Moralphilosophie (Institutes of Moral Philosophy, 1769) berührt er bereits das Problem der Wissenssoziologie: es ist überraschend, mit welcher unbefangenen Ausdrücklichkeit schon hundert Jahre vor Karl Marx und fast zweihundert Jahre vor Karl Mannheim die These der Soziologie des Wissens ausgesprochen wurde. Eindeutig ist für Ferguson das Bewußtsein der Menschen durch den Zustand der Gesellschaft bestimmt.

Fergusons soziologischer Ansatz blieb in der Geschichte der Soziologie lange unbeachtet. 1959 erschien von Herta Helena Jogland „Ursprünge und Grundlagen der Soziologie bei Adam Ferguson" (Beiträge zur Geschichte der Sozialwissenschaften), die zum erstenmal das „soziologisch relevante Denken" des Schotten innerhalb seines geistesgeschichtlichen Rahmens darstellte.

Jogland beruft sich auf Gladys Bryson, die in der Moralphilosophie des 18. Jahrhunderts die Matrix der modernen Sozialwissenschaft sieht. Man darf auch nicht vergessen, daß Ferguson von den besser bekannten Pionieren der Sozialwissenschaft – Comte, Spencer, Herder und Marx – gelesen und gewürdigt worden war. Bei Ferguson findet sich auch schon der inzwischen zum Standardzweifel gewordene Verdacht, daß die kommerzielle Gesellschaftsform den Menschen seinem eigentlichen Wesen entfremde. Er versuchte bereits, aus Strukturen und Tendenzen seiner Umwelt Konsequenzen für die soziale Welt der Zukunft abzuleiten. Überschaut man das Leben eines Mannes wie Ferguson, mit den ungemein beschwerlichen und langwierigen Reisen nach Amerika und auf dem von Kriegen zerrissenen Kontinent, unternommen teils aus Wissensdurst, teils in politischem Auftrag (z. B. den, die amerikanischen Kolonien vom Abfall abzuhalten), so erkennt man, wie unbegründet die Meinung mancher heutiger Soziologen ist, nach denen die Moralphilosophen des 18. Jahrhunderts keine empirische Wissenschaft betrieben hätten. Oft dürften ihnen wesentlich größere, vergleichende Beobachtungsreihen zur Verfügung gestanden haben als manchem unserer heutigen Soziologen. Ferguson wollte, wie Jogland betont, eine empirische, vergleichende Wissenschaft vom Menschen begründen, ohne allerdings diese – wie heute so oft – in flacher Weise mit der physischen Naturwissenschaft zu verwechseln.

Im Mittelpunkt von Fergusons Interesse standen die Fähigkeiten der menschlichen Natur. Zugang zu ihrem Verständnis und Vorhersagbarkeit einzelner menschlicher Handlungsdispositionen sucht er im Sinne der Empirie, wie sie im 19. und 20. Jahrhundert dann weitergeführt wurde, ohne allerdings zu einem Behavioristen oder Positivisten im engen Sinne zu werden. Fergusons Methode ist ersichtlich in folgenden Sätzen: „Viele Versuche sind unternommen worden, diese [einzelmenschlichen] Dispositionen zu analysieren; doch einem und vielleicht dem wichtigsten Zweck der Wissenschaft ist Genüge getan, wenn die Existenz einer solchen [allgemeinmenschlichen] Disposition nachgewiesen wurde. Wir sind mehr an ihrer Realität und an ihren Konsequenzen interessiert als an ihrem Ursprung, ihrer Art und ihrer Gestalt.“ Scharf unterscheidet Ferguson auch den Entwicklungsbegriff in der Natur von einer spezifisch menschlichen ontogenetischen und phylogenetischen Perfektion:

„Die Produkte der Natur werden allgemein gradweise geformt. Pflanzen wachsen aus einem zarten Sproß und Tiere aus einem Kindheitszustand. Letztere sind zu handeln bestimmt, ihren Wirkungsbereich erweitern sie in dem Maße, wie ihre Kräfte zunehmen: sie zeigen einen Fortschritt in dem, was sie leisten, wie auch in den Fähigkeiten, die sie sich aneignen. Dieser Fortschritt wird vom Menschen in einem weit größeren Ausmaß fortgesetzt als bei jedem anderen Tier. Nicht nur das Individuum schreitet von der Kindheit zur Reife fort, sondern die ganze Gattung von der Roheit zur Zivilisation."

Fergusons wissenssoziologischer Ansatz ist unverkennbar, wenn er schreibt: „Man kann beweisen, daß ein großer Teil der Meinungen, Handlungsarten und Bestrebungen des Menschen durch den Zustand der Gesellschaft, in welcher er lebt, bestimmt wird, ... daß seine Rechte und seine Pflichten sich ganz auf diese anderen Menschen beziehen und daß es also von der größten Wichtigkeit für ihn ist, sich in diesen Verhältnissen zu befinden und in dem Stande einer solchen Gesellschaft zu leben." Auch die Werturteile der Menschen sieht Ferguson schon durch die Art der menschlichen Vergesellschaftung bestimmt an:

„Die am allgemeinsten anerkannten und die allein wirklichen Vorzüge sind persönliche Eigenschaften: Fähigkeiten des Verstandes, Wohlwollen und Stärke des Geistes. Aber die Menschen gehen auch noch in dem Vorzuge voneinander ab, den sie einer dieser Eigenschaften vor der anderen geben, und in den Wirkungen, die sie jeder zuschreiben. Sie achten die Eigenschaften am höchsten, die in ihren Umständen die notwendigsten und in ihrer Art der Geschäfte die vorzüglichsten sind. Unter gefährlichen Umständen und in einem kriegerischen Zeitalter schätzen sie am meisten Tapferkeit. In aufgeklärten Gesellschaften schätzen sie natürliche Talente und Wissenschaft. Bei handelnden Nationen schätzen sie Fleiß, strenge Ordnung und Ehrlichkeit. Aber da es gewisse, allen Verfassungen und allen Denkungsarten der Menschen gemeinschaftliche Umstände gibt, als zum Exempel, daß sie in Gesellschaft leben und an dem Schicksal ihrer Nebenmenschen teilnehmen: so gibt es auch gewisse Eigenschaften, die von allen Menschen auf gleiche Weise hochgeschätzt werden, diejenigen nämlich, durch welche der einzelne Mensch das Beste des menschlichen Geschlechts zu befördern geschickt wird: als Weisheit, Gerechtigkeit, Mäßigung und Mut."

Justus Möser, geboren 1720 und gestorben 1794 in Osnabrück, Historiker, Journalist und leitender Verwaltungsbeamter. Nach dem Studium der Rechtswissenschaft in Jena und Göttingen wirkte er im Fürstbistum Osnabrück: als Sekretär der Landstände, 1755 als Syndicus der Ritterschaft, 1768 als Geheimer Referendar; er schrieb u.a.: „Osnabrückische Geschichte" (1768) und „Patriotische Phantasien" (1774ff.).

Mösers Verdienste um die Wegbereitung für das soziologische Denken sind erst spät gewürdigt worden. Er versuchte die Wechselwirkung zwischen Wirtschaft und Leben des Volkes als „Totaleindruck" darzustellen. Für die neu gesehenen Beziehungen war Möser zweifellos auch sprachschöpferisch tätig und hat dem neuen Sinn für die Feinheiten der gesellschaftlichen Relationen neue sprachliche Mittel geliefert.

Staatsmann und Publizist, von Haus aus Fachjurist, hatte er dank seiner praktisch juristischen Arbeit im Fürstbistum Osnabrück unmittelbare Einsicht in Vorgänge des öffentlichen Lebens. Obwohl Möser zunächst vom „Vernunftzeitalter" eingenommen war und mit Autoren wie Shaftesbury, Montesquieu, Rousseau sympathisierte, brachte ihn die alltägliche Arbeit in seinem Amt zu einem tieferen Verständnis für die Belange des Volkes. Im Gegensatz zu den französischen Intellektuellen, die ihr neues soziologisches Gesellschaftsbild aus Zynismus und Opposition gewannen, findet Möser den Weg zu Ansätzen der Gesellschaftswissenschaft durch einfache, manchmal etwas hausbackene Anteilnahme an den wirtschaftlichen Alltagsproblemen der einfachen Volksschichten. Möser verstand die ursprünglichen Bedürfnisse der verschiedenen Bevölkerungsteile zweifellos besser als jene Denker, die infolge ihrer aufklärerischen Utopie nur einen Durchschnittsmenschen konstruieren wollten, der in jedes Schema passen sollte.

Mösers Ansätze soziologischen Denkens erwachsen meist aus rechtsgeschichtlichen Überlegungen. Welche sozialen Bedürfnisse haben ein bestimmtes Gesetz veranlaßt? Diese Frage taucht bei Möser immer wieder auf. Möser ist ein hervorragendes Beispiel für jene Quelle der Soziologie, die im „Rechtsdenken" besteht. Folgender Brief an Friedrich Nicolai vom 5. April 1767, worin Möser über seinen jungverstorbenen Freund Thomas Abbt spricht (Abbt hatte den Plan einer

„Allgemeinen Welthistorie" gehabt), ist dafür charakteristisch:

„In Ansehung der römischen Historie besinne ich mich noch, daß ich ihm riet, Rom erst aufmerksam als ein Dorf zu betrachten und die Hypothese anzunehmen, daß aus Landbauern Bürger geworden wären, weil ihm dieses, nämlich daß sich Bauernrecht in Bürgerrecht verwandelt hätte, ungemeine Dienste tun würde. Und wirklich, nichts macht die römische Geschichte wahrscheinlicher als die Gradation, welche sich in der Ausartung ihrer ländlichen Begriffe findet. Zum Beispiel: daß der jüngste Sohn das Haus erbte, daß der filius emancipatus von der Erbschaft ausgeschlossen war usw., war lauter Bauernrecht und verlor sich, nachdem sie mehr verbürgerten."

In der Fortsetzung des Briefes spricht Möser über Zusammenhänge zwischen Sprache und sozialpolitischer Struktur: Ein wichtiges Problem jeder „Sprachsoziologie". Er meint, „daß das Kostüm der Worte und der damit verknüpften modernen Begriffe dem Geschichtsschreiber unendliche Mühe macht. Freiheit z.B. ist das Recht der Bettler in einer Periode, wo die Landbesitzer von ihrem Acker zu Felde ziehen und ihre Ehre in diese ihre Schuldigkeit setzen. Daher werden in den Urkunden einer gewissen Zeit liberi et pauperes allezeit zusammengesetzt. Freiheit wird aber ein Vorzug, wenn die Monarchie alles unter ihrer Macht faßt; und Freiherr ward ein Ehrentitel, nachdem die Territorialhoheit den Adel beschattete. Ich könnte unzählige Worte anführen, welche ein gleiches Schicksal gehabt haben und den politischen Begebenheiten zur Kontrolle dienen. Es ist unglaublich, wie arm unsere Sprache ist, wenn es auf den Ausdruck gewisser politischer Verfassungen ankommt. Der Freeholder ist der höchste Grad, den wir ausdrücken können. Den Quiriten, den Wehr, d. i. den Proprietarium originarium liberum, kennen wir nicht mehr, und können ihn nicht mehr nennen. Jeder Landmann, wenn er auch Freeholder ist, heißt ein Bauer, cultor. Der Adel hat Männer, Leute, lauter Worte, die spät in einer von der Herrschaft schon bedeckten Verfassung geboren sind..."

Möser erfaßt bereits scharf, wie die einzelnen Struktursysteme der gesellschaftlichen Wirklichkeit einander beeinflussen, beispielsweise politische Verfassung und jeweilige Kunst voneinander abhängen. Rein wirtschaftliche Ursachen zur Erklärung geschichtlicher Wandlungen genügen ihm nicht. Möser weiß, daß gerade wirtschaftliche Einrichtungen weithin durch seelische Haltungen, durch Gesinnungen und ihre Veränderungen bestimmt werden.

So nimmt Möser nicht nur die Methode Max Webers zum Verständnis fremdseelischen Verhaltens, nämlich die Deutung mit Hilfe der Unterstellung vom zweckrationalen Sichverhalten, voraus (in der Skizze „Das Recht der Menschheit: Leibeigentum"), sondern auch schon die funktionelle Methode oder Denkweise der heutigen Kulturanthropologie und Soziologie:

„Ich habe immer mehr Respekt für den Gang gehabt, weldie Naturmenschen nach ihren Bedürfnissen genommen haben, als für die hohe Bahn, worauf unsere sogenannten Philosophen über die Grenzen der Menschheit hinausschweifen. Wenn ich daher auf eine alte Sitte oder alte Gewohnheit stoße, die sich mit den Schlüssen der Neuern durchaus nicht reimen will, so gehe ich mit dem Gedanken: die Alten sind doch auch keine Narren gewesen, so lange darum her, bis ich eine vernünftige Ursache davon finde ... Ich wünsche dann, daß die Verfasser der jetzigen Ritterromane nicht bloß die Sprache der Alten Welt borgen, sondern auch in den Geist ihrer Sitten und Gewohnheiten eindringen und das Verhältnis derselben zu dem Bedürfnisse der Zeit, worauf es bei aller Gesetzgebung zuerst ankommt, den Nachkommen zur Lehre und Erbauung vorlegen möchten."

Wirtschaftsgeschichtliche Betrachtungen beschäftigten Möser sehr stark. Er vermag auch den Auf- und Abstieg einzelner Gewerbe deutlich mit umfassenderen geschichtlichen Bedingungen in Zusammenhang zu bringen. Der soziologisch Denkende weiß Zusammenhänge auch bei scheinbar abgelegenen Ereignissen zu finden, wobei er merken muß, was seltene oder einmalige, also zufällige Parallelität ist und was sich als Regel für alle – oder die meisten – Fälle aufstellen läßt. Hier hat Möser erstaunlich viel geleistet. Friedrich Meinecke, der in Möser einen bedeutenden Vorläufer des „Historismus" sieht, weist immer wieder auf solche Einsichten im Möserschen Werk hin. Unverkennbar ist die pragmatische Tendenz in Mösers Studien: geschichtliche Kenntnis könne wirtschaftspolitisch verwandt werden. Möser erblickt in voller Schärfe die Tatsache und Natur des sozialen Wandels (in Geschmack, Mode, Kriegstechnik usw.), der bei einer weitvorausplanenden Berufsberatung unbedingt berücksichtigt werden muß. Selbst heute, in den Ländern mit der entwickeltsten Sozialwissenschaft, ist die von Möser mit vollem Recht geforderte Verbindung von Berufswahlberatung, Nachwuchsplanung und genauer Erforschung des sich anzeigenden sozialen Wandels noch nicht geglückt, wie z.B. die mißglückte Bildungsplanung in verschiedenen Ländern seit Anfang der sechziger Jahre unseres Jahrhunderts zeigt. Möser weist diese Aufgabe dem „Geschichtsschreiber" zu, einfach weil ihm der Begriff „Soziologe" noch nicht gegeben war:

„Wenn man hört, daß das Tuchmacheramt in hiesiger Stadt ehedem über zweihundert Meister gezählt und über zweitausend Menschen ernährt habe, so würde es wahrlich kein geringer Anblick sein, die Ursachen seines außerordentlichen Verfalls zu kennen, die Stufen, worauf es nach und nach gesunken, ... durch die Erkenntnis der Fehler, wodurch die gesetzgebende Macht einen solchen Verfall entweder befördert oder zugelassen, sich zu bessern und die Berechnung der Folgen nach ihren Ursachen in einer zusammenhängenden Kette zu haben ...

Staaten und Handwerksgilden haben ihre ungleichen Perioden. Manche sterben ganz aus oder fallen doch durch die Zeitumstände so sehr herunter, daß man auf andre Wendungen denken muß, welches die Geschichte am besten zeigen kann.

Die Ursachen, warum einige Handwerker dem Staate absterben, sind klar. Die Gilde der Panzerfeger mußte mit dem Panzer fallen, die Schwertfeger nahmen ab, wie die heutige Miliz nach und nach vollkommener und ihr Gewehr auf den Hütten gemacht wurde. Die alte Verfassung, da der Bürger noch zu Walle zog und keine sammetnen Hosen trug, ernährte weit mehr Weißgerber als die neuere, worin der goldene Degen an einem seidenen Bande hängt und der Soldat von außen versorgt wird. Eine Mode von Federmuffen kann ein Pelzeramt sehr herunterbringen, der Geschmack an Rohrstühlen alle Stuhlmacher vertreiben, die Begierde, alles von Mahagoniholz zu haben, die Tischler zugrunde richten, die Einfuhr der Eisenware von den Eisenhütten, wo alles durch Mühlen im großen gearbeitet wird, die Zahl der Schmiede vermindern. Der Untergang der Tuchmacher reißt die Schönfärber zu Boden. Die Art, wie die Uhren an großen Orten gemacht werden, verhindert alle Uhrmacher in kleinen Städten. Und ein Geschichtsschreiber, der diese verschiedenen Abfälle mit ihren Ursachen genau bemerkte, würde manchen jungen Künstler anweisen können, seine Aufmerksamkeit dahin zu wenden, wohin der Hang der Moden, des Geschmacks, des Eigensinns und der Staatsbedürfnisse mit einem nur scharfen Augen einleuchtenden Blicke winkt. Was würde es helfen, die besten Hutmacher zu haben, wenn die Franzosen es sich einfallen ließen, auf einmal Hüte von Wachstuch zu tragen? Wie leicht beraubt eine neue Mode das beste Handwerk seines Verdienstes! Und wohin muß ein Staat versinken, der sich hierin zuvorkommen läßt oder nicht geschwind sein Handwerk ändert? Wie viele Wachstuchfabriken sind nicht bloß durch die papiernen Tapeten gestürzt worden? Und wer soll uns hierin klug machen, wenn es eine Geschichte nicht tut?"

Soziologie als Fortschrittsforschung im 19. Jahrhundert

Einleitung

Im neunzehnten Jahrhundert, als geistesgeschichtliche Periode etwa die Zeit von 1775–1914, vereint sich nationalökonomisches, sozialpolitisches und naturwissenschaftliches Denken mit den großen philosophischen Strömungen der Aufklärung und Romantik zu einer Betrachtungsweise, aus der sich die Soziologie unter dem Druck sozialer Spannungen entfalten konnte. Diese Spannungen selbst wieder waren die Folgen einiger wesentlicher und vor allem ungemein rascher Veränderungen im 19. Jahrhundert. Die sogenannte Industrielle Revolution, die Arbeiterbewegungen, die Aushöhlung des Legitimitätsgedankens der monarchischen Regierungsform, das Selbstbewußtwerden der Menschen als mehr oder minder egalitäre Einheiten, der fortwährende Kontakt zwischen einer Unzahl menschlicher Gruppen infolge der rapiden Bevölkerungszunahme und der neuen leistungsfähigen Verkehrsmittel und neuer sozialer Institutionen, die alltägliche Kenntnisnahme vom Gesamtgeschehen der Welt mit Hilfe der neueren Nachrichtenmittel und Massenpublikationsorgane: all diese Faktoren wirkten zusammen und schufen einen so starken Wirklichkeitsdruck durch die gesellschaftlichen und sozialökonomischen Vorgänge, daß sich eine Wissenschaft von der Art der Soziologie fast von selber herausbilden mußte.

Zunächst noch ein Blick zurück auf die geistigen und politisch-gesellschaftlichen Strukturen, mit denen die Aufklärung das 19. Jahrhundert geprägt hat: Aus der geschichtlichen und soziologischen Eigenart Englands stammend, in Frankreich revolutionär verschärft und in Deutschland in weitere geistige Horizonte eingebaut, haben die Motive der Aufklärung mitgewirkt, den in früheren Jahrhunderten so langsam dahinfließenden Strom geschichtlicher und gesellschaftlicher Abläufe zu beschleunigen. Dank der Aufklärung glaubte der Mensch, die Welt, das Regieren ihrer und seiner Geschicke und nicht zuletzt die eigene Seele sozusagen „in den Griff" bekommen zu haben. Man weiß jetzt, wie alles und jedes anzupacken ist, damit sich die menschlichen Dinge fortschrittlich entfalten können. Die bisher geltenden, im Grunde sehr begrenzten Verbandsformen, wie Staat, Stände, insbesondere Adel und Klerus, Zünfte, werden in ihrer Vernünftigkeit und vor allem in ihrer ethischen Daseinsberechtigung angezweifelt. Dieser Zweifel an den wenigen großen, bisher konstitutiven Gemeinschaftsformen ließ allmählich zahllose weitere Gruppenformen sichtbar werden. Offenbar mußte das Selbstbewußtsein breiterer Schichten, vor allem die politische Erstarkung des Bürgertums hinzukommen, damit sich die kleineren gesellschaftlichen Gruppen ihrer sozialen Eigenart bewußt werden konnten. Soziologische Gliederungen mögen als latente oder auch schon aktuelle Strukturen längst vorhanden sein, aber erfaßbar und bewußt werden sie erst, sobald die politische Dynamik auf sie überfließt. So kam es z.B. zum dynamischen Klassenbegriff durch den Druck der Arbeiterbewegungen im 19. Jahrhundert. Das Aufklärungszeitalter trug zur Selbstgliederung der Gesellschaft mit Hilfe zahlloser politischer, halb-politischer, pseudo-religiöser, wissenschaftlicher und schöngeistiger Klubs, Zirkel, Akademien und ähnlicher Kongregationen bei. Auch das englische Klubwesen war von Bedeutung für das Erfassen gesellschaftswissenschaftlicher Gesichtspunkte. Der Freimaurergedanke, die Völkerbundsidee haben ebenfalls die Soziologie gefördert; zum Beispiel bei K. Ch. F. Krause.

Das beginnende volkswirtschaftliche Denken brachte in Gemeinschaft mit den späten Naturrechtlern das gesellschaftswissenschaftliche Bemühen in Gang, so daß die eigentlichen Soziologen nach 1800 bereits konkrete Anknüpfungspunkte vorfanden (in ähnlicher Weise trug die soziologisch orientierte Nationalökonomie eines Max Weber, Gustav v. Schmoller, Karl Bücher, um nur einige zu nennen, den wesentlichen Bestand soziologischen Denkens ins 20. Jahrhundert hinüber).

1776 veröffentlichte Adam Smith das Buch „Wealth of Nations" und begründete die klassische Nationalökonomie. Wenige Jahre zuvor veröffentlichte Adam Ferguson seine soziologisch recht bedeutungsvolle Moralphilosophie.

1798 macht der „Essay on Population“ von Thomas Robert Malthus (1766–1834) das Bevölkerungsproblem deutlich. Malthus' Versuche, die Gesellschaft seiner Zeit soziologisch zu verstehen, kommen z. B. in seiner Behandlung der Tatsache und des Problems der sozialen Ungleichheit zutage. Für ihn war die sozialökonomische Ungleichheit der Menschen naturgegeben und wünschenswert, weil der dadurch für den einzelnen gegebene Ansporn die staatliche Intervention weithin überflüssig machte. Malthus schloß sich hierin Adam Smith an. Malthus schrieb: „Wenn kein Mann auf sozialen Aufstieg hoffen oder den Abstieg fürchten könnte, wenn Fleiß nicht seine eigene Belohnung und Faulheit nicht ihre eigene Strafe brächte, würden wir vergeblich nach der privaten Geschäftigkeit Ausschau halten, die die Haupttriebfeder für den allgemeinen Wohlstand darstellt.“

1817 veröffentlichte David Ricardo sein nationalökonomisches Werk, das später Einfluß auf Karl Marx hatte. Die nationalökonomischen Gedanken Ricardos führten 1846 zum Freihandel in England. 1825 veröffentlichte der Schüler d'Alemberts, Graf Claude Henry de Saint-Simon, sein letztes Werk (Nouveau Christianisme), worin sich zum erstenmal der Gedanke sozialer bzw. sozialistischer Planung deutlich ankündigt. Saint-Simon (1760–1825) war auch der unmittelbare Anreger Comtes. In ähnlicher Richtung wie Saint-Simon bewegten sich Charles Fourier sowie Étienne Cabet, bei dem bereits autoritäre Gedanken auftauchen, Louis Blanc und Pierre Joseph Proudhon; in England setzte sich für ähnliche Ideen Robert Owen ein, während Johann Karl Rodbertus (1805–1875) für die Verbreitung dieser ursprünglich französischen Vorstellungen in Deutschland sorgte.

In all dem spürt man doch das 18. Jahrhundert: der Mensch und seine gesellschaftlichen Gruppierungen seien in alle Unendlichkeit der Vervollkommnung fähig, man muß die Widerstrebenden nur überreden und notfalls die Zusammenarbeit erzwingen. Die direkte politische Aktion, eventuell sanktioniert durch das allgemeine Wahlrecht, im Zusammenhang mit der vermeintlich beliebigen Planbarkeit sozialer Institutionen wird propagiert. Es handelt sich um einen extremen Rationalismus, vereint mit einer Geringschätzung der konstanten Gesellschaft.

Auf Adam Müller, Auguste Comte und Hegel werden wir

unten näher eingehen. Wichtig ist, daß wir uns schon hier den für jegliches soziologische Denken so wichtigen Gesichtspunkt der Evolution, der selbsttätigen Differenzierung, klarmachen. Der Entwicklungsgedanke ist ein treibendes Moment der gesamten Goethezeit, insbesondere der spätromantischen Naturwissenschaft. Dieser neuzeitliche Entwicklungsgedanke war offenbar ein Geschenk Italiens an Europa. Dort durch sinnenfrohes Vergleichen und spielerische Freude an Kombinationen geweckt, kam der Entwicklungsgedanke auf verschiedenen Wegen, nicht zuletzt auch über Goethe nach Deutschland, Frankreich und England.

Auch Darwin hatte die Anregung zu seiner Lehre auf einer anschauungsreichen Schiffsreise bekommen. Seine Evolutionstheorie beeinflußte dann über Herbert Spencer die gesamte angelsächsische, vor allem die amerikanische Soziologie, aber sehr wesentliche Teile auch der deutschen und französischen. Bemerkenswert ist jedoch, daß schon bei dem Italiener Vico ein entwicklungsmäßiges Stadiengesetz höherer Ordnung, d.h. auf ganze Volksverbände bezogen, vorkam, das genau zu den Konzeptionen des 19. Jahrhunderts paßte. Nachdem Comte bereits sein großes Werk der positiven Soziologie, ausgehend von einer Phasenfolge der Kulturen, geschrieben hatte, stieß er auf Vico und war überrascht, in welcher Weise dieser seine Lehre vorweggenommen hatte.

Gesellschaftstheoretische Ansätze um 1800

Zur Goethezeit gab es einige Autoren, deren Veröffentlichungen um 1800 bereits Problemerfassungen und sprachliche Mittel, gesellschaftswissenschaftliche Begriffsbildungen enthalten, die für die Entwicklung einer Soziologie im deutschen Sprachgebiet im 19. Jahrhundert unerläßlich waren. Diese Autoren neigen teils der Romantik, teils dem Idealismus zu. Sie alle haben sich bereits mit Rousseau und der Französischen Revolution auseinandersetzen müssen. Diese Autoren suchen das Soziale, das Gesellschaftliche, die verschiedenen Erscheinungsformen der Gesellschaft als Phänomene zu begreifen, sie suchen nach Theorien für die inneren Wirkungszusammenhänge. Einer der wichtigsten Anreger dafür war Herder.

Im Gegensatz zur Aufklärung, die letztlich hoffte, auch die geschichtliche und soziale Welt mit Hilfe einiger weniger Regeln – wie die Natur – gesetzmäßig erklären und gliedern zu können, bricht bei Johann Gottfried Herder die Ahnung von dem unendlichen Wirkungszusammenhang aller zwischenmenschlichen Vorgänge durch. (Übrigens hat Wilhelm Dilthey dann später diesen Begriff des Wirkungszusammenhangs weiter entwickelt und für die Historiographie wie Soziologie fruchtbar gemacht.) Der Historiker und der Soziologe, beide können nur eine blasse Abstraktion, ein Bild oder, wie es modern heißen wird, einen Idealtypus, ein Modell von diesem Geschehen entwerfen, herausschälen.

Das Leben Herders, seine Entfaltung aus kleinsten Verhältnissen, verrät schon, wie hier ein ungewöhnlicher Geist, gefördert durch bestimmte geistesgeschichtliche Fermente, zur Weite der Welt durchstieß. Kein Wunder, wenn sich in einem solchen Geist erstmals Blicke auf die Hintergründe des Völkerlebens ergaben, die stark weiterwirken sollten.

Herder, geboren 1744 in Mohrungen (Ostpr.), gestorben 1803 in Weimar, war vielseitiger Schriftsteller und Geschichtsphilosoph, Schüler Hamanns, 1764–1769 Lehrer und Prediger in Riga, nach Reisejahren seit 1776 Generalsuperintendent in Weimar (dank Goethes Bemühungen); er schrieb u. a.: „Ideen zur Philosophie der Geschichte der Menschheit“, 4 Bde. (1784–1791), „Briefe zur Beförderung der Humanität“ (1793–1797), „Verstand und Erfahrung, Vernunft und Sprache, eine Metakritik zur Kritik der reinen Vernunft (1799).

Kant, Rousseau und die Ideen der Aufklärung, jene berühmte Seereise von Riga nach Frankreich in die bunte bewegte Welt, öffnen Herder die Augen. Vor allem seine Studien über das Volkslied und über den Ursprung der Sprache bieten wichtige gesellschaftswissenschaftliche Einsichten. Herders Hauptwerk sind die „Ideen zur Philosophie der Geschichte der Menschheit“, vier Bände, 1784–1791. Dank seines im einzelnen zwar anfechtbaren, im ganzen aber durch den historisch-genetischen Blick außerordentlich tiefen kulturhistorischen Entwurfs hat Herder wichtige Fundamente der Kultursoziologie geschaffen.

Herder erkennt die Individualität der Volkscharaktere. Er

stellt den Menschen mitten in die Natur und ihre mannigfaltigen Einflüsse und gewinnt damit eine Anthropologie, die das Aufklärertum weit hinter sich zurückläßt. Herder führte vor allem den Entwicklungsbegriff weiter aus. Wie die meisten Geschichtsdenker des 18. Jahrhunderts – Voltaire stellt eine Ausnahme dar – traut Herder den Handlungen des einzelnen keinen wesentlichen Einfluß auf den Gang der Dinge zu. Im Gegensatz zu den Sozialingenieuren des 19. Jahrhunderts glaubt Herder noch nicht an die Möglichkeit rationell geplanten sozialen Wandels ganzer Gesellschaften. So ungeordnet, oft phantastisch umrankt, auch alle Gedanken sind, sein Werk birgt doch zahllose Querverbindungen, Wörter, Begriffe und Blickrichtungen, die für den organologischen Strom der deutschen Soziologie im 19. Jahrhundert als Anregung kaum zu überschätzen sind.

Unmittelbare Anregung bot Herder auch dem um eine Generation jüngeren Hegel. Beide unterscheiden sich allerdings in einem Punkt deutlich: Herder sagt einmal, es sei gleichgültig, ob der Irrweg der menschlichen Geschichte Entwurf und Ausgang habe. Dieses resigniert schwärmerische Pathos einer Weltanschauung, in der sich der Wandel der Kulturen als fester Begriff bereits Eingang verschafft hat, ist bezeichnend. Es ist weit entfernt von jenem Geist, der kurze Zeit später zur beherrschenden Strömung wird: nämlich der Hegelschen Auffassung des Geschichtsprozesses als eines streng nach vorgegebenem Plan sich entfaltenden Ablaufes. Ohne diese Konzeption eines gesetzmäßigen Ablaufes der menschlichen Geschichte wäre die Soziologie und ein wenig später dann der Marxismus kaum zur Entfaltung gelangt. Soviel Herder auch an soziologischem Gedankengut besitzt, die Idee der sinnvollen Progression fehlt ihm. Er kannte allein den Fortschritt einzelner Fertigkeiten innerhalb der Kulturen. Und mit Hume hält Herder auch die Natur des Menschen selbst für unveränderlich; nur die Nationen blühen auf und ab. Hiermit deutet sich bei Herder auch das Motiv einer (organologischen) Kulturzyklenlehre an. Bezeichnend ist, daß Herder einen Verfallsbegriff besitzt, der den unabwendbaren Untergang kennt.

Den Menschen als ein Geschöpf der Herde zu sehen ist nicht neu. Wesentlich ist aber bei Herder die große Bedeutung der „Familiendenkart“ und der generationenmäßige Entwicklungsbegriff, vor allem aber die funktionelle Auffassung der

Sprache. Der in der gegenwärtigen – vor allem amerikanischen – Soziologie und Kulturanthropologie eine so große Rolle spielende Begriff der menschlichen „Sozialisation", d.h. die Humanisierung des Säuglings und Kindes zur vollen Teilnahme in der eigenen Gesellschaft und Kultur, wird von Herder bereits in seiner gesamten Bedeutung und Natur erfaßt und formuliert; vor allem auch der reziproke Aspekt daran:

„Der Mensch ist in seiner Bestimmung ein Geschöpf der Herde, der Gesellschaft: die Fortbildung einer Sprache wird ihm also natürlich wesentlich, notwendig. Kein einzelner Mensch ist für sich da; er ist in das Ganze des Geschlechts eingeschoben, er ist nur eins für die fortgehende Folge. Was dies auf die ganze Kette für Wirkung tut, sehen wir später; hier schränken wir uns nur auf den Zusammenhang der ersten zwei Ringe ein: auf die Bildung einer Familiendenkart durch den Unterricht der Erziehung, und – da der Unterricht der eignen Seele, der Ideenkreis der Eltern Sprache ist: so wird die Fortbildung des menschlichen Unterrichts durch den Geist der Familie, durch den die Natur das ganze Geschlecht verknüpft hat, auch Fortbildung der Sprache...

Der Säugling, der die ersten Worte stammelt, stammelt die Gefühle seiner Eltern wieder und schwört mit jedem frühen Stammeln, nach dem sich seine Zunge und Seele bildet, diese Gefühle zu verewigen, so wahr er sie Vater- oder Muttersprache nennt. Lebenslang werden diese ersten Eindrücke seiner Kindheit, diese Bilder aus der Seele und dem Herzen seiner Eltern in ihm leben und wirken: mit dem Wort wird das ganze Gefühl wiederkommen, was damals frühe seine Seele überströmte: mit der Idee des Worts alle Nebenideen, die ihm damals bei diesem neuen frühen Morgenausblick in das Reich der Schöpfung vorlagen – sie werden wiederkommen und mächtiger wirken als die reine klare Hauptidee selbst. Das wird also Familiendenkart und mithin Familiensprache."

Und ein andermal heißt es: „Wäre Sprache dem Menschen so angeboren als den Bienen der Honigbau: so zerfiele mit einmal dies größte prächtigste Gebäude in Trümmer! Jeder brächte sich sein wenig Sprache auf die Welt, oder da doch das Auf-die-Welt-bringen für eine Vernunft nichts heißt als sie sich gleich erfinden – welch ein trauriges einzelne wird jeder Mensch!"

Vor dem unkritischen Fortschrittsglauben, der Berufskrankheit so vieler Sozialwissenschaftler seit dem 18. Jahrhundert, bleibt Herder bewahrt, weil er sich die Unveränderlichkeit der menschlichen Natur so eindringlich vor Augen hält – eine Häresie für viele Soziologen bis zur Gegenwart:

„So ketten Geschlechter und Reiche sich aneinander. Und wenn bei diesem allem nur noch einiger Fortgang merklich wäre; wo zeigt dieser sich aber in der Geschichte? Allenthalben sieht man in ihr Zerstörung, ohne wahrzunehmen, daß das Erneute besser als das Zerstörte werde. Die Nationen blühen auf und ab; in eine abgeblühte Nation kommt keine junge, geschweige eine schönere Blüte wieder. Die Kultur rückt fort; sie wird aber damit nicht vollkommener: am neuen Ort werden neue Fähigkeiten entwickelt; die alten des alten Orts gingen unwiederbringlich unter ...

Die Natur des Menschen bleibt immer dieselbe; im zehntausendsten Jahr der Welt wird er mit Leidenschaften geboren, wie er im zweiten derselben mit Leidenschaften geboren ward, und durchläuft den Gang seiner Torheiten zu einer späten, unvollkommenen, nutzlosen Weisheit. Wir gehen in einem Labyrinth umher, in welchem unser Leben nur eine Spanne abschneidet; daher es uns fast gleichgültig sein kann, ob der Irrweg Entwurf und Ausgang habe."

Zweifel an der typologischen Methode, nämlich die Schwierigkeit, einer Nation Neigungen und Handlungen zu „fühlen" (= zu verstehen), äußert Herder, der die Unzulänglichkeit der blassen Abstraktion kennt, die jedes Reden über die Charaktereigenschaften so großer Einheiten wie Völker, Nationen und Gruppen höherer Ordnung darstellt:

„Niemand in der Welt fühlt die Schwäche des allgemeinen Charakterisierens mehr als ich. Man malt ein ganzes Volk, Zeitalter, Erdstrich – wen hat man gemalt? Man faßt aufeinanderfolgende Völker und Zeitläufte in einer ewigen Abwechslung... zusammen... wen hat das schildernde Wort getroffen? – Endlich, man faßt sie doch in nichts als ein allgemeines Wort zusammen, wo jeder vielleicht denkt und fühlt, was er will... – Wer bemerkt hat, ... welche Tiefe in dem Charakter nur einer Nation liege, die, wenn man sie auch oft genug wahrgenommen und angestaunt hat, doch so sehr das Wort fleucht und im Worte wenigstens so selten einem jeden anerkennbar wird, daß er verstehe und mitfühle – ist das, wie wenn man das Weltmeer ganzer Völker, Zeiten und Länder übersehen, in einen Blick, ein Gefühl, ein Wort fassen soll!" Herder kennt auch die Ohnmacht des Forschers vor der unendlichen Kausalverflochtenheit aller Erscheinungen, wenn er sich Unmöglichkeiten des historischen Allgemeinbegriffs vergegenwärtigt:

„Und wenn dein Kopf von einer Gruppe, in die du dich vernarrt hast, voll ist, kann dein Blick wohl ein Ganzes so abwechselnder Zeitläufte umfassen? ordnen? sanft verfolgen? bei jeder Szene nur Hauptwirkung absondern? die Verflößungen still begleiten? und nun – nennen! Kannst du aber nichts von alledem: die Geschichte flimmert und fackelt dir vor den Augen, ein Gewirr von Szenen, Völkern, Zeitläuften! – Lies erst und lerne sehen! Übrigens weiß ich's wie du, daß jedes allgemeine Bild, jeder allgemeine Begriff nur Abstraktion sei – der Schöpfer allein ist's, der die ganze Einheit einer, aller Nationen in all ihrer Mannigfaltigkeit denkt, ohne daß ihm dadurch die Einheit schwindet."

Schleiermacher: Geselligkeit und Gesellschaft

An geistesgeschichtlicher Intention und an Reichtum der Gesichtspunkte mit Herders Werk vergleichbar ist Friedrich D. E. Schleiermachers Beitrag zur Problemgeschichte der Soziologie. Aber Schleiermachers Bedeutung für die Entwicklung des deutschen geisteswissenschaftlichen Denkens (nicht allein in sozialen Kategorien) ist insofern vielleicht größer, als er viel methodischer arbeitet als Herder. Vor allem die Wirkung auf Wilhelm Dilthey, der Schleiermachers Werke herausgab und sein Biograph wurde, ist kaum zu überschätzen.

Schleiermacher, geboren 1768 in Breslau, gestorben 1834 in Berlin, war protestantischer Theologe und Philosoph, pädagogischer Schriftsteller, er wirkte in engem Zusammenhang mit dem deutschen Idealismus und der Romantik, studierte in Halle, wurde 1796 Prediger an der Charité in Berlin, 1802 Hofprediger in Stolpe, 1804 Professor in Halle, nach Auflösung der Universität (1807) Prediger an der Dreifaltigkeitskirche in Berlin (seit 1809), 1810 Professor an der neugegründeten Universität in Berlin; er schrieb u. a.: „Über die Religion" (1799), „Monologe" (1801), „Grundlinien einer Kritik der bisherigen Sittenlehre" (1803), „Der christliche Glaube", 2 Bde. (1821),

„Entwurf eines Systems der Sittenlehre“ (1835), „Grundriß der philosophischen Ethik“ (1841).

Staat und Gesellschaft fließen bei Schleiermacher bereits in deutlich abhebbare soziologische Kategorien. Schleiermacher hat auch unmittelbar auf den späteren Staatswissenschaftler und Soziologen Albert Schäffle gewirkt, der ein ausgesprochener Organologe war und um die Mitte des 19. Jahrhunderts eine Rolle spielte.

Schleiermachers Bedeutung für die begriffliche Entwicklung einer eigenen Gesellschaftswissenschaft wurde auch schon von Ludwig Gumplowicz (1838–1909), dem Grazer Soziologen, hervorgehoben. In seiner kleinen Schrift „Soziologie und Politik“ (Leipzig 1892) z. B. erklärt er, Schleiermacher könnte wohl als einer der ersten angesehen werden, bei dem die Idee einer „Gesellschaft“ keimte. Dieser Begriff entspringe zuerst aus der Erkenntnis des Gegensatzes zwischen den herrschenden und den beherrschten Klassen. Schleiermacher habe auch gerade „den soziologischen Gesichtspunkt für die innere Entwicklung der Staaten“ zur Geltung gebracht.

Schleiermachers „Versuch einer Theorie des geselligen Betragens“ macht deutlich, wie sich die eigentliche Gesellschaftslehre ursprünglich aus einer Lehre von der Gesellschaft entwikkelt; es handelt sich dabei um die Gesellschaft, die bloß der Geselligkeit halber zusammenkommt. Man darf, wie wir auch bei den Franzosen sahen, das soziologische Anschauungsmaterial nicht unterschätzen, das der Salon des 18. Jahrhunderts kritischen Gemütern bot. Hier und im englischen Klubleben liegen viele Wurzeln der Soziologie.

Schleiermachers „Versuch“ war 1799 im Januar- und Februarheft des „Berliner Archivs der Zeit und des Geschmacks“ anonym erschienen. Schon Dilthey vermutete eine solche Arbeit zufolge einer Tagebuchnotiz Schleiermachers vom 15. Februar 1799. Aber erst Hermann Nohl konnte den Aufsatz finden. (Nohl untersuchte in einem Vortrag 1911 die Stellung dieses Aufsatzes innerhalb der Entwicklung der Geselligkeitstheorie seit der Renaissance.)

Es geht Schleiermacher zunächst um die Grundfrage, wie das jeweils einmalige Individuum überhaupt in einen gesellschaftlichen Kommunikationsprozeß integriert werden kann (wie man es „modern“ ausdrücken würde): „Jeder Mensch hat als ein endloses (endliches) Wesen seine bestimmte Sphäre, innerhalb der er allein denken und handeln, und also auch sich mitteilen kann. Die Sphäre des einen ist nicht völlig die des andern, so gewiß er selbst nicht der andre ist, und jeder – dies geht durch alle Mitglieder einer Gesellschaft hindurch – hat in der seinigen etwas, was nicht in der andern liegt. Wenn nur einer in der gesellschaftlichen Unterhaltung gegen einen andern einen Punkt berührt, der in der Sphäre desselben gar nicht zu finden ist, so schließt er dadurch, je nachdem sich die übrigen für einen von beiden erklären, entweder diesen oder sich selbst aus der Gesellschaft aus…

Es muß also einen Zustand geben, der die Sphäre eines Individui in die Lage bringt, daß sie von den Sphären anderer so mannigfaltig als möglich durchschnitten werde und jeder seiner eigenen Grenzpunkte ihm die Aussicht in eine andere und fremde Welt gewähre, so daß alle Erscheinungen der Menschheit ihm nach und nach bekannt, und auch die fremdesten Gemüter und Verhältnisse ihm befreundet und gleichsam nachbarlich werden können. Diese Aufgabe wird durch den freien Umgang vernünftiger sich untereinander bildender Menschen gelöst."

In ungemein scharfsinniger Beobachtung verknüpft Schleiermacher das Phänomen der Kleingruppe mit der Gesellschaft im weiteren Sinne: „Wenn die Geselligkeit um ihrer selbst willen gesucht wird, und sie selbst ist nichts anderes als ihre moralische Tendenz, so kann die Vollkommenheit des geselligen Betragens in nichts anderem bestehen als in der Fertigkeit, überall, wo die physische Möglichkeit der Gesellschaft gegeben ist, auch eine wirkliche zu bilden und sie, wo sie schon gebildet ist, beim Leben zu erhalten. Beides, das Bilden und Unterhalten der Gesellschaft, kann nicht getrennt, sondern muß als eines gedacht werden. Denn die Gegenwart mehrerer Menschen in einem Raum um des geselligen Zwecks (willen) ist nur der Korper der Gesellschaft. Dieser muß erst durch die Tätigkeit jedes einzelnen belebt werden, und weil es eine durchaus freie Tätigkeit ist, kann dies Leben nur durch eine ununterbrochene Fortsetzung derselben erhalten werden. In der Theorie des geselligen Betragens muß jedoch die Gesellschaft als das Objekt desselben in doppelter Rücksicht betrachtet werden, als seiend und als werdend, als Bedingung der geselligen Vollkommenheit und als durch sie bedingt. Die ursprüngliche Idee der Gesellschaft muß nämlich vorangehen; denn nur durch diese können die Gesetze des Betragens bedingt und bestimmt werden; da aber in der Ausübung dieses vorangehen muß, so muß es noch Regeln der Anwendung jener Gesetze geben, und das Zustandekommen der Gesellschaft durch diese Anwendung muß in der Theorie gleichfalls vorgebildet werden. Die Untersuchung muß also … einen doppelten Gang nehmen; zuerst werden aus dem Begriff der Gesellschaft die gesuchten Vorschriften abgeleitet, und dann aus diesen, indem man sie in Gedanken in Tätigkeit setzt, die Gesellschaft selbst konstruiert.

Wenn wir den Begriff der freien Gesellschaft, der Gesellschaft im eigentlichen Sinn* zerlegen, so finden wir hier, daß mehrere Menschen aufeinander einwirken sollen und daß diese Einwirkung auf keine Art einseitig sein darf. Diejenigen, welche im Schauspielhause versammelt sind oder gemeinschaftlich einer Vorlesung beiwohnen, machen untereinander eigentlich gar keine Gesellschaft aus, und jeder ist auch mit dem Künstler eigentlich nicht in einer freien, sondern in einer gebundenen Gesellschaft begriffen, weil dieser es nur auf irgendeine bestimmte Wirkung angelegt hat und jener nicht gleichförmig auf ihn zurückwirken kann, sondern sich eigentlich immer leidend verhält. Denn das ist der wahre Charakter einer Gesellschaft in Absicht ihrer Form, daß sie eine durch alle Teilhaber sich hindurchschlingende, aber auch durch sie völlig bestimmte und vollendete Wechselwirkung sein soll. Ein Ball ist deswegen keine Gesellschaft; denn jeder Tänzer steht eigentlich nur mit der, die in diesem Augenblick seine Tänzerin ist, in Verbindung, und beide betrachten alle übrigen als Mittel oder Werkzeug … Das Spiel könnte eher unter diesen Charakter fallen, weil wirklich die Wechselwirkung bei den vernünftigeren Arten desselben alle Teilhaber umfaßt …"

Modernsten Vorstellungen entspricht auch Schleiermachers Theorie der sozialen Wechselwirkung. Er ahnt offenbar das Phänomen der Rückkoppelung: „Die Wirkung eines jeden soll gehen auf die Tätigkeit der übrigen, und die Tätigkeit eines jeden soll sein seine Enwirkung auf die anderen. Nun aber kann auf ein freies Wesen nicht anders eingewirkt werden als da-

---

* Das Wort sollte nur in diesem Verstande genommen werden. In jeder durch einen äußeren Zweck gebundenen und bestimmten geselligen Verbindung ist den Teilhabern etwas gemein, und diese Verbindungen sind Gemeinschaften, κοινωνίαι; hier ist ihnen eigentlich nichts gemein, sondern alles ist wechselseitig, d.h. eigentlich entgegengesetzt, und dies sind Gesellschaften, συνουσίαι.

durch, daß es zur eignen Tätigkeit aufgeregt und ihr ein Objekt dargeboten wird; und dieses Objekt kann wiederum ... nichts sein als die Tätigkeit des Auffordernden; es kann also auf nichts anderes abgesehen sein als auf ein freies Spiel der Gedanken und Empfindungen, wodurch alle Mitglieder einander gegenseitig aufregen und belehren. Die Wechselwirkung ist sonach in sich selbst zurückgehend und vollendet; in dem Begriff derselben ist sowohl die Form als der Zweck der geselligen Tätigkeit enthalten, und sie macht das ganze Wesen der Gesellschaft aus... sie wird zuerst als Form betrachtet und liefert so das formelle Gesetz der geselligen Tätigkeit: Alles soll Wechselwirkung sein; dann als Stoff, und so gibt sie das materielle...

Aus diesem ganz allgemein gefaßten Begriff der Gesellschaft, so wie ihn ein jeder zugestehen muß, ist also das Wesen der Geselligkeit im allgemeinen bestimmt. Da wir aber eine reelle Theorie liefern wollen und also an bestimmte und wirkliche Gesellschaften denken müssen, so ist unsere Gesetzgebung noch nicht vollendet. Jede einzelne Gesellschaft nämlich muß von diesem Wesen ein bestimmtes Maß haben und existiert nur, insofern sie dieses hat, als ein Individuum. Unendlich mannigfaltig ist, im allgemeinen betrachtet, die Art, wie Menschen einander anregen können, und unendlich die Sphäre ihrer freien Äußerungen. Von diesem Unendlichen aber ist denen, die zusammen eine Gesellschaft ausmachen sollen, nur ein gewisses endliches Quantum eigen, und wenn dies nicht aufgefaßt und aus dem übrigen abgesondert wird, kann nie eine wirkliche Gesellschaft zustande kommen. Jede hat einen eigenen Umriß und ein eigenes Profil, und wer dieses nicht ziehen hilft, wer nicht sich innerhalb jenes zu halten versteht, der ist für diese Gesellschaft so gut, als ob er nicht da wäre, wenn er sich auch jene beiden Gesetze noch so vollkommen zu eigen gemacht hätte. Wir bekommen also außer dem formellen und materiellen Gesetz der Geselligkeit noch ein drittes: das quantitative. In diesen drei Gesetzen muß aber auch alles liegen, was aus den Merkmalen, die in dem Begriff der freien Geselligkeit ursprünglich vereinigt sind, für das Betragen in diesem Zustande gefolgert werden kann..." Dieser Aufsatz von 1799 ist einer der frühesten Ansätze für eine systematische Theorie der gesellschaftlichen Struktur. Da er noch nicht die Gesellschaft eines ganzen Landes, sondern nur die begrenzte gesellige Gesellschaft zum Vorbild hat, sieht Schleiermacher manches erheblich schärfer, als es der Fall wäre, wenn seine Analyse die ungleich amorphere Massengesellschaft als Beispiel gehabt hätte. Besonders einsichtsreich sind die Ausführungen über die reziproke fortwährende Anregung, Stimulation aller Mitglieder als konstitutive Grundlage einer Gesellschaft. Mit diesem Problem, ohne eigentlich in der wesentlichen Feststellung über Schleiermacher hinauszugehen, hat sich die Sozialpsychologie seit etwa 1920 immer wieder befaßt. Besonders möchten wir im obigen Text auf die Fußnote Schleiermachers hinweisen, wo er die Trennung der Begriffe Gemeinschaft und Gesellschaft in einem Sinne vornimmt, die jener späteren Grundkonzeption von F. Tönnies in „Gemeinschaft und Gesellschaft" entspricht; mit dem einzigen Unterschied, daß Schleiermacher die Bezeichnungen umgekehrt verwendet und den lockeren, durch äußeren Zweck verbundenen Verband „Gemeinschaft" nennt.

Schleiermacher stellte auch zutreffende Überlegungen zu einer Soziologie des Wissens an. Bemerkenswert ist dabei, wie richtig er die kosmopolitische Tendenz der Naturwissenschaften sieht. Tatsächlich gibt es in der Welt bis zur Gegenwart kaum eine Wissensstruktur, die so rasch und lückenlos eine Verständigung zwischen verschieden gearteten und verschieden im sozialen Raum gelagerten Menschen gestattet wie gerade die naturwissenschaftliche. Es waren die naturwissenschaftlichen Denkformen, die, von Europa ausstrahlend, die Bewohner des Erdballs zur Menschheit zusammenschlossen. Gemeint ist „Menschheit" im technisch begreifbaren Sinn, nicht im ideellen.)

Für die Entwicklung des Ideologiebegriffs wichtig erscheint uns der völlig sinngemäße Gebrauch des Wortes „Verdacht". Bestimmte Gruppen bzw. Schichten haben Verdacht gegeneinander, der sich auf Dinge des Wissens bezieht.

Es gäbe, so meint Schleiermacher, „zwei spezielle Oppositionen. Die demokratische gegen die Rhetorik, welche einen Mißbrauch des Wissens begründet. Zusammenhang mit Sophistik. Diese hört auf, wenn die Form der Gesetzgebung keine Überraschung mehr gestattet. Die aristokratische gegen die Verbreitung des Wissens unter den beherrschten Massen. Diese kann aber nur begründet sein, wenn ein Vorsatz da ist, diese Form fortbestehend zu erhalten, auch wenn sie der Lage der Sache nicht mehr angemessen ist. Wenn nun nur diese beiden stattfinden, so folgt, daß bei weiterer Entwicklung des Staates diese ganze Opposition verschwinden und das Wissen vollkommen freigelassen werden muß.

Es gibt aber noch einen anderen zwiefachen Verdachtsgrund gegen die Richtung auf das Wissen. Nämlich die Naturwissenschaften postulieren eine allgemeine Verbindung über den ganzen Erdkreis, und diese strebt der politischen entgegen. Die Ethik aber stellt den Staat unter die Idee des Guten, und wenn ein Urteil allgemein wird, das ihn als sehr hinter dieser zurückbleibend darstellt, so scheint dieses auch auf die politische Gesinnung nachteilig einwirken zu müssen. Es scheint nun zwei Punkte zu geben, wo der Staat dies gar nicht zu berücksichtigen braucht: den einen, wenn die Masse noch gar nicht empfänglich ist für das, was auf dem Gebiet des Wissens geschieht, Punkt der größten Unvollkommenheit, und den, wenn die Masse durch ihre eigene Erfahrung gegen den Tadel eines verkehrten Wissens hinreichend geschützt ist, Punkt der höchsten Vollendung. Überall zwischen diesen wird ein Ort sein für diesen Verdacht. Innerhalb dieser nun unterscheiden wir am meisten den Zustand der noch nicht und der schon organisierten Masse. Im ersten scheinen Anstalten überflüssig, weil die Masse noch keinen Einfluß auf den Staat ausüben kann; im anderen angemessen, weil sie es kann. Wir finden es aber umgekehrt. Woraus zu schließen ist, daß die antiintellektuelle Richtung des allgemeinen Willens immer mit der aristokratischen Opposition zusammenhängt. In konstituierten Staaten finden wir allerdings die Tendenz zu hemmenden Anstalten mit Rücksicht auf die Masse, aber sie wird von dieser immer überwunden, weil es sich nachweisen läßt, daß, wenn man die Mittel (nicht will), sich über den Staat aus der Idee des Guten zu unterrichten, man die Organisation nur zum Schein will ..."

Fichtes Zeitdiagnose

Johann Gottlieb Fichte (1762–1814) geht von der Kantschen Philosophie aus. Er bejaht die Freiheit des menschlichen Handelns. Der Staat stellt das Gleichgewicht her zwischen der individuellen Freiheit und den Forderungen der Vernunft.

Fichtes Beitrag zum soziologischen Gedankengut im 19. Jahrhundert wurde von der Französischen Revolution ausgelöst. Zunächst bejahte sie Fichte, später lehnte er sie wie viele seiner Zeitgenossen ab. Im ganzen gesehen, gehört Fichtes gesellschaftstheoretisches Denken noch zu einer den Staat liebenden, betont nationalen Tradition. In der gleichzeitigen französischen und englischen Gesellschaftslehre hat die (bürgerliche) Gesellschaft den Staat bereits überflügelt, nicht so bei Fichte. Er schreibt noch eine ältere Form der „Universalsoziologie“ mit stark teleologischem Einschlag.

Unter Zugrundelegung einer ungemein starren Theorie vom Gesellschaftsvertrag baut Fichte in seinen zahlreichen Schriften zur Staatsphilosophie mehrere (utopische) Staatenmodelle auf.

In seiner Jugendschrift „Zurückforderung der Denkfreiheit von den Fürsten Europens, die sie bisher unterdrückten“ (1793) wird der Begriff einer „bürgerlichen Gesellschaft“ (den dann später Hegel so eingehend entwickeln wird) mit einer unelastischen Vertragstheorie beschwert.

Besonders wichtig für die Soziologie erscheint uns Fichtes Zeitbegriff, die Gegenwartsbezogenheit als grundsätzlicher Standort des Denkers. Dieser, fast möchte man sagen, Kult der Gegenwart ist das bezeichnende und dynamische Strukturelement jeder Soziologie seither geblieben. Bedeutsam ist ferner bei Fichte der Begriff des notwendig einer Epoche zugehörigen Stils.

In der Schrift „Die Grundzüge des gegenwärtigen Zeitalters“ (1804–1805) entfaltet sich Fichtes Verständnis der soziologischen Dynamik und Problematik aus wirklich tiefer Zeitbezogenheit. Ganz anders als Herder mißt Fichte dem Leben der menschlichen Gattung einen bestimmten, unumkehrbaren Plan zu, nach dem sich der sozialgeschichtliche Prozeß entfalte. Die Gegenwart wird jetzt erstmals soziologisch funktionalisiert.

„Das gegenwärtige Zeitalter, habe ich gesagt, schlechtweg, und ohne weitere Bestimmung; und es ist vorläufig ganz hinlänglich, wenn diese Worte also ohne weitere Bestimmung eben nur von der Zeit verstanden werden, in der wir, die wir dermalen leben und miteinander denken und reden, da sind und leben. – Es ist hier noch gar nicht meine Absicht, bestimmte Jahrhunderte oder auch Jahrtausende abzustecken, seit denen etwa dasjenige, was ich für das gegenwärtige Zeitalter halte, angebrochen sei. Offenbar läßt sich das Zeitalter nur an denjenigen Nationen beurteilen und erkennen, die auf der Spitze der Kultur ihrer Zeiten stehen; da aber die Kultur von Volk zu Volk gewandert ist, so dürfte gar leicht mit dieser Kultur auch dasselbe Eine Zeitalter wandern von Volk zu Volk, bei aller Veränderung des Klimas und des Bodens bleibend in seinem Prinzip unveränderlich Eins und dasselbe, und es dürfte also, vermöge des Zweckes, alle Völker zu einer einzigen großen Gemeinde zu vereinigen, die Zeit des Begriffes einen beträchtlichen Teil der chronologischen Zeit hindurch auf derselben Stelle anhalten und den Zeitenfluß gleichsam zum Stillstande nötigen. Besonders dürfte das letztere der Fall sein mit einem Zeitalter, wie das von uns zu beschreibende, in welchem durchaus widerwärtige Welten aneinander treffen und sich bekämpfen, und langsam ein Gleichgewicht, und dadurch das freiwillige Absterben der alten Zeit zu erringen streben ..."

In einer erstaunlich Pareto vorwegnehmenden Formulierung behandelt Fichte bereits das Ideologien-Problem:

„Sooft man aus den Grundsätzen, welche die Mehrzahl der Menschen in der Tat hat, folgerecht fortschließt und ihnen darlegt, wie demnach ihr Leben notwendig sein müsse; so erregt man allemal Haß, Widerspruch, und die allerdings durch Tatsachen zu belegende Behauptung: So schlimm sind wir nicht, wie du uns machst, wenigstens nicht alle und nicht immer. Sie haben, wie gesagt, recht, und dies geht so zu. Ihr Leben ist bei weitem nicht durchgängig durch Grundsätze und klares Bewußtsein bestimmt, sondern durch dunkle Antriebe aus der instinktartig wirkenden und in sonderbare Hüllen gekleideten Vernunft, dergleichen sie, wenn sie es an sich bemerken, Vorurteile einer finsteren Vorwelt nennen – und recht hätten, falls sie nur die Vernunft in einer anderen Gestalt an sich bringen könnten. Die Teile ihres Lebens, durch die letztere bestimmt, fallen anders aus, als sie ihren Grundsätzen zufolge ausfallen würden ..."

Herbarts Vorstellung von der Gesellschaft als System

Johann Friedrich Herbart bringt durch seine eigenwillige Darlegung des Verhältnisses zwischen Einzelmensch und beseelter Gesellschaft einige für spätere Gesellschaftstheorien recht einflußreiche Vorstellungen ins wissenschaftliche Bewußtsein seiner Zeit. Man hat meist Herbarts Bedeutung für die Geschichte der Soziologie wenig gewürdigt. Adolf Menzel (Grundriß der Soziologie, 1938) hingegen spricht Herbart, neben Hegel, unter den deutschen Philosophen in der ersten Hälfte des 19. Jahrhunderts vom Standpunkt der Soziologie das meiste Interesse zu. Nicht nur Begründer der Sozialpsychologie, habe Herbart auch als eigentlicher Soziologe einzelne Probleme der Sozialwissenschaft meisterhaft untersucht.

Herbart wurde 1776 in Oldenburg geboren, er starb 1841 in Göttingen. Der Philosoph, Psychologe und Pädagoge, nach Hauslehrerjahren in der Schweiz, wo er Pestalozzi kennenlernte, wurde 1802 Privatdozent in Göttingen. 1809 als Nachfolger Kants nach Königsberg berufen, baute er ein pädagogisches Seminar auf, seit 1833 wirkte er wieder in Göttingen. Er schrieb u. a.: „Allgemeine Pädagogik“ (1806), „Lehrbuch zur Psychologie“ (1816), „Psychologie als Wissenschaft“, 2 Bde. (1824–1825), „Allgemeine Metaphysik“ (1828).

Herbart spricht bereits 1811 – also lange vor Comte – von einer Statik und Dynamik der Gesellschaft, er unterscheidet (wie übrigens auch Schleiermacher vor ihm) Gemeinschaft und Gesellschaft und benützt zur Erklärung des Staates weder die naturrechtliche Hypothese vom Gesellschaftsvertrag noch die organologische Theorie, sondern führt aus seiner „Assoziationspsychologie“ die Analogie der in der Einzelseele sich verbindenden und bekämpfenden Vorstellungen in die Staatstheorie ein.

Herbart wirkte in drei Richtungen: Über Lazarus und Steinthal auf Wundts Völkerpsychologie; ferner beeinflußte er den österreichischen Soziologen G. A. Lindner und den Organologen A. Schäffle.

Herbart erkennt bereits, daß die Gesellschaft sich aus verschiedenen *Systemen* aufbaut, in denen die verschiedenen Mitglieder der Gesellschaft verschiedene Leistungen erbringen, nach denen innerhalb der Gesamtgesellschaft eine Rangabstufung zustande kommt:

„Die Gesellschaft wird die Mitglieder unterscheiden, in Hinsicht dessen, was und wieviel sie ihr sind und leisten. Es gehören nämlich die einzelnen nicht ihr unmittelbar, sondern zunächst den in ihr verbundenen Systemen an. Wie in dem organischen Leibe mehrere Systeme zwar zu Einem gemeinsamen Leben sich gegenseitig unterstützen, dennoch aber jedes zunächst mit eigener Kraft und seinem eigenen Begriffe gemäß, das ist, was es ist: so werden auch die Vereinigungen für Recht, Lohn, Verwaltung und Kultur zwar eine durch die andere bestimmt, ursprünglich aber ruhet jede auf der Idee, deren eigentümlicher Ausdruck sie ist; und die Vereinigten gelangten nur durch besondere Leistungen ... in den allgemeinen Mittelpunkt der gesellschaftlichen inneren Freiheit. Nun gehören ohne Zweifel die besonderen Vereinigungen alle auf gleiche Weise zur allgemeinen Einheit; ob also eine Leistung dem Systeme des Rechts oder der Verwaltung, des Lohns oder der Kultur gewidmet sei, das vermag keinen Unterschied ihres Werts zu bestimmen. Aber jeder Beitrag kann gemessen werden an dem Ganzen, dem er sich darbietet; und hier offenbaren sich vielleicht Unterschiede der Größe, aus welchem Unterschiede des gesellschaftlichen Wertes folgen, wodurch ein Mitglied wichtiger wird als ein anderes. Die Auszeichnung durch diese Wichtigkeit mag Rang heißen; es darf damit die Ehre nicht verwechselt werden, welche rein aus dem Persönlichen hervorgeht. Der Rang in der beseelten Gesellschaft gibt, mit der gebührenden ... Ehre, zusammengenommen, eine Summe, deren Maximum zu erreichen dem einzelnen aufgegeben ist."

Es ist erstaunlich, wie vollständig und modern formuliert im vorstehenden Abschnitt Herbart im Jahr 1808 die Grundannahmen über das gesellschaftliche System und seine Teilsysteme entwickelt, die dann 150 Jahre später den Kern der Theorie Talcott Parsons ausmachen werden. Vor allem auch die funktionalistische Theorie der sozialen Schichtung zeichnet sich hier schon eindeutig ab.

Herbart erfaßt auch das Problem des partiellen Willens im Staat. Hier liegt ein heute durchaus akutes Problem der Beziehung zwischen Staat und Gesellschaft:

„Ohne vereinigtes, verschmolzenes Wollen gibt es keine Gesellschaft. Dies Wollen ist in einem jeden nur, sofern er voraussetzt, es sei auch in dem anderen; keiner schreibt es sich als seinen Privatwillen gleichsam eigentümlich zu. Es hält es aber auch keiner für den Privatwillen des andern; vielmehr, indem die Mitglieder sich untereinander betrachten, muß das Zutrauen vorhanden sein, es habe niemand seinen Privatwillen herausgesondert aus dem allgemeinen Wollen ... Sollen nun die mehrern Personen nicht bloß überhaupt Gesellschaft machen, sollen sie eine bestimmte Gesellschaft bilden: so muß ihr allgemeiner Wille ein bestimmter sein. Aber jeder Wille ist bestimmt durch seinen Gegenstand, durch seinen Zweck. Die Gesellschaft also wird als diese oder jene durch einen bestimmten Begriff zu denken sein, sobald ihr Zweck feststeht..."

Wichtig ist nun, daß Herbart bereits klar erkennt, daß es beliebig viele Teil-Gesellschaften oder soziale Teilsysteme geben kann, und zwar so viele, wie er schreibt, „mögliche Gesellschaften" wie es „mögliche Gesamt-Zwecke" gibt, also für ein Teilsystem verbindliche Funktionen. Das hat für den Menschen als Mitglied von Gesellschaften aber ganz bestimmte Folgen. Herbart isoliert hier bereits das Problem des Rollenkonflikts infolge von mehreren Status, die jemand in verschiedenen Teilgesellschaften hat:

„Es kann also einer in mehreren Gesellschaften zugleich sein, sofern er nämlich die Leistungen, welche ihm für das gemeinsame Werk einer jeden obliegen, ohne Verwirrung zu vollbringen vermag. Den Kollisionsfällen kann eine bestimmte Unterordnung der mehrern eingegangenen Verbindungen abhelfen. Da die menschliche Willkür gar mancherlei verlangt, so pflegt wirklich jeder sich in mehrere Gesellschaften einzulassen.

Nun aber muß jede menschliche Verbindung es bald genug empfinden, daß die Willkür unbeständig ist, daß ein Zweck, den sie für fest ausgegeben hat, nicht fest stehn kann, daß in dem fingierten allgemeinen Willen keine Kraft liegt, die Wollenden zusammenhalten...

... Soll die Gesellschaft Bestand haben, so bedarf es eines äußeren Bandes. Man läßt sich Macht gefallen; oder stiftet eine. Die Gesellschaft verwandelt sich in den Staat.

... Haben... mancherlei Gesellschaften sich gebildet oder laufen auch nur teilweise die Sphären derselben durcheinander, so folgt sogleich, daß nicht jede dieser Gesellschaften, einzeln für sich genommen, eine Macht errichten und sich dadurch schützen kann; sondern, daß der ganze Boden, so weit die einander durchkreuzenden Gesellungen reichen, von der nämlichen Macht muß beherrscht werden.

So entsteht ein Staat, der eine Menge kleinerer und verschiedenartiger Gesellungen in sich faßt; ein Staat, in welchem es nicht einen allgemeinen Willen gibt, sondern viele partielle Willen der in ihm liegenden Gemeinheiten, die alle durch ihn geschützt zu werden hoffen und in dieser Voraussetzung ihn und seine Macht anerkennen.

Dieser Begriff des Staates folgt, wie vor Augen liegt, gerade aus dem Begriff der Gesellschaft. Und wer da fragt, nicht was der Staat sein soll, sondern was er ist – nicht welchen Zweck die Ideen dem Staat setzen, sondern welchen Zweck er hat; der muß mit der Antwort zufrieden sein: der Staat ist Gesellschaft, durch Macht geschützt, und sein Zweck ist die Summe aller Zwecke aller Gesellschaft, die sich auf seinem Machtgebiete gebildet hat oder noch bilden wird."

Publizisten zur Zeit Napoleons

Adam Heinrich Müller (1779–1829) gehört zu jenen Vorläufern der Soziologie, denen die Übung einer aggressiven politischen Publizistik die Augen für die soziologische Bedeutung der Verhältnisse und Vorgänge öffnete. Müller war eng befreundet mit Friedrich Gentz, dem Politiker, beide lasen mit Begeisterung den genialen englischen Kritiker der Französischen Revolution Edmund Burke. Beide entfalteten sich unter der Protektion Metternichs in Wien.

Carl Brinkmann (Romantische Gesellschaftslehre, in: Romantik, hrsg. von Th. Steinbüchel, 1948) hat die Leistung romantischer Soziologie hervorgehoben. Und seine Charakterisierung dieses Beitrags paßt in erster Linie auf Adam Müller: „statt der widerspruchslosen Klarheit von Merkmalsbegriffen die antithetisch-polare Struktur von ‚Idealtypen' mit einem Mehr oder Weniger von erfüllter Realität; statt der idealen Schlichtheit indifferenter Individualvorstellungen wie Weltbürger und Wirtschaftsmensch die unvollendbare Verschiedenheit institutioneller Sozialkörper".

Bereits Müllers Dresdener Vorlesungen über die deutsche Wissenschaft und Literatur (1806) bringen in der großzügigen Erfassung geistesgeschichtlicher Zusammenhänge glänzende soziologische Beobachtungen. Die Gesellschaft ist eine unendliche Mischung zahlloser Elemente; der organische Staatsbegriff ist ihr notwendiges Pendant. Da der Staat für Müller die „Totalität des gesamten Lebens" ist, mußte er sich gegen den naturrechtlichen Staatsbegriff der Vertragslehre auflehnen. Er machte als einer der ersten auf die Gefahren der Industrialisierung und auf die zunehmenden Spannungen zwischen den sich als Klasse bewußt gewordenen Arbeitern und dem Kapital aufmerksam. Von besonderem Einfluß war Adam Müller auf den österreichischen Sozialphilosophen Othmar Spann, der zufällig auf seine Werke stieß. Vielleicht eine der interessantesten Einsichten Müllers war die Erkenntnis der soziologischen Funktion des Geldes. Das Geld bindet sämtliche Gemeinschaftsmitglieder zusammen. Es hat deshalb, wie für Müller übrigens alle wirtschaftlichen Elemente, eine außerordentlich große geistig-ethische Bedeutung. Die Substanz des Geldes, sei sie nun Münze, Papier oder Kredit, ist nach Müller ziemlich belanglos. Allein das Geldvolumen müsse sich nach den Bedürfnissen der Gesellschaft richten. Die Gesellschaft oder, besser gesagt, Gemeinschaft setzt sich für Adam Müller nicht aus Einzelmenschen, sondern aus Familien zusammen. Müller verwarf das demokratische Gleichheitsprinzip. Der Staat sollte sich vielmehr nach Ständen und Berufsgruppen gliedern. Die Hierarchie der ungleichen Gruppen war für Müller eine Voraussetzung, damit der Staat als das wichtigste Band zwischen den Menschen die Angelegenheiten der Gesamtheit zu einem lebendigen Ganzen führen konnte.

Man wird den Politiker und Schriftsteller Benjamin Constant (1767–1830) keinen Wissenschaftler im strengen Sinn nennen können. Er war ein Publizist im guten Sinne des Wortes. Am ehesten vergleichbar wäre seine Position mit jener der kulturkritischen Essayisten unserer Zeit.

Benjamin Constant de Rebicque hielt sich zur Zeit der großen Revolution in Paris auf. Seine Verbindung mit der freimütigen Frau v. Staël veranlaßte 1802 Napoleon zur Verbannung Constants. Damit war der Anstoß zu seiner soziologischen Diagnose der Usurpation gegeben.

Sein Ideal war die verfassungsmäßige Monarchie. Das Buch „De l'esprit de conquête et de l'usurpation“ entstand 1812/13, als sich Constant in seinem deutschen Exil die Gesetzmäßigkeit der jüngsten Ereignisse klarmachte. Das Werk, dem Constant seinen Ruhm dankt, „Über die Gewalt, vom Geist der Eroberung und von der Anmaßung der Macht“, ist also aus der politischen Stellungnahme gegenüber Napoleon entstanden. Und man kann allgemein beobachten, wieviel soziologisches Gedankengut aus der politischen Kampfhandlung erwuchs. Man hat öfters darauf hingewiesen, daß die Soziologie letzten Endes ein Kind der Politik ist. Sie tritt dort auf, wo man die Kritik, das Urteil, die Polemik innerhalb der politischen Machtsphäre wissenschaftlich begründen will. Wenn sich ein Mensch mit selbständiger Urteilskraft in politische Wirkungszusammenhänge hineingezogen sieht, bleibt ihm, will er sich selbst behaupten, kaum etwas anderes übrig, als sich mit Hilfe einer soziologischen Situationserklärung auf einen Standpunkt zurückzuziehen, von wo aus ein freier Blick möglich ist.

Die Publizisten rund um die Französische Revolution, Prototypen für die Publizistik jeder Revolution, trugen daher zur Ausbildung einer geschärften soziologischen Sehweise außerordentlich bei. Edmund Burke, Constant, Adam Müller, Johann Gottlieb Fichte, Josef v. Görres, Friedrich Schlegel, Friedrich v. Gentz, diese „Federn Europas", sind daher Namen, die man zur Vorgeschichte der Soziologie zählen kann.

Familie und bürgerliche Gesellschaft: Hegels Beitrag zur Soziologie

Georg Friedrich Wilhelm Hegel schuf in seiner Philosophie des Rechts den eigentlichen Anfang der Soziologie in Deutschland. Die Soziologie wird von ihm allerdings nicht als bewußt geformte Sonderwissenschaft herausgestellt wie von Auguste Comte. Die Soziologie ist in Hegels Rechtsphilosophie vielmehr als Keim angelegt. Erst als die „rechts" und „links" orientierten, politisch an den aktuellen sozialen Problemen des 19. Jahrhunderts engagierten Nachfolger Hegels das System des Meisters zerbrachen oder „umstülpten" (Marx), kam die Soziologie in Deutschland zu ihrer „Wirklichkeit".

Hegel wurde 1770 in Stuttgart geboren, er starb 1831 in Berlin. Nach Hauslehrer- und Journalistenjahren war er Professor in Jena, Heidelberg und Berlin (ab 1818). Er schrieb u.a.: „Phänomenologie des Geistes" (1806), „Enzyklopädie der philosophischen Wissenschaften" (1817), „Grundlinien der Philosophie des Rechts" (1821), „Vorlesungen über Philosophie der Geschichte" (erst nach seinem Tode hrsg.).

In seiner Rechtsphilosophie stellt Hegel ein System der Gestalten der Freiheit auf. Die Gestalten des Rechts, der Moralität und der Sittlichkeit werden aber nicht als zeitlich aufeinanderfolgende Epochen dargestellt, sondern als eine logisch notwendige Stufenfolge der Idee. Seit Platon ist der Begriff der Idee innerhalb der abendländischen Geistesgeschichte tragendes, vielfach abgewandeltes Motiv. Im Gegensatz zur Mehrheit aller

Philosophen steht für Hegel die Idee aber nicht der Wirklichkeit mehr oder minder „ideal" gegenüber. Nach Hegel ist die Idee ein objektiver Begriff. Sie ist eine Existenzweise des Begriffs, seine Realisation. Die Idee ist nicht nur etwas Allgemeines, etwas Inneres, sie ist nicht bloße Subjektivität. Die Existenz der Idee ist für Hegel das wahrhafte Sein. Eigentümlich und für ihre spätere problemgeschichtliche soziologische Funktion bedeutsam ist die Dynamik der Hegelschen Idee. Als die konkrete geistige Einheit, als das „Absolute" erscheint die Idee in jedem einzelnen.

Hätte Hegels Philosophie des absoluten Geistes sich nicht an den geschichtlichen Gestalten, auf die Hegel zurückblicken konnte, mit Leben erfüllt, so wäre sie in unserem Zusammenhang geistesgeschichtlich wenig bedeutsam. Glücklicherweise arbeitete Hegel nicht nur am rein philosophisch-begrifflichen Teil seines Systems, sondern erwarb sich in jahrzehntelangem Studium eine tiefe Kenntnis der großen Realitäten der Geschichte. Man hat diesen Weg Hegels zu einer selbständigen Methode der geistigen Erfassung dieser Realitäten mit einer fast experimentierenden Arbeitsweise verglichen.

Herder, Kant und Montesquieu, um nur die wichtigsten zu nennen, haben Hegels historiographischen Versuchen die Richtung gewiesen. Und selbst Kritiker, die das systematische Gerüst der Hegelschen Philosophie ablehnen, müssen anerkennen, mit welch einzigartigem historischen Blick Hegel die geschichtliche Welt erstmalig in ihrer Ausdehnung erfaßte und geistig durchschaubar machte.

Die Ideen Hegels, identisch mit den Gestalten der Geschichte, entfalten sich nun nicht in einem geradlinigen, ungehemmten Prozeß, sondern in Form der sogenannten Dialektik. Das Absolute als Vernunft, Idee und Geist ist zunächst „entäußert" und verbirgt sich in der Natur als deren Wesen. Aus diesem ihrem Anderssein kehrt die absolute Vernunft wieder zu sich zurück im Geiste. Der ganze Vorgang, diese Selbstentwicklung der Idee, durchläuft ein dreigeteiltes Schema: Thesis, Antithesis, Synthesis. Mit Hilfe dieser Denkschemas, der dialektischen Methode, vermag Hegel geistige Gehalte über den Dreischritt von Satz, Gegensatz und die Vereinigung beider zu erfassen. Was die Vereinigung, die Synthese betrifft, so ist deren Bedeutung nicht schwer zu sehen. Wir werden der „Synthese" beispielsweise wieder in der Frühphase der Wissenssoziologie Karl Mannheims begegnen, wo sich der Gegensatz zwischen der Ebene der geistigen Gebilde und der wirtschaftlichen Sphäre durch eine Totalsynthese aufheben soll. Der Hegelsche Gegensatz von Thesis und Antithesis ist einfach der Gegensatz zwischen der begrenzten Sphäre der irdischen Welt und der Sphäre des geradlinig fortschreitenden Verstandes. In der Sphäre des sogenannten diskursiven Verstandes des Menschen allein gilt der Widerspruch. Alle Gestalten unserer Welt haben auf der Ebene des Verstandes geformtes wechselseitig abhängiges Dasein, wodurch die Gestalten deutlich voneinander abgehoben und ihre Gegensätze sichtbar werden. Der Akt der Synthesis sieht dann mit Hilfe einer intensiven geistigen Anstrengung die Gegensätze wieder als Einheit. Die Synthesis ist also etwa gleich der Sphäre der übernatürlichen Vernunft, der Sphäre des Kantschen intellectus archetypus oder ähnlich dem Schellingschen Standpunkt der natura naturans.

Durch die mystische Hereinnahme der sich bewegenden Zeit in die Geschichte selbst gewinnt Hegel den Standpunkt der Synthesis und macht sich die ganze Wirklichkeit intellektuell untertan. Das fertige System Hegels vermag also die ganze Welt des Menschen, der Geschichte und der Natur dialektisch darzustellen. Während aber die naturphilosophischen Partien bei Hegel weithin an zeitbedingten Kuriositäten hängenbleiben, hat sich die dialektische Methode an den Gestalten der Geschichte doch weithin bewährt, wennschon Hegel auch den Fehler beging, seinen absoluten Standpunkt der Geschichte gegenüber zu überschätzen, so daß er vor der seinem System zuwiderlaufenden Pariser Revolution des Jahres 1830 resignieren mußte. Der Choleratod, dem Hegel Ende 1831 erlag, bewahrte ihn vor weiteren Enttäuschungen, die ihm das Auftauchen der sozialrevolutionären Bewegungen wohl gebracht hätte.

Hegel erfaßte bereits in Einzelheiten die gesellschaftliche, die soziologische Funktion der Technik und ihre Bedeutung für die Entstehung der Stände, wie der folgende Text zeigt:

„Vornehmlich sind zwei Erfindungen zu erwähnen, die des Schießpulvers und später die der Buchdruckerei ... Das Wichtige ... ist, daß [des Pulvers] Erfindung den Charakter der Kriegskunst verändert hat. Es war ein Hauptmittel zur Befreiung von der partikulären physischen Gewalt und zur Gleichmachung der Stände. Die Menschheit bedurfte seiner, und alsobald war es da. Die Befestigung der Burgen, die Mittel der partikulären Vereinzelung, Harnisch und Panzer, diese kostbaren individuellen Verteidigungswaffen, sind wertlos gemacht worden; die Macht des Unterschiedes zwischen Herrn und Knecht wurde dadurch aufgehoben ... Man kann zwar den Untergang ... des Wertes der persönlichen Tapferkeit bedauern (der Tapferste ... kann von einem Schuft aus der Ferne ... niedergeschossen werden). In Wahrheit aber ist durch sie der höhere, geistigere, vernünftigere, besonnenere Mut hervorgebracht worden; die Führung wurde jetzt zur Hauptsache. Schon bei den Alten setzte der einzelne seine Sicherheit in den Zusammenhang des Ganzen; dem Schießpulver aber gebührt nun das Verdienst, daß es den individuellen Haß gegen den einzelnen Feind ganz verbannt. Geschossen wird gegen den abstrakten, allgemeinen Feind ... und das ist eben der Mut gebildeter Nationen, daß er seine Stärke nicht in den Arm allein setzt, sondern wesentlich in den Verstand ...

... Die Buchdruckerei wiederum hat dem Bedürfnis, auf ideelle Weise miteinander in Verbindung zu stehen, Genüge getan, wie sie ja auch aus diesem Bedürfnis hervorgegangen ist.

Unmittelbar hängen hiermit die Entdeckungen zusammen, das Seeheldentum der Portugiesen, die Umschiffung des Vorgebirges der Guten Hoffnung sowie die Entdeckung von Amerika, durch die das spanische Rittertum eine neue Weise der Betätigung gefunden hat. In diesem Hinaus, in einem Element, das zunächst das Gegenteil der Tapferkeit zu sein scheint, hat es sich eine Erweiterung auch seiner Tapferkeit gegeben.

Ganz ungetrennt ist hiermit verbunden die Entstehung der Freiheit in den Städten ... Indem das subjektive Selbstbewußtsein sich in der äußeren Natur betätigt, ist der Mensch genötigt, sich auf allgemeine Weise darin zu erhalten; er muß sich der allgemeinen Natur dieses Gegenstandes unterwerfen, seine bloße Begierde, das Rohe, Unbeholfene besiegen, – er wird gebildet. Indem er auf allgemeine Weise tätig ist, weiß er sich in dieser Arbeit zugleich berechtigt. Es bilden sich Assoziationen zunächst zu diesem äußeren Zweck, dann aber zum Zweck der bürgerlichen Freiheit. So entsteht ein neues Element in der europäischen Christenheit, das von der Kirche verschieden, ja sogar von ihr ausgeschlossen und ebenso dem Feudalwesen, dem Verhältnis von Herrschaft und Knechtschaft, entgegengesetzt ist. Dies Prinzip hat zu seinem Inhalte vernünftige Freiheit, wenn auch in beschränktem Umfange als Freiheit des Eigentums, der Geschicklichkeit u. dgl.; dem Inhalte nach aber ist sie vernünftige Freiheit. In dem anderen System ist es unbestimmt, ob der Inhalt vernünftig ist oder nicht; es ist zwar das Privateigentum anerkannt, aber es soll auch Privateigentum sein, was gar nicht Privateigentum sein darf, z. B. das droit de pucelage, Ministerstellen usf. Die beiden Systeme kommen nun in Kollision...

So treten die Stände hervor, der Stand der Bauern, der Städter, der weltlichen und der geistlichen Herren... in Indien zeigen sie sich als Kasten. Ihre Unterscheidung gründet sich auf die Beziehung zu den Lebensverhältnissen. Auch hier sind sie zum Teil zu Naturunterschieden gemacht worden. Wesentlicher aber ist es, daß sie rechtlich bestimmt und festgesetzt worden sind... Zu bemerken ist, daß es sich um Stände der bürgerlichen Gesellschaft handelt, daß sie aber zugleich auch Unterschiede, Bestimmungen in der Staatsgewalt geworden sind; beides ist verknüpft. Daß die Stände dies Doppelte sind, hat man heutzutage vergessen und betrachtet sie bloß nach ihrer politischen Bedeutung; so wurzeln sie nicht in der Bestimmung, die sich auf den Unterschied der Lebensweise gründet.

Diese Stände sind etwas rechtlich Festes geworden, nicht bloß etwas staatsrechtlich in einer Konstitution Festgesetztes, sondern so, daß es die Gestalt eines Privateigentums hatte, was der Natur des Staates zum Teil zuwider ist. Der Staat im ganzen ist dadurch mehr oder weniger verkommen; aber auf der anderen Seite sind auch die staatsrechtlichen Bestimmungen dadurch unendlich fest geworden. Hier zeigt sich der Unterschied der abendländischen von den orientalischen, mohammedanischen Ländern, wo nie eine solche Festigkeit der Unterschiede im Staate ist. Eben damit ist die Ordnung im Staate gegeben. Die Einheit im Morgenlande ist gediegen, abstrakt, fanatisch, die Einheit in Europa dagegen eine bleibende, dauernde, verständige Festsetzung der Verhältnisse. Hiermit ist verbunden die feste Erblichkeit des Thrones und später die Ungeteiltheit der Länder; beides ist aus dieser festen privatrechtlichen Weise hervorgegangen. Wenn man diesen Punkt herausnimmt, so kann man durch seine Entgegensetzung gegen das Orientalische den ganzen Unterschied europäischer Rechtlichkeit entwickeln gegen die orientalische Zerrüttung.

Eine weitere Richtung ist nun aber die auf die Wissenschaft. Die Ausbildung des Denkens, des abstrakten Allgemeinen nahm ihren Anfang. Schon jene Verbrüderungen zu einem gemeinsamen Zwecke, dem die Glieder untergeordnet sind, weisen darauf hin, daß ein Allgemeines zu gelten anfing, das allmählich eben zum Gefühle seiner Kraft gelangte ..."

Hegels Analyse des Prozesses, wie die Familie bürgerliche Gesellschaft wird, bildet den Ursprung der deutschen Soziologie im engeren Sinne:

„Die bürgerliche Gesellschaft ist die Differenz, welche zwischen die Familie und den Staat tritt, wenn auch die Ausbildung derselben später als die des Staates erfolgt; denn als die Differenz setzt sie den Staat voraus, den sie als Selbständiges vor sich haben muß, um zu bestehen. Die Schöpfung der bürgerlichen Gesellschaft gehört übrigens der modernen Welt an, welche allen Bestimmungen der Idee erst ihr Recht widerfahren läßt. Wenn der Staat vorgestellt wird als eine Einheit verschiedener Personen, als eine Einheit, die nur Gemeinsamkeit ist, so ist damit nur die Bestimmung der bürgerlichen Gesellschaft gemeint. Viele der neueren Staatsrechtslehrer haben es zu keiner anderen Ansicht vom Staate bringen können. In der bürgerlichen Gesellschaft ist jeder sich Zweck, alles andere ist ihm Nichts. Aber ohne Beziehung auf andere kann er den Umfang seiner Zwecke nicht erreichen; diese anderen sind daher Mittel zum Zweck des Besonderen. Aber der besondere Zweck gibt sich durch die Beziehung auf andere die Form der Allgemeinheit und befriedigt sich, indem er zugleich das Wohl des anderen mitbefriedigt ...

... Zunächst ist die Familie das substantielle Ganze, dem die Vorsorge für diese besondere Seite des Individuums sowohl in Rücksicht der Mittel und Geschicklichkeiten, um aus dem allgemeinen Vermögen sich (etwas) erwerben zu können, als auch [in Rücksicht] seiner Subsistenz und Versorgung im Falle eintretender Unfähigkeit angehört. Die bürgerliche Gesellschaft reißt aber das Individuum aus diesem Bande heraus, entfremdet dessen Glieder einander und anerkennt sie als selbständige Personen; sie substituiert ferner statt der äußeren unorganischen Natur und des väterlichen Bodens, in welchem der einzelne seine Subsistenz hatte, den ihrigen und unterwirft das Bestehen der ganzen Familie selbst, die Abhängigkeit von ihr, der Zufälligkeit. So ist das Individuum Sohn der bürgerlichen Gesellschaft geworden, die ebensosehr Ansprüche an ihn, als er Rechte auf sie hat...

... Die Individuen sind als Bürger dieses Staates Privatpersonen, welche ihr eigenes Interesse zu ihrem Zwecke haben. Da dieser durch das allgemeine vermittelt ist, das ihnen somit als Mittel erscheint, so kann er von ihnen nur erreicht werden, insofern sie selbst ihr Wissen, Wollen und Tun auf allgemeine Weise bestimmen und sich zu einem Gliede der Kette dieses Zusammenhanges machen. Das Interesse der Idee ist hierin, das nicht im Bewußtsein dieser Mitglieder der bürgerlichen Gesellschaft als solcher liegt, ist der Prozeß, die Einzelheit und Natürlichkeit derselben durch die Naturnotwendigkeit ebenso als durch die Willkür der Bedürfnisse, zur formellen Freiheit und formellen Allgemeinheit des Wissens und Wollens zu erheben, die Subjektivität in ihrer Besonderheit zu bilden..."

Daß die Individuen als Bürger des Staates Privatpersonen sind, daß es also eine bürgerliche Gesellschaft neben dem „Staate" gibt, ist Voraussetzung für die soziologische Wissenschaft gewesen. Solange die tatsächlichen Zustände in Europa diese begriffliche Teilung nicht erlaubten, konnte es nicht zur eigentlichen „Soziologie" kommen. Bemerkenswert ist, daß gerade Hegel der letzte gewesen wäre, bei dem der „Staat" gegenüber der „Gesellschaft" hätte ins Hintertreffen geraten können. So viele fruchtbare Ansätze für die Soziologie auch im Werk Hegels liegen, er selber war Staatsphilosoph nationaler Prägung und würde eine „Soziologie" als „Oppositionswissenschaft" vermutlich abgelehnt haben. Die erstaunlichen soziologischen Analysen Hegels sind Nebenerkenntnisse. Sie fielen bei dem Bemühen um eine große umfassende Systematik von der Entfaltung des absoluten Geistes als Späne ab.

Hegel erklärte die Entstehung der Arbeiterklasse mit Überlegungen und zeitgenössischen Beobachtungen, die bereits in die Richtung der Theorie von Karl Marx wiesen:

„Wenn die bürgerliche Gesellschaft sich in ungehinderter Wirksamkeit befindet, so ist sie innerhalb ihrer selbst in fortschreitender Bevölkerung und Industrie begriffen. – Durch die Verallgemeinerung des Zusammenhangs der Menschen durch ihre Bedürfnisse und der Weisen, die Mittel für diese zu bereiten und herbeizubringen, vermehrt sich die Anhäufung der Reichtümer – denn aus dieser gedoppelten Allgemeinheit wird der größte Gewinn gezogen – auf der einen Seite wie auf der anderen Seite die Vereinzelung und Beschränktheit der besonderen Arbeit und damit die Abhängigkeit und Not der an diese Arbeit gebundenen Klasse, womit die Unfähigkeit der Empfindung und des Genusses der weiteren Fähigkeiten und besonders der geistigen Vorteile der bürgerlichen Gesellschaft zusammenhängt...

Das Herabsinken einer großen Masse unter das Maß einer gewissen Subsistenzweise, die sich von selbst als die für ein Mitglied der Gesellschaft notwendige reguliert – und damit zum Verluste des Gefühls des Rechts, der Rechtlichkeit und der Ehre, durch eigene Tätigkeit und Arbeit zu bestehen –, bringt die Erzeugung des Pöbels hervor, die hinwiederum zugleich die größere Leichtigkeit, unverhältnismäßige Reichtümer in wenige Hände zu konzentrieren, mit sich führt..."

Ein Gesichtspunkt Hegels ist für jede geistesgeschichtliche oder soziologische Deutung einer Epoche ungemein fruchtbar, nämlich die Arbeitshypothese vom Stilprinzip, die heute in sämtliche historische Disziplinen Eingang gefunden hat. Insbesondere die Wissenssoziologie ruht auf diesem Hegelschen Gedankengang:

„Man sagt gewöhnlich, daß die politischen Verhältnisse, die Religion, Mythologie usf. in der Geschichte der Philosophie zu berücksichtigen seien, weil sie auf die Philosophie der Zeit und diese wieder auf die Geschichte und übrigen Gestalten der Zeit einen großen Einfluß gehabt. Wenn man sich aber mit Kategorien wie ‚großer Einfluß', Wirkung aufeinander oder dgl. begnügt, so brauchte man nur den äußerlichen Zusammenhang nachzuweisen, d.h., man ginge von dem Gesichtspunkte aus, daß beide für sich selbständig gegeneinander sind. Hier aber müssen wir dieses Verhältnis von einer ganz anderen Seite betrachten; die wesentliche Kategorie ist die Einheit, der innere Zusammenhang aller dieser verschiedenen Gestaltungen. Festhalten muß man hier, daß es nur ein Geist, ein Prinzip ist, welches sich im politischen Zustande ebenso ausprägt, wie es sich in Religion, Kunst, Sittlichkeit, Geselligkeit, Handel und Industrie manifestiert, so daß also diese verschiedenen Formen nur Zweige eines Hauptstammes sind. Dies ist der Hauptgesichtspunkt. Der Geist ist nur einer, es ist der eine substantielle Geist einer Periode, eines Volkes, einer Zeit, der sich aber auf vielfache Weise gestaltet; und diese verschiedenen Gestaltungen sind die Momente, welche angeführt worden sind. Man muß sich also nicht vorstellen, daß die Politik, die Staatsverfassungen, die Religionen usw. die Wurzel oder die Ursache der Philosophie oder umgekehrt diese der Grund von jenen seien. Alle diese Momente haben einen Charakter, der das Zugrundeliegende und alle Seiten Durchdringende ist. So mannigfaltig diese verschiedenen Seiten sind, so ist doch nichts Widersprechendes darin. Keine der Seiten enthält etwas der Grundlage Heterogenes, sosehr sie sich auch zu widersprechen scheinen. Sie sind nur Abzweigungen von einer Wurzel; und dazu gehört die Philosophie ..."

Blicken wir auf Hegels Beitrag zur Problemgeschichte der geisteswissenschaftlichen Soziologie zurück, so scheint sich die Vielfalt der Strömungen aus dem 18. Jahrhundert in seinem Werk verdichtet zu haben. Hermann Glockner sieht den Philosophen in der Aufklärung wurzeln. Seinen unbeirrbaren Fortschrittsbegriff hat er zweifellos von dort. Aus dem Erlebnis der politischen und geistigen Revolution im letzten Drittel des 18. Jahrhunderts, aus der Berührung mit Goethe und Romantik formt sich bei Hegel in stiller zäher Arbeit der eigene, geschichtsmächtige Überblick, das geisteswissenschaftliche Verstehenkönnen im modernen Sinn. Aufklärung, Klassik und Romantik haben sich bei Hegel, wie Glockner betont, in einzigartiger Weise verbunden.

Entstehung der positivistischen Soziologie: Saint-Simon und Auguste Comte

Der französische und englische Positivismus war im 18. Jahrhundert durch die Enzyklopädisten in Frankreich (Diderot, d'Alembert, Lagrange, Turgot) und durch die Assoziationspsychologen in England (Hartley, Hume, Herbart, J. St. Mill) vorbereitet worden. „Positivismus" heißt soviel wie „Tatsächlichkeitsstandpunkt". Er will nur wissenschaftliche Arbeit gelten lassen, die sich an das Gegebene und Erfaßbare hält. Metaphysische Probleme oder der Metaphysik verdächtige Begriffe sind verpönt. „Positive" Philosophie hat die strenge Naturwissenschaft als Ideal. Sinn und Wesen der Erscheinungen gehen den Forscher nichts an. Die Wissenschaft soll mittels stetiger Beobachtung, Berechnung und möglichst auch durch Experimente die allgemeinen Gleichförmigkeiten in der Welt finden.

Die positivistische Haltung darf nicht mit dem Materialismus verwechselt werden. Sie kann sich auch mit idealistischen Grundzügen verbinden. Eines will die positive Wissenschaft jedoch immer: „voir pour prévoir“. Die rationale Vereinfachung der Geschehnisse, seien es solche der anorganischen oder der organischen Natur, soll den Menschen immer mehr dazu befähigen, die Zukunft zu beherrschen. Daraus vor allem erklärt sich die leidenschaftliche Übernahme des Positivismus durch die Sozialwissenschaftler. Der Gedanke, mit Hilfe einer positiven soziologischen Wissenschaft in die politische Praxis eingreifen zu können, mußte bestechend sein. Zugleich tauchte die Hoffnung auf, im bürgerlichen Zeitalter die Soziologie an Stelle der bisherigen willkürlichen und zufälligen Herrschaftsformen zum eigentlichen Motor der gesellschaftlichen Entwicklung zu machen. Es spricht für die Dauerhaftigkeit simplifizierender Denkschemen, daß die den Frühpositivismus begleitenden Hoffnungen vielfach in unveränderter Naivität, ungetrübt von Erfahrungen, in der amerikanischen Soziologie während der sechziger Jahre des 20. Jahrhunderts angetroffen werden konnten.

Graf Saint-Simon, ein weitgereister Abenteurer, der unter Washington in Amerika gekämpft hatte, wurde 1760 in Paris geboren und starb dort 1825. Er war ein Schüler d'Alemberts. Unterstützt von Freunden, fing Saint-Simon um 1800 an, seine sozialkritischen Ansichten zu publizieren. Er sieht bereits die industrielle Revolution am Horizont. Er möchte die Gesellschaft neu organisieren. 1820 erscheint das große Werk „L'organisateur“. Im Sinne eines allerdings dem späteren Marxismus kaum verwandten Sozialismus schlägt Saint-Simon die einheitlich planende Wirtschaftslenkung vor. Die von ihm in ihren Umrissen erkannte industrielle Arbeiterfrage und sein Ziel der klassenlosen Gesellschaft schlossen nicht aus, die Lösung der sozialen Frage auf dem Weg sittlich-religiöser Erneuerung zu erhoffen. Das Eigentum bleibt – nach seiner Lehre – im welichen erhalten. Kapital und Arbeit sind für ihn sozialethisch gleichwertig.

Bei Saint-Simon findet sich der Ausdruck science politique. Wenn man diesen Begriff in seinen späteren Schriften durch das Wort sociologie ersetzt, sind die Hauptgedanken Auguste Comtes im wesentlichen schon bei seinem Lehrer und Freund

Saint-Simon vorhanden. Dieser stellte folgende Thesen auf: Wissenschaft darf nicht mit Kunst verwechselt werden. Die Wissenschaften sind wegen der ständig zunehmenden Kompliziertheit sorgfältig zu klassifizieren, und die jüngste Wissenschaft, die science politique, muß an der Spitze stehen. Sie beruht auf gründlichen historischen Ableitungen, auf der Beobachtung zeitgenössischer Vorgänge und hat die Begriffe der Entwicklung und des unbegrenzten Fortschritts als Kern. Die psychisch-soziale Entwicklung durchläuft nach Saint-Simon drei große Phasen: das theologische, das metaphysische und das positive Zeitalter. Die sittlichen Grundsätze können nicht von übernatürlichen Mächten, sondern allein von den praktischen Bedürfnissen des Gemeinschaftslebens abhängen. Das zu erreichen, braucht es eine neue wirtschaftlich-technische Organisation, ein neues politisches System und ein brüderlich geeintes Europa. 1825 faßte Saint-Simon diese Motive in seiner Schrift „Nouveau christianisme“ zusammen.

In einem wichtigen wissenschaftssoziologischen Versuch über die „Philosophie und Politik im französischen Denken des frühen 19. Jahrhunderts“ (Ed. Spranger-Festschrift, 1942) hat Erich Rothacker gezeigt, daß der Ursprung der Wissenschaft vom Sozialen aus der Ideenwelt der Dritten Republik und aus dem Katholizismus Saint-Simons und Comtes zu verstehen sei: man wendet sich gegen den Individualismus der Aufklärung (und des Protestantismus), es gibt kein isoliertes Individuum. Aus dieser französischen Nähe zum „Sozialen“ (und wer, wie Saint-Simon zwischen 1782 und 1815, unter zehn verschiedenen „Verfassungen“ gelebt hat, mußte, wie Rothacker meint, diese Nähe haben) erklärt sich auch die Tatsache, daß der französische Positivismus die Soziologie bevorzugt, während der englische und deutsche sich der Psychologie zuwendet. Im Laufe des 19. Jahrhunderts verdichtet und verstärkt sich diese Sozialbesessenheit der französischen Soziologie dann und führt vor allem bei Emile Durkheim und seinen Schülern zu dem, was ein heutiger amerikanischer Soziologe zu Recht als den „over-socialized view of man“ bezeichnet hat.

Auguste Comte wurde 1798 in Montpellier geboren, er starb 1857 in Paris. Comte schrieb u. a.: „Cours de philosophie positive“, 6 Bde. (1830–1842), „Système de politique, ou Traité de sociologie instituant la religion de l'humantié“, 4 Bde. (1851–1854).

Während seines Studiums am Polytechnikum in Paris, das dürfte wissenschaftsgeschichtlich wichtig sein, wurde Comte vom dort verbreiteten Glauben an die Kulturbedeutung der Technik mitgerissen. Doch verleihen eine nahezu konservative Grundhaltung, die Vorliebe für ruhigere, fast organische Entwicklungsformen und eine erst in der Spätzeit seines Werks voll zum Ausdruck kommende priesterlich-mystische Neigung dem Positivismus Comtes recht persönliche Züge. Sohn einer streng katholischen Familie in Südfrankreich, dachte er weniger revolutionär als sein Meister und Freund Saint-Simon, von dem er sich nach sechsjähriger Freundschaft lossagte. Man kann Comte auch nicht als Empiristen schlechtweg bezeichnen. Die zusammenhanglose Tatsachenmenge ist für ihn keine Wissenschaft. Erst genau erforschte und bestätigte Abhängigkeiten zwischen den Tatsachen bauen eine Wissenschaft auf. Diese Gesetzmäßigkeiten können aber nicht in ein vollkommenes System gebracht werden. Sie lassen sich nur in Gruppen ordnen. Diese Offenheit des soziologischen Begriffssystems ist sehr bedeutsam. Hier liegt ein Problem, das auch in der gegenwärtigen Soziologie noch keine volle Würdigung gefunden hat.

Comte hielt seine eigene, die französische Gesellschaft für eine empirische Sozialwissenschaft als Beobachtungsgegenstand besonders geeignet, nicht nur, „weil sich in ihr der revolutionäre Zustand vollständiger und deutlicher offenbart, sondern auch, weil sie in allen wichtigen Beziehungen besser als irgendeine andere für eine wirkliche Reorganisation vorbereitet“ sei.

Nach Comte gibt es gesellschaftliche Vorbedingungen für das Entstehen der Sozialwissenschaft. Bei jedem anderen Gegenstande hätten infolge der unveränderlichen Fortdauer der Erscheinungen die rationellen Beobachtungen zuerst nur wegen des lange Zeit nicht zu vermeidenden Mangels an wohlvorbereiteten Beobachtern gefehlt, aber infolge einer offenbar der Sozialwissenschaft eigentümlichen Ausnahme, die auch zur Verlängerung ihres Kindheitszustandes besonders beigetragen habe, hätten, so glaubt Comte, „die Erscheinungen selbst hier für lange Zeit der Fülle und Mannigfaltigkeit der Entwicklung ermangelt, die zu ihrer wissenschaftlichen Erforschung unentbehrlich sind, ganz abgesehen von den Bedingungen, welche die Beobachter zu erfüllen haben. Ohne eine langsame und mühselige spontane Entwicklung des sozialen Zustandes bei einem ansehnlichen Teile des Menschengeschlechtes, und bis der natürliche Gang der sozialen Evolution dabei allmählich zu hinreichend tiefgreifenden und hinreichend allgemeinen Modifikationen der ursprünglichen Zivilisation geführt hatte, mußte sich diese Wissenschaft notwendig jeder wirklich zulänglichen experimentellen Grundlage beraubt sehen ..."

Für Comte ist der Fortschrittsbegriff die Basis der Soziologie. Die „heilsame allgemeine Erschütterung", die die Intelligenz durch die Französische Revolution erfahren habe, sei unentbehrlich gewesen, „um die Entwicklung genügend positiver wie genügend ausgedehnter Spekulationen hinsichtlich der sozialen Erscheinungen zu gestatten. Bis dahin könnten die Grundtendenzen der Menschheit tatsächlich nicht kräftig genug gekennzeichnet sein, um auch nur bei den hervorragendsten und bestvorbereiteten Philosophen zum Gegenstande einer rein wissenschaftlichen Würdigung zu werden." Erst die Schwächung des herkömmlichen politischen Systems ließ es zur Soziologie kommen: „Solange das politische System, das, nach und nach modifiziert, die frühere Entwicklung der Gesellschaft stets geleitet hatte, noch nicht derart geradezu in seiner Gesamtheit angegriffen wurde, daß die Unmöglichkeit, sein Übergewicht zu behaupten, offenkundig zutage trat, so lange konnte der Grundbegriff des Fortschrittes, die erste notwendige Basis jeder wahren Sozialwissenschaft, keineswegs die Bestimmtheit, Klarheit und Allgemeinheit erlangen, ohne welche er seinen wissenschaftlichen Zweck nicht entsprechend erfüllen kann ..."

Der Name „Soziologie" für die neue Gesellschaftswissenschaft wurde von Comte wie folgt begründet:

„Seit Montesquieu verdankt man den ersten wichtigen Schritt, der inzwischen in der grundlegenden Konzeption der Soziologie gemacht worden ist, dem berühmten und unglücklichen Condorcet in seinem denkwürdigen Werke „Esquisse d'un tableau historique des progrès de l'esprit humain".

„Ich glaube von jetzt ab dieses neue Wort wagen zu dürfen, das meinem bereits eingeführten Ausdrucke soziale Physik völlig gleichkommt, um mit einem einzigen Namen diesen Ergänzungsteil der Naturphilosophie bezeichnen zu können, der sich auf das positive Studium der sämtlichen, den sozialen Erscheinungen zugrunde liegenden Gesetze bezieht. Die Notwendigkeit einer solchen Bezeichnung, die dem besonderen Endzwecke dieses Bandes entsprechen soll, wird hoffentlich dieser letztmaligen Ausübung eines legitimen Rechtes zur Entschuldigung dienen, dessen ich mich stets mit der gebührenden Einschränkung und nicht ohne tiefen Widerwillen gegen jede gewohnheitsmäßige systematische Wortneuerungssucht bedient zu haben glaube..."

Unmißverständlich spricht sich Comte auch für eine interdisziplinäre Sozialwissenschaft aus, betont die Totalität und Interdependenz aller gesellschaftlichen Erscheinungen:

„Übrigens ist sorgfältig zu vermerken, daß das allgemeine Bekenntnis unserer Nationalökonomen über die notwendige Isolierung ihrer angeblichen Wissenschaft im Verhältnis zum Ganzen der Sozialphilosophie zugleich ein unfreiwilliges, entschiedenes, wenn auch indirektes Zugeständnis der philosophischen Wertlosigkeit dieser Theorie bedeutet, die so aufzufassen Adam Smith nicht eingefallen ist. Denn durch die Natur des Gegenstandes sind bei den sozialen Studien, wie bei allen auf die lebenden Körper bezüglichen, die verschiedenen allgemeinen Seiten mit Notwendigkeit untereinander solidarisch und vernünftigerweise untrennbar, so daß sie nur durcheinander richtig erklärt werden können...

Verläßt man also die Welt der Wesenheiten, um sich den realen Forschungen zu nähern, so gelangt man zur Überzeugung, daß die wirtschaftliche oder industrielle Analyse der Gesellschaft in der Vergangenheit sowohl wie sogar in der Gegenwart nicht positiv vollzogen werden könnte, wenn man von ihrer intellektuellen, moralischen und politischen Untersuchung absehen wollte, so daß umgekehrt diese unvernünftige Trennung ein unabweisbares Symptom der wesentlich metaphysischen Natur der Lehren bildet, welche sie zur Grundlage nehmen..."

Die Eigenart des sozialen Wandels erkennt Comte in der „langsamen, allmählichen, aber ununterbrochenen Anhäufung sukzessiver Veränderungen, die nach und nach die soziale Bewegung ausmachen, deren Fortdauer während einer Generation in der Regel die verschiedenen, etwas ausgeprägten Stufen trennen muß, da sich in der Politik vor allem durch die beständige Erneuerung der Erwachsenen die feststellbarsten elementaren Umwandlungen vollziehen".

In diesem sozialen Wandlungsvorgang glaubt Comte nun genügende bleibende Strukturen zu erkennen, um den künftigen Wandel vorhersagen zu können:

„Unter welchem Gesichtspunkte man die Gesellschaft aber auch betrachte, es wird... leicht festzustellen sein, daß ihre sukzessiven Modifikationen immer einer bestimmten Ordnung unterliegen, die mit Hilfe des Studiums der menschlichen Natur schon in genügend vielen Fällen rationell erklärt werden kann, daß man sie in den übrigen später zu erkennen hoffen darf. Diese Ordnung zeigt überdies eine bemerkenswerte Festigkeit, die die genaue Vergleichung der parallelen, bei getrennten und unabhängigen Völkerschaften beobachteten Entwicklungen wesentlich bestätigt.

Wenn also einerseits das Vorhandensein der sozialen Bewegung hinfort nicht zu bestreiten ist und andrerseits die Aufeinanderfolge der verschiedenen sozialen Zustände sich in keiner Beziehung in einer willkürlichen Ordnung vollzieht, so muß man diesen wichtigen, ununterbrochenen Vorgang mit Notwendigkeit als natürlichen Gesetzen unterworfen ansehen, die ebenso positiv, wenn auch komplizierter sind als diejenigen aller beliebigen anderen Erscheinungen, wofern man nicht den theologischen Kunstgriff einer ewigen Vorsehung in Anwendung bringen oder seine Zuflucht zu der geheimnisvollen Kraft der metaphysischen Entitäten nehmen will...“

Für die soziologische Analyse am wichtigsten ist nach Comte die jeweilige Elite der Menschheit, denn die wichtigste logische Einschränkung, die zugleich alle übrigen in sich schließt, bestehe darin, „die wissenschaftliche Analyse im wesentlichen auf eine einzige soziale Reihe zu konzentrieren, d.h. ausschließlich die tatsächliche Entwicklung der vorangeschrittensten Bevölkerungsteile zu betrachten, indem man mit gewissenhafter Beharrlichkeit jede müßige und irrationelle Abschweifung auf die verschiedenen anderen Zentren unabhängiger Zivilisation vermeidet, deren Evolution aus irgendwelchen Ursachen bis jetzt in einem unvollkommeneren Zustand zurückgehalten worden ist, wofern nicht die vergleichende Prüfung dieser untergeordneten Reihen den Hauptgegenstand mit Nutzen erhellen kann.“

Die historische Untersuchung muß also, wie Comte meint, „fast nur auf die Elite oder die Vorhut der Menschheit beschränkt werden, die den größten Teil der weißen Rasse oder der europäischen Nationen umfaßt“. Der größeren Genauigkeit wegen, namentlich in den modernen Zeiten, möchte er es sogar „bei den Völkern Westeuropas bewenden lassen“. In jeder Epoche müsse „unsere rationelle Betrachtung hauptsächlich die wahren politischen Vorfahren dieses privilegierten Bevölkerungsteiles betreffen, welches im übrigen auch ihr Vaterland sein mag“.

Man müsse sich auf soziale Erscheinungen beschränken, „die ersichtlich einen wirklichen, mindestens indirekten oder entfernten Einfluß auf die allmähliche Verkettung der aufeinanderfolgenden Phasen ausgeübt, die tatsächlich den gegenwärtigen Zustand der vorangeschrittensten Nationen herbeigeführt haben...“

Comte entwickelte ein „Dreistadiengesetz“, um darzulegen, „wie die ganze soziale Vergangenheit bei den vorangeschrittensten Völkern wesentlich in der allmählichen Entwicklung der Folge eines dreifachen Dualismus besteht, die... die Grundentwicklung der Menschheit darstellt“.

Sowohl die Entwicklung des einzelnen Menschen als auch die der Wissenschaft und der Menschheitsgeschichte erfolge in drei Stadien, in drei Stufen. Einer „theologischen“ (Magie, Religion) folge eine metaphysische, und zuletzt komme, abschließend, die „positive“, also eigentlich wissenschaftliche Stufe. Jeder der drei Phasen lasse sich eine bestimmte politische Organisationsform zuordnen. Thesen einer solchen Gesetzmäßigkeit finden sich schon vor Comte, so bei Turgot, der Comte beeinflußte, und bei Lessing.

Comte meint, man müsse diese grundlegende Ordnung „nur noch zu ihrem zweiten Genauigkeitsgrade“ führen, um zu „zeigen, auf welche Weise die hauptsächlichsten Zwischenstufen der Menschheit mit den entsprechenden Unterabteilungen“ seines Evolutionsgesetzes zu verknüpfen sind. Künftige Soziologen sollten dann, wie Comte vorschlägt, „zum Zwecke der rationellen Erklärung der menschlichen Vergangenheit die methodische Verkettung immer abnehmender Zwischenstufen studieren, deren letzte natürliche Grenze, die ohne Zweifel niemals ganz erreicht werden wird, in der wirklichen Verknüpfung der aller Art Fortschritte von einer Generation zur folgenden bestehen würde, da die soziologische Chronologie mit Nutzen nicht die tatsächliche Berücksichtigung irgendwelcher geringeren Zeiteinheit verlangen kann, während welcher die politische Entwicklung meist fast unmerkbar sein muß“.

Nach der geistesgeschichtlichen Herkunft und Wirkung mit dem Comteschen Werk vergleichbar sind die ebenfalls umfassenden, mehr oder minder synkretistischen Systeme der Engländer John Stuart Mill und Herbert Spencer. Beide Systeme beziehen die Welt der Natur und des Geistes ein. Mill, mit dem Comte in ausgedehnter Korrespondenz stand, war übrigens von Einfluß auf die Geisteswissenschaft Wilhelm Diltheys. Den Einfluß von Saint-Simon und vor allem von Comte auf Mill, aber auch den grundsätzlichen philosophischen und methodischen Unterschied zwischen Comte und Mill recht eingehend untersucht hat Iris Wessel Mueller (John Stuart Mill and French Thought, 1956). Für Comte war in der auf dem positiven Wissen ruhenden Gesellschaft kein Raum oder Bedarf für weiteren menschlichen Fortschritt. Für Mill hingegen war die menschliche Entwicklungsfähigkeit unbegrenzt und hing weitgehend von der vollkommenen individuellen Gedankenfreiheit ab. Wie so viele französische Soziologen nach ihm, neigte Comte zur Überbewertung der (abstrakten) sozialen Kontrolle des einzelnen durch das Staatswesen. Sinn und Möglichkeit der Freiheit wurden für ihn lästige Fragen, die er ebenso beiseite schob wie neu auftauchende Tatsachen. Bezeichnenderweise war Mill auch viel aufgeschlossener für den Eigenwert der individuellen Freiheit.

John Stuart Mill wurde 1806 in London geboren, er starb 1873 in Avignon. Philosoph, Psychologe, Nationalökonom und Politiker, war der Sohn des Philosophen James Mill, ungewöhnlich frühreif, gründete mit 16 Jahren die „Gesellschaft der Utilitarier" und mit 19 Jahren einen „spekulativen Diskutierklub". Von 1853–1858 war er Beamter der Ostindischen Kompanie, von 1865–1868 als radikaler Liberaler Mitglied des Unterhauses. Mill begründete den englischen Positivismus. Neben Comte und dem Italiener Ardigo war er der einflußreichste Positivist des 19. Jahrhunderts. Als Politiker beschäftigte er sich vor allem mit Wirtschaftsfragen, Kolonialpolitik, Frauenfrage und Irland. Er schrieb u.a.: „System of Logic", 2 Bde. (1843), „Utilitarianism" (1864), „Principles of Political Economy", 2 Bde. (1848), „On Liberty" (1859), „Autobiography" (1873).

Herbert Spencer, geboren 1820 in Derby, gestorben 1903 in Brighton, war englischer Philosoph, Soziologe und Publizist. Seit 1837 Eisenbahningenieur, von 1846–1853 Journalist, widmete sich Spencer später nur mehr der Ausarbeitung seiner

Philosophie „A System of Synthetic Philosophy“, 10 Bde. (1862–1896); er schrieb ferner u. a.: „The Classification of the Science“ (1864), „The Study of Sociology“ (1873).

Spencer, später mehr und mehr der soziologische Verbreiter des Darwinismus, hat vor allem starken, aber zeitlich begrenzten Einfluß auf die amerikanische Soziologie ausgeübt. Alle drei, Comte, Mill und Spencer, haben in der romanischen und angelsächsischen Welt die gemütsmäßige Grundhaltung soziologischen Denkens ähnlich stark bestimmt, wie es Hegel für Deutschland und in seinen marxistischen Umkehrungen für die slawischen Länder getan hat.

Zur Problemlage ab 1850

Spaltung in „deutsche“ und „westliche“ Soziologie

Im Rahmen einer großen „soziologischen Restauration“, gewandt gegen das 18. Jahrhundert und seine Revolution, sieht Troeltsch am Anfang des 19. Jahrhunderts bei den führenden Publizisten Europas eine neue soziologisch-organische Gesellschaftsidee auftreten. Es waren vor allem Burke, Fichte, Wilhelm v. Humboldt, Schleiermacher, Schelling, Hegel, Saint-Simon, Comte. Es ist eine erstaunliche Reihe: Der alte Liberale Edmund Burke (1728–1797) in England am Anfang und der französische Begründer der (positivistischen) Soziologie am Ende. Dazwischen die Begründer der deutschen Geisteswissenschaft (und Philosophie des Geistes).

Eigenartigerweise verliert aber die am Anfang des 19. Jahrhunderts bereits so soziologisch orientierte deutsche Geschichtswissenschaft im Laufe des Jahrhunderts ihre soziologische Dimension wieder.

Man pflegt zwar bei den führenden Staats- und Sozialphilosophen (etwa zwischen 1780 und 1840) in England, Frankreich, Amerika einerseits und Deutschland-Österreich anderseits die beiden Zweige der Soziologie, den westlichen und den deutschen, beginnen zu lassen. In Wirklichkeit dürfte sich die eigentliche Differenzierung zwischen diesen beiden Strömen aber erst in der zweiten Hälfte des 19. Jahrhunderts ausgeprägt haben. In der ersten Hälfte des 19. Jahrhunderts sind sich die genannten Schriftsteller, alle der politisch-geistigen Restaurationsepoche angehörig, doch ziemlich einig: sie kennen gegenseitig ihre Arbeiten, fühlen sich als eine europäische Elite. Das deutsche „Unterschiedsbewußtsein“ gegen den westlichen Zweig der Soziologie entsteht erst gegen 1848 hin, wenn nicht später. (Auch die den Mangel einer Rezeption teilweise erklärende Unkenntnis der englischen Sprache findet man bei deutschen Autoren erst wieder gegen Ende des 19. Jahrhunderts häufiger.)

Zur Zeit Burkes und Comtes, also zwischen der Französischen und der Revolution von 1848, gab es viel mehr Fäden zwischen London und Paris – Berlin – München – Wien als später. Die für das Entstehen einer einheitlichen europäischen Sozialwissenschaft so hinderliche Isolierung der nationalstaatlich eingegrenzten Soziologenschulen ist nicht zuletzt auf die Verschärfung des Nationalismus gegen Ende des 19. Jahrhunderts hin zurückzuführen. Saint-Simon veröffentlichte bei Gelegenheit des Wiener Kongresses 1814 in Genf ein Manifest: „De la Réorganisation de la Société européenne ou de la nécessité et des moyens de rassembler les peuples de l'Europe en un seul corps politique". Der französische Autor sah Europa bereits als eine bestehende Gemeinschaft an, eine Société, die nur der Neuordnung bedarf. Die Politiker zwischen 1814 und den zwanziger Jahren unseres Jahrhunderts standen einer solchen Auffassung fern. Die Trennung zwischen westeuropäischer und deutscher Soziologie, die ursprünglich nicht bestand, wurde erst im Lauf des immer „nationaler" werdenden Jahrhunderts – von der Politik und dem Nationalsentiment her – auf die Soziologenschulen übertragen.

Diese für die Geschichte der Soziologie sehr bedeutungsvolle Isolierung der Richtungen hat verschiedene, selbst wieder vorwiegend soziologische Ursachen. Die Denkweise der Romantik – Novalis, Herder –, aber auch die letztlich romantischen Neigungen Fichtes machten die Forderung nach der nationalen Eigenart, die Besinnung auf „völkische" Werte geläufig. Man dachte damals noch kaum an politische Konsequenzen. Die geistesgeschichtlichen Propagandisten der neuen Sehweise fühlten sich – mit Ausnahme Fichtes vielleicht – noch zu bedingungslos eingebettet in den allgemein europäischen Geistesstrom, so daß sie nicht ahnen konnten, welche Folgen der von ihnen ausgelöste europäische Nationalismus haben würde.

Zum Mangel einer echten soziologischen Dimension in der deutschen Geschichtswissenschaft im 19. Jahrhundert kam es wohl auch, weil die Historiker der preußischen Schule eine Abneigung gegen die außerdeutsche Sozialwissenschaft entwikkelten. Man scheute das destruktive, zergliedernde Vorgehen dieser Soziologien. Im Westen blieb die Gesellschaft (society, société) das Modell der soziologischen Arbeit, in Deutschland wurde, unter Hegels Einfluß, der Staat weithin Mittelpunkt der Betrachtung. Dies bog die Soziologie zurück in die Bahn vereinfachender Staatslehre. Erst vor allem Max Weber und Ernst Troeltsch haben die angelsächsische Welt der deutschen Soziologie wieder erschlossen. Umgekehrt sind beide Soziologen in Übersetzungen, die erst in den dreißiger Jahren zu erscheinen begannen, seit einigen Jahrzehnten die anregendsten Vermittler deutscher Sozialwissenschaft an die angelsächsischen Länder gewesen.

Schon im Jahr 1859 veröffentlichte Heinrich v. Treitschke (1834–1896) seine kritische Schrift „Die Gesellschaftswissenschaft“. Treitschkes Staatswissenschaft enthält zwar soziologische Aspekte. Treitschke ist aber für die „Gesellschafts-Blindheit“ der deutschen Geisteswissenschaftler in der zweiten Jahrhunderthälfte typisch. Entschieden bestritt er die Möglichkeit einer gesonderten selbständigen Gesellschaftswissenschaft außerhalb der Staatswissenschaft. Treitschke hielt allein den Staat für die organisierte Gesellschaft; Vorbild eines solchen Staates war ihm Großbritannien.

Ähnlich Treitschke gelang es auch Robert v. Mohl (1799–1875) nicht mehr, zur eigentlichen Soziologie – die jetzt immer mehr eine Domäne der Länder westlich von Deutschland wird – durchzudringen. Auch bei Mohl erstarrte der ursprüngliche soziologische Blick in der Staatswissenschaft. Immer mehr übernimmt diese „Polizeiwissenschaft nach den Grundsätzen des Rechtsstaates“ (so der Titel eines Mohlschen Werkes) die Aufgaben der Soziologie. Die Einengung der deutschen Gesellschaftswissenschaft auf die Probleme des deutschen Konstitutionalismus und Parlamentarismus wurde immer augenfälliger.

Am Ende der sich an der *europäischen Gesellschaft* orientierenden Frühphase der sich ihrer Eigenart als Wissenschaft bewußt gewordenen Soziologie kommt die nach Nationen gespaltene zweite Phase der Soziologie (etwa von 1850 bis 1930). In ihr findet man wieder das Problem der Kulturzyklen, der Fortschritts- bzw. Verfallstheorie. An diesen Fragenkomplex vor allem heftet sich die „deutsche“ Soziologie. Auf der einen Seite steigerte die deutsche geistesgeschichtliche Arbeit den individualisierenden Sinn aufs höchste und ließ damit die Aufklärung und ihre positivistischen Abkömmlinge hinter sich zurück. Auf der anderen Seite hat aber eben dieser Individualitätsgedanke den Fortschritt der Soziologie zur Spezialwissenschaft, die nach Gleichförmigkeiten im sozialen Geschehen sucht, gehemmt. Man verlor die universalhistorische Anschauung, die Nähe zu den eigentlichen politisch-ideologischen Mächten des 19. Jahrhunderts und damit zur sozialen Wirklichkeit.

Marxismus und verwandte Analysen der sozialen Frage

Es gibt keine schwierigere Aufgabe für den Historiker, als ein Ausdrucks- und Wertsystem angemessen darzustellen, das selber absoluten Geltungsanspruch erhob und in seinen Epigonen noch erhebt. Man befindet sich dem Marxismus gegenüber in ähnlicher Lage wie ein Philosophiehistoriker Hegel gegenüber. Auf jeden Fall hat die von Karl Marx und seinen Anhängern entwickelte Soziologie (er selber hat sich nicht eigentlich als Soziologen betrachtet) durch ihr Vorhandensein spätere Soziologen und Sozialwissenschaftler gezwungen, wenigstens für eine Weile, im Sinne von Marx zu sehen und zu denken. Das kommt allerdings vor allem vom Hegelschen Ansatz in der Marxschen Lehre.

Sieht man von den politischen Begleiterscheinungen ab, so sind sich ein Hegelianer und ein Marxist sehr ähnlich. Beide wurden von einem großartig überzeugenden Deutungsversuch der menschlichen Geschichte gefesselt, beide mußten die recht verwickelte Denkmethode des Meisters genau befolgen, um überhaupt das sehen zu können, was er gefunden hatte, beide konnten sich aber nicht von einem lehrreichen und in zeitlicher Begrenztheit begreiflichen historischen Erlebnis, also vom zeitgebundenen Standpunkt des Meisters lösen. Für Hegel öffnen sich alle Geheimnisse der Geschichte dem preußischen Staatsphilosophen im ersten Drittel des 19. Jahrhunderts, für Marx ist es das Proletariat um die Jahrhundertmitte, dem sich auf Grund einer sozialen Klassenlage eine einmalige Entschleierung der innersten historischen Dynamik bieten soll.

Man muß diesen abstrakten Glauben an eine einmalige und absolute historisch-soziologische Erkenntnis und das ihm zugrunde liegende empirische, sachliche und erkenntnistheoretische Fundament auseinanderhalten. Bei Hegel ist es das während der Goethezeit seiner Kontur bewußt gewordene

Bildungsbürgertum, das glaubt, auf der Höhe der Zeit zu stehen. Marx, ein keineswegs proletarischer Intellektueller, überreicht dem sich allmählich organisierenden Proletariat den Schlüssel zur künftigen Weltherrschaft mit dem Rezept einer soziologischen Universaldeutung. Und bei einem sehr scharfsinnigen Soziologen in der ersten Hälfte des 20. Jahrhunderts, der anfänglich marxistisch dachte, bei Karl Mannheim, wird dem „freischwebenden Intellektuellen" die „einmalige" Chance zugesprochen, einen Blick hinter die Vorhänge der Geschichte und Gesellschaft zu werfen, „ehe sich der Horizont, vielleicht wieder für Jahrhunderte, verschleiert".

Nun: Hegels Synthese paßte schon nicht mehr auf die Pariser Revolution von 1830, und der Weg des Kapitalismus oder das Schicksal des Proletariats fügten sich nicht Marxens Prognose, und der „freischwebende Intellektuelle" Mannheims in der Weimarer Republik wurde vom Ausbruch der Diktatur völlig überrascht.

So besehen, hat die mit der über die Naturwissenschaften ins allgemeine wissenschaftliche Bewußtsein gehobene Notwendigkeitstheorie in der Soziologie bisher wenig geleistet.

Fast stets haben aber solche Systeme einige brauchbare Gesichtspunkte oder methodische Ansätze für die Soziologie gebracht. So steckte in Nietzsches Überbetonung bestimmter geschichtlicher Perioden und Werte der Begriff des Idealtypus. Max Weber hatte ihn bald danach methodologisch entwickelt. Dilthey und Oswald Spengler schenkten der neueren anthropologischen Forschung, wie sie etwa seit 1930 anfing, den Begriff der Kulturkonfiguration, d. h., man bringt nicht eine zusammenhanglose Vielfalt von ethnologischen Daten zusammen, sondern sucht in einer bestimmten, der Einfachheit halber meist möglichst unkomplizierten, sog. primitiven Kultur zuerst nach der konstitutiven Konfiguration, ehe man die wesentlichen Einzelzüge aufreiht. Das macht etwa den großen Unterschied zwischen den Ethnologen vor dem Ersten Weltkrieg und der ethnologischen Forschung heutiger amerikanischer Anthropologen aus (vgl. R. Benedict, Patterns of Culture, 1934).

Wissenschaftsgeschichtlich ähnlich ist die Marxsche Bedeutung für die allgemeine Soziologie. Politischer Mißbrauch und Irrtum zeugende Überheblichkeit entwerteten nicht die bleibende Befruchtung der Geisteswissenschaften durch Hegel, Nietzsche, Spengler – um nur drei umstrittene Namen zu nennen; ebensowenig kann man den einen Marxschen Grundsatz, daß unser gesellschaftliches Sein die geistigen Gebilde, also unser Denken und die von ihm geformten Ausdruckssysteme, produziere, in seiner Wirkung auf die Soziologiegeschichte unterschätzen.

Es spricht viel dafür, daß Marx sich dies ursprünglich nicht als einseitige Bestimmung der geistigen Gebilde vom wirtschaftlichen Boden aus vorgestellt hat, sondern, wie viele Soziologen seither, als eine wechselseitige Bedingung der geistigen und materiellen Schichten. Auch die Nicolai Hartmannsche Schichtenlehre bietet ein ähnliches Denkmodell. Eine der bekanntesten Reaktionen auf den Marxschen Determinismus war Max Webers Studie über den Einfluß der protestantischen, insbesondere der kalvinischen und puritanischen Seelenhaltung auf die Entfaltung des Kapitalismus.

Daß die Marxsche Lehre, ohne ihren klassenkämpferischen Endzweck, nur eine, kaum die originellste, Spielart sehr weitverbreiteter Vorstellungen im 19. Jahrhundert war, betonte sogar ein erklärter Marxist unter den Sozialwissenschaftlern nach dem Ersten Weltkrieg: „Marx sieht die Geschichte wirklich ‚organizistisch', d. h. nicht im Sinne einer Spenglerschen Übertragung biologischer Analogien auf die Theorie der Geschichte, sondern im Sinne der romantischen Auffassung des ‚Organismus', wie sie, in Kants ‚Kritik der Urteilskraft', in Goethes Metamorphosenlehre und in Schellings früher Naturphilosophie begründet, das ganze Hegelsche System durchwebt ... Die Geschichte ‚strebte' für ihn zur ‚Reife', zur ‚Gestalt'; die ‚bisherige Geschichte war für ihn nur der Wachstumsprozeß, den er im Hinblick auf das mögliche Ziel' zu ‚verstehen' trachtete" (E. Lewalter, 1930). Aber auch als Anwalt des Proletariats kam Marx ziemlich spät. Wie Ernst Benz zeigte, hatte der katholische Sozialphilosoph Franz v. Baader, schon vor Marx, die eigentümliche soziologische Lage und Gefahr des Proletariats ungemein deutlich erkannt und beschrieben.

Franz v. Baader

Die Frage, von der Benz ausgeht, ist: „War es denn eigentlich wirklich nötig, daß sich der abendländische Sozialismus in eine antichristliche und antikirchliche Richtung hineinentwikkelte?“ Er zeigt dann, daß dies eigentlich die unwahrscheinlichste und widersinnigste Entwicklung war. Was die Erkenntnis des neuen sozialen Problems im 19. Jahrhundert, das Proletariat und den Atheismus anbelangt, so hat der Philosoph und Sozialtheoretiker Franz v. Baader rund 15 Jahre vor dem Kommunistischen Manifest die wesentlichen Bestimmungsstücke des neuen Phänomens völlig in der Hand gehabt:

„Baader ist der erste Sozialtheoretiker des 19. Jahrhunderts auf deutschem Boden gewesen, der sich im Anschluß an die Pariser Revolution von 1830 mit dem Proletariat und mit der durch die Entstehung des modernen Industriearbeiterstandes geschaffenen sozialen Fragen vom kirchlich-christlichen Standpunkt aus eingehend beschäftigt hat, der mit einer erstaunlichen Hellsicht alle Gefahren und alle eventuell drohenden Fehlentwicklungen der sozialen Frage und alle latenten Möglichkeiten einer zukünftigen Revolutionierung der europäischen Gesellschaft erkannt hat... Er hat die Gefahr vorhergesehen, daß das Proletariat zum Opfer einer materialistischen revolutionären Weltanschauung werden könnte, und hat rechtzeitig die Kirche aufgefordert..., diejenigen Institutionen zu schaffen, die dazu notwendig sind, um dieser neuen sozialen Verpflichtung gerecht zu werden.“

1835 erschien Baaders Abhandlung: „Über das dermalige Mißverhältnis der Vermögenslosen oder Proletairs zu den Vermögen besitzenden Classen der Societät in Betreff ihres Auskommens sowohl in materieller als intellektueller Hinsicht aus dem Standpunkte des Rechts betrachtet.“ In dieser Schrift führt (nach Benz) Baader erstens den Begriff des Proletairs in die deutsche Sprache erstmals ein, lenkt die Aufmerksamkeit auf den rechtlichen (und nicht bloß karitativen) Kern des Problems und weist drittens auch schon auf das gesinnungsmäßig-geistige Problem der neuen Schicht hin. Baader lehnt die soziale Revolution scharf ab. In denkbar klarer Vorwegnahme der sozialen Spannungen und Kräfte betont er aber die große Gefahr revolutionärer Bewegungen. Er sieht ungemein deutlich den Charakter solcher Revolutionen: „... daß besonders in den neueren Zeiten dieser Revolutionismus sich gewissermaßen von seinem früheren politischen auf den socialen im engeren Sinne, eben in diese Volksclasse gezogen hat“.

Baader erfindet buchstäblich die sozialen Kategorien, die 15

Jahre später von Marx verwendet und diesem als erstem zugeschrieben werden. Zum Beispiel schreibt Baader: „Wie oft habe ich ... den meetings und associations der Fabrikherrn beigewohnt, welche alle mit der Festsetzung eines Maximums für die Arbeitslöhne und eines Minimums für die Verkaufspreise endeten, somit um nichts besser als Conspirationen in bezug auf die Proletairs waren, deren Lohn sie nemlich beständig tief unter dem natürlichen Werth und Preis ihrer Waare (nemlich ihrer Arbeit) hielten."

In der Phänomenbeschreibung und Diagnose stimmen Baader und Marx überein, nicht in der Wahl der Mittel zur Behebung der Mißstände; denn Baader sieht in der Revolution die große Gefahr für die europäische Gesellschaft und sinnt unablässig auf Mittel und Wege, sie unnötig zu machen.

Auch die Ideologienenthüllung, die methodische Relativierung eines geistigen Standortes durch Aufweis seiner sozialen Bedingtheit, ist keineswegs allein die Leistung marxistischer Soziologie. Ob man es nun Psychologismus oder Milieutheorie nennt, das 19. Jahrhundert brachte viele Versuche dieser Art hervor. Zum Beispiel hat Nietzsche auch zahlreiche Ideologien der bürgerlichen Gesellschaft zerlegt, und sein stilisiert geistig-aristokratischer Haß war manchmal sicher scharfsichtiger als der ebenfalls stilisiert proletarische Haß der Salon-Marxisten. Im Gegensatz zu Marx hat Nietzsche die Wahrheit nicht bei einer bestimmten sozialen Klasse verankert, sondern glaubte, zumindest in seiner mittleren Periode, ein Wahrheitskriterium in der existentiellen Bewährung der Persönlichkeit zu finden. Wer die Werke Nietzsches kennt, wird kaum bestreiten, daß die bürgerliche Gesellschaft (in sich natürlich keine Einheit, sondern eine Abfolge verschiedener bürgerlicher Typengruppen) reichen Anlaß zur „Ideologienenthüllung" bot; nur war es keineswegs notwendig, den proletarischen Standort einzunehmen, um die Widersprüche zu sehen. Man mußte lediglich „anders" sein als die Gesellschaft.

Ein paar Worte müssen hier schon über die Begriffe „Sozialismus" und „Kommunismus" gesagt werden. Es liegt in seiner Natur, daß die aus dem Marxismus stammende Soziologie sich kaum als objektives System wissenschaftlicher Phänomenbeschreibung herausarbeiten läßt. Sie ist vorweg politisch-soziales Aktionsprogramm, und es entspricht gerade der eigentlichen

Theorie des Marxismus, daß sie gar nichts anderes sein kann und will: ihre Richtigkeit, d.h. ihr Wahrheitsanspruch, ist essentiell mit der sozialen und politischen Stoßrichtung des Proletariats (so wie man es eben im 19. Jahrhundert verstand; in Wirklichkeit hat es sich später ganz anders entwickelt) verknüpft.

Lorenz v. Stein, der an sich bürgerliche, aber mit den französischen Sozialisten in Verbindung stehende Soziologe, der Hegel und westlichen Positivismus – ähnlich Marx – in seiner Arbeit vereinte, gab folgende Definition: „daß der Sozialismus ausschließlich durch die Gewalt der Wahrheiten, die er aufstellte, eine neue Gesellschaft bilden, der Kommunismus durch die Gewalt der Masse, ja durch Revolution und Verbrechen die bestehende Gewalt umstürzen wolle". Der Freund von Marx, Friedrich Engels, hat, nach Steinbüchel, „niemals geschieden zwischen Sozialismus und Kommunismus, zwischen dem nur philosophischen Kommunismus, dieser müßig-wirkungslosen Bürgerideologie, und dem revolutionären Tatkommunismus der Handwerker, der Proletarier ..."

Es ist dieser Gesichtspunkt der Praxis, und damit der Parteitaktik, an dem sich gegebenenfalls auch die soziologische Theorie der Marxisten stets orientieren und damit ändern wird.

Bevor wir zu Marx und Engels kommen, ist aber ausführlicher auf Lorenz v. Stein einzugehen, der eindeutig bereits vor Marx die „soziale Frage", das Problem der Arbeiterklasse, der Klassengebundenheit und des Kapitals in der Industriegesellschaft erkannte und klar formulierte.

Lorenz v. Stein

Er wurde 1815 zu Barby bei Eckernförde geboren und starb 1890 in Weidlingen bei Wien. Stein studierte in Kiel, Jena und Berlin Rechtswissenschaft, wurde 1846 ao. Professor in Kiel, aber 1851 wegen seiner Stellungnahme für die Rechte der schleswig-holsteinischen Herzogtümer entlassen, seit 1855 war er Professor für Nationalökonomie in Wien; er schrieb u.a.: „Der Sozialismus und Kommunismus des heutigen Frankreich", 1842 (3. Aufl. 1850 in 3 Bdn. unter dem Titel „Geschichte der sozialen Bewegung in Frankreich von 1789 bis auf unsere Zeit"), „System der Staatswissenschaft" (Bd. 1, 1852,

Bd. 2, 1856), „Lehrbuch der Volkswirtschaft" (1858), „Gegenwart und Zukunft der Rechts- und Staatswissenschaften Deutschlands" (1876).

Stein kommt zwar, geistesgeschichtlich gesehen, noch von Hegel her. Dessen Philosophie wie auch die Historische Schule ließ er jedoch bald hinter sich zurück. Auf Stein wirkte bereits der französische Positivismus. Saint-Simon, Auguste Comte drängten ihn in Richtung der eigentlichen Gesellschaftswissenschaft. Den Terminus „Soziologie" gebrauchte Stein zwar nie, aber er spricht häufig von einer „Gesellschaftswissenschaft". Stein sah aber auch schon eine Unzahl von spezifischen soziologischen Phänomenen, wie z. B. das Wesen politischer Klubs, die Typen der Herrschaft und Klassenkonflikte. Marx übernahm sehr wahrscheinlich von Stein die Begriffe „Proletariat" und „Klasse", bezogen auf die Entwicklung der kapitalistischen Gesellschaft.

Im Rückblick auf die Geistesgeschichte des letzten Jahrhunderts mutet es merkwürdig an, daß Lorenz v. Stein heute so selten erwähnt wird. Im Gegensatz zu vielen deutschen Soziologen und Gesellschaftskritikern gibt es von seinen Schriften auch keine englische Übersetzung.

Zu seinen Lebzeiten paßte er nicht ins geistige Klima der bürgerlichen Welt, die seine Alternative von sozialer Reform oder Revolution als übertriebene Kritik empfand. Aber sein Bemühen um eine im Grunde nichtsozialistische, objektive Gesellschaftswissenschaft fand auch bei den Marxisten keinen Anklang.

Im Stile Comtes will Stein die Gesetze der Gesellschaft genau nach ihren inneren Bewegungen erforschen, um damit den sozialen Krisen steuern zu können. Da Stein die soziale Krise über Staatsintervention gelöst sehen will, könnte man ihn als Staatssozialisten bezeichnen.

In dem soziologischen Erstlingswerk Steins „Der Sozialismus und Kommunismus des heutigen Frankreich" findet sich ein deutlicher Ansatz zu einer Soziologie des Wissens. Neben Marx muß Stein zu den Gesellschaftswissenschaftlern gezählt werden, die aus den arbeitspsychologischen Problemen bereits der ersten Jahrhunderthälfte die Fragestellung der Wissenssoziologie entwickelten:

„Das Leben jedes einzelnen ... ist ein fortwährender Kampf der Persönlichkeit mit dieser äußeren Welt, in welchem die erstere die letztere zu unterwerfen trachtet, während die letztere fortwährend von ihr sich abzulösen strebt. Die Tätigkeit der Persönlichkeit, welche auf diese Weise das gegenständliche Dasein erfaßt und es für das Bedürfnis und den Genuß bereitet, ist, sowie sie eine geordnete und planmäßige wird, die Arbeit. Das Erarbeitete, indem es durch die Arbeit fähig gemacht ist, dem Bedürfnis und dem Genusse zu dienen, ist das Gut..."

Die Bestimmung des Menschen zwinge auch die Arbeit der Menschen zur Einheit. Diese Einheit ist nun nach Stein ebenso selbständig und gewaltig wie die des Willens, die im Staat auftritt:

„Jedes Gut, von der einzelnen Persönlichkeit erarbeitet, gehört ihr und ihrem Leben, identifiziert sich mit derselben und wird mithin unverletzlich wie sie selber. Diese Unverletzlichkeit des Gutes ist das Recht; das durch Recht mit der Persönlichkeit zu einem unverletzlichen Körper zusammengefaßte Gut ist das Eigentum...

Das Recht macht daher aus dem Eigentum gleichsam eine isolierte Welt für sich; im Güterleben bildet jedes Eigentum ein selbständiges Atom, dessen Existenz und Bewegung allein auf dem Willen des Eigentümers beruht.

Allein es gibt etwas im Eigentum, was über die Grenzen desselben hinausgeht; das ist das Bedürfnis des einzelnen teils nach dem Gute, teils nach der Arbeit des einzelnen...

Das besondere Gut, als Eigentum des einzelnen, zwingt ihn... seine besten Kräfte der Bearbeitung dieses Gutes zuzuwenden. Die Verwertung desselben wird zur Lebensaufgabe des einzelnen; sie bemächtigt sich seiner Individualität und identifiziert sie bis zu einem gewissen Grade gänzlich mit der besonderen durch diese Lebensaufgabe geforderten Tätigkeit. Es ist eine der beachtenswertesten Erscheinungen, daß die natürlichen Objekte, die der Mensch mit seiner Arbeit bezwingt auf seinem Dienste, fast ebensoviel Einfluß auf ihn äußern, als er auf sie hat... Wie verschieden ist nicht die ganze Anschauungsweise irdischer Dinge, je nachdem die Beschäftigung eine verschiedene ist? Der Landmann, der Städter, der Nomade, der Arbeiter, der Aufseher, der Gelehrte, der Künstler, wie ganz anders betrachtet jeder von ihnen die Welt? Wie verschieden ist das, was er in ihr sucht, von ihr fordert, in ihr entbehrt, von ihr genießt. Wie verschieden die Kraft, die Kenntnis, die Arbeit, die bei jedem von ihnen vorhanden sein muß? Und doch ist sein individuelles Verhalten nicht aus seiner Individualität, sondern aus der Eigentümlichkeit des Gutes entsprungen, dessen wirtschaftlicher Verwaltung sein Leben gewidmet ist. ... Wenn nun aber zweitens das Gut die äußere Vollendung der Persönlichkeit enthält und doch als vereinzeltes im Eigentume erscheint, so muß auch das Maß, in welchem der einzelne Güter besitzt, in einem bedingenden Verhältnis zu der Entwicklung der Persönlichkeit stehen. Das größere Maß des Besitzes muß demnach ein größeres Maß dieser Entwicklung, das geringere ein geringeres erzeugen. Es ist wahr, daß einzelne machtvolle Persönlichkeiten stets diesen Grundsatz für sich aufheben werden; allein der Regel nach wird der Besitz durch die Verschiedenheit seines Umfanges auch eine Verschiedenheit der individuellen Entwicklung bedingen.

In diesen Sätzen liegt nun die Brücke zwischen dem bloßen Güterleben und dem Leben der Persönlichkeit. Schon hier erscheint das letztere bedingt und gestaltet durch das erstere ... Allein die Gewalt, welche das Gut über die Persönlichkeit hat, ist damit nicht erschöpft."

Die Rolle des einzelnen in der arbeitsteiligen Gesellschaft, je spezialisierter, desto mehr, bestimmt also für Stein das ganze Wesen seiner Persönlichkeit, aber außerdem auch den Rang seiner Persönlichkeit, verglichen mit allen anderen:

„Indem nämlich die Lebensaufgabe des einzelnen in der Güterbewegung seine Individualität der bestimmten Arbeit mehr oder weniger, aber immer bis zu einem nicht geringen Grade unterordnet, macht sie ihn zwar tauglicher zur Erreichung seines besonderen Zweckes, aber auch weniger tauglich für jeden anderen. Sie fesselt ihn daher an diese bestimmte Aufgabe; sie macht es ihm schwer oder gar nicht möglich, zu einer anderen, wenn auch edleren und vorteilhafteren, überzugehen. Da nun dies Güterleben das Leben der Persönlichkeiten überall umfaßt, so wird natürlich die Stellung, welche dem einzelnen durch jene Lebensaufgabe angewiesen ist, zur Stellung seiner Persönlichkeit unter den übrigen Persönlichkeiten überhaupt ... Allerdings scheint es dem einzelnen vollkommen freizustehen, welchen Gang seiner inneren und äußeren Entwicklung er einschlagen will; allein die Betätigung dieser Entwicklung, seine Lebensbeschäftigung selber, bestimmt ihn und hält ihn auf der Bahn fest, die er einmal betreten hat. Er wird, weil er ein andres schlechter versteht und tut und mithin durch dieses andere weniger erwirbt, es nicht zu seiner Lebensaufgabe machen, wenn er es auch lieber täte. Er ist nicht mehr Herr seiner irdischen Laufbahn; sie ist Herr über ihn..."

Für Stein, der bereits eine absolute Klassengebundenheit annimmt, „stehen... die einzelnen Beschäftigungen in einem organischen Verhältnis zueinander... Indem nun das Individuum mit seiner Lebenstätigkeit eine bestimmte Aufgabe hat, tritt es durch dieselbe fast unwiderruflich an einer ganz bestimmten Stelle in diesen Organismus hinein; und diese Stelle kann es nicht wieder verlassen. So wird, und hier erscheinen die Gesetze des Güterlebens zuerst als bedingend für die Ordnung der freien Persönlichkeiten, der Organismus der freien Güterbewegung zur Ordnung der menschlichen Gemeinschaft...

Jeder einzelne ist... von dem Erwerb der Güter in seiner persönlichen Entwicklung abhängig. Nun bildet nach dem Gesetz der Güterbewegung stets ein Teil und Glied derselben die Voraussetzung für den andern. Mithin macht dies Gesetz auch jeden einzelnen in seinem Güterleben und also auch in seiner Entwicklung von demjenigen abhängig, was die Voraussetzung seines Erwerbes durch seine Lebenstätigkeit bildet. Da nun aber alle Güter im Eigentum sind und das Eigentum das Gebiet des freien persönlichen Einzelwillens bildet, so ist auch dasjenige, was die Voraussetzung des Erwerbes des einen bildet, im Eigentume und mithin in dem Willen des anderen. Folglich nun wird durch jenes Gesetz die eine Persönlichkeit abhängig von der anderen, die Voraussetzung ihres Erwerbes besitzenden. Jene Ordnung der menschlichen Gemeinschaft ist daher, indem sie auf den Güterbewegungen beruht, die Ordnung der Abhängigkeit der einen von der anderen in der menschlichen Gemeinschaft."

Der antikapitalistische Grundgedanke und Klassenbegriff Steins wird deutlich, wenn man seinen etwas eigentümlichen Begriff „Stoff" durch den Begriff „Kapital" ersetzt:

„Nun liegt es in dem unabänderlichen Wesen von Stoff, Arbeit und Bedürfnis, daß die Arbeit den Stoff voraussetzt, um überhaupt dazusein und für das Bedürfnis Wert zu haben. Und hier nun ergibt sich das Axiom, von welchem jene ganze Ordnung ihre eigentliche und wahre Gestalt bekommt. Jeder einzelne hat Arbeitskraft; aber der Stoff ist ein begrenzter. Da nun der Stoff im Eigentum ist, so folgt, daß seine Beschränktheit nur für einzelne einen bestimmten Anteil und einen solchen auch nur für einen bestimmten Teil der Gemeinschaft möglich macht. Diejenigen nun, welche auf diese Weise den Stoff der Arbeit als Eigentum besitzen, besitzen damit die allgemeine Voraussetzung des Erwerbs für alle, welche kein Eigentum haben. Da nun die letzteren in der Verwertung ihrer Arbeitskraft von der Voraussetzung, dem Stoffe, abhängig sind und dieser Stoff Eigentum ist, das sie ohne Willen der Eigentümer nicht bearbeiten können, so ergibt sich, daß alle diejenigen, welche nichts als Arbeitskraft haben, von denjenigen abhängig sind, welche ein Eigentum besitzen.

Mithin ist die Ordnung der menschlichen Gemeinschaft... stets und unabänderlich die Ordnung der Abhängigkeit derer, welche nicht besitzen, von denen, welche besitzen. Das sind die beiden großen Klassen, die unbedingt in der Gemeinschaft erscheinen und deren Existenz durch keine Bewegung der Geschichte und durch keine Theorie hat aufgehoben werden können. Solange das Erzeugnis ein Gut und das Erarbeitete ein Eigentum bleibt, so lange wird jener Gegensatz allein die beiden großen Pole der menschlichen Gemeinschaft bilden, deren Annäherung und Abstoßung das Leben dieser Gemeinschaft sein wird...

Jene beiden großen Massen der Besitzenden und Nichtbesitzenden... sind nicht zwei ungeordnete Teile der Gemeinschaft; jeder für sich bildet wieder einen selbständigen Organismus."

Aus der Soziologie der Arbeit über das Zwischenglied „Familie" entwickelt Stein dann den Begriff der Gesellschaft:

„Die Arbeit hat noch mehr als der Besitz die Kraft, die an sich freie Individualität unter ihre Eigentümlichkeit zu beugen... Der Begriff der Arbeit enthält zwei Momente; die geistige und die materielle Tätigkeit des Menschen. Je nachdem die erste oder die zweite vorherrscht, unterscheiden wir die freie und die mechanische Arbeit; jene die edlere und einträglichere, diese die minder edle und weniger einträgliche. Die Natur dieser Arbeiten ordnet die mechanische Arbeit zuerst der freien unter; dann aber ist die Leistung der Arbeit wiederum innerhalb der arbeitenden Tätigkeit eine selbständige Aufgabe, die sich die wirkliche Arbeit aller Art ihrerseits unterordnet. So entsteht in der Klasse der Gemeinschaft, welche als die nichtbesitzende auf die Arbeit angewiesen ist, durch die Arbeit selber eine Ordnung der Persönlichkeiten, die nicht minder groß und wichtig ist als die der Besitzenden.

Nun entfalten sich hier eine Reihe von Verhältnissen, welche das Ineinandergreifen nicht bloß der einzelnen Gruppen jener beiden Klassen, sondern beider Klassen selber in lebendiger Bewegung zeigen und stets neue Verhältnisse erzeugen. Das wichtigste unter ihnen ist dasjenige, nach welchem bestimmte Arten von Arbeitern bestimmten Arten von Besitzungen angehören ... Die Abhängigkeit der Arbeit vom Stoffe wird damit zur Abhängigkeit des Arbeitenden von dem einzelnen Besitzenden; der letztere nimmt gleichsam die Persönlichkeit des ersteren in sich auf, und obwohl er ihn beherrscht, verbindet ihn doch das Bedürfnis mit dem Abhängigen; aus dem anfänglich rein äußeren Verhältnis wird ein inneres, und neue Namen, neue Tatsachen im Leben der Gemeinschaft, neue Begriffe entstehen. Dies Verhältnis ist zunächst im Gebiete des Grundbesitzes äußerlich das des Herrn und des Dieners, das Leutewesen ... Bei dem Fabrikwesen entsteht dies alles nicht, weil hier nicht der persönliche Herr seinen Diener, sondern die über individueller Willkür stehende strenge Ordnung der Arbeit den Arbeiter beherrscht. Noch anders ist es im sogenannten Geschäftsleben, wo der Arbeitende mehr Gehilfe und Mandatar als ein Diener des Herrn ist. Diese verschiedenen Formen des Zusammenlebens nun sind es, in welchen der allgemeine Grundsatz der Abhängigkeit der Nichtbesitzenden von den Besitzenden praktisch zur Erscheinung kommt."

Ungemein „modern" mutet es dann an, wie Stein die soziale Stellung der Familie aus dem Beruf des Vaters ableitet und die damit verbundenen Bildungsmöglichkeiten der Kinder zeichnet. Die „schichtspezifische Sozialisation", ein Hauptproblem der Soziologie um die Mitte des 20. Jh., ist hier klar erkannt:

„Mitten in jener Ordnung besteht noch eine andere Macht, deren Bestimmung man bisher fast allein im Gebiete der Moral und des Rechts gesucht hat ... Diese Macht ist die Familie. Die Familie erzieht die Kinder; und da die Stellung der Familie durch die des Mannes gegeben ist, so gibt jene den Kindern die Erziehung, welche durch die Stellung des Familienhauptes möglich, und wir möchten sagen, natürlich wird. Die Voraussetzungen für die Erreichung eines Platzes in jener Ordnung der Gemeinschaft müssen dem einzelnen durch die Familie gegeben werden; diese Voraussetzungen sind Besitz und geistige oder körperliche Arbeitskraft; es ist natürlich, daß eine Familie ihren Kindern nur das Maß und die Art dieser Voraussetzungen mitgeben kann, welche sie selber besitzt. So reicht die Lage der Familie weit über das Leben des einzelnen Familienhauptes hinaus; sie beherrscht auch noch die Zukunft ihrer Nachkommen, und wenngleich einzelne wohl die Lebenssphäre durchbrechen, welche ihnen ihre Familie teils unwillkürlich, teils gezwungen, teils mit gutem Bewußtsein vorschreibt, so ist in der Regel die Stellung und das Los der einen Familie entscheidend für das derjenigen Familien, welche aus ihr hervorgehen.

... Auf diese Weise nun wird die Ordnung des Güterlebens zu einer Ordnung der Menschen und ihrer Tätigkeit, und diese wiederum durch die Familie zu einer dauernden Ordnung der Geschlechter. Die Gemeinschaft der Menschen, die in der Persönlichkeit des Staates die organische Einheit ihres Willens findet, hat in jener Ordnung eine ebenso feste, ebenso großartige, ebenso mächtige organische Einheit ihres Lebens; und diese organische Einheit des menschlichen Lebens, durch die Verteilung der Güter bedingt, durch den Organismus der Arbeit geregelt, durch das System der Bedürfnisse in Bewegung gesetzt und durch die Familie und ihr Recht an bestimmte Geschlechter dauernd gebunden, ist die menschliche Gesellschaft. Alle jene Momente haben mithin erst im Begriffe der Gesellschaft ihren Ausgangspunkt; keine derselben genügt an sich, um das menschliche Leben zu verstehen, denn keins umfaßt ganz das Individuum mit seinem ganzen Leben. Erst in dem Begriffe der Gesellschaft ist das konkrete Dasein der einzelnen Persönlichkeit wirklich erfüllt; erst durch den Begriff der Gesellschaft erhalten die Begriffe und Wissenschaften von den Gütern, von der Arbeit, von der Einzel- und Volkswirtschaft, von der Familie und dem Recht ihren höchsten gemeinschaftlichen Gesichtspunkt ..."

Karl Marx und Friedrich Engels

Karl Marx kam von der Jurisprudenz und Philosophie (er gehörte zu den sog. Junghegelianern) über den Journalismus zur Sozialökonomik. Sein Verhältnis zu dieser Wissenschaft – man sollte ihn weniger als eigentlichen Soziologen bezeichnen – entsprang dem oppositionellen Ethos des ungebundenen Publizisten. Marx wurde 1818 in Trier geboren, er starb 1883 in London.

Sohn eines Rechtsanwalts, studierte Marx 1835–1841 Staatswissenschaften, Geschichte und Philosophie in Bonn und Berlin, war dann 1842–1843 Redakteur der „Rheinischen Zeitung“, danach als Emigrant in Paris, Brüssel und London für die Arbeiterbewegung agitierend und organisierend tätig. Marx verfaßte 1848 mit Engels das „Kommunistische Manifest“; er schrieb u.a.: „Misère de la philosophie“ (1847), „Zur Kritik der politischen Ökonomie“ (1859), „Das Kapital“ (Bd. 1, 1867, Bd. 2 und 3 von Engels hrsg. 1885 und 1894).

Persönliche Anteilnahme an den frühen Arbeiterbewegungen, naturwissenschaftlicher Positivismus, Teile der englischen klassischen Nationalökonomie und die Lehren älterer französischer und englischer Sozialisten bilden den Boden, auf dem sich die Marxsche Lehre entwickelte. Ihr Kern ist der in Umkehrung der Hegelschen Philosophie entwickelte dialektische Materialismus, eine Geschichtsauffassung, wonach den ökonomischen Elementen in der Geschichte absoluter Vorrang zukommt; in Form dialektischer Prozesse nimmt die Geschichte in einander folgenden Klassenkämpfen notwendig den Weg zur Herrschaft des Proletariats. In seiner „Kritik der politischen Ökonomie“ (1859) beschrieb Marx die Entwicklung von Wirtschaft und Gesellschaft:

„In Gesellschaft produzierende Individuen – daher gesellschaftlich bestimmte Produktion der Individuen ist ... der Ausgangspunkt. Der einzelne und vereinzelte Jäger und Fischer, womit Smith und Ricardo beginnen, gehört zu den phantasielosen Einbildungen des 18. Jahrhunderts. Es sind Robinsonaden, die keineswegs, wie Kulturhistoriker sich einbilden, bloß einen Rückschlag gegen Überverfeinerung und Rückkehr zu einem mißverstandenen Naturleben ausdrücken. Sowenig wie Rousseaus „Contrat social“, der die von Natur independenten Subjekte durch Vertrag in Verhältnis und Verbindung bringt, auf solchem Naturalismus beruht. Dies ist der Schein, und nur der ästhetische Schein der kleinen und großen Robinsonaden. Es ist vielmehr Vorwegnahme der „bürgerlichen Gesellschaft“, die seit dem 16. Jahrhundert sich vorbereitete und im 18. Jahrhundert Riesenschritte zu ihrer Reife machte. In dieser Gesellschaft der freien Konkurrenz erscheint der einzelne losgelöst von den Naturbanden usw., die ihn in früheren Geschichtsepochen zum Zubehör eines bestimmten, begrenzten Konglomerats machen. Den Propheten des 18. Jahrhunderts, auf deren Schultern Smith und Ricardo noch ganz stehen, schwebt dieses Individuum des 18. Jahrhunderts – das Produkt einerseits der Auflösung der feudalen Gesellschaftsformen, andererseits der seit dem 16. Jahrhundert neu entwickelten Produktionskräfte – als Ideal vor, dessen Existenz eine vergangene sei. Nicht als ein historisches Resultat, sondern als Ausgangspunkt der Geschichte.

Weil dies Individuum als das Naturgemäße erschien und ihrer Vorstellung von der menschlichen Natur entsprach, erschien es nicht als ein geschichtlich entstehendes, sondern von der Natur gesetztes. Diese Täuschung ist jeder neuen Epoche bisher eigen gewesen... Je tiefer wir in der Geschichte zurückgehen, je mehr erscheint das Individuum und daher auch das produzierende Individuum als unselbständig, einem größeren Ganzen angehörig: erst noch in ganz natürlicher Weise in der Familie und in der zum Stamme erweiterten Familie; später in dem aus dem Gegensatz und der Verschmelzung der Stämme hervorgehenden Gemeinwesen in seinen verschiedenen Formen. Erst im 18. Jahrhundert, in der bürgerlichen „Gesellschaft", treten die verschiedenen Formen der gesellschaftlichen Zusammenhänge dem einzelnen als bloßes Mittel für seine Privatzwecke entgegen, als äußerliche Notwendigkeit. Aber die Epoche, die diesen Standpunkt erzeugt, den der vereinzelten einzelnen, ist gerade die der bisher entwickeltsten gesellschaftlichen (allgemeinen von diesem Standpunkte aus) Verhältnisse. Der Mensch ist im wörtlichen Sinne ein Zoon politikon, nicht nur ein geselliges Tier, das nur in der Gesellschaft sich vereinzeln kann. Die Produktion der vereinzelten einzelnen außerhalb der Gesellschaft – eine Rarität, die einem durch Zufall in die Wildnis verschlagenen Zivilisierten wohl vorkommen kann, der in sich dynamisch schon die Gesellschaftskräfte besaß – ist ein ebensolches Unding als Sprachentwicklung ohne zusammenlebende und zusammensprechende Individuen...

... Wenn also von Produktion die Rede ist, ist immer die Rede von Produktion auf einer bestimmten gesellschaftlichen Entwicklungsstufe – von der Produktion gesellschaftlicher Individuen. Es könnte daher scheinen, daß, um überhaupt von der Produktion zu sprechen, wir entweder den geschichtlichen Entwicklungsprozeß in seinen verschiedenen Phasen verfolgen müssen oder von vornherein erklären, daß wir es mit einer bestimmten historischen Epoche zu tun haben, also zum Beispiel mit der modernen bürgerlichen Produktion, die in der Tat unser eigentliches Thema ist. Allein alle Epochen der Produktion haben gewisse Merkmale gemein, gemeinsame Bestimmungen. Die Produktion im allgemeinen ist eine Abstraktion, aber eine verständige Abstraktion, sofern sie wirklich das Gemeinsame hervorhebt, fixiert und uns daher die Wiederholung erspart. Indes dies Allgemeine oder das durch Vergleichung herausgesonderte Gemeinsame ist selbst ein vielfach Gegliedertes, in verschiedene Bestimmungen Auseinanderfahrendes. Einiges davon gehört allen Epochen, anderes ist einigen gemeinsam. Manche Bestimmungen werden der modernsten Epoche wie der ältesten gemeinsam sein. Es wird sich keine Produktion ohne sie denken lassen; allein wenn die entwickeltsten Sprachen Gesetze und Bestimmungen mit den unentwickeltsten gemein haben, so ist es gerade das, was ihre Entwicklung ausmacht, der Unterschied von diesem Allgemeinen und Gemeinsamen. Die Bestimmungen, die für die Produktion überhaupt gelten, müssen gerade gesondert werden, damit nicht die wesentliche Verschiedenheit über der Einheit vergessen werde, die schon daraus hervorgeht, daß das Subjekt, die Menschheit, und das Objekt, die Natur, dieselben sind. In diesem Vergessen liegt zum Beispiel die ganze Weisheit der modernen Ökonomen, die die Ewigkeit und Harmonie der bestehenden sozialen Verhältnisse beweisen, zum Beispiel ausführen, keine Produktion sei möglich ohne ein Produktionsinstrument, wäre dies Instrument auch nur die Hand, keine möglich ohne vergangene aufgehäufte Arbeit, wäre diese Arbeit auch nur die Fertigkeit, die in der Hand des Wilden durch wiederholte Übung angesammelt und konzentriert ist. Das Kapital ist unter anderem auch Produktionsinstrument, auch vergangene, objektivierte Arbeit. Also ist das Kapital ein allgemeines ewiges Naturverhältnis, das heißt, wenn ich gerade das Spezifische weglasse, was ‚Produktionsinstrument', ‚aufgehäufte Arbeit' erst zu Kapital macht..."

Eine der folgenreichsten Thesen von Marx handelt von den „gesellschaftlichen Bewußtseinsformen". Die wirtschaftlichen, die ökonomischen Verhältnisse, der sogenannte Unterbau einer Gesellschaft, bedinge und bestimme, was im Bewußtsein der Menschen vor sich gehen kann:

„In der gesellschaftlichen Produktion ihres Lebens gehen die Menschen bestimmte, notwendige, von ihrem Willen unabhängige Verhältnisse ein, Produktionsverhältnisse, die einer bestimmten Entwicklungsstufe ihrer materiellen Produktivkräfte entsprechen. Die Gesamtheit dieser Produktionsverhältnisse bildet die ökonomische Struktur der Gesellschaft, die reale Basis, worauf sich ein juristischer und politischer Überbau erhebt und welcher bestimmte gesellschaftliche Bewußtseinsformen entsprechen. Die Produktionsweise des materiellen Lebens bedingt den sozialen, politischen und geistigen Lebensprozeß überhaupt. Es ist nicht das Bewußtsein der Menschen, das ihr Sein, sondern umgekehrt ihr gesellschaftliches Sein, das ihr Bewußtsein bestimmt. Auf einer gewissen Stufe ihrer Entwicklung geraten die materiellen Produktivkräfte der Gesellschaft in Widerspruch mit den vorhandenen Produktionsverhältnissen oder, was nur ein juristischer Ausdruck dafür ist, mit den Eigentumsverhältnissen, innerhalb deren sie sich bisher bewegt hatten. Aus Entwicklungsformen der Produktivkräfte schlagen diese Verhältnisse in Fesseln derselben um. Es tritt dann eine Epoche sozialer Revolution ein. Mit der Veränderung der ökonomischen Grundlage wälzt sich der ganze ungeheure Überbau langsamer oder rascher um. In der Betrachtung solcher Umwälzungen muß man stets unterscheiden zwischen der materiellen naturwissenschaftlich treu zu konstatierenden Umwälzung in den ökonomischen Produktionsbedingungen und den juristischen, politischen, religiösen, künstlerischen oder philosophischen, kurz ideologischen Formen, worin sich die Menschen dieses Konflikts bewußt werden und ihn ausfechten. Sowenig man das, was ein Individuum ist, nach dem beurteilt, was es sich selbst dünkt, ebensowenig kann man eine solche Umwälzungsepoche aus ihrem Bewußtsein beurteilen, sondern muß vielmehr dies Bewußtsein aus den Widersprüchen des materiellen Lebens, aus dem vorhandenen Konflikt zwischen gesellschaftlichen Produktivkräften und Produktionsverhältnissen erklären."

Diese zentrale These von Marx kommentierte 1950 Carl Brinkmann wie folgt:

„Und an dieser äußersten Stelle ist dann zugleich der Punkt erreicht, wo der Materialismus des bewußtseinbestimmenden Seins selber seinen Charakter als mystische Formel enthüllt. Der große Feind zugleich Hegels und Marx', Vilfredo Pareto, dessen soziologisches Denken, von einem viel bewußteren Rationalismus herkommend, bei einem viel bewußteren Irrationalismus endete, hat das am richtigsten gesehen: Die Lehre von der Schaffung des gesellschaftlichen Geistes durch das gesellschaftliche ‚äußere' Sein, die Produktionsverhältnisse und Produktivkräfte, ist eine großartige Totalitätsforderung im Stil Hegels, aber in der Tat, wie Lenin immer wieder sagt, ‚ohne Gott und das Absolute' und daher auch ohne eigentliche Einsichtigkeit ihres Vollzuges … ‚Ohne Gott und das Absolute' war aus diesen Konstruktionen die Klammer herausgezogen, die sie zusammenhielt, es sei denn, daß ein neuer Glaube aus der vergöttlichten Natur, Wirtschaft, Technik eine neue Wertwelt sozusagen von unten her aufzubauen fähig sein würde."

Nach Marx geht eine Gesellschaftsformation nie unter: „bevor alle Produktivkräfte entwickelt sind, für die sie weit genug ist, und neue höhere Produktionsverhältnisse treten nie an die Stelle, bevor die materiellen Existenzbedingungen derselben im Schoß der alten Gesellschaft selbst ausgebrütet worden sind. Daher stellt sich die Menschheit immer nur Aufgaben, die sie lösen kann, denn genauer betrachtet, wird sich stets finden, daß die Aufgabe selbst nur entspringt, wo die materiellen Bedingungen ihrer Lösung schon vorhanden oder wenigstens im Prozeß ihres Werdens begriffen sind. In großen Umrissen können asiatische, antike, feudale und modern bürgerliche Produktionsweisen als progressive Epochen der ökonomischen Gesellschaftsformation bezeichnet werden. Die bürgerlichen Produktionsverhältnisse sind die letzte antagonistische Form des gesellschaftlichen Produktionsprozesses, antagonistisch nicht im Sinne von individuellem Antagonismus, sondern eines aus den gesellschaftlichen Lebensbedingungen der Individuen hervorwachsenden Antagonismus, aber die im Schoße der bürgerlichen Gesellschaft sich entwickelnden Produktivkräfte schaffen zugleich die materiellen Bedingungen zur Lösung dieses Antagonismus. Mit dieser Gesellschaftsformation schließt daher die Vorgeschichte der menschlichen Gesellschaft ab …"

Seit 1844 parallel mit dem Lebensweg von Karl Marx lief das Wirken seines Freundes Friedrich Engels (1820–1895). Engels hat vor allem als Popularisator der Marxschen Ideen gewirkt. Vielfach sind die Schriften der beiden auch so ineinandergewirkt, daß man sich heute noch nicht einig ist, auf welchen von beiden die einzelnen Partien kommen. Engels wurde 1820 in Barmen geboren, er starb 1895 in London. Er war Sohn eines rheinischen Textilfabrikanten. Engels schrieb u.a.: „Die Lage der arbeitenden Klasse in England“ (1845), „Die Entwicklung des Sozialismus von der Utopie zur Wissenschaft“ (1893).

Die Klassengesellschaft und ihre Zukunft stellte sich für Engels 1891 wie folgt dar:

„Die Besitzergreifung der sämtlichen Produktionsmittel durch die Gesellschaft hat, seit dem geschichtlichen Auftreten der kapitalistischen Produktionsweise, einzelnen wie ganzen Sekten öfters mehr oder weniger unklar als Zukunftsideal vorgeschwebt. Aber sie konnte … erst geschichtliche Notwendigkeit werden, als die tatsächlichen Bedingungen ihrer Durchführung vorhanden waren. Sie, wie jeder andre gesellschaftliche Fortschritt, wird ausführbar nicht durch die gewonnene Einsicht, daß das Dasein der Klassen der Gerechtigkeit, der Gleichheit etc. widerspricht, nicht durch den bloßen Willen, diese Klassen abzuschaffen, sondern durch gewisse neue ökonomische Bedingungen. Die Spaltung der Gesellschaft in … eine herrschende und eine unterdrückte Klasse war die notwendige Folge der früheren geringen Entwicklung der Produktion. Solange die gesellschaftliche Gesamtarbeit nur einen Ertrag liefert, der das zur notdürftigen Existenz aller Erforderliche nur um wenig übersteigt, solange also die Arbeit alle oder fast alle Zeit der großen Mehrzahl der Gesellschaftsglieder in Anspruch nimmt, so lange teilt sich diese Gesellschaft notwendig in Klassen. Neben der ausschließlich der Arbeit frönenden großen Mehrheit bildet sich eine von direkt-produktiver Arbeit befreite Klasse, die die gemeinsamen Angelegenheiten der Gesellschaft besorgt: Arbeitsleistung, Staatsgeschäfte, Justiz, Wissenschaften, Künste usw. Es ist also das Gesetz der Arbeitsteilung, das der Klassenteilung zugrunde liegt …

Aber wenn hiernach die Einteilung in Klassen eine gewisse geschichtliche Berechtigung hat, so hat sie eine solche doch nur für einen gegebenen Zeitraum, für gegebene gesellschaftliche Bedingungen. Sie gründet sich auf die Unzulänglichkeit der Produktion: sie wird weggefegt werden durch die volle Entfaltung der modernen Produktivkräfte. Und in der Tat hat die Abschaffung der gesellschaftlichen Klassen zur Voraussetzung einen geschichtlichen Entwicklungsgrad, auf dem das Bestehen nicht bloß dieser oder jener bestimmten herrschenden Klasse, sondern einer herrschenden Klasse überhaupt, also des Klassenunterschieds selbst, ein Anachronismus geworden, veraltet ist. Sie hat also zur Voraussetzung einen Höhegrad der Entwicklung der Produktion, auf dem Aneignung der Produktionsmittel und Produkte und damit der politischen Herrschaft, des Monopols der Bildung und der geistigen Leitung durch eine besondre Gesellschaftsklasse nicht nur überflüssig, sondern auch ökonomisch, politisch und intellektuell ein Hindernis der Entwicklung geworden ist. Dieser Punkt ist jetzt erreicht. Ist der politische und intellektuelle Bankrott der Bourgeoisie ihr selbst kaum noch ein Geheimnis, so wiederholt sich ihr ökonomischer Bankrott regelmäßig alle zehn Jahre. In jeder Krise erstickt die Gesellschaft unter der Wucht ihrer eignen, für sie unverwendbaren Produktivkräfte und Produkte und steht hilflos vor dem absurden Widerspruch, daß die Produzenten nichts zu konsumieren haben, weil es an Konsumenten fehlt. Die Expansionskraft der Produktionsmittel sprengt die Bande, die die kapitalistische Produktionsweise ihr angelegt ..."

Zunächst hat der Marxismus keine sehr prägnante Rolle in der *Soziologie*geschichte bis ins 20. Jahrhundert hinein gespielt. Eher die Reaktionen, die er unter den bürgerlichen Sozialwissenschaftlern hervorrief, seien es nun die Max Webers, Troeltschs oder Werner Sombarts und anderer, haben die Entwicklung der Soziologie entscheidend beeinflußt. Es war zum Beispiel erst nach dem Ersten Weltkrieg, auf dem Dritten Deutschen Soziologentag in Wien, daß der Marxist Max Adler, Professor der Soziologie in Wien, als anerkannter Vertreter einer sogenannten marxistischen Soziologie offiziell ins wissenschaftliche Gespräch eintreten konnte. Ein paar Sätze aus seiner Rede aus dem Jahr 1922 zeigen, wohin es die Soziologie der Marxisten, immerhin mehr als 70 Jahre nach dem Manifest, gebracht hatte. Bezeichnend ist auch die Empfindlichkeit Adlers:

„Ich bin mir bewußt, daß ... ein großer Teil der hier Versammelten der Meinung ist, nun spreche die Parteileidenschaft und nicht mehr die Wissenschaft ... Ich kann demgegenüber nur darauf hinweisen, daß diese bis zu einer unwissenschaftlichen Krankheit gesteigerte Denkweise so vieler Gelehrten eben den betrübenden Stand der Soziologie verschuldet hat, in welcher zwar jeden Augenblick ein neues System erscheint, zugleich aber alles steril geblieben ist, weil kaum einer der Systembildner sich die Mühe nimmt, von der Arbeit des Marxismus auf soziologischem Gebiete Notiz zu nehmen... Das eigentliche Problem der Soziologie liegt nicht in der Darstellung der Beziehungen des sozialen Lebens, sondern in der Aufdeckung der Gesetzmäßigkeit seiner Veränderungen. Nicht die Statik, sondern die Dynamik enthält das eigentliche Problem der Soziologie. Es ist nicht befremdlich, daß, weil diese Dynamik über die Formen der bürgerlichen Gesellschaft hinausführt, die marxistische Soziologie, welche diese Dynamik zu ihrem Hauptproblem gemacht hat, so unbeliebt... geworden ist... Der Marxismus kennt von Anfang an nur den vergesellschafteten Menschen, so daß alle Beziehungen zwischen Einzelmenschen schon in einem sie irgendwie verbindenden Milieu vor sich gehen und eine Beziehung eines Einzelmenschen zu einem außer ihm bestehenden sozialen Gebilde ganz unmöglich ist" (Verhandlungen des 3. Deutschen Soziologentags, 1923).

Die marxistische Soziologie kennzeichnet einmal der Nachdruck auf den Totalprozeß der Gesellschaft, die Entindividualisierung des menschlichen Daseins; zum zweiten der Wille zur Veränderung der Welt und damit die Ansicht, daß jeder konservierende Gedanke notwendig falsch ist, d.h. sich nicht mit dem Sein, den tatsächlichen sozialen Zuständen deckt. Daraus folgt der dritte Hauptpunkt, daß nämlich die geistigen Gebilde nur Spiegelungen des Seins der Menschen, im wesentlichen also der wirtschaftlichen Seinsverhältnisse seien. Ob Marx auch echte Rückwirkungen aus diesem ideologischen Überbau auf die wirtschaftlichen (Produktions-)Verhältnisse zugegeben hat, ist umstritten; manche seiner Interpreten nehmen dies vor allem beim jungen Marx an.

Die Soziologie im Übergang zum 20. Jahrhundert: Das Verstehen sozialen Handelns und sozialer Strukturen

Beiträge der Völker- und Sozialpsychologen zur Soziologie

In der zweiten Hälfte des 19. Jahrhunderts ist eine Erstarrung der ursprünglichen positiven Soziologie spürbar. Eine Reihe neuer Motive bereitet sich jedoch vor. So macht sich jetzt in zunehmender Stärke ein neuer Zweig der Sozialwissenschaft bemerkbar: Die Sozialpsychologie untersucht die Eigenart des seelischen Lebens beim Individuum innerhalb eines bestimmten sozialen Verbandes oder in einer bestimmten sozialen Situation. Man wendet sich der individuellen Psyche zu: Sie, und nicht der ganze Verband oder die soziale Schicht, interessiert. Das soziale Umfeld ist allein bedeutsam, soweit es beim einzelnen bestimmte Verhaltensweisen bedingt.

Der individualistische Ansatz dieser Sozialpsychologie wird besonders deutlich sichtbar im Falle Friedrich Nietzsches. So glänzend seine Analysen sind, so wichtig Nietzsche auch für die wissenschaftsgeschichtliche Atmosphäre war, aus der Paretos Werk entstand, so unzulänglich verstand er das Wesen der sozialen Strukturen und Gebilde. In seinen soziologischen Begriffen und Typen dominiert stets das Individuum. Die „Gesellschaft" selbst ist für ihn ein unwandelbarer, kaum differenzierbarer Komplex. Nietzsche bleibt seinen Lehrmeistern des 18. Jahrhunderts verhaftet, weil er ihren totalen Gesellschaftsbegriff – eben „Die Gesellschaft" schlechthin – übernimmt. Die für die Soziologie später dann so bedeutsame Wandlungsfähigkeit und Strukturmannigfaltigkeit der Gesellschaft bleibt für Nietzsche und andere Sozialpsychologen seines Stils unerfaßt. Von „der Gesellschaft" ist immer nur in dem Sinne die Rede, „was ein jeder in ihr tut". Sie bedeutet also lediglich das „Man" Heideggers.

Die Völker- und Sozialpsychologen dieser Zeit machten sich nicht klar, daß selbst eine so großartige Materialsammlung, wie der Cambridger Sozialanthropologe James G. Frazer (1854 bis 1941) sie in „The Golden Bought“ später sammelte, eine Kuriositätensammlung bleibt, solange man nicht jede sozialpsychologische „Einzelheit in ihrer“ jeweiligen besonderen kulturellen Konfiguration versteht. Es wird den Sozialanthropologen des 20. Jahrhunderts, vor allem seit den dreißiger Jahren, vorbehalten bleiben, ihre Wissenschaft in Richtung auf eine Strukturanalyse der verschiedenen Kulturen voranzutreiben. Im 19. Jahrhundert wird die organisierende Eigenlebendigkeit von Kultur bzw. Gesellschaft noch kaum beachtet. Die aufs „Ich“ blickenden Sozialpsychologen können keine größeren Strukturen und Gebilde erfassen. Die Einzelpsyche bleibt Hauptthema.

Die sogenannte Völkerpsychologie begründet und zur Wissenschaft ausgebaut zu haben ist das Verdienst von Moritz Lazarus (1824–1903); man rechnet ihn zur Psychologenschule Herbarts. Zusammen mit dem Sprachforscher H. Steinthal (1823–1899) gab Lazarus von 1859 bis 1890 die „Zeitschrift für Völkerpsychologie und Sprachwissenschaft“ heraus. Der organologische oder organismische Gesellschaftsbegriff spielt in dieser Völkerpsychologie eine große Rolle. Man nimmt eine Art Kollektivseele an, die mehr als die bloße Summe der einzelnen Seelen sein soll. Der einzelne sei aber nicht nur durch seine Zeitgenossen, sondern noch mehr durch verflossene Jahrhunderte und Jahrtausende bestimmt und von ihnen abhängig im Denken und Fühlen und Wollen. Dieser Gedanke hat auch stark auf Nietzsche gewirkt.

Nietzsche

Friedrich Nietzsches Beitrag zur Geschichte der eigentlichen Soziologie ist an sich negativer Art. Sie ist ihm ein betrübliches Symptom des Verfalls. Nur eine schwache, dem Gleichheitsideal (aller Menschen) hingegebene Zeit könne so etwas wie die Soziologie hervorbringen. Gerade diese Skepsis, die Neigung, auch die Hintergründe einer wissenschaftlichen Disziplin zu enthüllen, macht aber Nietzsches Bedeutung aus; denn er schuf, zusammen mit anderen (z. B. Bergson), den Boden, auf dem sich dann die großen soziologischen Systeme der „Ideologien-Enthüllung" entfalten, vor allem also Paretos und Sorels Kritik am soziologischen Rationalismus.

Nietzsche, geboren 1844 in Rökken b. Lützen, Sachsen, gestorben 1900 in Weimar, war Philosoph und Schriftsteller aus protestantischer Pfarrersfamilie. Schon 1869 wurde er als Professor für klassische Philologie nach Basel berufen. Er schrieb u.a.: „Die Geburt der Tragödie aus dem Geiste der Musik" (1872), „Unzeitgemäße Betrachtungen" (1873–1876), „Menschlich-Allzumenschliches" (1878, 1880), „Die Fröhliche Wissenschaft" (1882, 1886), „Also sprach Zarathustra" (1883–1885), „Der Wille zur Macht" (1888, erst 1906 herausgegeben).

Nietzsche meinte, daß – überspitzt gesagt – die Soziologie mit der Sozialpathologie beginnt. Als Wissenschaft im strengen Sinn entstand sie erst, als sich die Ordnungen des menschlichen Lebens aufzulösen begannen. Seit die Französische Revolution die Zerstörung der Führung durch Eliten eingeleitet hat, seit die Kollektivierung der Individuen zur Norm wurde, sei Soziologie, also eine Wissenschaft von nivellierten Menschen, von geschichteten Menschengruppen möglich und akut geworden.

In seiner intensiven und oft höchst einsichtsreichen Beschäftigung mit dem, was wir die zwischenmenschlichen Beziehungen nennen, kommt es bei ihm aber doch zu einer Art Gesellschaftslehre. Der individualistische Nietzsche hat wie kein zweiter den Menschen in engsten Wirkungszusammenhang mit dem Mitmenschen gestellt. Der „Nächste" ist wichtigstes Element in seiner Psychologie: Aber nicht sosehr im Zusammenhang mit dem Herdeninstinkt als vielmehr in der Bedeutung eines intentionalen Bezugsobjektes mit provozierenden Tendenzen, d.h., der andere handelt und reagiert nach einem bestimmten gleichförmigen allzumenschlichen Schema, einem Verhaltensmuster, einer Rolle, wie man heute sagt, während „wir" oder „man" im Aphorismus der zu betrachtende Mensch sind, dessen komplizierte seelische Struktur sich am Probierstein der mitmenschlichen Beziehung enthüllt.

Ein Beispiel: „Das Streben nach Auszeichnung hat fortwährend ein Augenmerk auf den Nächsten und will wissen, wie es ihm zumute ist... Das Streben nach Auszeichnung ist das Streben nach Überwältigung des Nächsten, sei es auch eine sehr mittelbare oder nur gefühlte oder gar erträumte ..." Im Verlauf dieses längeren Aphorismus (Morgenröte, Aphorismus 113) werden die verschiedensten Grade des Vorgangs erörtert bis hin zur Tragödie dieses Triebs, bei der es nur noch eine Person gibt: den Asketen, der „in sich selber verkohlt". Eine der Grundgegebenheiten Nietzschescher Sozialpsychologie ist ja das psychische Wehetun, sei es das Martern anderer oder Selbstquälerei. Er hat zweifelsohne damit einen der empfindlichsten und wichtigsten Nerven des mitmenschlichen Geschehens aufgedeckt. Das spontane eigentliche Leiden dagegen trennt: „Das, woran wir am tiefsten und persönlichsten leiden, ist fast allen anderen... unzugänglich: darin sind wir dem Nächsten verborgen... es gehört zum Wesen der mitleidigen Affektion, daß sie das fremde Leid des eigentlich Persönlichen entkleidet..." (Fröhliche Wissenschaft, Aph. 338).

Die ganze Skala menschlicher Sanktionen findet sich in den Aphorismen Nietzsches verstreut und meist über die bloße Feststellung hinaus mit dem Versuch einer letzten psychologischen Deutung ausgestattet; „ein kalter Blick, ein verzogener Mund von seiten derer, unter denen... man erzogen ist, wird auch vom Stärksten noch gefürchtet. Was wird da eigentlich gefürchtet? Die Vereinsamung! als das Argument, das auch die besten Argumente für eine Person... niederschlägt! – So redet der Herden-Instinkt aus uns" (ebd., Aph. 50).

Die Analyse des Neides aus der Voraussetzung wirklich durchdrungener Gleichheit; des allgemeinen Wohlwollens im zivilisierten Zustand aus der Einzelüberlegenheit von jedem über jeden in wenigstens einer Sache; die Entstehung des sozialen Instinktes aus der neuen Gattung von Lust, welche der Mensch aus seinen Beziehungen zu anderen gewinnt: all dies sind Ansätze zu einer psychologistischen Gesellschaftslehre, die vom ursprünglichen fiktiven mitmenschlichen Bezug ausgeht.

Die Schwierigkeit jeder Soziologie ist der psychologische Ansatz: Man arbeitet nicht mit gleichwertigen Gruppen, sondern bringt das handelnde „Ich" nicht restlos heraus. Dieser Fehler wächst bei Nietzsche ins unendliche. Die Gesellschaft ist bei ihm feststehender unwandelbarer Begriff, dessen – dem Individuum nicht nachstehende – Fluoreszenz, Elastizität und Rätselhaftigkeit unerfaßt bleibt. Deutlich zeigt sich dies in folgendem Beispiel:

Im ersten Schritt findet die psychologische Analyse des betreffenden Zuges oder Verhaltens beim Menschen schlechthin statt (in einer fingierten Beobachtung!). Der zweite Schritt vollzieht die synthetische Erkenntnis der Entstehung der ganzen psychischen Haltung. Nahezu alle Aphorismen des II. Hauptstücks des „Zur Geschichte der moralischen Enpfindungen" sind auf dieses Gerüst reduzierbar. Der Aphorismus „Dankbarkeit und Rache" im I. Band vom „Menschlich-Allzumenschlichen" z.B. zeigt uns das Verfahren (Aphor., Nr. 44):

Themastellung:

a) „Der Grund, weshalb der Mächtige dankbar ist, ist dieser"
b) „Sein Wohltäter hat sich durch seine Wohltat an der Sphäre des Mächtigen gleichsam vergriffen und sich in sie eingedrängt."

Allgemeinpsychologische Analyse:

c) „Nun vergreift er (der Mächtige) sich zur Vergeltung wieder an der Sphäre des Wohltäters durch den Akt der Dankbarkeit."

Der genetische Rückblick: Racheinstinkt führte zur Dankbarkeit:

d) „Es ist eine mildere Form der Rache. Ohne die Genugtuung der Dankbarkeit zu haben, würde der Mächtige sich unmächtig gezeigt haben und fürderhin dafür gelten."

Letzte soziologische Verallgemeinerung:

e) „Deshalb stellt jede Gesellschaft der Guten, d.h. ursprünglich der Mächtigen, die Dankbarkeit unter die ersten Pflichten."

Das Material zu solchen Aphorismen ist selten durch Beobachtung erhältlich. Sie werden meistens aus dem Substrat menschlicher Grundintentionen konstruiert. So ist ein innerstes Racheverlangen beim Empfang der Wohltat durch einen Geringeren vielleicht für jeden nachfühlbar. Nietzsche vermochte eben diese Möglichkeiten seelischer Bewegung in sich zu realisieren, meist wohl ohne einen Anlaß in der Wirklichkeit zu haben. Das mag das Eigenartigste seines Psychologentums, das mit dem Dichter Verwandteste gewesen sein: in der Einsamkeit aus sich heraus die Vielfalt möglicher Seelenhaltungen zu produzieren.

Bemerkenswert für die Geschichte der Soziologie ist die übereinstimmende Erfassung des *Idealtypus* bei Nietzsche und Max Weber.

Weber, der Einzelwissenschaftler, will mit dem Idealtypus an die konkrete Wirklichkeit herankommen. Alle methodologische Arbeit bleibt auf Mittel und Möglichkeit kulturwissenschaftlicher Erkenntnis bezogen. Für Weber ist das Aufgabengewicht der realen Geschichte überwältigend. Nietzsches Typen hingegen beanspruchen philosophische Allgemeingültigkeit.

Webers Idealtypus soll zwischen „Theorie“ und „Geschichte“ vermitteln. Beide Bereiche sind für Nietzsche bedeutungslos; gegen die „Theorie“ schlechthin polemisiert er, und sein Typusbegriff soll eher von der unwesentlichen Wirklichkeit entfernen. Es sind also dieselben Gegensätze Realität und Idealität wie bei Weber, allein die Richtung ist umgekehrt. Die Bildung des Idealtypus ist beiden Denkern gleichsinnig. Der Idealtypus „wird gewonnen durch einseitige Steigerung eines oder einiger Gesichtspunkte und durch Zusammenschluß einer Fülle von diffus und diskret, hier mehr, dort weniger, stellenweise gar nicht vorhandenen Einzelerscheinungen, die sich jenen einseitig herausgehobenen Gesichtspunkten fügen, zu einem in sich einheitlichen Gedankenbilde“ (Max Weber).

So weit deckt sich Webers Methode mit der Nietzsches. (Weber hat nachweislich intensiv Nietzsche gelesen, in seinen Werken wird er auch da und dort zitiert, sogar in methodischem Bezug.) Allerdings können wir hier nicht die Frage verfolgen, ob Weber seinen Idealtypus unmittelbar Nietzsche verdankt. (In „Wirtschaft und Gesellschaft“ bezieht sich Weber auf Nietzsches Entdeckung des Ressentiments, der er beträchtliche Bedeutung zumißt. Vgl. ferner die Bemerkung A. v. Scheltings über Nietzsches Denksoziologie in: „M. Webers Wissenschaftslehre“, 1934, S. 87.)

Die Trennung tritt erst im Zuerkennen der Geltung eines Typs auf: Als was soll er uns gelten? Der Soziologe M. Weber sagt: „In seiner begrifflichen Reinheit ist dieses Gedankenbild nirgends in der Wirklichkeit empirisch vorfindbar, es ist eine Utopie, und für die historische Arbeit erwächst die Aufgabe, in jedem einzelnen Falle festzustellen, wie nahe oder wie fern die Wirklichkeit jenem Idealbilde steht." Der Philosoph Nietzsche dagegen schafft sich solche Gebilde, um unter ihnen zu wandeln und von hier aus auf die faktische Geschichte zu schauen. Weber hingegen schränkte vorsichtig ein: „Alle Darstellungen eines ‚Wesens' des Christentums z. B. sind Idealtypen von stets und notwendig nur sehr relativer und problematischer Gültigkeit, wenn sie als historische Darstellung des empirisch Vorhandenen angesehen sein wollen, dagegen von hohem heuristischen Wert für die Forschung und hohem systematischen Wert für die Darstellung, wenn sie lediglich als begriffliche Mittel zur Vergleichung und Messung der Wirklichkeit an ihnen verwendet werden." Im folgenden streift Weber dann die gefährliche Seite solcher Typen, die zum Vorbildlichen drängt, wodurch die Typen enthalten sollen, was – im Beispiel – „das Christentum nach der Ansicht des Darstellers sein soll".

Nietzsches Methode war also im Ursprung genau dieselbe wie die Webers. Aber sie erlag der Tendenz, den eigentlichen Idealtypus zu vermischen mit Typen, die aus Idealen des Betrachters stammen.

Die tiefsten historischen und sozialpsychologischen Einsichten schrieb Nietzsche zur sog. Zeit des „Menschlich-Allzumenschlichen" nieder, also etwa von 1874–1882. Im nachstehenden Aphorismus meint Nietzsche, es könne eine derartige soziale Wirklichkeit geben, die es der Gesellschaftslehre unmöglich macht, Regeln abzulesen. Hinter dieser Ausführung steckt der Optimismus der alten Naturrechtler einerseits und der Utopisten anderseits. Beide versuchten die anfängliche Bewegungsform der Gesellschaft aus einem möglichst simplen, kolonisatorischen Muster abzuleiten. Später, etwa seit 1920, versuchten Anthropologen ebenfalls, in möglichst einfachen, unkomplizierten (primitiven) Kulturen die Grundzüge (patterns) der sozialen Welt aufzuspüren, da es im Laboratorium der einfachen Gesellschaft eher ginge als in einer komplizierten Hochkultur mit ihren zivilisatorischen Überlagerungen. Insofern ist Nietzsches Vorschlag eine Vorwegnahme späterer Forschungsmethoden; was er irrtümlich für möglich hält, ist der Versuch, eine reine ursprüngliche Gesellschaftsform nur gedanklich aufzubauen oder zu erfinden:

„Vom Studium des Gesellschaftskörpers. – Das Übelste für den, welcher jetzt in Europa, namentlich in Deutschland,

Ökonomik und Politik studieren will, liegt darin, daß die tatsächlichen Zustände, anstatt die Regeln zu exemplifizieren, die Ausnahme oder die Übergangs- und Ausgangsstadien exemplifizieren. Man muß deshalb über das tatsächlich Bestehende erst hinwegsehen lernen und zum Beispiel den Blick fernhin auf Nordamerika richten – wo man die anfänglichen und normalen Bewegungen des gesellschaftlichen Körpers noch mit den Augen sehen und aufsuchen kann, wenn man nur will –, während in Deutschland dazu schwierige historische Studien oder, wie gesagt, ein Fernglas nötig sind."

Die Soziologie seiner Zeit ist für Nietzsche allerdings nur Symptom der Sozialpathologie:

„Die ‚Gleichheit', eine gewisse tatsächliche Anähnlichung, die sich in der Theorie von ‚gleichen Rechten' nur zum Ausdruck bringt, gehört wesentlich zum Niedergang: die Kluft zwischen Mensch und Mensch, Stand und Stand, die Vielheit der Typen, der Wille, selbst zu sein, sich abzuheben. Das, was ich Pathos der Distanz nenne, ist jeder starken Zeit zu eigen. Die Spannkraft, die Spannweite zwischen den Extremen wird heute immer kleiner – die Extreme selbst verwischen sich endlich bis zur Ähnlichkeit... Alle unsre politischen Theorien und Staatsverfassungen, das ‚Deutsche Reich' durchaus nicht ausgenommen, sind Folgerungen, Folge-Notwendigkeiten des Niedergangs; die unbewußte Wirkung der décadence ist bis in die Ideale einzelner Wissenschaften hinein Herr geworden. Mein Einwand gegen die ganze Soziologie in England und Frankreich bleibt, daß sie nur die Verfallsgebilde der Sozietät aus Erfahrung kennt und vollkommen unschuldig die eignen Verfallsinstinkte als Norm des soziologischen Werturteils nimmt. Das niedergehende Leben, die Abnahme aller organisierenden, das heißt trennenden, Klüfte aufreißenden, unter- und überordnenden Kraft formuliert sich in der Soziologie von heute zum Ideal... Unsre Sozialisten sind décadents, aber auch Herr Herbert Spencer ist ein décadent – er sieht im Sieg des Altruismus etwas Wünschenswertes!..."

Der Glaube der Menschen schaffe und erhalte die sozialen Formen: Umgekehrt wie bei einer bloßen Unterbau-Überbau-Lehre, die alles Bewußtsein der einzelnen vom sozialen Unterbau abhängen läßt, vertritt Nietzsche die Auffassung, daß es die pragmatistisch gedeuteten Glaubensbindungen der Menschen seien, die jene sozialen Strukturen ermöglichen:

„Aus den Folgen auf Grund und Ungrund zurückgeschlossen. – Alle Staaten und Ordnungen der Gesellschaft: die Stände, die Ehe, die Erziehung, das Recht, alles dies hat seine Kraft und Dauer allein in dem Glauben der gebundenen Geister an sie – also in der Abwesenheit der Gründe, mindestens in der Abwehr des Fragens nach Gründen. Das wollen die gebundenen Geister nicht gern zugeben, und sie fühlen wohl, daß es ein pudendum ist…"

Nietzsche nannte einmal die verschiedenen Gebiete des menschlichen Lebens, wo eine (soziologische) Analyse Erkenntnis und damit Desillusion schaffen kann, und gerät damit zur Frage: Was kann dieselbe Wissenschaft für die Zukunft positiv tun, wenn sie doch die bisher traditionell die menschlichen Angelegenheiten regelnden Illusionen aufgedeckt und damit unwirksam gemacht hat? Ohne es im einzelnen zu durchschauen, exponiert hier Nietzsche das verantwortungsethische Grundproblem der Soziologie:

„Etwas für Arbeitsame. – Wer jetzt aus den moralischen Dingen ein Studium machen will, eröffnet sich ein ungeheures Feld der Arbeit. Alle Arten Passionen müssen einzeln durchgedacht, einzeln durch Zeiten, Völker, große und kleine einzelne verfolgt werden; ihre ganze Vernunft und alle ihre Wertschätzungen und Beleuchtungen der Dinge sollen ans Licht hinaus? Bisher hat alles das, was dem Dasein Farbe gegeben hat, noch keine Geschichte: Oder wo gäbe es eine Geschichte der Liebe, der Habsucht, des Neides, des Gewissens, der Pietät, der Grausamkeit? Selbst eine vergleichende Geschichte des Rechts, oder auch nur der Strafe, fehlt bisher vollständig. Hat man schon die verschiedenen Einteilungen des Tages, die Folgen einer regelmäßigen Festsetzung von Arbeit, Fest und Ruhe zum Gegenstand der Forschung gemacht? Kennt man die moralischen Wirkungen der Nahrungsmittel?… Sind die Erfahrungen über das Zusammenleben, zum Beispiel die Erfahrungen der Klöster, schon gesammelt? Ist die Dialektik der Ehe und Freundschaft schon dargestellt? Die Sitten der Gelehrten, der Kaufleute, Künstler, Handwerker – haben sie schon ihre Denker gefunden? Es ist so viel daran zu denken! Alles, was bis jetzt die Menschen als ihre ‚Existenz-Bedingungen' betrachtet haben, und alle Vernunft, Leidenschaft und Aberglaube an dieser Betrachtung – ist dies schon zu Ende erforscht? Allein die Beobachtung des verschiedenen Wachstums, welches die menschlichen Triebe je nach dem verschiedenen moralischen Klima gehabt haben und noch haben könnten, gibt schon zu viel der Arbeit für den Arbeitsamsten; es bedarf ganzer Geschlechter und planmäßig zusammenarbeitender Geschlechter von Gelehrten, um hier die Gesichtspunkte und das Material zu erschöpfen. Dasselbe gilt von der Nachweisung der Gründe für die Verschiedenheit des moralischen Klimas (‚weshalb leuchtet hier diese Sonne eines moralischen Grundurteils und Hauptwertmessers – und dort jene?'). Und wieder eine neue Arbeit ist es, welche die Irrtümlichkeit aller dieser Gründe und das ganze Wesen des bisherigen moralischen Urteils feststellt. Gesetzt, alle diese Arbeiten seien getan, so träte die heikeligste aller Fragen in den Vordergrund: ob die Wissenschaft imstande sei, Ziele des Handelns zu geben, nach dem sie bewiesen hat, daß sie solche nehmen und vernichten kann – und dann würde ein Experimentieren am Platze sein, an dem jede Art von Heroismus sich befriedigen könnte, ein jahrhundertelanges Experimentieren, welches alle großen Arbeiten und Aufopferungen der bisherigen Geschichte in Schatten stellen könnte. Bisher hat die Wissenschaft ihre Zyklopen-Bauten noch nicht gebaut; auch dafür wird die Zeit kommen!"

Ein großartigeres und vollständigeres Programm für die moderne Erforschung des Sozialverhaltens wie dieser Aphorismus Nietzsches läßt sich kaum denken. Vor allem auch die erst seit 1950 in Gang kommende Kleingruppenforschung hätte zahllose ihrer Hypothesen aus Nietzsches Werk entnehmen können.

Le Bon und Tarde

Zu erwähnen ist auch noch die französische Sozialpsychologie in der zweiten Hälfte des 19. Jahrhunderts. Man beschäftigt sich mit dem sozialen Milieu, mit der Masse, mit Religionen; aber im Vordergrund des Interesses steht auch hier eben doch das Handeln und Leiden des Einzelmenschen innerhalb der verschiedenen kollektiven Umwelten. Vermutlich waren die französischen Forscher am ehesten geeignet, das Schicksal des Individuums im kollektivierten Zeitalter frühzeitig zu erkennen (und auch Nietzsche hat viel von den französischen Moralisten und Psychologen gelernt). Nach diesen französischen Forschern wird die einzelne Persönlichkeit durch die verschiedenen Formen des Kollektivs unterdrückt, zumindest geprägt.

Gustave Le Bon, geboren 1841 in Novent-le-Roton, gestorben 1931 in Paris, französischer Arzt und Regierungsarchäologe im Orient, gab später die „Bibliothèque de philosophie scientifique" heraus; als Sozialpsychologe publizierte Le Bon u. a.: „Lois psychologiques de l'évolution des peuples" (1895), „La psychologie des foules" (1895), „La révolution française et la psychologie des révolutions" (1912), „Aphorismes du temps présent" (1913).

Le Bon war an sich recht oberflächlich; er wußte die Dinge zu popularisieren, was auch den Erfolg seines Büchleins über die Psychologie der Massen erklärt. Le Bon sieht die Herrschaft der Masse auswegslos heraufziehen. Die ihrer Natur nach pathologische Masse läßt sich von Führern leicht lenken, und es hinge alles davon ab, gute Führer in die Schlüsselpositionen zu bringen; andernfalls gingen wir dem Untergang entgegen. Unmittelbar vor dem Anbruch des 20. Jahrhunderts (1895) hat Le Bon mit seiner „Psychologie der Massen" manche Fragen vorweggenommen: Es ist eine gerade Linie von seinem Werk zu Ortega y Gassets „Der Aufstand der Massen" (1931) und Wilhelm Röpkes „Gesellschaftskrisis der Gegenwart" (1942).

Gabriel Tarde, Kriminalist und Historiker, suchte das Phänomen der sich bis ins Kleinste erstreckenden Übereinstimmung des Denkens und Wollens in „der Seele aller Glieder einer Gemeinschaft an einem gegebenen Zeitpunkt" durch die (auf Suggestion beruhende) Nachahmung zu erklären.

Tarde, geboren 1843 in Sarlat, gestorben 1904 in Paris, war ab 1900 Professor für neuere Philosophie am Collège de France; er schrieb u. a.: „Les lois de l'imitation" (1890), „Les lois sociales" (1898), „La Criminalité comparée" (1886), „La philosophie pénale" (1891), „La Psychologie économique" (1910).

Das unveränderliche Merkmal einer sozialen Tatsache ist für Tarde ihr nachahmender Charakter. Und zwar soll dieses Merkmal ausschließlich den sozialen Tatsachen eigen sein. Tarde definiert die soziale Gruppe als eine Ansammlung von Wesen, die sich nachahmen oder nachgeahmt haben. Im übrigen versucht er, zwischen der Öffentlichkeit und der Masse zu unterscheiden. Mit der ersteren wollte er der Bedeutung des Begriffs von der öffentlichen Meinung gerecht werden.

Wilhelm Wundt

In manchem mit den französischen Sozial- und Völkerpsychologen am Ende des 19. Jahrhunderts vergleichbar ist Wilhelm Wundt, der Vater der experimentellen Psychologie in Deutschland, ein später Enzyklopädist. Er war einer jener wenigen Köpfe um die Jahrhundertwende, die noch naturwissenschaftliche und historische Forschungsweise vereinen zu können glaubten. In der geschichtlichen Entwicklung der eigentlichen Soziologie steht er am Rande.

Wundt, geboren 1832 in Neckarau, Baden, gestorben 1920 in Großbothen bei Leipzig, war seit 1875 Professor für Philosophie und Psychologie in Leipzig und gründete hier das erste Institut für experimentelle Psychologie; er schrieb u. a.: „Logik", 3 Bde. (1880–1883), „Ethik" (1886), „Völkerpsychologie", 10 Bde. (1900–1920)).

Von Wundt wird das „Soziologische" letzlich auf Psychologie zurückgeführt. Eine indirekte Wirkung auf die Soziologie kann Wundt mit seiner Vorstellung von der Inadäquatheit zwischen Ursache und Wirkung in der psychischen Kausalitätsfolge gehabt haben. Diese Hypothese wurde von Max Weber heftig angegriffen. In der Zeitschrift L'année sociologique haben sich der französische Soziologe E. Durkheim und seine Schüler René Hubert und Marcel Mauss zwischen 1898 und 1908 vielfach mit Wilhelm Wundt auseinandergesetzt. Ein Nachfolger Wundts im Bereich der Soziologie war Alfred Vierkandt (1867–1953). Seine beiden Bücher „Naturvölker und Kulturvölker" (1896) und „Die Stetigkeit im Kulturwandel" (1908) wenden Wundtsche Prinzipien an.

Seinen interessantesten Beitrag zum soziologischen Denken lieferte Wundt als Völkerpsychologe. Völkerpsychologische Beobachtungen und Studien haben ja seit jeher die geschichtliche Entwicklung der Soziologie befruchtet. Das zehnbändige völkerpsychologische Gesamtwerk Wundts erschien zwischen 1900 und 1920. In diesen Bänden werden Sprache, Kunst, Mythus und Religion, Gesellschaft, Recht, Kultur und Geschichte unter völkerpsychologischen Aspekten behandelt.

Man darf allerdings den eigentlichen soziologischen Gehalt bei Wundt nicht überschätzen. Willy Hellpach wies darauf hin, daß von Herder und Wilhelm v. Humboldt an über Lazarus und Steinthal bis zu Wilhelm Wundt die Völkerseelenkunde im wesentlichen Sprachseelenkunde gewesen sei. So hat Wundts klassische Vorlesung über Völkerpsychologie an der Universität Leipzig drei Viertel ihrer Zeit auf Sprache und Mythus verwandt; Sitte, Recht, Arbeit, Technik, Wirtschaft, Staat hingegen, also die soziologisch bedeutungsvollen Kulturelemente, wurden in zwei bis drei Stunden zusammengedrängt. In seiner Gesamtkonzeption macht sich Wundt von den Fehlern der evolutionistischen Theorie nicht frei. Jedoch ist sein Evolutionismus keineswegs so unkritisch wie der eines Herbert Spencer.

Wundt zeigt an seinem völkerpsychologischen Material die Verwobenheit zwischen Einzelseele und sozialem Verband. Dies führt ihn aber nicht zur metaphysischen Theorie einer Volksseele oder eines sozialen Seins. Jedoch sind für Wundt die funktionellen Beziehungen zwischen den Gliedern einer sozialen Gruppe so stark und alldurchdringend, daß es unmöglich sei, überall den Anteil der einzelnen am seelischen Ausdruck der Gruppe nachzuweisen.

In seiner Schlußphase gelangte Wundt zu einer Art Stadientheorie der Kulturgeschichte: Der Zeitgeist entfalte sich in vier Hauptphasen, der primitiven, der totemistischen, der Periode der Götter und Heroen und zuletzt in einer Phase der Humanität. Wundts Beschreibung des Stadiums der Humanität, das mit dem Fall der großen Weltreiche beginne, und Comtes Begriff eines Endstadiums der sozialen Entwicklung sind ähnlich.

Die Soziologie etabliert sich als Fachwissenschaft: Durkheim und Giddings

Emile Durkheim war zweifellos der bedeutendste Soziologe Frankreichs seit Comte. Er wurde 1858 in Epinal geboren und starb 1917 in Paris; seit 1902 war er Professor an der Sorbonne in Paris. Durkheim schrieb u. a.: „Les règles de la méthode sociologique“ (1895); „Eléments de sociologie“ (1889); „De la division du travail social“ (1893); „Le suicide“ (1897); Les formes élémentaires de la vie religieuse (1912).

Mit Durkheim errang die Soziologie ihren Platz als Hochschulfach in Frankreich. 1896 wurde für ihn an der Universität Bordeaux der erste sozialwissenschaftliche Lehrstuhl in Frankreich eingerichtet. An der Sorbonne in Paris allerdings konnte Durkheim als Soziologe nur über einen Lehrstuhl der Pädagogik wirken. Erst 1913 wurde seinem Lehrstuhl an der Sorbonne zur Pädagogik noch die Bezeichnung „Soziologie“ hinzugefügt.

Im Gegensatz zu den meisten Soziologen im engeren Sinne, denen wir bisher begegnet sind, imponiert Durkheim durch seinen methodischen und konsequenten Ausgangspunkt: „Ich weiß noch nichts oder doch äußerst wenig.“ Hier kündigt sich eine neue soziologische Problembehandlung an. Sie unterscheidet sich von früheren, die von vornherein im Besitz der gesamten Wahrheit über die gesellschaftliche Entwicklung sein wollten. Geistesgeschichtlich steht Durkheim unter dem Einfluß des Positivismus, doch zeigt er in seinen Arbeiten ein weitaus größeres Verständnis für die Bedeutung der Werte im sozialen Verhalten. Der einzelne halte sich an die Gruppennorm nicht aus Furcht, sondern dank seines primären Wertsystems, das für ihn bindend ist.

Sowohl das Problem des sozialen Zwanges durch die Gruppennormen als auch das durch Durkheims Begriffsbildung berühmt gewordene Phänomen der Anomie können biographisch erhellt werden. Durkheim wuchs auf zu einer Zeit, als die jüdischen Gettos in Ostfrankreich in Auflösung begriffen waren. Sohn eines Rabbiners, sollte Durkheim seinem Vater im Beruf folgen, wählte aber statt dessen die Laufbahn des empirischen Soziologen. Prägend für sein Gesellschaftsverständnis dürften auch seine Jugenderfahrungen im gerade von Frankreich an Deutschland abgetretenen Elsaß gewesen sein.

Als Anomie, vor allem in seiner klassischen Studie über den Selbstmord, bezeichnete Durkheim den Zustand einer Gesellschaft und – entsprechend – vieler ihrer Mitglieder, der sich als Orientierungslosigkeit, als eine Art Entfremdung manifestiert. Ein Zustand verwirrender Vielfalt von widersprüchlichen Handlungsnormen oder faktischer Normenlosigkeit hat das System der sozialen Kontrolle, des sozialen Zwanges aufgehoben. Der einzelne leidet an dieser Entlassung ins Ungewisse, im Extremfall begeht er Selbstmord. Vor allem die amerikanische Soziologie seit etwa 1950 (und die deutsche wieder seit etwa 1965) hat den Begriff der Anomie als Schlüssel zur Gesellschaftskritik, ähnlich wie den Begriff Entfremdung (alienation) verwandt. Der Durkheimsche Begriff der Anomie wurde u. a. von Elton Mayo, von Talcott Parsons und Robert K. Merton aufgegriffen. Die Tragfähigkeit, die Operationalisierbarkeit des Begriffes Anomie ist heute allerdings ebenso ungewiß wie zur Zeit Durkheims.

Durkheim war vor allem Theoretiker. Er verstand es, verschiedene soziale Tatsachen und Beobachtungen in ein theoretisches Schema zu bringen. Auch für die Wissenssoziologie hat er als Pionier gewirkt. Während die vorangegangenen „Wissenssoziologen" sich doch meist darauf beschränkten, Zusammenhänge und Abhängigkeiten zwischen Wissenschaft, Sprache, politischen Ideen usw. und der Gesellschaftsstruktur zu behaupten, versuchte Durkheim zum erstenmal im Detail zu zeigen, wie die Grundkategorien unseres Bewußtseins durch die Gesellschaft geformt werden. (Hier hatte Durkheim auch erheblichen Einfluß auf einige französische Sprachsoziologen.) Durkheim glaubte, selbst der Satz vom Widerspruch könne als eine Funktion der Gesellschaft erwiesen werden. Insofern ist Durkheim schon Soziologist. Soziologismus ist eine Lehre, wonach praktisch jeder menschliche Bewußtseinsinhalt oder -vorgang auf soziale Determinanten zurückgeführt werden kann. (Karl Mannheim [s. u.] hatte den Vorwurf des Soziologismus wieder um 1930 in besonders starkem Maß auf sich gezogen.)

Als Begründer der Année sociologique gab Durkheim der von ihm ausgehenden Soziologenschule den äußeren Rahmen. In seinem Buch „Les règles de la méthode sociologique" behandelte Durkheim auch den Unterschied zwischen Soziologie und Psychologie. Jede Gesellschaft sei eine Synthese sui generis, die neue Erscheinungen auslöst, welche von denen, die im Bewußtsein der einzelnen vor sich gehen, verschieden sind. Deshalb hätten diese spezifischen Tatsachen in der Gesellschaft selbst ihren Sitz und nicht in ihren Teilen, d. h. ihren Gliedern: die sogenannten sozialen Tatsachen stehen für Durkheim außerhalb des individuellen Bewußtseins. Er schreibt: „Die sozialen Tatsachen weichen nicht bloß in der Qualität von den psychischen Tatsachen ab; sie haben ein anderes Substrat, sie entfalten sich nicht in derselben Umgebung, sie hängen nicht von denselben Bedingungen ab. – Das soll nicht bedeuten, daß sie nicht in gewisser Weise ebenfalls psychisch sind, da sie ja insgesamt aus Formen des Denkens oder Handelns bestehen.

Die Zustände des Kollektivbewußtseins sind jedoch anderer Natur als die Zustände des Individualbewußtseins; es sind Vorstellungen einer andern Gattung. Die Mentalität der Gruppen ist nicht die der einzelnen; sie hat ihre eigenen Gesetze. Die beiden Wissenschaften sind also so scharf voneinander getrennt, als es zwei Wissenschaften nur sein können, welche Beziehungen auch im übrigen zwischen ihnen bestehen mögen ..."

Durkheim betont die Gleichförmigkeit der sozialen Tatsachen. Eigentlich müßten die sozialen Tatsachen die unendlichste Mannigfaltigkeit zeigen, und jeder Vergleich wäre nahezu unmöglich. Gerade das Gegenteil trifft nach Durkheim aber zu. Zwar wechseln die äußeren Geschehnisse, deren Ablauf die Oberfläche des sozialen Lebens bildet, von Volk zu Volk, aber das rühre davon her, „daß jedes Individuum seine Geschichte hat, obwohl die Grundlagen der physischen und moralischen Organisation bei allen dieselben sind". Wer sich aber mit den sozialen Phänomenen befaßt, wird immer „von der erstaunlichen Regelmäßigkeit, mit der sie sich unter denselben Verhältnissen wiederholen, überrascht sein. Selbst die kleinlichsten und anscheinend kindischsten Gebräuche wiederholen sich mit der erstaunlichsten Einförmigkeit. Eine, wie es scheint, so rein symbolische Hochzeitszeremonie wie der Frauenraub findet sich immer wieder genau dort, wo ein bestimmter Familientypus, der selbst wiederum an eine ganze politische Organisation gebunden ist, existiert. Die bizarrsten Bräuche, wie die Couvade (Männerwochenbett), die Lewiratsehe, die Exogamie, lassen sich bei den verschiedensten Völkern beobachten und sind für einen gewissen sozialen Zustand symptomatisch. Das Recht der letztwilligen Verfügung erscheint in einer bestimmten Phase der Geschichte, und je nach den mehr oder weniger wichtigen Beschränkungen, die es einengen, läßt sich angeben, in welchem Stadium der sozialen Entwicklung man sich befindet ... Diese Allgemeinheit der gesellschaftlichen Formen wäre nun unerklärlich, wenn die Zweckursachen in der Soziologie das Übergewicht besäßen, das man ihnen einräumt."

Außerordentlich wichtig ist nun die Lehre Durkheims, wonach die Erklärung eines sozialen Phänomens unbedingt verlangt, die wirkende Ursache, von der es erzeugt wird, und die Funktion, die es erfüllt, gesondert zu untersuchen. Durkheim wählt den Ausdruck Funktion und nicht Zweck oder Ziel, gerade „weil die sozialen Phänomene im allgemeinen nicht im

Hinblick auf die nützlichen Ergebnisse, die sie hervorbringen, existieren". Man muß fragen, „ob zwischen der betrachteten Tatsache und den allgemeinen Bedürfnissen des sozialen Organismus eine Beziehung besteht und worin diese Beziehung besteht, ohne daß darauf einzugehen ist, ob sie geplant sind oder nicht".

Die Soziologie muß für Durkheim unabhängig von jeder Philosophie sein. Die Soziologie könne weder zu den die Metaphysiker trennenden Hypothesen Stellung nehmen, noch könne sie die Freiheit oder den Determinismus vertreten. Die Soziologie will lediglich das Prinzip der Kausalität auf die sozialen Phänomene anwenden: „Dazu wird dieses Prinzip von ihr nicht als eine rationale Notwendigkeit, sondern als empirisches Postulat, als Ergebnis einer berechtigten Induktion aufgestellt. Da das Kausalgesetz auf den verschiedenen Gebieten der Natur verifiziert worden ist, so daß es seine Herrschaft allmählich vom physikalisch-chemischen auf das biologische, von hier aus auf das psychologische Gebiet ausgedehnt hat, hat man das Recht, anzunehmen, daß es in gleicher Weise auch für das soziale Gebiet richtig ist."

Immer wieder forderte Durkheim, die sozialen Tatsachen als Dinge, als soziale Dinge aufzufassen. Seine Methode sei dadurch ausschließlich soziologisch.

Für Durkheim ist eine soziale Tatsache grundsätzlich nur durch eine andere soziale Tatsache erklärbar. Die Soziologie ist somit kein Annex irgendeiner anderen Wissenschaft; sie sei eine besondere und autonome Wissenschaft, und das Gefühl die Besonderheit der sozialen Wirklichkeit sei für den Soziologen so notwendig, daß ihn, wie Durkheim meint, nur eine speziell soziologische Ausbildung für das Begreifen der sozialen Tatsachen vorbereiten kann.

Giddings

Der amerikanische Sozialwissenschaftler Franklin Henry Giddings war Durkheim im soziologischen Problembewußtsein verwandt. Seine „Principles of Sociology" erschienen nur ein Jahr später als Durkheims „Les règles de la méthode sociologique". H. E. Barnes hielt Giddings für den fähigsten Soziologen, den die Vereinigten Staaten je hervorgebracht hätten. Er sei im Rang nur mit Durkheim, Hobhouse und Max Weber vergleichbar.

Giddings, geboren 1855 in Sherman, Connecticut, gestorben 1931 in New York, wurde 1894 der erste o. Professor der Soziologie in Amerika. Er war gut mit europäischer Philosophie und Soziologie vertraut. Giddings, 1910–1911 der dritte Präsident der amerikanischen Soziologengesellschaft, besaß sechs Jahre Erfahrung als Journalist. Allgemein übte er großen Einfluß auf das amerikanische Geistesleben aus. Seine Hauptwerke sind: „Principles of Sociology“ (1896), „Elements of Sociology“ (1898), „Democracy and Empire“ (1900), „Inductive Sociology“ (1901), „The Responsible State“ (1918), „Studies in the Theory of Human Society“ (1922), „Scientific Study of Human Society“ (1924), „Civilisation and Society“ (1932).

Problemgeschichtlich gehörte Giddings noch in die Reihe der Sozialpsychologen des ausgehenden 19. Jahrhunderts. Er untersuchte den sozialen Prozeß in der Art eines Psychologen, der gleichermaßen mit naturwissenschaftlichen und statistischen Methoden ausgerüstet ist. In seiner „Theory of Human Society“ (1922) definiert Giddings die Soziologie als eine ihrer Methode nach statistische Wissenschaft, die als Gegenstand pluralistisches Verhalten hat. Diese „Psychologie der Gesellschaft“ versuche, das pluralistische Verhalten auf Faktoren zurückzuführen (to factorize pluralistic behavior) und ferner seine Entstehung, Integration, Differenzierung und sein Funktionieren dadurch zu erklären, daß man ausreichende Gründe dafür angibt. Diese Gründe gäbe es in Form von Variablen: (1) Stimulation und (2) die geringere oder größere Ähnlichkeit zwischen den wechselseitig aufeinander wirkenden Mechanismen.

Interessanterweise nahm Giddings den soziologischen Ansatz von Arnold Toynbee um 1900 schon vorweg. Giddings ging von der Annahme aus, daß die Institutionen der menschlichen Gesellschaft und sämtliche Ereignisse der Geschichte, einschließlich der Völkerwanderungen, geistigen Blütezeiten, Kriege und Revolutionen als Antworten (responses) auf wechselnde Stimulantien betrachtet werden können. Gesteuert würden diese sozialen Prozesse durch gewisse Kombinationsgesetze oder gewisse vorhandene Ähnlichkeiten bzw. Unterschiede in den reagierenden psychischen Einheiten (minds).

In seinen „Prinzipien der Soziologie“ (1896) zeigte Giddings, wie natürliche Gruppierungen zur Gesellschaft führen. Natürliche Gruppierungen (Horden, Clans, Sippen, Stämme) bewußter Individuen bilden die physische Basis der sozialen Erscheinungen: „Die Gesellschaft im ursprünglichen Sinn des Wortes ist Genossenschaft, Verkehr, Vereinigung, und alle wahren sozialen Fakta sind ihrer Natur nach psychisch." Aber das Seelenleben im Individuum hänge nun nicht in höherem Maße von den physischen Anordnungen der Gehirn- und Nervenzellen ab als der soziale Verkehr und gemeinschaftliches Streben von den physischen Gruppierungen der Bevölkerung. Das Wort „Gesellschaft" bedeute daher auch die Individuen, kollektiv betrachtet, „die sich untereinander mischen und miteinander verkehren oder die zu irgendeinem sie gemeinsam berührenden Zwecke vereinigt oder organisiert sind".

Die gegenseitige Abhängigkeit bei zeitweiliger oder dauernder Assoziation, bei vorübergehendem Verkehr und beständiger Organisation, auf Grund freier Zustimmung oder Gehorsam erzwingender Gewalt, bei künstlich gebildeten Vereinigungen oder bei von selbst fortbestehenden Gemeinschaften der Stämme, führt zur Vorstellung von der Gesellschaft, „einer umfassenden, verwickelten Naturerscheinung, zur Idee eines wunderbaren, reizvollen kosmischen Faktums". Im engeren Sinne des Wortes bedeute die Gesellschaft lediglich Verkehr oder lediglich eine Anzahl von Personen, die sich zu irgendeinem Zwecke zusammentun. „Im weiteren und wissenschaftlich bedeutsamen Sinne ist eine Gesellschaft" nach der Definition Giddings „eine sich naturgemäß entwickelnde Gruppe bewußter Wesen, innerhalb deren der Verkehr in bestimmte Beziehungen übergeht, die im Laufe der Zeit zu einer komplizierten und dauernden Organisation umgeschaffen werden..."

Die Soziologie ist für Giddings eine Wissenschaft, die die Gesellschaft in ihrer Einheit zu erfassen sucht und deshalb „eine subjektive Erklärung mittels der Begriffe irgendeiner Bewußtseinstatsache oder eines Motivs und eine objektive Erklärung mittels der Begriffe eines physikalischen Prozesses" ausarbeite.

In der Geschichte der Soziologie hat es bisher verschiedene Erklärungsversuche für die Entstehung der Gesellschaft, der Vergesellschaftung des Menschen gegeben, aber, so meint Giddings, die eigentliche, die soziologische Ursache habe man bisher nicht oder zu wenig gesehen:

„Da Vertrag und Bündnis offenbar speziellere Erscheinungen sind als Assoziation oder Gesellschaft, und andererseits Nachahmung und Beeinflussung offenbar allgemeiner sind, so müssen wir die psychische Grundlage, das Motiv oder das Prinzip der Gesellschaft in der einen Erscheinung suchen, die in der Mitte zwischen beiden liegt ... Die ursprüngliche und elementare subjektive Tatsache in der Gesellschaft ist das Bewußtsein der Zusammengehörigkeit ... Ein solches Bewußtsein kann eine Wirkung von Beeinflussung und Nachahmung sein, aber es ist nicht die einzige Wirkung, die sie hervorrufen. Es kann Vertrag und Bündnis veranlassen, aber es veranlaßt ebensowohl noch anderes. Es ist daher weniger allgemein als Beeinflussung und Nachahmung, die allgemeiner sind als Assoziation. Es ist allgemeiner als Vertrag und Bündnis, die weniger allgemein sind als Assoziation. Es wirkt auf mannigfache Art auf die Handlungsweise ein, und jede Handlungsweise, die wir als im eigentlichen Sinne sozial nennen, ist dadurch bestimmt. Kurz, es erfüllt das soziologische Erfordernis: es deckt sich seinem Umfang nach mit der potentiellen Gesellschaft und mit nichts sonst."

Das Gattungsbewußtsein und nichts sonst, sei es was das soziale Verhalten als solches von dem rein wirtschaftlichen, dem rein politischen oder dem rein religiösen Verhalten unterscheide; denn es sei das Gattungsbewußtsein, das im täglichen Leben beständig die theoretisch vollkommene Wirkung des wirtschaftlichen, des politischen oder des religiösen Motivs durchkreuze. Als Beispiel führt Giddings den Arbeiter an, der in Verfolgung seines wirtschaftlichen Interesses die höchsten Löhne nehmen würde, die er bekommen kann, der sich aber in einem Streik lieber seinen Arbeitsgenossen anschließe, als daß er sich von ihnen trennt. Aus einem ähnlichen Grunde zahle der Fabrikant, der den Wert des Schutzzolls für seinen Industriezweig bezweifelt, doch seinen Beitrag zu dem Schutzzollagitationsfonds.

Es sei also das Gattungsbewußtsein, um das herum sich alle übrigen Motive in der Entwicklung der sozialen Wahl, des sozialen Willens, der sozialen Politik organisch ordnen würden. Die Verfolgung der Wirkungen des Gattungsbewußtseins durch all seine sozialen Bekundungen hindurch sei „gleichbedeutend mit der Erarbeitung einer vollständigen subjektiven Erklärung der Gesellschaft".

Die soziologische Dimension der Rechtswissenschaft um 1900: Stammler und Gierke

In dem an soziologischen Neuerscheinungen so reichen Jahrzehnt von 1895 bis 1905 traten auch zwei Juristen mit Werken hervor, die in der Problemgeschichte der Soziologie von Einfluß waren.

Im Grunde hatte sich die Rechtswissenschaft in der zweiten Jahrhunderthälfte nur wenig um soziologische Fragen gekümmert. Die erste Ausnahme war der Rechtsphilosoph Rudolf Stammler.

Stammler, geboren 1856 in Alsfeld, starb 1938 in Wernigerode. Seit 1885 Professor in Halle, seit 1916 in Berlin; Stammler schrieb u. a.: „Wirtschaft und Recht nach materialistischer Geschichtsauffassung" (1896), „Die Lehre vom richtigen Recht" (1902), „Lehrbuch der Rechtsphilosohie" (1922), „Rechtsphilosophische Abhandlungen und Vorträge", 2 Bde. (1925).

Stammler ging von Kants Rechtsphilosophie aus und versuchte, die Gemeinschaft der Menschen aus den Normen, den juristischen Regeln abzuleiten. In „Wirtschaft und Recht nach materialistischer Geschichtsauffassung" (1896) suchte er nach einem „Kriterium, welches das soziale Leben als eigenen Gegenstand unserer Erkenntnis konstituiert". Stammler findet dieses Moment in der von Menschen herrührenden Regelung ihres Verkehrs und Miteinanderlebens. Es gibt, geschichtlich gesehen, keinen grundsätzlich vereinzelten Menschen. Das absolute Individuum ist eine Fiktion. Eine Unzahl von Normen, nicht nur Rechtsgebote, sondern auch Sitte, Brauch, Etikette konstituieren die Regeln, auf denen das soziale Leben ruht. Diese sozialen Regeln seien allein das letzte konstitutive Merkmal des sozialen Lebens. Sie erst machen es zu einem eigenen Erkenntnisobjekt, sie erst ermöglichen eine sozialwissenschaftliche Betrachtung.

Ebenfalls vom juristischen Gesichtspunkt nähert sich Otto v. Gierke der Soziologie. Er stellt die soziale Tatsache der Genossenschaft, im Gegensatz zur Herrschaft, in den Vordergrund. Als einer der bedeutendsten Deutschrechtler seiner Zeit wollte Gierke „dem ungebrochenen deutschen Rechtsgedanken" nachgehen. Die Rechtsidee wird dem positiven Recht entgegengestellt.

Gierke wurde 1841 in Stettin geboren, er starb 1921 in Berlin-Charlottenburg. Er war Professor in Berlin und schrieb u.a.: „Das deutsche Genossenschaftsrecht", 4 Bde. (1868–1913), „Die Genossenschaftstheorie und die deutsche Rechtssprechung" (1887), „Die Grundbegriffe des Staatsrechts und die neuen Staatstheorien" (1915).

Gierkes Auffassung vom „Wesen der menschlichen Verbände" findet sich zusammengefaßt in seiner Rektoratsrede (1902) mit diesem Titel. Er entwickelt darin eine organologische Verbandstheorie. Gierke setzt sich in Gegensatz zu Marxismus und Positivismus. Die „Germanistische" Bewegung der Jurisprudenz, als deren Höhepunkt Gierke angesehen wird, will nicht nur starre Gesetze an der gesellschaftlichen Entwicklung ablesen, „sondern einen Staat mit neuen Werttafeln" aufrichten.

Gierke geht es um eine Betrachtung der Gemeinschaft vom Rechte her:

„Nehmen wir also an, die rechtlich geordnete Gemeinschaft sei ein Ganzes, dem eine reale Einheit innewohnt, und suchen wir nun vom Rechte her zu ermitteln, wie dieses Ganze beschaffen sein muß, wenn sich im Recht die Wirklichkeit spiegeln soll. Das Recht schreibt dem Verbande Persönlichkeit zu. Somit muß er gleich dem Individuum eine leiblich-geistige Lebenseinheit sein, die wollen und das Gewollte in Tat umsetzen kann. Das Recht aber ordnet und durchdringt zugleich den inneren Bau und das innere Leben des Verbandes. Somit muß er im Gegensatz zum Individuum ein Lebewesen sein, bei dem das Verhältnis der Einheit des Ganzen zur Vielheit der Teile der Regelung durch äußere Normen für menschliche Willen zugänglich ist.

Dies sind die Grundgedanken, aus denen die sogenannte organische Theorie entsprungen ist. Sie zieht sich durch die Staatslehre des Altertums und die Gesellschaftslehre des Mittelalters, sie begleitet alle Versuche einer Überwindung des atomistisch-mechanischen Schlußergebnisses der naturrechtlichen Gedankenwelt, sie hat aber erst im neunzehnten Jahrhundert unter den Impulsen der neuen Ideen über menschliches Gemeinleben eine wissenschaftliche Durchbildung erfahren ..."

Gierke hebt dann die für die Begriffsbildung, für Theorie und empirische Forschung in der Soziologie ungemein wichtige, aber fast immer vom Anfänger zu wenig gewürdigte Tatsache hervor, daß wir ja die wichtigsten Einheiten der Soziologie (wie Gesellschaft, Verband, Staat usw.) grundsätzlich nie als Ganzes sehen können und auch ihre Wirkungen, ihr Funktionieren immer nur aus Teilbeobachtungen erschließen:

„Es ist zunächst unrichtig, daß die sinnliche Wahrnehmung uns nichts über das Dasein von Verbänden sagen soll. Auch das Verbandsleben spielt sich in körperlichen Ganzen ab, die in die äußere Erscheinung treten. Wir sehen ein Regiment mit klingendem Spiel marschieren, wir erblicken Wähler, die den Stimmzettel in die Urne werfen, wir werden bei einem öffentlichen Aufzuge vom Schutzmann unsanft zurückgedrängt – und wir wissen bei diesen und hundert anderen Sinneseindrücken sofort, daß es sich um Vorgänge handelt, die dem Zusammenhange des Staatslebens angehören. Freilich sehen wir immer nur einzelne Stücke des Staatskörpers. Während wir das Körperbild des einzelnen Menschen als Ganzes in uns aufnehmen, vermögen wir das Körperliche des Staates nicht als Ganzes zu erschauen. Darum kann die Kunst den Staat nicht gleich dem einzelnen Menschen leibhaft darstellen; sie greift zum Symbol und führt uns eine erhabene Frauengestalt als Germania oder Borussia vor. Indessen kann hieraus ein Einwand gegen die Wirklichkeit der gesellschaftlichen Körper nicht hergeleitet werden. Denn die Unzulänglichkeit der Sinne für den Totaleindruck beweist nichts gegen die äußere Gegenständlichkeit. Wir bezweifeln ja auch nicht, daß die Erde ein kugelförmiger Körper ist, obschon wir nur winzige Stücke davon unmittelbar wahrnehmen. Dagegen eines ist unbestreitbar richtig: soviel oder sowenig von den Verbänden wir sehen mögen, ihre Lebenseinheit sehen wir nicht! Was uns die Sinne zutragen, sind immer nur Körperbewegungen. Deuten wir diese als Wirkungen einer Lebenseinheit, so schließen wir aus dem Sichtbaren auf ein Unsichtbares. Und legen wir irgendeinem Verbande Persönlichkeit bei, so verknüpfen wir die Eigenschaft, ein konstantes Subjekt zu sein, mit dieser unsichtbaren Einheit."

„Ein unmittelbarer Beweis für das Dasein von sozialen Lebenseinheiten läßt sich nicht führen. Ist doch auch die individuelle Lebenseinheit nicht unmittelbar erweislich. Wohl aber vermögen wir mittelbar das Dasein solcher Einheiten aus ihren Wirkungen zu erschließen...

Es ist zunächst die äußere Erfahrung, die uns zu der Annahme wirkender Verbandseinheiten bewegt. Die Beobachtung der gesellschaftlichen Vorgänge, inmitten deren unser Leben verfließt, vor allem aber die Vertiefung in die Geschichte der Menschheit, zeigt uns, daß Völker und andere Gemeinschaften handelnd die Welt der Machtverhältnisse gestalten und die materielle und geistige Kultur hervorbringen. Dies alles spielt sich, da die Gemeinschaften aus Individuen bestehen, in und durch Individuen ab. Allein die Individuen werden insoweit, als ihre Leistungen dem gesellschaftlichen Zusammenhange angehören, durch leibliche und seelische Einwirkungen bestimmt, die aus ihrer Verbundenheit herrühren. Wohl bemerken wir, daß einzelne überragende Individuen schöpferisch eingreifen und durch ein Eigenstes, was nur ihnen entstammt, die Gesellschaft umgestalten. Allein dieser Erfolg tritt nur ein, wenn die Gemeinschaft mindestens rezeptiv mitwirkt, indem sie das ihr eingestiftete Individuelle sich zu eigen macht.

... Nun sind aber die Wirkungen, die wir der Gemeinschaft zuschreiben müssen, so beschaffen, daß sie sich aus bloßer Summierung individueller Kräfte nicht erklären lassen. Denn sie können nicht etwa von einem isolierten Menschen teilweise hervorgebracht werden, so daß die Gesamtleistung eine den Teilleistungen gleichartige und nur quantitativ gesteigerte Größe wäre, sondern sie sind spezifischer Art. Machtorganisation, Recht, Sitte, Volkswirtschaft, Sprache sind Phänomene, bei denen dies sofort in die Augen fällt. Somit kann auch die wirkende Gemeinschaft nicht mit der Summe der sie bildenden Individuen zusammenfallen, muß viel eher ein Ganzes mit überindividueller Lebenseinheit sein ... Wir sind berechtigt, den mittels Heraushebung des gefundenen Wirklichkeitsinhaltes abstrahierten Begriff einer solchen Einheit als einen wissenschaftlichen Grundbegriff im ganzen Bereiche der Gesellschaftswissenschaften zu verwenden."

Für Gierke liegt die Realität der Gemeinschaft im Bewußtsein:

„Was aber so die äußere Erfahrung lehrt, wird durch die innere Erfahrung bestätigt. Denn wir finden die Realität der Gemeinschaft auch in unserem Bewußtsein. Die Eingliederung unseres Ich in ein gesellschaftliches Sein höherer Ordnung ist für uns inneres Erlebnis. Wir empfinden uns als ein in sich beschlossenes Selbst, aber wir empfinden uns auch als Teil eines in uns wirkenden lebendigen Ganzen. Wollten wir unsere Zugehörigkeit zu einem bestimmten Volk und Staat, einer Religionsgemeinschaft und Kirche, einer Berufsgemeinschaft, einer Familie und mancherlei Vereinen und Genossenschaften wegdenken, so würden wir in dem ärmlichen Rest uns selbst nicht wiedererkennen. Besinnen wir uns aber auf dieses alles, so wird uns klar, daß es sich nicht bloß um äußere Ketten und Bande handelt, die uns umschlingen, sondern um psychische Zusammenhänge, die in unser Innerstes hineinreichen und integrierende Bestandteile unseres geistigen Wesens bilden. Wir spüren, daß ein Teil der Impulse, die unser Handeln bestimmen, von den uns durchdringenden Gemeinschaften ausgeht. Wir werden uns bewußt, daß wir Gemeinschaftsleben miterleben ..."

Soziologie als Wissenschaft von den sozialen Beziehungen

Die formale Gesellschaftslehre Georg Simmels

Der vielseitige Kulturphilosoph, Literarhistoriker und Geldtheoretiker Georg Simmel führte seine Renaissance der Soziologie in Richtung einer formalen Gesellschaftslehre. Seine 1908 veröffentlichte „Soziologie. Untersuchungen über die Formen der Vergesellschaftung" stellte einen Wurf dar, dessen Einfluß noch nicht am Ende ist. Seit 1950 sind in den Vereinigten Staaten Übersetzungen der Hauptstücke des Simmelschen Werks, zusammen mit einigen anderen kleineren Arbeiten von ihm, erschienen. Von Simmel lassen sich wissenschaftsgeschichtliche Linien ziehen zu Ferdinand Tönnies, Leopold v. Wiese, Alfred Vierkandt; eine Verwandtschaft besteht auch zu Rudolf Stammlers Konzeption.

In den Vereinigten Staaten war es Lester Frank Ward (1841–1913), der als erster hier ein System der Soziologie gab, das mit den deutschen formalen Soziologien verglichen werden kann. Wards „Pure Sociology" (1903) ist wissenschaftsgeschichtlich in manchen Grundzügen neben die Soziologie Georg Simmels zu stellen. Ward versuchte die Begriffe der Natur- und Sozialwissenschaft in Beziehung zu setzen. Unter den Soziologen der darwinistischen Epoche war Ward vielleicht der erste, bei dem biologische und soziale Entwicklung klar geschieden wurden. Die soziale Evolution kann auch, nach seiner Ansicht, unter Kontrolle genommen werden. Ward gehörte auch zu den Verfechtern der staatlichen Einmischung ins gesellschaftlich-wirtschaftliche Leben.

Simmel wurde 1858 in Berlin geboren, er starb 1918 in Straßburg, wurde mit 27 Jahren Privatdozent an der Universität Berlin, erhielt aber erst 1914 eine Professur in Straßburg. Er kam zur Soziologie auf Grund eines ausgeprägten kulturphilosophischen Interesses und drückte sich mit Vorliebe in essayistischer Form aus; er schrieb u.a.: „Die Probleme der Geschichtsphilosophie“ (1892), „Einleitung in die Moralwissenschaft“, 2 Bde. (1892–1893), „Philosophie des Geldes“ (1900), „Soziologie: Untersuchungen über die Formen der Vergesellschaftung“ (1908, 4. A. 1958).

Simmel ließ einen reichen fragmentarischen Nachlaß zurück, der viele glänzende soziologische Einsichten enthält. Überhaupt hat Simmel oft an entlegenen Stellen soziologisch sein Bestes gegeben. So kann man seine Soziologie gerade auch außerhalb des Hauptwerks finden.

Im Gegensatz zu anderen deutschen Soziologen seiner Zeit lebte und wirkte Simmel auf der internationalen Bühne. Seine Arbeiten erschienen manchmal gleichzeitig in deutscher, englischer und französischer Sprache. Seine vielfältige Einflußnahme ist deshalb sehr schwer verfolgbar.

Die Soziologie sieht Simmel als Ergebnis des Machtkampfes zwischen Individuum und Masse:

„So sind die Ansprüche, die die Wissenschaft der Soziologie zu erheben pflegt, die theoretische Fortsetzung und Abspiegelung der praktischen Macht, die im neunzehnten Jahrhundert die Massen gegenüber den Interessen des Individuums erlangt haben. Daß aber das Bedeutungsgefühl und die Aufmerksamkeit, die die unteren Stände den höheren abzwangen, gerade von dem Begriff der „Gesellschaft“ getragen ist, liegt daran, daß vermöge der sozialen Distanz die ersteren den letzteren nicht nach ihren Individuen, sondern nur als einheitliche Masse erscheinen und daß eben diese Distanz beide in keiner andern prinzipiellen Hinsicht verbunden sein läßt, als daß sie zusammen „eine Gesellschaft“ bilden. Indem die Klassen, deren Wirksamkeit nicht in der wahrnehmbaren Bedeutung der einzelnen, sondern in ihrem „Gesellschaft“-Sein liegt, das theoretische Bewußtsein – in Konsequenz der praktischen Machtverhältnisse – auf sich zogen, nahm das Denken auf einmal wahr, daß überhaupt jede individuelle Erscheinung durch eine Unermeßlichkeit von Einflüssen aus ihrem menschlichen Umgebungskreise bestimmt ist. Und dieser Gedanke gewann sozusagen rückwirkende Kraft: Neben der gegenwärtigen erschien die vergangene Gesellschaft als Substanz, die die einzelne Existenz bildete wie das Meer die Wellen; hier schien der Boden gewonnen, aus dessen Kräften allein die besonderen Formen, zu denen er die Individuen bildete, erklärbar wurden. Diese Denkrichtung unterstützte der moderne Relativismus, die Neigung, das einzelne und Substanzielle in Wechselwirkungen aufzulösen; das Individuum war nur der Ort, an dem sich soziale Fäden verknüpfen, die Persönlichkeit nur die besondere Art, auf die dies geschieht. Da man sich zum Bewußtsein brachte, daß alles menschliche Tun innerhalb der Gesellschaft verläuft und keineswegs sich ihrem Einfluß entziehen kann, so mußte alles, was nicht Wissenschaft von der äußeren Natur war, Wissenschaft von der Gesellschaft sein. Sie erschien als das allumfassende Gebiet, in dem sich Ethik wie Kulturgeschichte, Nationalökomomie wie Religionswissenschaft, Ästhetik wie Demographie, Politik wie Ethnologie zusammenfanden, da die Gegenstände dieser Wissenschaften sich in dem Rahmen der Gesellschaft realisierten: die Wissenschaft vom Menschen sei Wissenschaft von der Gesellschaft. Zu dieser Vorstellung der Soziologie als Wissenschaft von allem Menschlichen überhaupt trug bei, daß sie eine neue Wissenschaft war und infolgedessen alle möglichen, sonst nicht recht unterzubringenden Probleme sich an sie herandrängten – wie ein neuerschlossenes Gebiet immer zuerst das Dorado von heimatlosen und entwurzelten Existenzen wird: die zuerst unvermeidliche Unbestimmtheit und Unverteidigtheit der Grenzen gewährt jedem das Recht, dort unterzukommen. Näher angesehen indes, erzeugt dieses Zusammenwerfen aller bisherigen Wissensgebiete kein neues. Es bedeutet nur, daß alle historischen, psychologischen, normativen Wissenschaften in einen großen Topf geschüttet werden und diesem das Etikett: Soziologie – angeheftet wird…"

Für Simmel ist die Soziologie zunächst eine Methode:

„Die Soziologie also, in ihrer Beziehung zu den bestehende-Wissenschaften, ist eine neue Methode, ein Hilfsmittel der Forschung, um den Erscheinungen aller jener Gebiete auf einem neuen Wege beizukommen. Damit verhält sie sich aber nicht wesentlich anders als seinerzeit die Induktion, die als neues Forschungsprinzip in alle möglichen Wissenschaften eindrang, sich in jeder gleichsam akklimatisierte und ihr innerhalb der feststehenden Aufgaben zu neuen Lösungen verhalf. Sowenig aber daraufhin Induktion eine besondere Wissenschaft oder gar eine allbefassende ist, so wenig ist es, auf dieselben Momente hin, die Soziologie. Soweit sie sich darauf stützt, daß der Mensch als Gesellschaftswesen verstanden werden muß und daß die Gesellschaft der Träger alles historischen Geschehens ist, enthält sie kein Objekt, das nicht schon in einer der bestehenden Wissenschaften behandelt würde, sondern nur einen neuen Weg für alle diese, eine Methode der Wissenschaft, die gerade wegen ihrer Anwendbarkeit auf die Gesamtheit der Probleme nicht eine eigne Wissenschaft für sich ist.

Welches aber kann das eigne und neue Objekt sein, dessen Erforschung die Soziologie zu einer selbständigen und grenzbestimmten Wissenschaft macht? Es liegt auf der Hand, daß zu dieser Legitimation ihrer als einer neuen Wissenschaft nicht die Entdeckung eines seiner Existenz nach bisher unbekannten Gegenstandes gehört. Alles, was wir als Gegenstand schlechthin bezeichnen, ist ein Komplex von Bestimmungen und Beziehungen, deren jede, an einer Vielheit von Gegenständen aufgezeigt, zum Objekt einer besonderen Wissenschaft werden kann…

So könnte auch die Soziologie als besondere Wissenschaft ihr besonderes Objekt darin finden, daß sie nur eine neue Linie durch Tatsachen legt, die als solche durchaus bekannt sind; nur daß ihnen gegenüber eben der Begriff bisher nicht wirksam geworden wäre, der die auf jene Linie gehörige Seite dieser Tatsachen als eine ihnen allen gemeinsame und eine methodisch-wissenschaftliche Einheit bildende kenntlich macht. Den höchst komplizierten, unter einen wissenschaftlichen Gesichtspunkt überhaupt nicht zusammengehenden Tatsachen der geschichtlichen Gesellschaft gegenüber erzeugen die Begriffe der Politik, der Wirtschaft, der Kultur usw. derartige Erkenntnisreihen, sei es, indem sie gewisse Teile jener Tatsachen, unter Ausscheidung oder nur akzidentellem Mitwirken der andern, zu einmaligen historischen Verläufen verknüpfen, sei es, daß sie die Gruppierungen von Elementen kenntlich machen, die unabhängig von dem einzelnen Hier und Jetzt einen zeitlos wendigen Zusammenhang enthalten. Soll es nun eine Soziologie als besondere Wissenschaft geben, so muß demnach der Begriff der Gesellschaft als solcher, jenseits der äußeren Zusammenfassung jener Erscheinungen, die gesellschaftlich-geschichtlichen Gegebenheiten einer neuen Abstraktion und Zusammenordnung unterwerfen, derart, daß gewisse, bisher nur in anderen und mannigfaltigen Verbindungen beachtete Bestimmungen derselben als zusammengehörig und deshalb als Objekte einer Wissenschaft erkannt werden.

Dieser Gesichtspunkt nun ergibt sich vermittels einer Analyse des Gesellschaftsbegriffes, die man als Unterscheidung zwischen Form und Inhalt der Gesellschaft bezeichnen kann ...

... Ich gehe dabei von der weitesten, den Streit um Definition möglichst vermeidenden Vorstellung der Gesellschaft aus: daß sie da existiert, wo mehrere Individuen in Wechselwirkung treten. Diese Wechselwirkung entsteht immer aus bestimmten Trieben heraus oder um bestimmter Zwecke willen. Erotische, religiöse oder bloß gesellige Triebe, Zwecke der Verteidigung wie des Angriffs, des Spieles wie des Erwerbes, der Hilfeleistung wie der Belehrung und unzählige andere bewirken es, daß der Mensch in ein Zusammensein, ein Füreinander-, Miteinander-, Gegeneinander-Handeln, in eine Korrelation der Zustände mit andern tritt, d. h. Wirkungen auf sie ausübt und Wirkungen von ihnen empfängt. Diese Wechselwirkungen bedeuten, daß aus den individuellen Trägern jener veranlassenden Triebe und Zwecke eine Einheit, eben eine ‚Gesellschaft' wird ... Ich bezeichne nun alles das, was in den Individuen, den unmittelbar konkreten Orten aller historischen Wirklichkeit, als Trieb, Interesse, Zweck, Neigung, psychische Zuständlichkeit und Bewegung derart vorhanden ist, daß daraus oder daran die Wirkung auf andre und das Empfangen ihrer Wirkungen entsteht – dieses bezeichne ich als den Inhalt, gleichsam die Materie der Vergesellschaftung. An und für sich sind diese Stoffe, mit denen das Leben sich füllt, diese Motivierungen, die es treiben, noch nicht sozialen Wesens ...

Was nun die ‚Gesellschaft', in jedem bisher gültigen Sinne des Wortes, eben zur Gesellschaft macht, das sind ersichtlich die so angedeuteten Arten der Wechselwirkung. Irgendeine Anzahl von Menschen wird nicht dadurch zur Gesellschaft, daß in jedem für sich irgendein sachlich bestimmter oder ihn individuell bewegender Lebensinhalt besteht; sondern erst, wenn die Lebendigkeit dieser Inhalte die Form der gegenseitigen Beeinflussung gewinnt, wenn eine Wirkung von einem auf das andere – unmittelbar oder durch ein Drittes vermittelt – stattfindet, ist aus dem bloß räumlichen Nebeneinander oder auch zeitlichen Nacheinander der Menschen eine Gesellschaft geworden. Soll es also eine Wissenschaft geben, deren Gegenstand die Gesellschaft und nichts andres ist, so kann sie nur diese Wechselwirkungen, diese Arten und Formen der Vergesellschaftung untersuchen wollen. Denn alles andre, was sich sonst noch innerhalb der ‚Gesellschaft' findet, durch sie und in ihrem Rahmen realisiert wird, ist nicht Gesellschaft selbst, sondern nur ein Inhalt, der sich diese Form oder den sich diese Form der Koexistenz anbildet und der freilich erst mit ihr zusammen das reale Gebilde, das ‚Gesellschaft' im weiteren und üblichen Sinne heißt, zustande bringt. Daß dieses beides, in der Wirklichkeit untrennbar Vereinte, in der wissenschaftlichen Abstraktion getrennt werde, daß die Formen der Wechselwirkung oder Vergesellschaftung, in gedanklicher Ablösung von den Inhalten, die durch sie erst zu gesellschaftlichen werden, zusammengefaßt und einem einheitlichen wissenschaftlichen Gesichtspunkt methodisch unterstellt werden – dies scheint mir die einzige und die ganze Möglichkeit einer speziellen Wissenschaft von der Gesellschaft als solcher zu begründen. Mit ihr erst wären die Tatsachen, die wir als die gesellschaftlich-historische Realität bezeichnen, wirklich auf die Ebene des bloß Gesellschaftlichen projiziert ..."

Leopold v. Wiese: Die Sphäre des Zwischenmenschlichen

Leopold v. Wiese geht im wesentlichen von Simmels Annahme aus, daß die Herausarbeitung der verschiedenen Formen sozialer Beziehungen das hauptsächliche soziologische Problem sei. Beeinflußt war er ferner von Tönnies, mit dessen „Gemeinschaft und Gesellschaft" (1887) v. Wiese die neue Epoche der Soziologie in Deutschland beginnen läßt. Offener als die meisten seiner deutschen Kollegen vor dem 2. Weltkrieg stand v. Wiese seit jeher den amerikanischen Soziologen gegenüber. (Ross, Park, Burgess, Thomas, Znaniecki wären vor allem zu nennen; zu ihnen führt auch eine direkte Linie von Simmel aus.)

Leopold v. Wiese, geb. 1876 in Glatz, gest. 1969 in Köln, war Mitgründer der deutschen Gesellschaft für Soziologie. Nach dem Studium der Nationalökonomie, 1905 Privatdozent in Berlin, ord. Prof. an der Handelshochschule Köln 1915, 1919 Universität Köln, gründete v. Wiese ein sozialwissenschaftliches Forschungsinstitut, gab die Kölner Vierteljahreshefte für Soziologie" heraus (seit 1947 neue Folge unter dem Titel „Kölner Zeitschrift für Soziologie") und schrieb u. a.: „Allgemeine Soziologie. Teil I: Die Beziehungslehre" (1924), Teil II: „Die Gebildelehre" (1929), „Sozial, geistig und kulturell" (1936), „Soziologie, Geschichte und Hauptprobleme" (1926, 1947),

„Ethik in der Schauweise der Wissenschaften vom Menschen und von der Gesellschaft“ (1947), „System der allgemeinen Soziologie als Lehre von den sozialen Prozessen und den sozialen Gebilden der Menschen (Beziehungslehre)“ (3. A. 1955); „Philosophie und Soziologie“ (1959), „Das Ich-Wir-Verhältnis“ (1962).

Methodisch hebt er die Soziologie besonders scharf von allen Nachbarwissenschaften ab. So stellt sich für v. Wiese: „die Soziologie als Beziehungs- und Gebildelehre ... als eine eigene und selbständige Wissenschaft dar, die heute begonnen, aber erst nach Arbeit einer großen Generationsreihe in der Zukunft vollendet werden kann. Zunächst handelt es sich in erster Linie um eine Schulung des geistigen Schauens, das als arteigen soziologisch bezeichnet werden muß ..., es kommt ... nicht darauf an, Bewußtseinsvorgänge oder andere Prozesse, die sich in der menschlichen Seele vollziehen, bloßzulegen; es soll nicht das Geschehen der Vergangenheit als solches erzählt werden ..., es soll auch nichts darüber ausgesagt werden, was Gesellschaft ist und welche überempirischen Kräfte sich in den abstrakten Kollektiva offenbaren ...“

Die Aufgabe der Beziehungslehre, der allgemeinen Soziologie, sei es, „das schlechtweg Menschliche, soweit es interpersonal ist, freizulegen. Fragt man, was denn eigentlich bleibt, wenn man von den Aufgaben, in deren Dienst der soziale Prozeß stattfindet, absieht, so ergibt sich die Antwort: es bleibt der Mensch–Mensch-Zusammenhang, unser eigentlicher Gegenstand. Die Aufgabe besteht eben darin, den vom Betreff mit beherrschten Vorgang des gelebten Lebens so zu studieren, daß man aus ihm die Verschiebungen, die im zwischenmenschlichen Zusammenhange eingetreten sind, erkennen kann.“

Die in der Beziehungslehre gegebene Aufgabe sei nun, „die Kategorie des Bloß-Sozialen aufzuweisen und ein Verfahren zu entwickeln, das dieses Allein-Zwischenmenschliche aus den Zusammenhängen mit den sachlichen Lebensbereichen (wirtschaftlichen, politischen, rechtlichen usw.) löst“.

Dazu führt v. Wiese im einzelnen aus:

„Wenn man aus dem Komplexe des Menschenlebens die Bestandteile herauslösen und studieren will, die zu dem Kreise der Einwirkungen von Menschen auf Menschen (isoliert oder kollektiv handelnden Menschen) gehören und nur zu ihm gehören, und wenn man weiter feststellen will, was aus den Äußerungen und Erzeugnissen des Menschenlebens auf diese Welt des Zwischenmenschlichen zurückzuführen ist, so muß man zunächst die Grundform des Mensch–Mensch-Zusammenhanges aufsuchen und sie allein zum Ausgangspunkt aller weiteren Beobachtungen machen. Damit hat man die eigentliche Kategorie des soziologischen Studiums gewonnen, die nur ihm zukommt und bei folgerichtiger Verwendung vor einem Abirren ins Außersoziologische schützt.

Zu studieren ist der Grad der Verbundenheit von Menschen. Er ist bestimmbar und meßbar nach der Größe des Abstands, nach Nähe oder Ferne. Damit ergibt sich als die spezifische, eigenartige Aufgabe soziologischer (nur-soziologischer) Forschung: das Leben der Menschen in seiner Gesamtheit und seinen Teilausschnitten daraufhin zu untersuchen, welche Vorgänge der Bindung und Lösung bestehen und zu welchen Gruppierungen diese Prozesse führen. Mit dem Aufweisen ihres Vorhandenseins hängt die Feststellung ihrer Wirkungsweise zusammen, also die Untersuchung der Frage: Wie wirken diese Vorgänge der Integrierung und Differenzierung auf die Menschen und auf ihre Leistungen? Nicht mehr und nicht weniger als der positive und negative Gesamtvergesellschaftungsprozeß ist als Ganzes und in seinen Teilerscheinungen zu beobachten und in seinen Einwirkungen und Folgen auf das Menschenschicksal, das Geschehen in der Menschensphäre auf Erden, zu untersuchen.

Es ist ohne weiteres klar, daß eine Sphäre des reinen Zwischen-Seins, in der es keine selbständigen Existenzen gibt, nichts anderes darstellen kann als einen Bereich von zahllosen Verbindungen, Verflechtungen und Verknotungen. Graphisch würde sich diese Sphäre als ein scheinbar undurchdringliches Netz von Linien darstellen, die von Punkten (Menschen) ausgehen, die selbst am Rande des Feldes stehen. Es handelt sich darum, dieses Geflecht zu ordnen und zu erklären, wie erst diese zahllosen Verbindungen ein Kulturleben (das Wort im allerweitesten Sinne genommen) möglich machen.

Es sind auf diesem Felde aber nicht nur starre, unveränderliche Verbindungslinien gegeben; es handelt sich vielmehr um ein energiegeladenes Kraftfeld. Die Verbindungen, die hier geschaffen werden, ändern sich beständig. Die Menschen werden durch die Geflechte des Sozialverkehrs fortwährend einander näher gerückt oder voneinander entfernt. Die jeweils dadurch erzielte Gruppierung macht erst die Erfüllung einer entsprechenden, sachlichen Aufgabe möglich. Zur Erfüllung eines spezifischen Daseinszweckes gehört eine angemessene Verteilung der Menschen und eine kongruente Entladungsmöglichkeit menschlicher Kräfte, die bei einer anderen Verteilung der Menschen nicht gegeben ist. Mögen in den Seelen und Leibern der Menschen noch so viele und besondersartige Energien aufgespeichert sein, die Art der Verbundenheit der Menschen entscheidet darüber, was aus diesen Energien Tat, Handlung werden kann."

Begriff des sozialen Prozesses

Das Zwischenmenschliche ist für v. Wiese also nichts anderes als „eine Fülle von wechselnden Verbindungen der Menschen untereinander. Die Vorgänge, die sich in dieser Sphäre abspielen und die ich soziale Prozesse nenne, sind Vorgänge, durch die Menschen enger miteinander verbunden oder mehr voneinander gelöst werden.

Dieser Begriff des sozialen Prozesses ist die Hauptkategorie des Systems. Das Gesamtgeschehen im sozialen Raume (der Gesamtvorgang der Vergesellschaftung) zerfällt in eine unendlich große Fülle von sozialen Prozessen, die alle Näherungs- und Entfernungsvorgänge (Ab- und An-Prozesse) sind.

Denken wir uns den in der Zeit hinströmenden, stets veränderlichen Fluß dieser Prozeßreihen einen Augenblick stillgehalten und überschauen wir das nun ruhende Feld der jeweils gegebenen Verbindungen, so schauen wir ein Geflecht von Beziehungen, von Zuständen des Verbunden- oder Getrennt-Seins der Menschen. Diese Beziehungen sind die Ergebnisse vorausgehender sozialer Prozesse.

Die Frage also, was eine soziale Beziehung ist, beantwortet sich: sie ist ein durch einen sozialen Prozeß oder (häufiger) durch mehrere soziale Prozesse herbeigeführter labiler Zustand der Verbundenheit oder Getrenntheit zwischen Menschen. Ganz kurz (und damit leicht mißverständlich) gesagt: eine soziale Beziehung ist ein bestimmter Abstand zwischen ihnen.

Durch die Erneuerung des Bewegungsspiels im sozialen Raume erweisen sich die Beziehungen als labil. Sie werden durch die neu einsetzenden sozialen Prozesse mehr oder weniger verändert und verschoben.

Soziale Prozesse sind also Abstandsverschiebungen (Distanzierungen). Die zweite Hauptkategorie der Beziehungslehre ist die des Abstandes (der Distanz), wobei dies Wort sowohl Ferne wie Nähe bedeutet. Distanzierung ist nicht bloß Erweiterung, sondern ebenso Verminderung des Abstands.

Der Abstand (die Distanz) ist neben dem sozialen Prozesse, mit dem er innerlich zusammenhängt, der eigentliche Grundbegriff aller Soziologie. Die Tatsachen des Menschenlebens auf den Grad des Abstandes zwischen Menschen ansehen heißt: sie soziologisch betrachten. Es kann innerhalb der Beziehungslehre keine einzige Untersuchung geben, die nicht direkt oder mittelbar dem Ziele dient, etwas zur Erkenntnis dieser Seite des Lebens beizutragen."

Der soziale Raum

„Unsere dritte Hauptkategorie (neben sozialem Prozeß und Abstand) ist die des sozialen Raumes (oder – im gleichen Sinne – der sozialen Sphäre). Der soziale Raum ist das Universum, in dem sich die sozialen Prozesse abspielen. Er ist vom physischen Raume zu unterscheiden. Auch dieser in Teilausschnitten wahrnehmbare Raum ist für das gesellschaftliche Leben von großer Bedeutung. Er ist aber selbst kein Gegenstand soziologischer Forschung. Unsere Forschungen und Aussagen über Abstand, Messung, Quantifizierung in der Soziologie beziehen sich nicht auf die Materie, die Welt der physischen Stoffe und Kräfte, sondern stets auf Vorgänge im unkörperlichen sozialen Raume. Die Isolierbarkeit der Sozialsphäre von der Körperwelt einerseits, dem Bereiche des Seelischen anderseits ist, wie anfangs hervorgehoben worden, ein Axiom der Beziehungslehre.

Für unsere Zwecke genügt: der soziale Raum ist im Unterschiede zum physischen oder zum „populären" Raume (die anderen Raumkonstruktionen können wir beiseite lassen) eben jene Sphäre, in der sich soziale Prozesse abspielen: Verbindungen, Trennungen, Bindungen, Lösungen, Brechungen, Verteilungen, Gesellungen. Diese Prozesse, die sich in der Zeit abrollen, sind zugleich im ausgesprochensten Maße räumlich, jedoch nicht räumlich im Newtonschen oder im naiven Sinne.

Die Verbindungen und Trennungen, die hier stattfinden, haben ihre eigenen Vergleichsgesetze und Maße; das Meter ist dabei nicht anwendbar. Aber messen und zählen kann man auch im sozialen Raume; sonst wäre der Begriff der Abstandsveränderung nicht anwendbar. Für die Studien im sozialen Raume (also für eine arteigene Soziologie) fehlen uns heute noch fast ganz die entsprechenden sprachlichen Ausdrucksmittel. Es besteht eine große sprachliche Schwierigkeit, die Besonderheit der Sphäre des sozialen Lebens gegenüber der Sphäre des menschlichen Innenlebens einerseits, des körperlich-räumlichen Lebens anderseits auszudrücken. Da es nur wenige Worte gibt, die nur soziale Fakta bezeichnen, müssen wir sie meistens entweder der Seelen- oder der Körpersphäre entnehmen ..."

Soziale Prozesse und sozialer Abstand müssen als einander ergänzend betrachtet werden:

„Eine Systematik der Prozesse, die den sozialen Raum erfüllen, wäre kaum durchführbar, wenn sie sich nicht alle auf einfachste, allgemeine Grundprozesse zurückführen ließen, deren Zahl klein, nämlich zwei ist. (Im Bilde: So verschlungen auch die Spirale ist, die den zwischenmenschlichen Raum durchläuft, so weist sie doch zwei sich ablösende und wiederholende Grundbewegungen auf.)

Diese beiden Grundprozesse sind die des Zueinander und des Auseinander; aus ihnen entstehen die zwei Grundbeziehungen des Miteinander und des Ohneinander.

Die Verschlungenheit zwischenmenschlicher Begebenheiten ist auf den häufigen Wechsel und auf die gegenseitige Durchdringung dieser beiden (begrifflich voneinander zu trennenden) Grundbewegungen des Bindens und Lösens zurückzuführen.

Demnach teile ich alle sozialen Prozesse ein in 1. verbindende, 2. lösende und 3. in bestimmter Hinsicht verbindende, in anderer Hinsicht lösende Prozesse.

Diese Einteilung ist die arteigene der Soziologie. Eine Untersuchung irgendeines zwischenmenschlichen Geschehens wird dadurch zu einer soziologischen, daß sie den in ihm vorgehenden Bindungs- oder Lösungsvorgang oder die Verknüpfung zwischen Binden und Lösen an ihm beobachtet.

Von der Ethik, Psychologie, Ästhetik, Politik usw. werden die menschlichen Beziehungen unter anderen Gesichtspunkten und nach anderen Einteilungsprinzipien betrachtet; die Soziologie beobachtet sie jedoch nur nach der Art und dem Grade des Mit- und Ohneinander und dem Mischungsverhältnisse zwischen beiden. Die Beziehungslehre kennt nur die Bewegungen zur Vereinigung oder zur Flucht; tertium in sociologia non datur.

Es gibt keine soziologisch indifferenten Prozesse zwischen Menschen und zwischen (sozialen) Gebilden, d.h. Prozesse, die weder verbindend noch lösend sind. In allem, was ich einem anderen Menschen gegenüber tue, muß ich ihm (sei es auch nur minimal) näherkommen oder von ihm abrücken oder schließlich in mancher Hinsicht näherkommen, in anderer von ihm abrücken.

Die Zweiteilung aller zwischenmenschlichen Prozesse in solche des Zu- und Auseinander gibt erst der Soziologie die nur ihr eigene selbständige Problematik, gibt ihr ihren exakten Wissenschaftscharakter.

Fragt man, wieso es diese beiden Arten als einzige Grundarten der sozialen Prozesse gibt, so kann man entweder darauf hinweisen, daß sie empirisch überall und zu allen Zeiten feststellbar sind; oder man folgert sie aus der biologischen Menschennatur, die teilweise zur Verbindung mit Artgenossen, teilweise zur Behauptung der Ichheit gegen die Art und Artgenossen drängt; oder man erklärt sie mit den beiden einzigen Möglichkeiten der Bewegungsbahnen von Größen schlechtweg (in ihrem Behältnisse zueinander). Diese dritte Argumentation ist die formalste und allgemeinste Betrachtungsweise. Bildlich: Die Menschen sind uns hierbei gleichsam Figuren auf dem riesigen Schachbrette des Lebens, die mit jedem Schachzuge (sozialen Prozesse) bald näher aneinander-, bald auseinanderrücken; hier erscheinen sie zu Massen oder Gruppen gehäuft, dort in loserer Verbindung, dort schließlich in Isoliertheit. Damit haben wir das Grundschema der Soziologie gegeben. Gerade weil die letzten Untersuchungen über das Verhältnis von Mensch zu Mensch und von Gebilde zu Mensch (z.B. von bestimmten erotischen oder von Dienstbarkeitsbeziehungen oder zwischen einem Sektierer und dem Staate oder was man sonst wählen mag) so kompliziert sind und ihre Analyse so leicht ins Zusammenhanglose führt, ist es notwendig, das einfachste, berechenbarste, vom Inhaltlichen losgelösteste Schema zu wählen, also eine unpsychologische, unbewertbare, dafür verdeutlichungsfähige Kategorie dem gesamten System zugrunde zu legen. Nur durch die völlige Allgemeinheit, Allgültigkeit, Wiederholbarkeit dieser leeren letzten Prozeßformen läßt sich Einheitlichkeit erzielen..."

Ferdinand Tönnies: Gemeinschaft und Gesellschaft

Ferdinand Tönnies stand als Philosoph und Soziologe, ungeachtet seiner Bedeutung, stets ein wenig abseits. Von erstaunlichem – und für die Tatsachenerkenntnis unheilvollem – Einfluß war allerdings Tönnies' „Gemeinschaft-Gesellschaft", als Gegensatzpaar, auf die gesamte amerikanische Soziologie, bis in die Gegenwart. Seine Abwertung der Welt des Städters zugunsten der angeblich viel besseren Welt des Bauern stimmte nur zu sehr mit den Vorurteilen vieler amerikanischer Soziologen, vor allem jener aus dem Mittleren Westen, überein, die das Mißtrauen des Farmers auf die Städter nie losgeworden sind.

Stärker als bei den meisten deutschen Soziologen seiner Zeit sind die Schwerpunkte und Wertakzente seiner Sozialphilosophie biographisch bedingt. Tönnies, Sohn eines alten Bauerngeschlechtes, das seit 200 Jahren an der Westküste Schleswig-Holsteins lebte, wuchs in einem Familiengeist auf, der Untertänigkeit nie gekannt und viele Elemente der altgermanischen Bauerngemeinschaft bewahrt hatte.

Tönnies wurde 1855 auf Hof Riep, Kirchspiel Oldenswort, Schleswig, geboren, er starb 1936 in Kiel. 1891–1923 war Tönnies Professor in Kiel. Er veröffentlichte u.a. „Thomas Hobbes" (3. A. 1925), „Kritik der öffentlichen Meinung" (1922), „Soziologische Studien und Kritiken", 3 Bde. (1925–1929), „Geist der Neuzeit" (1935).

Sehr früh begann Tönnies sich mit Thomas Hobbes zu beschäftigen. Er vertiefte sich in die Quellen des deutschen, englischen und auch französischen Naturrechts. Ungeachtet seiner konservativen Grundhaltung, war Tönnies den progressiven Bewegungen seiner Zeit gegenüber sehr aufgeschlossen; vor allem den Verbrauchergenossenschaften und Gewerkschaften.

Weiteren Einblick in die Entstehung des Tönniesschen Hauptwerks „Gemeinschaft und Gesellschaft" (1887) gibt folgende autobiographische Skizze.

„Ich hatte mich früh philosophischen Studien zugewandt und diese etwa von 1877 an auf Thomas Hobbes, besonders auf dessen rechts- und staatsphilosophische Schriften, konzentriert. Von da aus ging mein Weg allgemein in die englische Literatur über diese Gegenstände und führte mich bald auch zu Herbert Spencer. Von ihm ging ich dann zurück auf Auguste Comte. Hier hatte ich die beiden großen Autoren der damaligen Soziologie, zu denen sich mir, als Deutscher von Gewicht, bald Albert Schäffle gesellte. Schäffles Werk ‚Bau und Leben des sozialen Körpers' ist ganz organizistisch gedacht gleich dem Spencerschen, aber noch mehr in die einzelnen Analogien ausgeführt, die mich damals sehr interessierten, indem ich gleichzeitig mich bemühte, meine biologischen Kenntnisse zu erweitern und zu vertiefen. In der Rechtsphilosophie empfing ich eine starke Anregung teils durch R. v. Ihering, teils durch Sir Henry Maine und beschäftigte mich auch mit der vorzugsweise deutschen Literatur des rationalen Naturrechts von Pufendorf an und mit der historischen Rechtsschule wie den Romantikern, die jenes Naturrecht verleugneten und ablösten. So habe ich mit lebhaftem Interesse damals (etwa 1881) auch Adam Müller: ‚Die Elemente der Staatskunst' gelesen. – Ich faßte den Vorsatz, den wahren Sinn des Naturrechts sowohl als den der Kritik, die es vernichten wollte, zu erfassen, gelangte so dahin, mir ein Bild von der ganzen umfassenden Wirkung des Rationalismus, den ich bald als Prinzip des wissenschaftlichen Denkens überhaupt erkannte, zu gestalten. So gelangte ich zu dem Bemühen, alle irrationalen und minder rationalen Gedankenbildungen psychologisch ‚verstehen' zu wollen, und zwar dahin, daß sie niemals schlechthin unvernünftig seien, sondern ihren eigenen Sinn haben müssen, der zuletzt auf das menschliche Wollen zurückführe. Denn bald gestaltete sich mir die Verallgemeinerung, daß das Soziale schlechthin aus menschlichem Wollen, aus einem Zusammenwollen hervorgehe; und dessen Wesen zu durchdringen, machte ich mir zur Aufgabe. Zur Klärung meiner Gedanken trug dann stark das Studium des wissenschaftlichen, also hauptsächlich des Marxischen Sozialismus bei, dem ich gleichzeitig in diesen Jahren lebhaft ergeben war: schon 1878 habe ich mit Eifer den ersten Band des Kapitals studiert, aber auch Rodbertus und sein Interpret Adolf Wagner regten mich jahrelang an. Zugleich war ich ethnologischer Erkenntnisse beflissen und habe aus meinen gewonnenen Kenntnissen Bachofens Mutterrecht und des Amerikaners Morgan Ancient Society als Werke hervorgehoben, die mir einen tiefen

Eindruck gemacht hatten; ich hätte auch eine Reihe anderer Werke dieser Art benennen können, besonders englische und französische wirkten auf mich, die in die vermutlich frühesten Phasen des sozialen Lebens der Menschheit einzudringen versuchten, z. B. Hearn, The Aryan houshold, Fustel de Coulanges, La cité antique. Erst später lernte ich die bedeutenden Werke des deutschen Juristen Leist kennen und würdigen.

Aus diesen Studien und Gedanken ist die Schrift ‚Gemeinschaft und Gesellschaft' hervorgegangen, deren erste Auflage den Untertitel trägt: Abhandlung des Kommunismus und des Sozialismus als empirischer Kulturformen. Ich wollte damit sagen, daß man in diesen vielberufenen Schlagworten nicht bloße Phantasmen, ausgeklügelte Ideale und Utopien, sehen dürfe, sondern Erscheinungen des wirklichen sozialen Lebens begreifen solle. Dies war in bezug auf den Kommunismus gar nichts Neues, denn die Begriffe vom Urkommunismus, Agrarkommunismus und dergl. waren schon damals geläufig. Ich meinte nur darzustellen, daß der ebenfalls schon damals vielberufene und als für die Neuzeit charakteristisch gefundene ‚Individualismus' nichts weiter als ein ideeller Grenzpunkt sei in dem großen Prozeß, der vom Kommunismus zum Sozialismus, von Gemeinschaft zu Gesellschaft führe.

Dabei war meine Meinung, daß schon im ganzen Vertragswesen und besonders in der Assoziation die Keime des Sozialismus enthalten sind, daß es also in dem parallel laufenden Fortschritt von bürgerlicher Gesellschaft und Staat nur um eine sozial gesetzlich bedingte allmähliche Steigerung des Faktors Staat sich handele, wobei ich nicht nur an den Gang der gesellschaftlichen Entwicklung, der diese Steigerung notwendig macht, sondern auch an meines gelehrten Gönners Adolf Wagners ‚Gesetz' des Wachstums der Staatstätigkeiten dachte. Immer sah ich in der ganzen historischen Bewegung vom Mittelalter her die allmähliche Befreiung des Rationalismus und die zunehmende Herrschaft des befreiten als schlechthin notwendige Prozesse, und zwar Prozesse des menschlichen Geistes in seiner Gestaltung als Wille. Im Willen den Kern des menschlichen Wesens zu begreifen, war ich schon in früher Jugend durch Schopenhauer angeleitet worden, legte aber auf die metaphysische Verallgemeinerung, also die (wie ich auch heute finde) unzulässige Erweiterung des Willensbegriffes keinen Wert, sondern kehrte bald dahin zurück, den Willen als etwas spezifisch Menschliches, als appetitus rationalis aufzufassen ..."

Nach Tönnies stehen sich zwei Zeitalter in den großen Kulturentwicklungen einander gegenüber: ein Zeitalter der Gesellschaft folge einem Zeitalter der Gemeinschaft:

„Dieses ist durch den sozialen Willen als Eintracht, Sitte, Religion bezeichnet, jenes durch den sozialen Willen als Konvention, Politik, öffentliche Meinung. Und solchen Begriffen entsprechen die Arten des äußeren Zusammenlebens."

Tönnies gibt folgende Übersicht über diese Arten des Zusammenlebens:

„A. Gemeinschaft

1. Familienleben = Eintracht. Hierin ist der Mensch mit seiner ganzen Gesinnung. Ihr eigentliches Subjekt ist das Volk.
2. Dorfleben = Sitte. Hierin ist der Mensch mit seinem ganzen Gemüte. Ihr eigentliches Subjekt ist das Gemeinwesen.
3. Städtisches Leben = Religion. Hierin ist der Mensch mit seinem ganzen Gewissen. Ihr eigentliches Subjekt ist die Kirche.

B. Gesellschaft

1. Großstädtisches Leben = Konvention. Diese setzt der Mensch mit seiner gesamten Bestrebung. Ihr eigentliches Subjekt ist die Gesellschaft schlechthin.
2. Nationales Leben = Politik. Diese setzt der Mensch mit seiner gesamten Berechnung. Ihr eigentliches Subjekt ist der Staat.
3. Kosmopolitisches Leben = Öffentliche Meinung. Diese setzt der Mensch mit seiner gesamten Bewußtheit. Ihr eigentliches Subjekt ist die Gelehrten-Republik.

An jede dieser Kategorien knüpft sich ferner eine überwiegende Beschäftigung und herrschende Tendenz damit verbundener Geistesrichtung, welche demnach so zusammengehören:

A. 1. Hauswirtschaft: beruht auf Gefallen: nämlich auf Lust und Liebe des Erzeugens, Schaffens, Erhaltens. In Verständnis sind die Normen dafür gegeben.
2. Ackerbau: beruht auf Gewohnheiten: nämlich regelmäßig wiederholter Arbeiten. In Bräuchen wird dem Zusammenarbeiten Maß und Richtung gewiesen.
3. Kunst: beruht auf Gedächtnissen: nämlich empfangener Lehre, eingeprägter Regeln, eigener Ideen. Im Glauben

an Aufgabe und Werk verbinden sich die künstlerischen Willen.

B. 1. Handel: beruht auf Bedachten: nämlich Aufmerksamkeit, Vergleichung; Rechnung ist die Grundbedingung alles Geschäftes: Handel ist die reine (willkürliche) Handlung. Und Kontrakt ist Brauch und Glaube des Handels.

2. Industrie: beruht auf Beschlüssen: nämlich vernünftiger produktiver Anwendung von Kapital und des Verkaufes von Arbeitskraft. Satzungen beherrschen die Fabrik.

3. Wissenschaft: beruht auf Begriffen: wie von selber evident. In Lehrmeinungen gibt sie sich ihre eigenen Gesetze und stellt ihre Wahrheiten und Ansichten dar, die in die Literatur, die Presse und somit in die öffentliche Meinung übergehen…“

Tönnies übte auch Kritik am Begriff der Gruppe:

„Nachdem ich so drei Arten von Verbundenheiten unterschieden hatte, wird man mich fragen, warum ich diese nicht, wie es mehrere andere angesehene Soziologen getan haben, unter dem Namen der Gruppe zusammengefaßt habe. Ich glaube starke Gründe zu haben, diesen Namen zu verwerfen. Im Gebrauch dieses Namens verrät sich die Unbekanntschaft mit oder die Abweichung von dem Grundgedanken, der meine Theorie dieser Verbundenheiten bestimmt; daß sie nämlich von innen gesehen und erkannt werden müssen, wovon in der äußeren Gruppierung oder Haufenbildung nichts enthalten ist. Eine Gruppe von Menschen gewahre ich auf der Straße, wenn ein Dutzend oder mehr Individuen um die Stätte eines Unfalls oder einer Schlägerei sich gesammelt haben; man mag eine solche Erscheinung auch soziologisch betrachten, aber soziologische Wesenheiten – diesen Terminus hatte ich nun gefunden – sind sie nicht. Ich lasse dahingestellt sein, ob es nicht noch zweckmäßiger sei, den Ausdruck soziale Gestalten an die Stelle zu setzen; ich habe zunächst Wesenheit vorgezogen, weil er mir besser darauf hinzudeuten scheint, daß daran gelegen ist, die subjektive Begründung aller Verbundenheiten zu betonen, denn diese ist der Kardinalpunkt meiner Theorie…“

Der soziologische Gehalt der Nationalökonomie

Es wäre um die wissenschaftliche Weiterentwicklung der Soziologie schlecht bestellt gewesen, wenn um die Wende zum 20. Jahrhundert allein „Nur-Soziologen", Psychologen und Philosophen auf soziologischem Gebiet gearbeitet hätten. Vermutlich wäre sie in die öde Erschlaffung des Spätpositivismus geraten und hätte für die Gelehrtengeneration, die zwischen 1910 und 1920 zu arbeiten begann, wenig Interesse geboten. Glücklicherweise gab es Nationalökonomen mit scharfem soziologischen Blick. Konfrontiert mit den Problemen der wirtschaftlich-politischen Wirklichkeit konnte die Soziologie, getragen von bedeutenden Forscherpersönlichkeiten, jenen für alle Geisteswissenschaften so kritischen Wendepunkt zum 20. Jahrhundert überstehen.

Die ältere Generation (G. v. Schmoller, Karl Bücher, Vilfredo Pareto) und die nächstjüngere (Max und Alfred Weber, Werner Sombart, Franz Oppenheimer, Othmar Spann u.a.) schufen der Soziologie jene Wirklichkeitsnähe, deren sie bedurfte, um für die zwischen 1880 und 1910 geborenen Studenten anziehend zu werden. Aus diesen Jahrgängen stammten wiederum großenteils die einflußreichen Soziologen der Zeit vor und nach dem Zweiten Weltkrieg.

Nach Heinrich Herkner unterscheidet sich die deutsche Nationalökonomie „von der Nationalökonomie anderer großer Nationen... dadurch, daß sie in eine ungemein enge Verbindung mit der Soziologie getreten ist. Heute opfern eigentlich alle deutschen Nationalökonomen auf dem Altare der Soziologie, mögen sie im übrigen mehr die wirtschafts- und sozialgeschichtliche Forschung, die theoretische oder praktische Volkswirtschaftslehre, die deduktive oder induktive Methode pflegen... Wirft man aber die Frage auf, wessen Wirksamkeit diese Wendung herbeigeführt hat..., so dürfte es... Schmoller gewesen sein, der... Urheber der soziologischen Schule deutscher Nationalökonomie geworden ist."

Gustav v. Schmoller und der Werturteilsstreit

Gustav v. Schmollers (1838–1917) Einfluß auf die deutsche und ausländische Sozialwissenschaft war ungewöhnlich groß. Von 1882 an bis zu seinem Tod wirkte er an der Universität Berlin. Sowohl die „Schriften des Vereins für Sozialpolitik" (der V.f.S. wurde 1872 von Schmoller mitbegründet und entwickelte sich später immer mehr zu einer rein sozialwissenschaftlichen Forschungsorganisation) als auch die von Schmoller herausgegebenen „Staats- und sozialwissenschaftlichen Forschungen" brachten regelmäßig seine und seiner Schüler Arbeiten. In Schmollers reichem Werk trat das gesamte Sozial- und Wirtschaftsleben in seiner Vielfalt ans Licht. Die strengen Theoretiker der Volkswirtschaftslehre konnten es Schmoller, dem Haupt der sog. jüngeren historischen Schule der deutschen Volkswirtschaftslehre, allerdings nicht verzeihen, daß der Mangel einer klärenden Theorie die glänzend erfaßten Einzeldaten oft zusammenhanglos erscheinen ließ. Die Soziologie muß Schmoller aber dankbar sein. Seine ausgeprägte sozialethische Grundhaltung, sein Interesse an den großen und brennenden sozialpolitischen Fragen seiner Zeit, und nicht zuletzt seine leicht historische Neigung ließen in seiner Volkswirtschaftslehre zahlreiche soziologische Aspekte aufleuchten. Nationalökonomen mit starken soziologischen Interessen, wie Alfred Weber und Carl Brinkmann, kamen aus der Schule Schmollers. Auch zwei Amerikaner studierten bei Schmoller und trugen seine Anregungen, allerdings auch seine Vorliebe für den staatlichen Interventionismus, in die Sozialwissenschaft der Neuen Welt hinüber. Es war A. W. Small, der 1879–1881 tiefe Einblicke in die wissenschaftliche Behandlung der Interessen- und Klassenkonflikte während seines Aufenthalts in Deutschland bekam. Vor allem Schmollers Darlegung der Klassenkonflikte wies Small auf die Bedeutung materieller Belange im Sozialprozeß hin.

Ein zweiter Amerikaner, Ch. A. Ellwood, später der Begründer der Sozialpsychologie in den Vereinigten Staaten, ging auf den Rat Smalls 1897 an die Universität Berlin, wo er unter

Schmoller, Georg Simmel und Paulsen sich entscheidende Anregungen sozialwissenschaftlicher und philosophischer Art holte.

Schmoller war ein entschiedener Vertreter der wertenden Sozialwissenschaft. Er hatte lebhafte Auseinandersetzungen mit Max Weber und Werner Sombart, die beide einer „wertfreien" Volkswirtschaftslehre das Wort redeten. Der Streit zwischen beiden Richtungen, der wertenden und wertfreien, war für die Entwicklung der Methodenlehre der Sozialwissenschaften fruchtbar. In der Zeit vor dem Ersten Weltkrieg ging der Streit unentschieden hin und her.

Max Weber erstattete 1913 für den „Verein für Sozialpolitik" ein internes Gutachten über „Der Sinn der ‚Wertfreiheit' der soziologischen und ökonomischen Wissenschaften". Umgearbeitet, wurde das Gutachten 1917 erstmals im „Logos" veröffentlicht. Weber führte u.a. aus:

„Das günstige Vorurteil Professor v. Schmollers für die Kathederwertung ist mir persönlich als Nachhall einer großen Epoche, die er und seine Freunde mit schaffen halfen, durchaus verständlich. Aber ich meine: es könne auch ihm doch schon der Umstand nicht entgehen, daß zunächst die rein tatsächlichen Verhältnisse sich für die jüngere Generation in einem wichtigen Punkt erheblich geändert haben. Es war vor vierzig Jahren in den Kreisen der Gelehrtenwelt unserer Disziplinen der Glaube weit verbreitet: daß auf dem Gebiet der praktisch-politischen Wertungen letztlich eine der möglichen Stellungnahmen die ethisch allein richtige sein müsse. (Schmoller selbst hat freilich diesen Standpunkt stets nur sehr eingeschränkt vertreten.) Dies nun ist heute... nicht mehr der Fall. Nicht mehr die ethische Forderung... ist es, in deren Namen heute die Legitimität der Kathederwertung gefordert wird. Sondern... ein bunter Strauß von ‚Kulturwertungen', in Wahrheit: von subjektiven Ansprüchen an die Kultur oder, ganz offen: das angebliche ‚Recht der Persönlichkeit' des Lehrers. Man mag sich nun über den Standpunkt entrüsten, aber man wird ihn... nicht widerlegen können: daß von allen Arten der Prophetie die... ‚persönlich' gefärbte Professoren-Prophetie die einzige ganz und gar unerträgliche ist."

Gustav v. Schmoller erwiderte in bezug auf solche Einwände (in den später angefügten Anmerkungen zur erstmals 1893 erschienenen Schrift „Die Volkswirtschaft, die Volkswirtschaftslehre und ihre Methode“):

„Max Weber verkündigte: ‚Es kann niemals Aufgabe einer Erfahrungswissenschaft sein, bindende Normen und Ideale zu ermitteln, um daraus für die Praxis Rezepte ableiten zu können. Werturteile sind subjektiven Ursprungs, daher der wissenschaftlichen Diskussion entzogen‘; und noch kräftiger erklärte er in Wien: ‚Das Hineinmengen eines Sollens in wissenschaftliche Fragen ist eine Sache des Teufels.‘ Und Sombart meinte, alle Entscheidung über Weltanschauung, Moralsystem, sittliche Werturteile stehe auf gleicher Linie wie die Geschmacksbevorzugung der Blondinen oder der Brünetten durch die Männer ... Solche Übertreibungen können uns aber doch nicht abhalten, auch heute noch wie 1890 zu erklären, daß in der Forderung der Bevorzugung des Seienden gegenüber dem Predigen von Idealen ein berechtigter Kern ... liege. Nur möchte ich heute ... eingeschränkter als Weber und Sombart mich ausdrücken. Gegenüber M. Weber betone ich zunächst, daß ich ihm recht geben würde, wenn ich – wie er – der Ansicht wäre, alle Werturteile seien absolut subjektiv; sie können es sein, aber es gibt neben den subjektiven objektive Werturteile, an denen nicht bloß einzelne Personen und Gelehrte, sondern große Gemeinschaften, Völker, Zeitalter, ja die ganze Kulturwelt teilnehmen. Wer nur an Klassen-, Partei-, Interessenurteile und -ideale denkt, wird Weber recht geben. Wer an den zunehmenden Sieg objektiver Urteile über die einseitigen, sittlichen und politischen Ideale in der Wissenschaft und im Leben glaubt, wird nicht so verächtlich wie er von ihrem Hineinragen in die Wissenschaft denken ...“

Gustav v. Schmoller hält einen positiven Fortschritt für möglich, der im Lauf der gesellschaftlichen Differenzierung zu einer immer stärkeren Objektivierung der Werturteile der Menschen führe: Im Grunde ist das auch ein ausgesprochen wissenssoziologisches Problem. – Schmoller fährt fort:

„Die Wertgefühle wie die Werturteile können irren; aber die Kulturentwicklung, die Arbeit aller Religionen und aller Wissenschaften ... hat die Wertgefühle und Werturteile auf allen Lebensgebieten nach und nach immer mehr geläutert, zu immer richtigeren Wegweisern des Lebens-, des Gesellschaftsförderlichen gemacht ... Das sittliche Werturteil entwickelt sich historisch durch die geläuterte Einsicht in die Bedeutung und die

Folgen der Handlungen sowie der gesellschaftlichen Einrichtungen...; die technische, hygienische, ökonomische, gesellschaftlich-politische Erfahrung wie die individuell-psychologische arbeitet unausgesetzt an der Ausbildung der sittlichen Erkenntnis und damit an dem Siege des Guten..."

Für Schmoller hat die allgemeine Nationalökonomie philosophisch-soziologischen Charakter.

„Sie geht vom Wesen der Gesellschaft und den allgemeinen Ursachen des wirtschaftlichen Lebens und Handelns aus, schildert die typischen Organe und Bewegungen, die wichtigsten Einrichtungen statisch und dynamisch. Sie sucht systematisch und prinzipiell aus den unvollkommenen Bruchstücken unserer Erkenntnis ein Ganzes zu machen: sie schreitet vom Allgemeinen zum Speziellen voran, zieht das Besondere mehr nur zur Illustration der Wahrheiten heran, die sie glaubt lehren zu können. Sie gibt dem Anfänger einen Umriß; für den Gelehrten bildet sie den Versuch, das Spezielle zum Range allgemeiner Wahrheiten zu erheben. Sie kann eine um so geschlossenere Form annehmen, je mehr sie nur in abstrakt-theoretischer Weise auf die Wert- und Einkommensfragen sich beschränkt; sie nähert sich einer ethischen und geschichtsphilosophischen Untersuchung, wenn sie die gesamten volkswirtschaftlichen Erscheinungen im Zusammenhange mit ihren letzten gesellschaftlichen Ursachen vorführen will.

Umgekehrt ist die spezielle Nationalökonomie historisch und praktisch-verwaltungsrechtlich; sie erzählt die neuere volkswirtschaftliche Entwicklung Westeuropas oder eines einzelnen Landes nach Perioden oder Hauptzweigen der Volkswirtschaft. Sie geht vom Konkreten, einzelnen aus und erörtert das Detail der Ursachen und Einrichtungen; sie gibt einen festen Boden unter die Füße, rekurriert aber natürlich stets auf die allgemeinen Wahrheiten, die aus der allgemeinen Nationalökonomie sowie aus der Ethik oder aus soziologisch-gesellschaftswissenschaftlichen Vorstellungsreihen stammen. Wie sie in erster Linie das einzelne aus seinen Ursachen erklärt und aus dem bisherigen Gange der Ereignisse auf die Zukunft schließt, so mischen sich in die letzteren Schlüsse stets als leitende Motive ethische Wertvorstellungen und teleologische Weltbilder über den Gang der menschlichen Geschichte und das Schicksal des betreffenden Staates ein..."

Ethik, Psychologie und Nationalökonomie münden bei

Schmoller in gemeinsamer Arbeit in die Soziologie: „Die in die Welt der Natur hineingebaute Welt der wirtschaftlichen Kultur dankt ihre Entstehung doch in erster Linie den geistigen Kräften der Menschen, die sich uns zunächst als Gefühle und Triebe, als Vorstellungen und Zwecke, weiter als Handlungen und habituelle Richtungen des Willens darstellen. Sofern Psychologie und Ethik das Ganze dieser Kräfte untersuchen und darlegen, hat man neuerdings öfter die Nationalökonomie eine psychologische oder auch eine ethische Wissenschaft genannt. J. St. Mill hat sie einmal als die Wissenschaft definiert, relating to the moral and psychological laws of the production and distribution of wealth; er hat an anderer Stelle eine Lehre der menschlichen Charakterbildung, d.h. ein System von Folgesätzen aus der Psychologie als Grundlage der sozialen Wissenschaften gefordert. Und allenthalben tauchen ähnliche Forderungen auf. In Deutschland betonte die historische Schule den ethischen Charakter der Nationalökonomie. In Frankreich konstruierten die Sozialisten sich ihre eigene Psychologie. In England hat Jevons durch Aufnahme Benthamscher Gedanken über das wechselnde Spiel von Lust- und Schmerzgefühlen der politischen Ökonomie eine freilich etwas schmale psychologische Basis zu geben versucht. Und die Österreicher sind ihm in der Ausbildung der subjektiven Wertlehre hierin gefolgt; aber wie man auch über die von ihnen aufgestellten Sätze, daß jede Bedürfnisbefriedigung für bestimmte Zeit das Bedürfnis in den Hintergrund dränge, daß man mit demselben Gute Bedürfnisse verschiedener Ordnung befriedigen, also z.B. mit Getreide Menschen und Papageien ernähren könne, wie man auch über die ganze Lehre vom Grenznutzen denken mag, eine ausreichende psychologische Grundlage der Nationalökonomie ist Derartiges nicht. Ebensowenig ist sie damit geschaffen, daß man neben den Egoismus den Gemein- oder Rechtssinn oder den Altruismus (nach Comtes Benennung) setzt.

Man muß einmal eine Reihe psychologisch-volkswirtschaftlicher Spezialuntersuchungen anstellen und dann versuchen, die Lehre von den wirtschaftlichen Motiven auf Grund der Psychologie und Ethik neu zu gestalten..."

In seiner Untersuchung über die Gerechtigkeit in der Volkswirtschaft wollte Schmoller psychologisch und sozial feststellen und nachweisen „wie die Gefühle der Gerechtigkeit sich zu festen Maßstäben verdichten und als solche zu konventioneller Herrschaft kommen, die volkswirtschaftlichen Einrichtungen mehr und mehr beeinflussen und in ihrem Sinne umgestalten."

Schmoller sah auch die Bedeutung der Triebe:

„Man muß den Erwerbstrieb neben die anderen Triebe stellen, das Wesen der niedrigen und der höheren Triebe überhaupt erörtern; man muß dem reinen Triebleben eine Stelle im System psychologischer Verursachung anweisen, zeigen, wie die Triebe sämtlich durch die Herrschaft des Intellekts und der höheren Gefühle gebändigt werden. Man muß das Verhältnis der Triebe zu den Tugenden und speziell zu den wirtschaftlichen Tugenden feststellen. Diese Fragen sind nur zu beantworten, wenn man sich über das Wesen des Sittlichen und seine Normen, über Sitte und Recht klargeworden ist. Und hierzu wieder ist nötig, sich die psychischen Vorgänge in der Gesellschaft, die Entstehung übereinstimmender Gefühle, Vorstellungen und Tendenzen des Handelns in bestimmten Kreisen, die Wirkung von Sprache, Schrift und anderen psycho-physischen Mitteln, durch welche geistige Kollektivkräfte entstehen, klarzumachen. Das Stadium dieser Kollektivkräfte führt dann zum Verständnis der gesellschaftlichen Kollektiverscheinungen: aus der Übereinstimmung von Gefühlen, Trieben, Meinungen und Strebungen innerhalb der einzelnen Rassen, Völker, Klassen, Gemeindeglieder gehen die sozialen und staatlichen Einrichtungen hervor. Wir kommen so zu einer Art Stufenreihe erst einfacher, individueller, dann zusammengesetzter, komplizierter psychisch-ethischer Ursachen, die alles soziale Geschehen erklären, die für das volkswirtschaftliche Leben ebenso maßgebend sind wie für das rechtliche, politische, kirchliche, soziale. Ihre Wirkungen sind zu einem großen Teile solche, daß sie, wie z.B. Familie, Gemeinde, Vereinswesen, Genossenschaftswesen, dem wirtschaftlichen wie anderen Gebieten zugleich angehören. Auch die volkswirtschaftlich und sozialpolitisch eigentlich wichtigste Tatsache, die soziale Klassenbildung gehört diesem Gebiete an; sie ist nie wirtschaftlich allein, sie ist nur psychologisch und im Zusammenhange mit allen gesellschaftlichen Phänomenen zu erklären. Und so ist es auch begreiflich, daß die psychologische und ethische Behandlung dieser Fragen, je mehr sie sich auf empirische Beobachtung stützt, in das mündet, was man heute Soziologie oder Sozialwissenschaft im allgemeinen nennt."

Werner Sombart

Werner Sombart (1863–1941), der zuletzt noch (1938) in einem Alterswerk „Vom Menschen“ eine Gesamtschau dieser Wissenschaftsbereiche versuchte, sprach sich für die Einheit zwischen Soziologie und Nationalökonomie aus. Sombarts Hauptstudien entfalten sich an seiner Auseinandersetzung mit Marx. Der erste Band seines großen Werks „Der moderne Kapitalismus“ erschien 1902. In den zwanziger Jahren, vielleicht unter dem Einfluß einer näheren Berührung mit Max Scheler, wurde Sombart immer mehr zum Wortführer einer soziologischen Richtung innerhalb der Nationalökonomie. In seinem Buch „Die drei Nationalökonomien“ (1928) versuchte er dieser Auffassung die Methodologie zu geben.

Für Sombart ist Nationalökonomie gleichbedeutend mit Soziologie:

„Nationalökonomie ist vielmehr Soziologie, das heißt eine Wissenschaft vom menschlichen Zusammenleben. Es gibt in unsrer Wissenschaft auch nicht einmal ein Sachgebiet des „Ökonomischen“, das man ohne Beziehung auf das Gesellschaftliche behandeln könnte, wie etwa das Sachgebiet der Religion, der Kunst, der Wissenschaft. Diese Ideen können ohne Verwirklichung in der Gesellschaft wenigstens gedacht werden, sind also höchstens empirisch immer sozial bestimmt, die Wirtschaft ist es aber, wie wir sahen, notwendig, das heißt a priori. Eine nicht in der Gesellschaft verwirklichte Wirtschaft gibt es nicht; eine „reine“ Ökonomie, die nicht mit soziologischen Kategorien gedacht würde, ist ein Unbegriff. Die Wirtschaft gehört eben zu denjenigen Kulturgebieten, die Gesellschaft sind, zum Unterschiede von denen, die Gesellschaft haben. Diese beiden Gruppen sind im wesentlichen die von Schleiermacher unterschiedenen Bereiche des organisierenden und symbolisierenden Handelns. Die Wirtschaft gehört mit Recht und Staat zum Bereiche des organisierenden Handelns und ist deshalb Gesellschaft.“

Carl Brinkmann

Unter den Nationalökonomen versuchte Carl Brinkmann (1885–1954) die Einheit – nach Problem und Methode – von

Wirtschafts- und Gesellschaftswissenschaft zu verwirklichen. Im Grunde kam Brinkmann von Schmoller her, bei dem wir ja die enge Verbindung von Wirtschaftsgeschichte und Soziologie bereits sahen. Interessanterweise nennt Brinkmann die Soziologie (= Sozialwissenschaft) das allgemeinere Gebiet, aus dem die Wirtschaftswissenschaft ein wesentliches Teilgebiet darstellt.

Brinkmann zählt zu den schwerst lesbaren Sozialwissenschaftlern. Erst einem wiederholten Lesen und Überdenken seiner Ausführungen öffnet sich die Vielfalt und Tiefe der Problembehandlung. Nicht unwesentlich dürfte Brinkmanns Aufgeschlossenheit gegenüber dem – gerade in der gegenwärtigen amerikanischen Soziologie so wichtigen – Zusammenhang zwischen Soziologie und Psychologie sein. 1948 veröffentlichte Brinkmann seine „Soziologische Theorie der Revolution". Eine gerade für die Sozialgeschichte besonders wertvolle Aufsatzsammlung erschien 1950 unter dem Titel „Wirtschaftsformen und Lebensformen".

Brinkmann geht es stets um Soziologie und Wirtschaft:

„Wie die Geschichtswissenschaft, wenn auch stofflich abwegig, so doch grundsätzlich ganz richtig und unvermeidlich dem Andrang der modernen ‚kulturgeschichtlichen' Interessen den Primat des ‚Politischen' als ihr eigenstes Arbeitsprinzip entgegengesetzt hat, bleibt auch der Soziologie als der Systematik des geschichtlich-gesellschaftlichen Lebens nichts anderes übrig, als inmitten der Fülle des ihr aus allen Teilen dieses Lebens zuströmenden Stoffes solche zentralen Prinzipien zu behaupten. Und das sind nicht ohne Grund von ihren Anfängen an die gleichen gewesen wie die der Geschichte: wirtschaftliche Ordnung als allgemeinste Zusammenfassung der von der Natur her bestimmten gesellschaftlichen Tatsachen und staatliche Ordnung als allgemeinste Zusammenfassung der von menschlicher Sinnhaftigkeit und Bedeutung her bestimmten Normen.

Beides muß heute vor gewissen romantischen Strömungen gegen den Verdacht naturalistisch-rationalistischer Dogmatik in Schutz genommen werden. Eine verbreitete Auffassung der neueren Gesellschafts- und Wissenschaftsentwicklung neigt dazu, sowohl Wirtschaft wie Staat und Recht von ihren modernen Verkörperungen aus als eigentümliche Entwicklungs-, ja Entartungsergebnisse des kapitalistisch-mechanistischen Zeitalters anzusehen, denen ältere, z. B. mittelalterliche oder antike Gemeinschaftsgefüge nichts grundsätzlich Entsprechendes an die Seite zu stellen hätten und die daher nur mittels rationalistischer Erschleichung zur gemeinsamen Betrachtungsgrundlage für die Gesamtheit gesellschaftlichen Lebens zu machen seien. Allein das trifft natürlich nur für jene modernen Verkörperungen von Wirtschaft, Staat und Recht zu, nicht aber für deren allgemeine Begriffe, die selbstverständlich weit genug gefaßt sein müssen, um auch in anderen, von den modernen Formen denkbar verschiedenen Verkörperungen wiedererkannt zu werden. Ob die Soziologie bei diesem Unternehmen der naheliegenden Gefahr entgeht, etwas von ihr in die Erscheinungen Hineingelegtes als darin gefunden auszugeben, kann (wiederum natürlich) nur auf Grund sorgfältiger Prüfung der Tatsachen entschieden werden.

Unter diesen Voraussetzungen sucht die Soziologie als ‚Wirtschaft' in allen Gesellschaftsgefügen das Mindestmaß von Tatsachen auf, die darin von der Aufgabe der bloßen Lebensbehauptung innerhalb der organischen und anorganischen Natur bestimmt werden. Indem so von vornherein ein Mindestmaß dieser Beziehungen ins Auge gefaßt wird, tritt sowohl der rationale Begriff des ‚Wirtschaftens' als der sparsamsten Zweckmittelanpassung wie der ganze unter diesem Begriff entfaltete Apparat des modernen subjektiven „Wirtschaftslebens" zurück und statt dessen noch unter allen Verkleidungen der Irrationalität der grundlegende Tatbestand der Einbettung der Gesellschaft in den objektiven ‚Haushalt der Natur' hervor. Es ergibt sich das (freilich nur scheinbar) Unerwartete, daß auf den frühen Stufen der Gesellschaft einem hohen Maß realen Druckes der Natur auf den Menschen ein sehr geringes Maß ideeller, bewußt wirtschaftlicher Gegenwirkung darauf zugeordnet ist, genau umgekehrt wie auf den späteren Stufen ständig abnehmender Druck einer ständig zunehmenden willkürlichen und bewußten ‚Wirtschaft'. Andererseits aber muß in den so verallgemeinerten soziologischen Wirtschaftsbegriff die ganze andere, von der Wirtschaftslehre der modernen Gesellschaft nur in der Bevölkerungstheorie spärlich berücksichtigte Hälfte der gesellschaftlichen Naturbestimmtheit mitaufgenommen werden, die im Gegensatz zur Erhaltung des Lebens seine Fortpflanzung in den Gestaltungen des Geschlechtslebens und der physischen Jugenderziehung enthält..."

Gerade für eine so weit gefaßte Soziologie stellt sich mit besonderer Dringlichkeit die Frage nach dem Wesen eines „eindeutigen Gesellschaftskörpers". An das Denkmodell des sozialen Seins werden um so größere Anforderungen gestellt, je zahlreicher die Wissenschaften werden, die sich durch eine „soziologische Dimension" auszeichnen:

„Wenn es überhaupt einen eindeutigen ‚Gesellschaftskörper' gibt, der als Substrat den allerverschiedensten Lebensäußerungen der allerverschiedensten Gesellschaftsgebilde zugrunde liegend gedacht werden kann, so muß es offenbar auch die Möglichkeit eines Verständnisses dafür geben, wie sich diese Äußerungen als einheitliche Erscheinungen des Wachstums oder der Entwicklung jenes Körpers zu ihm und zueinander verhalten. Es ist mindestens wünschenswert, daß der ‚soziologische' Prähistoriker, Ethnologe, Philologe, Theologe, Nationalökonom, Jurist oder Historiker immer zunehmend statt eines unklaren ein bestimmtes und statt eines in sich vielfach widerspruchsvollen ein möglichst übereinstimmendes Bewußtsein von dem habe, was sie an ihren Forschungsgegenständen ‚gesellschaftlich' nennen wollen.

Nicht zufällig ist von den ältesten Versuchen soziologischer Entwicklungslehre bis zu dem großen Entwurf Max Schelers immer wieder das ‚Wissen', die geistige Regsamkeit und Ausbildung der Gesellschaften im Mittelpunkt systematisch beschreibender Soziologie gestanden. Selbst wenn die naiven Auffassungen gesellschaftlicher Gebilde als großer, die Altersstufen des Einzellebens durchlaufender Individuen oder doch sonst einheitlicher organischer Lebewesen fallengelassen werden, ergibt der früher geschilderte Organismus der sozialpsychischen Tätigkeiten, wo das formale Einheitsprinzip der Gesellschaft liegt. Die ewige Auseinandersetzung des ‚wirtschaftenden' und ‚politischen' Menschen mit seiner toten und lebendigen Umwelt... würde irgendeine Ordnung der verstreuten gesellschaftlichen Gesamtbilder unseres Planeten, außer nach ‚kulturgeographischen' Richtpunkten, noch nicht zulassen. Erst der in wesentlichen Zügen gleichmäßige Gebrauch sozialpsychischer Fähigkeiten, der dabei zutage tritt, ermöglicht die geläufige Ordnung nach primitiven und gereiften, irrationalen und rationalen oder wie sonst immer auf einer geistigen Stufenleiter bestimmten Gesellschaftsgebilden..."

Desillusion der Fortschrittsidee: Pareto und Sorel

Vilfredo Pareto

Vilfredo Pareto wurde 1848 in Paris geboren, starb 1923 in Coligny. Ursprünglich italienischer Soziologe und zunächst Ingenieur, war Pareto seit 1894 Professor der Nationalökonomie an der Universität Lausanne. Er schrieb u.a.: „Les systèmes socialistes“, 2 Bde. (1902), „L'économie et la sociologie“ (1907), „Manuel d'économie politique“ (1909), „Fatti e teorie“ (1920), „Compendio di sociologia generale“ (1920), „Trasformazione della democrazia“ (1921). Bei Pareto gehören Nationalökonomie und Soziologie oder mathematisch-theoretisches und historisch-soziologisches Denken ebenfalls eng zusammen. Eine Neigung, sozialwissenschaftliche Fragen zu mathematisieren, eine Vorliebe für die Theorie des ökonomischen Gleichgewichts (entworfen von Leon Walras) sind bei Pareto offensichtlich. So unermüdlich Pareto aber auch versucht, im Stil der sog. exakten Wissenschaften eine logisch-analytische Soziologie mit Hilfe von Gleichungen und Kurven aufzubauen, so wenig hält er von dem bisherigen Glauben an die sittliche oder soziale Nützlichkeit wissenschaftlicher Wahrheit. Pareto gehört in der Zeit vor dem Ersten Weltkrieg wohl zu den illusionslosesten Betrachtern unserer westlichen Zivilisation. Ähnlich wie die Psychoanalyse zur gleichen Zeit beim Individuum (Sigmund Freud und seine Schule) zeigt Pareto, daß auch die Gesellschaft auf einer Unzahl von Lügen, Verdrängungen, Komplexen und Sublimierungen ruht. Aber während der Psychoanalytiker von seiner Arbeit beim Patienten wenigstens eine teilweise Besserung erwartet, hält es Pareto durchaus für möglich, daß die Menschheit auf dem Weg der wissenschaftlichen Wahrheitssuche ihrem unwiderruflichen Verderben entgegengeht. Bezeichnenderweise sind aber die

Abschnitte über Kulturzyklenprobleme (Fortschritt und Verfall) in Paretos Hauptwerk sehr vorsichtig und kritisch. Er warnt vor jedem voreiligen und endgültigen Urteil. Es sei zu ungewiß, inwieweit wir überhaupt die entscheidenden Wellenzüge erkennen können. Zur selben Zeit also, da Oswald Spenglers Kassandraruf veröffentlicht wird, gibt Pareto ein ähnlich umfassendes Werk aus ähnlicher Grundstimmung heraus, hütet sich aber – und das dürfte den echten Wissenschaftler ausmachen –, die Zukunftskurve unserer Kultur zu zeichnen.

In Paretos Soziologie wird zwischen „logischen" und „nicht-logischen" Handlungen der Menschen unterschieden. Diese Annahme geht auf seine Anthropologie zurück. Nach ihr ist der Mensch kein reines Vernunftwesen. Er ist vielmehr ein Gefühls- und Glaubenswesen, und auch der vernünftigste Mensch wird gelegentlich, vielleicht unbewußt, zumindest für einige Fragen Partei ergreifen, die jenseits wissenschaftlicher Argumentation liegen. Pareto drückt das in einem seiner früheren Werke so aus: Es gibt weder eine katholische noch eine atheistische Astronomie, aber es gibt katholische und atheistische Astronomen. „Paretos Soziologie ist der rational-‚exakte' Aufweis der irrationalen Tiefendimension alles sozialen Verhaltens" (C. Brinkmann).

Paretos Unterscheidung zwischen logischen (zweckrationalen) und nichtlogischen (irrationalen) Handlungen entspricht einigermaßen Max Webers Unterscheidung von zweckrationalen und irrationalen Idealtypen menschlicher Handlungsabläufe. Es handelt sich hier um ein Grundproblem jeder verstehenden Sozialwissenschaft; es ist die Frage der Zurechnung.

Unsere Übersetzungen aus dem Werk Paretos gehen auf folgende seiner Bücher zurück: „Manuel d'économie politique", 1909; „Les systèmes socialistes", 1902. Das Hauptwerk: „Traité de sociologie générale" war erstmalig in italienischer Sprache zwischen 1915 und 1919, in französischer Sprache zwischen 1917 und 1919 veröffentlicht worden.

Die Soziologie will in das naturgemäß stets individuelle Geschehen jeweils nur so weit strukturierend eindringen, daß es ihr noch möglich bleibt, vergleichbare Parallelfälle zu finden. Mit anderen Worten: Die Soziologie als Wissenschaft ruht auf der Annahme, daß es in der sozialen Wirklichkeit eine echte Gleichförmigkeit gibt. Das Problem der Gleichförmigkeit in der Welt hat von seiten der Philosophie und Psychologie starke

Beachtung gefunden. Jegliches echte Erkennen, d. h. Wahrheitfinden, setzt ein Minimum an Gleichförmigkeiten voraus. Es gibt zahllose Gleichförmigkeiten in der Welt. Man findet sie in der Natur, im Psychischen, in der Sprache, in der Statistik und eben gerade auch im Sozialen. Die Grundfrage ist nun: welche Gleichförmigkeiten sind für ein bestimmtes wissenschaftliches Gebiet von konstitutiver Wichtigkeit?

Es war zweifellos ein Verdienst Vilfredo Paretos, seinen großen „Traité de sociologie générale" mit der „einzigen Absicht zu schreiben", die Gleichförmigkeiten der sozialen Tatsachen zu erkennen. Pareto glaubte, aus der einfachen Beschreibung der Phänomene nur wenig oder nichts direkt ableiten zu können. Der Soziologe hat sich nach Pareto zwischen den beiden folgenden Antithesen in ständigem Bemühen zu behaupten. Erstens: die Geschichte wiederholt sich niemals, und zweitens: die Geschichte wiederholt sich immer. Es ist zweifellos so, daß in jedem Ablauf gleichförmige und individuelle Elemente nebeneinander bestehen. Man muß nach Pareto das konkrete Phänomen in einfachere und notfalls sogar konstruierte Phänomene zerlegen, um auf diese Weise etwas Konstanteres zu erhalten als das reale, sehr verwickelte und deshalb veränderliche, ursprüngliche Phänomen. Pareto hat diese relativ konstanten Bestandteile in den sog. Residuen und Derivationen gesucht. Er räumt jedoch ein, man könnte solche Konstanten auch anderswo suchen.

Pareto betont die Gleichförmigkeit sozialer Tatsachen:

„Die soziale Wissenschaft würde nicht existieren, wenn die sozialen Tatsachen nicht Gleichförmigkeiten darstellten. Die Feststellung des Vorhandenseins dieser Gleichförmigkeiten bildet die Lehre des wissenschaftlichen Determinismus. Man muß sich schon hüten, ihn mit dem Materialismus zu verwechseln. Der letztere ist eine Religion, denn er behauptet, die Lösung der Probleme zu geben, die den Bereich des Wissens überschreiten.

Der wissenschaftliche Determinismus behauptet nicht die absolute Notwendigkeit der Gleichförmigkeiten, er behauptet, was davon sehr verschieden ist, daß man sie festgestellt hat und daß, wenn die Befunde den Gleichförmigkeiten nicht entsprechen, es einzig von unserer Unsicherheit abzuhängen scheint; denn bis jetzt haben wir nicht entdecken können, daß andere Ursachen in Frage kämen..."

Es kommt Pareto im übrigen nicht so sehr auf die Definition der Soziologie an:

„Die menschliche Gesellschaft ist Gegenstand zahlreicher Studien. Die einen tragen spezielle Namen, wie Recht, Geschichte, Wirtschaftswissenschaft, Religionsgeschichte usw. Die anderen umfassen noch ziemlich verworrene Gegenstände, deren Synthese wie die der schon bestimmten Wissenschaften danach strebt, die menschliche Gesellschaft im allgemeinen zu erforschen. Man kann dieser Gruppe von Studien den Namen Soziologie geben. Eine derartige Definition ist sehr unvollkommen. Man könnte sie vielleicht verbessern, aber nicht viel; denn schließlich haben wir von keiner Wissenschaft eine genaue Definition; nicht einmal von den verschiedenen naturwissenschaftlichen Disziplinen; und man kann keine haben, weil es nur für unseren Gebrauch ist, daß wir den Gegenstand unseres Wissens in verschiedene Gruppen einteilen, und weil eine derartige Einteilung künstlich ist und sich mit der Zeit ändert. Wer kann sagen, wo die Grenzen zwischen Chemie und Physik, zwischen Physik und Mechanik sind? Was sollen wir mit der Thermodynamik machen? Werden wir sie unter Physik einreihen? Sie würde sich dort nicht schlecht befinden. Werden wir es vorziehen, ihr einen Platz in der Mechanik zu geben? Sie wäre darin nicht fremd; und wenn es uns gefiele, eine besondere Wissenschaft daraus zu machen, so könnte uns niemand einen Vorwurf daraus machen. Aber anstatt Zeit damit zu verlieren, ihr ihren Platz zu suchen, wäre es nicht besser, die Tatsachen zu studieren, mit denen sie sich beschäftigt? Lassen wir die Namen und betrachten wir die Dinge.

Desgleichen haben wir besseres zu tun, als unsere Zeit damit zu verlieren, zu erforschen, ob die Soziologie eine autonome Wissenschaft ist oder nicht; ob sie etwas anderes ist als die Philosophie der Geschichte unter einem anderen Namen, oder lange nachzudenken über die Methoden, die bei ihrem Studium zu befolgen sind. Beschäftigen wir uns damit, die Beziehungen zwischen den sozialen Tatsachen zu suchen, und geben wir dieser Studie einen beliebigen Namen. Die Methode, durch welche man zu der Kenntnis dieser Beziehungen gelangen wird, ist nicht wichtig ..."

Ausgangspunkt der Soziologie Paretos ist immer Erfahrung und Beobachtung:

„Bisher ist die Soziologie beinahe immer dogmatisch dargestellt worden. Der Name Positive, den Comte seiner Philosophie gegeben hat, darf uns nicht zu einem Irrtum führen: seine Soziologie ist ebenso dogmatisch wie der „Discours sur l'histoire universelle" von Bossuet. Es sind verschiedene Religionen, aber doch Religionen; und man findet die gleiche Art in den Werken von Spencer, De Greef, Letourneau und unendlich vielen anderen Autoren. Seiner Natur nach ist der Glaube exklusiv. Derjenige, der die absolute Wahrheit zu besitzen glaubt, kann nicht zugeben, daß es andere Wahrheiten in der Welt gibt. Darum müßten der eifrige Christ und der streitsüchtige „Freidenker" unduldsam sein. Darum ist für denjenigen, der den Glauben hat, ein einziger Weg gut; alle anderen sind schlecht...

Wir halten Soziologien, die von gewissen dogmatischen Prinzipien herstammen, durchaus nicht für unnütz; ebensowenig wie wir die Geometrie von Lobatschewskij oder von Riemann für unnütz ansehen; wir verlangen nur von diesen Soziologen, daß sie möglichst klare Voraussetzungen und Schlüsse verwenden. Wir sind reich an humanitären Soziologien, denn das sind beinahe alle, die jetzt veröffentlicht werden. Es fehlt uns nicht an metaphysischen Soziologien, und unter sie muß man alle positivistischen und alle humanitären einreihen. Wir haben eine gewisse Anzahl von christlichen, katholischen oder anderen Soziologien. Es sei uns erlaubt, ohne allen diesen schätzenswerten Soziologien Unrecht tun zu wollen, hier eine ausschließlich empirische darzustellen, wie die Chemie, Physik und andere Wissenschaften der gleichen Art.

Folglich werden wir im Nachfolgenden als einzigen Führer die Beobachtung nehmen..."

Zum Tatsachenbereich der Soziologie zählt Pareto sehr viel, ja praktisch alles:

„Wir nehmen alle Tatsachen, welche sie auch immer seien, auf, vorausgesetzt, daß sie direkt oder indirekt zur Entdeckung einer Gleichförmigkeit führen können. Selbst eine widersinnige und dumme Schlußfolgerung ist eine Tatsache; und wenn sie von einer großen Anzahl von Personen zugegeben wird, ist dies für die Soziologie eine wichtige Tatsache. Die Glaubenslehren, welche sie auch seien, sind ebenfalls Tatsachen, und ihre Wichtigkeit steht nicht im Verhältnis zu ihrem inneren Wert, aber wohl zu der mehr oder weniger großen Zahl der Leute, die sich dazu bekennen. Sie dienen auch dazu, die Gefühle dieser Individuen auszudrücken...

Fabeln, Legenden, Erfindungen der Magie oder der Theologie können oft für unnütze und lächerliche Dinge gehalten werden..., aber sie können ... hervorragende Mittel sein, die Ideen und die Gefühle der Menschen zu erkennen...

Wenn man bei den Menschen gewisse Gefühle zu wecken oder zu stärken sucht, muß man Tatsachen anführen, die diese Gefühle begünstigen, und diejenigen verschweigen, die ihnen mißfallen. Wenn man dagegen nur die Gleichförmigkeiten sucht, darf man keine Tatsachen verschweigen, die fähig sind, ihre Entdeckung auf die eine oder andere Weise zu erlauben; und weil dies gerade der Zweck dieser Arbeit ist, lehne ich es unbedingt ab, in den Tatsachen etwas anderes zu sehen als ihren logisch-erfahrungsmäßigen Wert.

Ein einziges Zugeständnis ist mir möglich: ... ich werde unter einer großen Zahl von Tatsachen die wählen, die am wenigsten auf die Gefühle zu wirken scheinen. Demnach, wenn ich Tatsachen gleicher empirischer Wichtigkeit finde, die teils der Vergangenheit, teils der Gegenwart angehören, ziehe ich die der Vergangenheit vor; darum wird der Leser viele Zitate griechischer und lateinischer Autoren finden. Gleichermaßen, angesichts von Tatsachen gleichen empirischen Wertes, die sich teils auf heute erloschene Religionen, teils auf heute noch bestehende Religionen beziehen, werde ich die ersteren vorziehen.

Aber einer Sache den Vorzug geben, bedeutet nicht, ausschließlichen Gebrauch davon machen; und ich bin in vielen Fällen gezwungen, Tatsachen der Gegenwart oder noch bestehender Religionen anzuführen, sei es, daß ich keine anderen von gleichem empirischen Werte habe, sei es, um den Zusammenhang gewisser Phänomene von der Vergangenheit bis in die Gegenwart zu demonstrieren..."

Besonders wichtig ist bei Pareto die Unterscheidung von logischen und nichtlogischen Handlungen:

„Zwei Typen bieten sich uns sofort. Hier ein wohlerzogener Mann, der einen Salon betritt; er nimmt seinen Hut ab, spricht einige Worte, macht bestimmte Bewegungen. Wenn wir ihn nach dem Warum fragen, könnte er nur erwidern: es ist so Brauch. Er benimmt sich auf dieselbe Art für gewisse Dinge von viel größerer Bedeutung...

Aber nehmen wir an, daß dieses gleiche Individuum in seinem Büro beschäftigt ist, eine große Menge Getreide zu kaufen. Er wird nicht mehr sagen, daß er auf diese Art handelt, weil es so Brauch ist, sondern der Einkauf des Getreides wird der letzte Ausdruck einer Serie von logischen Gedankengängen sein, die sich auf gewisse Erfahrungen stützen; wenn diese Erfahrungsdaten sich ändern würden, würde die Schlußfolgerung sich auch ändern, und es kann geschehen, daß er sich des Einkaufs enthält oder selbst daß er, anstatt Getreide zu kaufen, dasselbe verkauft.

Wir können also durch Abstraktion unterscheiden: 1. die nichtlogischen Handlungen, 2. die logischen Handlungen.

Wir sagen: durch Abstraktion, weil in den wirklichen Handlungen die Typen beinahe immer gemischt sind und eine Handlung zu einem großen Teil unlogisch und zum kleinen Teil logisch sein kann oder umgekehrt.

Zum Beispiel sind die Handlungen eines Spekulanten auf der Börse sicherlich logisch; sie hängen aber auch, sei es auch nur in geringem Maße, von dem Charakter dieses Individuums ab, und darum sind sie auch nicht-logisch. Es ist eine bekannte Tatsache, daß gewisse Individuen im allgemeinen mehr auf das Steigen, andere mehr auf das Sinken der Kurse spekulieren.

Beachten wir übrigens, daß ‚nicht-logisch' nicht ‚unlogisch' bedeutet; eine nicht-logische Handlung kann eine solche sein, die man nach der Beobachtung der Tatsachen und der Logik am geeignetsten findet, um die Mittel dem Zweck anzupassen; aber diese Anpassung wurde eben durch ein anderes Verfahren als durch das eines logischen Gedankenganges erreicht ..."

Pareto beschreibt die beiden Elemente der konkreten Theorien wie folgt:

„Das lange Studium, das wir über gewisse Theorien getrieben haben, hat jedenfalls zu der Erkenntnis geführt, daß die konkreten Theorien mindestens in zwei Gruppen geteilt werden können, deren eine viel konstanter ist als die andere. Um soviel wie möglich zu vermeiden, daß man über Worte nachdenkt statt über Tatsachen, werden wir damit anfangen, einfache Buchstaben des Alphabets zu benutzen, um die Dinge zu bezeichnen, über die wir sprechen wollen; und erst im folgenden Kapitel werden wir diese wenig bequeme Bezeichnungsweise durch Namen ersetzen. Wir werden also sagen, daß in den konkreten Theorien, die wir mit (c) bezeichnen werden, außer den Angaben der Tatsachen es zwei Hauptelemente oder -gruppen gibt; eine fundamentale Gruppe oder ein fundamentales Element, das wir mit (a) bezeichnen werden, und eine zufällige Gruppe oder ein zufälliges Element, das im allgemeinen ziemlich wechselt und das wir mit (b) bezeichnen werden.

Die Gruppe (a) entspricht direkt nicht-logischen Handlungen; sie ist der Ausdruck gewisser Gefühle. Die Gruppe (b) ist die Kundgebung des Bedarfs an Logik, den der Mensch hat. Sie entspricht auch teilweise Gefühlen, nicht-logischen Handlungen, bekleidet sie mit logischen oder pseudo-logischen Schlüssen. Die Gruppe (a) ist das Prinzip, das im Geist des Menschen besteht; die Gruppe (b) sind die Erklärungen, die Schlußfolgerungen dieses Prinzips.

Zum Beispiel gibt es einen psychischen Zustand, dem man den Namen Prinzip, Gefühl oder jeden andern beliebigen geben kann, vermöge dessen eine gewisse Anzahl ehrwürdig scheinen. Es ist die Hauptgruppe (a) eines Phänomens, das wir später studieren werden. Aber der Mensch begnügt sich nicht damit, Ehrfurchtsgefühle mit Zahlenbegriffen zu vermischen; er will auch ‚erklären', wie es kommt, ‚demonstrieren', daß er bewegt ist von der Macht der Logik. Dann tritt die Gruppe (b) vermittelnd ein, und man hat die verschiedenen ‚Erklärungen' und ‚Darlegungen' der Ursache, warum gewisse Zahlen heilig sind.

Es gibt im Menschen ein Gefühl, das ihm verbietet, alte Glaubenslehren auf der Stelle zu verlassen; dies ist die Gruppe (a) eines vorhin studierten Phänomens. Aber der Mensch will seine Haltung begründen, erklären, demonstrieren. Dann tritt eine Gruppe (b) dazwischen, die auf verschiedene Weise den Buchstaben dieser Glaubenslehren aufrechterhält und den Grund derselben ändert.

Die Hauptgruppe des Phänomens ist augenscheinlich diejenige, an die der Mensch sich mit der größten Kraft bindet und die er dann zu begründen sucht; das ist die Gruppe (a); und folglich ist diese Gruppe die wichtigste in der Erforschung des sozialen Gleichgewichts ...

Obgleich das Gefühl in den logisch-empirischen Wissenschaften nichts zu tun hat, reißt es gleichwohl dieses Gebiet ein wenig an sich. Wenn wir für einen Augenblick diese Tatsache außer acht lassen, könnten wir sagen, daß, wenn wir die konkreten Theorien der logisch-empirischen Wissenschaft mit (C) bezeichnen, ... diese Theorien sich teilen können in eine Gruppe (A), gebildet aus empirischen Prinzipien, Beschreibungen, empirischen Behauptungen, und eine andere Gruppe (B), gebildet aus logischen Folgerungen, zu denen auch empirische Prinzipien und Beschreibungen hinzukommen, benutzt, um Folgerungen aus der Gruppe (A) zu ziehen.

Die Theorien, bei denen das Gefühl eine Rolle spielt, die der Erfahrung etwas hinzufügen und die jenseits der Erfahrung liegen …, teilen sich gleichfalls in einen Teil (a), gebildet durch die Kundgebung verschiedener Gefühle, und einen Teil (b), gebildet durch logische Überlegungen, Sophismen und außerdem durch andere Gefühlskundgebungen, die benutzt werden, um Schlüsse aus (a) zu ziehen. Auf diese Weise besteht eine Übereinstimmung zwischen (a) und (A), zwischen (b) und (B), zwischen (c) und (C). Wir beschäftigen uns hier nur mit den Theorien (c), und wir lassen die wissenschaftlichen empirischen Theorien (C) beiseite.

In den Theorien (c), die über die Erfahrung hinausgehen oder die pseudo-empirisch sind, ist es sehr selten, daß die Autoren mit genügender Klarheit die Teile (a) und (b) unterscheiden. Gewöhnlich verwechseln sie sie mehr oder weniger …"

Die Deduktion in den Sozialwissenschaften:

„Wir haben … gesehen, daß man in den Theorien der logisch-empirischen Wissenschaft die Bestandteile (A) und (B) findet, die teilweise den Elementen (a) und (b) der nicht rein logisch-empirischen Theorien gleichen und teilweise davon verschieden sind.

In den sozialen Wissenschaften, wie man sie bis jetzt erforscht hat, findet man Bestandteile, die sich mehr (a) als (A) nähern, weil man nicht das Eindringen des Gefühls, der Vorurteile, der Glaubensartikel und ähnlicher Tendenzen, Postulate, Prinzipien vermieden hat, die aus dem logisch-empirischen Gebiet herausführen.

Der deduktive Teil der Sozialwissenschaften, wie man sie bisher studiert hat, nähert sich manchmal (B), und es fehlt nicht an Beispielen, in welchen der Gebrauch einer strengen Logik ihn manchmal ganz mit (B) übereinstimmen ließe, wenn das nicht der Mangel an Genauigkeit der Voraussetzungen (a) wäre, ein Mangel, der dem Denksatz jede Gültigkeit nimmt. Aber oft nähert sich der deduktive Teil in den Sozialwissenschaften sehr (b), weil er zahlreiche nichtlogische, nicht-experimentelle Prinzipien umschließt und die Neigung, Vorurteile usw. darin sehr mächtig sind.

Wir werden uns jetzt damit beschäftigen, die Elemente (a) und (b) gründlich zu studieren. Das Element (a) stimmt vielleicht mit gewissen Instinkten des Menschen oder besser der Menschen überein, weil (a) keine objektive Existenz hat und je nach den Menschen verschieden ist, und weil es mit diesen Instinkten übereinstimmt, ist es wahrscheinlich beinahe konstant in den Phänomenen. Das Element (b) stimmt überein mit der vom Geist geleisteten Arbeit, um dem Element (a) zu genügen. Es ist viel veränderlicher, weil es die Arbeit der Phantasie widerspiegelt ..."

Zwei Grundbegriffe Paretos sind die Residuen und Derivationen, die er so einführt:

„Ehe wir fortfahren, wird es vielleicht gut sein, den Dingen (a), (b) und (c) einen Namen zu geben, denn sie mit Buchstaben des Alphabets zu bezeichnen, stört die Darlegung etwas und macht sie weniger klar. Aus diesem Grund, unter Ausschluß jedes anderen, werden wir die Dinge (a) Rückstände (Residuen), die Dinge (b) Ableitungen (Derivationen), die Dinge (c) Deriviertes nennen. Aber man muß sich immer vor Augen halten, daß man nichts ... aus dem eigentlichen Sinn dieser Worte, aus ihrer Etymologie folgern kann und daß ihre Bedeutung ausschließlich die der Dinge (a), (b) und (c) ist.

Wie wir schon gesehen haben, bilden die Residuen (a) eine Sammlung zahlreicher Tatsachen, die man nach den Analogien, die man bei ihnen findet, einreihen kann; und demnach werden wir Klassen, Arten, Gattungen haben. Das gleiche gilt für die Derivationen (b). Die Residuen stimmen mit gewissen Instinkten des Menschen überein, darum bleibt die Genauigkeit, die strenge Abgrenzung bei ihnen gewöhnlich aus; und selbst dieser Charakter könnte immer dazu dienen, sie von den Tatsachen oder wissenschaftlichen Prinzipien (A) zu unterscheiden, die einige Ähnlichkeit mit ihnen haben. Oft stammt (a) von (b) ab, mittels einer Operation, die die (a) [-Elemente] genau bestimmt hat. So ist der physikalische Begriff „warm" unbestimmt, und indem man ihn anwendet, hat man sagen können, daß das Brunnenwasser im Winter warm und im Sommer kalt ist. Aber der Begriff warm, übereinstimmend mit den mit einem Thermometer gemessenen Hitzegraden, ist bestimmt: und man hat sehen können, daß das Brunnenwasser in diesem Sinne im Winter nicht heißer ist als im Sommer, denn ein in dieses Wasser getauchtes Thermometer zeigt beinahe dieselben Grade oder zeigt im Winter eine niedrigere Temperatur als im Sommer an ..."

... Bis jetzt sind die Sozialwissenschaften sehr oft aus Residuen und Derivationen zusammengesetzte Theorien gewesen, die außerdem einen praktischen Zweck hatten: sie trachteten danach, die Menschheit zu überreden, nach einer gewissen, für die Gesellschaft nützlichen Art zu handeln. Die vorliegende Arbeit ist ein Versuch, diese Wissenschaften umgekehrt ausschließlich in das logisch-empirische Gebiet zu verlegen ohne jedes Ziel unmittelbar praktischer Zweckmäßigkeit, mit der einzigen Absicht, die Gleichförmigkeiten der sozialen Tatsachen zu erkennen. Derjenige, der ein Buch schreibt, das den Zweck hat, die Menschen dazu zu treiben, auf eine gewisse Art zu handeln, muß notwendigerweise seine Zuflucht zu den Derivationen nehmen, weil sie die Sprache bilden, mit Hilfe derer man bis zu den Gefühlen der Menschen gelangt und durch die man folglich ihre Tätigkeit näher bestimmen kann. Derjenige hingegen, der ausschließlich vorhat, eine logisch-empirische Studie zu machen, muß sich aufs äußerste bemühen, sich der Benützung von Derivationen zu enthalten: sie sind für ihn ein Gegenstand des Studiums, niemals ein Überzeugungsmittel ..."

Pareto hebt die Kompliziertheit der sozialen Phänomene hervor:

„Es ist unerläßlich, sowohl in der Wirtschaftswissenschaft als auch in der Soziologie eine große Anzahl von Elementen der zusammengesetzten Phänomene zu betrachten, die die Beobachtung uns unmittelbar offenbart. Das, was wir in der Wirtschaftswissenschaft am einfachsten feststellen können, ist die Tatsache, daß das Gleichgewicht aus dem Gegensatz zwischen Neigungen und Gegenwirkungen entsteht. Aber diese Einfachheit ist nur scheinbar, denn man muß weiterhin die große Verschiedenheit der Neigungen und Gegenwirkungen berücksichtigen. Eine weitaus größere Kompliziertheit findet man in der Soziologie, wo man den logischen Handlungen, wie sie die Wirtschaft allein betrachtet, die nichtlogischen Handlungen beifügen muß ...

Man kann nur wenig oder nichts aus der einfachen Beschreibung der Phänomene direkt ableiten. In diesem Sinne ist das Sprichwort ‚Die Geschichte wiederholt sich niemals' sehr wahr. Man muß diese konkreten Phänomene in andre ideelle, in einfachere zerlegen und sich bemühen, auf diese Weise etwas

Konstanteres zu erhalten als das reale, sehr veränderliche Phänomen. Hier haben wir diese weniger veränderlichen, konstanteren Bestandteile in den Residuen und Derivationen gesucht. Man könnte auch anderswo suchen. Das ist weniger wichtig, als daß man achtgibt, daß sich bei diesen Forschungen keine Bestandteile und Formen einschleichen, die von der objektiven Wirklichkeit abweichen. Es ist ebenso sicher, daß ‚die Geschichte sich niemals wiederholt', als es sicher ist, daß sie ‚sich immer wiederholt' in gewissen Gruppen, die wir als die prinzipiellen bezeichnen können.

Wenn wir also die Sozialwissenschaften zu dem Typ der Naturwissenschaften zurückführen wollen, müssen wir in den ersteren wie in den letzteren vorgehen, indem wir die sehr komplizierten konkreten Phänomene auf viel einfachere theoretische Phänomene zurückführen, indem wir uns bei dieser Operation ausschließlich durch die Absicht leiten lassen, empirische Gleichförmigkeiten zu entdecken, und indem wir ihre Wirkungskraft einzig durch die empirischen Untersuchungen... beurteilen..."

Georges Sorel

Fast noch schärfer als bei Pareto kommt die Desillusion der Fortschrittsidee bei dem französischen Publizisten Georges Sorel zum Ausdruck. Beeinflußt von Proudhon, Bakunin und Henry Bergson, versuchte Sorel den französischen Sozialismus revolutionär weiterzubilden. Die Lebensphilosophie Bergsons (1859–1941) sollte nach Sorel den proletarischen „Willen zur Macht" stärken. Sorel neigte zu einer intuitiven Gesamtschau der gesellschaftlichen Vorgänge. Aus dieser, gleichsam instinktiv richtigen Auffassung soll die unmittelbare politische Handlung folgen.

Sorel wurde 1847 in Cherbourg geboren, er starb 1922 in Boulogne sur Seine. Zuerst Straßenbauingenieur im Staatsdienst, war Sorel ab 1892 freier Schriftsteller und Kulturhistoriker. Sorel schrieb u. a.: „Les illusions du progrès" (1908), „Réflexions sur la violence" (1908), „La décomposition du Marxisme" (1908).

Den entscheidenden Anstoß für sein Werk erhielt Sorel zwischen 1890 und 1900 von Vico. Erst 1892 begann sich Sorel überhaupt voll wissenschaftlichen Arbeiten zu widmen. Er förderte die Theorie des revolutionären Syndikalismus in Frankreich. Diese Bewegung wollte den Sozialismus auf direktem Wege (action directe) verwirklichen. Der Parlamentarismus wird abgelehnt, da er die Stoßkraft der sozialistischen Ideen wieder in die bürgerliche Mentalität abbiege. Außerdem sieht der Syndikalismus (Syndicats ouvriers hießen ursprünglich die Arbeitergewerkschaften) im parlamentarischen Sozialismus die Gefahr des Staatssozialismus.

Typisch für Sorel – wie für seinen Freund Pareto – ist die bedingungslose Verwerfung der optimistischen Fortschrittsidee. Sie sei ein schwächliches Relikt des 18. Jahrhunderts.

Inwieweit man Sorel tatsächlich als Vorläufer (innerhalb eines Wirkungszusammenhanges) der totalitären Systeme faschistischer Spielart ansehen darf, wird neuerdings auch von der amerikanischen Forschung in Frage gestellt. Michael Freund stellt in seinem Buch (1932) den Sorel der Zeit nach dem Ersten Weltkrieg als einen Denker dar, dessen Enttäuschung an der zeitgenössischen Wirklichkeit ihn mit gleicher Sympathie das faschistische Experiment und das sowjetrussische Unternehmen Lenins betrachten läßt. Es lohnt sich deshalb, den Hauptunterschied zwischen Sorels Auffassung und dem traditionellen Marxismus zu erwähnen: Nach Sorel sind die neuen rechtlichen und ethischen Vorstellungen sowie Normen innerhalb der Klassengesellschaft vor dem Sieg des Sozialismus zu schaffen. Dazu bedarf es einer verjüngten Klassengesellschaft. Es ist umstritten, inwieweit Sorel je an die heroische Aufgabe des Proletariats geglaubt hat. Jedenfalls besaß Sorel nicht jene eschatologische Färbung, jenen Fortschrittsglauben, der den marxistischen Deterministen auszeichnet. Man kann bei Sorel Anzeichen finden, daß er dem Menschen eine echte Freiheit in der Erschaffung sozialer Lebensformen zumaß.

Im Mittelpunkt der Sorelschen Soziologie steht der Begriff des Mythus. Hier, wie auch bei seinem Verfallsbegriff, spürt man die Wirkung Vicos.

Scharf kritisiert Sorel den Gleichheitswahn:

„Die Illusion des Fortschrittes ist die Grundlage jeglicher intellektuellen Unordnung. Sie kommt einer Weigerung gleich, inmitten der Momente der Wirklichkeit klar zu sehen und zu handeln. Da die Elemente der Wirklichkeit sehr vielfältig und sehr schwer zu handhaben sind, so stellen sich gewöhnliche

Geister vor, daß jenseits der Wirklichkeit noch etwas besteht, und sie wiegen sich in der Hoffnung eines bestimmten Ideals. In der Politik ist das Wort Fortschritt ein magisches Wort. Es gestattet jedem, zum Götzen der öffentlichen Versammlung zu werden. Das Leben des Menschen ist nicht so einfach zu regeln. Die Wirklichkeit ist nicht immer angenehm. Deshalb stürzt man sich auf das Ideal. Das erlaubt, große Worte zu reden. Und es ist um so leichter, den Fortschritt wie eine Waffe über dem gordischen Knoten zu schwingen, als es in der Welt niemals eine vollkommene Form der Regierung gibt. Warum? Weil die Zivilisation ein Kompromiß zwischen den Schwierigkeiten und den Möglichkeiten des Zusammenlebens der Menschen ist. Sagen wir es klar heraus: Unter den Menschen kann keine Gleichheit herrschen, diese Gleichheit, die sozusagen die Religion der modernen Politiker ist. Wenn man sich ein wenig in der Soziologie umgesehen hat, wird man sich klar darüber, daß die Suche nach einer idealen Form des Menschenlebens eine Illusion ist. Der wahrhafte Soziologe ist derjenige, der die gegebenen Elemente dazu benutzt, die am wenigsten unvollkommene Form menschlichen Lebens zu schaffen. Ich gebe zu, daß es auch außerhalb der demokratischen Politiker brave Leute gibt, die guten Glaubens unmögliche Verbesserungen zu verwirklichen suchen; diese gutmütigen Seelen rühren mich, obgleich ich sie wegen ihrer Kurzsichtigkeit bedaure. Schließlich aber kann es, ich wiederhole, keine vollkommene Form der Regierung geben; diese Tatsache kann allein die gewöhnlichen Geister verwirren, die nur eine Möglichkeit des Trostes kennen: das Wort Fortschritt. Ich verstehe, daß der Mensch sich über die Grundlage seiner Lebensbedingungen Illusionen machen will ..."

Zum Phänomen des Mythus schreibt Sorel:

„Wenn man bei den Völkern die Vergangenheit betrachtet, findet man die abgeschlossenen Dinge: die Wissenschaft, die Geschichte, den Determinismus; wenn man sich aber der Zukunft zuwendet, findet man das Leben, die Phantasie, den Mythus und die Freiheit.

Gemäß der Auffassung, die ich von der Metaphysik habe, hat die Vernunft eine zweifache Aufgabe zu erfüllen, wenn wir uns mit sozialen Dingen beschäftigen: 1. Sie muß imstande sein, unsere schöpferischen Fähigkeiten voll auszunutzen. Diese können uns durch die „Zerreißung" eine symbolische Kenntnis verschaffen von dem, was die Geschichte mit Mitteln schafft, die unsere Intelligenz nicht ermessen kann. 2. Sie soll dank dieser Erkenntnis das praktische Handeln erleichtern und helfen, uns inmitten der täglichen Schwierigkeiten so klug wie möglich zu erhalten. Die Verdienste dieser Methode erscheinen in hellem Lichte, wenn man versucht, die historischen Erscheinungen ins Reich des freien Geistes einzuführen; dieser Symbolismus erfüllt sie mit Leben und steigert ihre seelischen Momente, die nach der Ansicht der Einsichtigen das wahrhaft Bedeutsame an denkwürdigen Geschehnissen der Geschichte sind. Der gewöhnliche Rationalismus dagegen macht diese Momente zunichte, indem er die Wirklichkeit in die engen Grenzen dürrer Abstraktionen einschließt. Kunst, Religion und Philosophie entfalten sich aber nur dann, wenn sie mit einer überströmenden Vitalität in Berührung kommen. Das wird man gut verstehen, wenn man einige der bemerkenswertesten Schöpfungen studiert, die dem freien Geiste durch die Geschichte eingegeben worden sind.

Es scheint mir, daß es notwendig ist, mythologische Erklärungen zu verwenden, wenn man richtig von der Gesellschaft, vom Vaterlande, von der Familie und von der Würde des Lebens sprechen will. Die Ideologen begehen einen seltsamen Widersinn, wenn sie diese Dinge auf scholastische Abstraktionen zurückführen und behaupten, auf solche Strohhälmchen eine Wissenschaft zu gründen ..."

Die Soziologie um 1900 in den Augen der Historiker und Philosophen

Die Leistungen wie auch die Irrwege der Soziologie im 19. Jahrhundert zeigen sich – gesehen vom Anfang des 20. Jahrhunderts aus – am besten in der Kritik und Anerkennung, die sie von seiten einiger bedeutender Historiker und Philosophen erfuhr.

Otto Hintze

Otto Hintze (1861–1940) erhielt von Gustav Schmoller, Max Weber und J. G. Droysen die wesentlichen Anregungen. Das kann seine Aufgeschlossenheit gegenüber den soziologischen und sozialpsychologischen Dimensionen der Historie erklären.

In seinen letzten kulturphilosophischen Ansichten sympathisierte er, nach seinen eigenen Worten, mit dem Pessimismus Oswald Spenglers.

1897 veröffentlichte Hintze in der Historischen Zeitschrift den Aufsatz „Über individualistische und kollektivistische Geschichtsauffassung", in dem er zur soziologischen Dimension der Historie folgendes ausführt:

„Sind die geschichtlichen Vorgänge in dem Maße genereller Natur, daß sie sich in ein typisches Schema regulärer Entwicklung einfügen lassen, oder überwiegt im großen und ganzen doch der singuläre Charakter? Das ist die große Frage, die alle Erörterungen der historischen Methode beherrscht...

Auf solchem intellektuellen Bedürfnis – das keineswegs alle Forscher gleichmäßig empfinden, weil es eben von dem individuellen geistigen Habitus abhängt – beruht auch im Grunde die immer wieder und unabweisbar sich aufdrängende Frage nach den typischen Regelmäßigkeiten in der historischen Entwicklung. Bei der Diskussion darüber handelt es sich heute nicht mehr um den krassen Gegensatz materialistischer und idealistischer Geschichtsauffassung. Aus dem Gebiete der metaphysischen Spekulation ist der Streit in den windstilleren Bezirk psychologischer Untersuchungen verlegt worden.

Die sozial-psychologische Betrachtungsweise ist vielleicht die bedeutendste Errungenschaft auf dem Gebiete der Geisteswissenschaften seit dem Ausgange des vorigen Jahrhunderts.

Für diese Betrachtungsweise lösen sich die starren als objektiv vorgestellten Produktionsverhältnisse, die als unverständliche, unheimliche Mächte alles geschichtliche Leben beherrschen sollen, in Produkte massenpsychologischer Vorgänge auf, in denen auch das ethische Moment nicht fehlt.

Das ist die eminente Bedeutung der sozial-psychischen Betrachtungsweise. Es gibt keine andern treibenden Kräfte in der Geschichte als die, deren Träger der Mensch ist, und zwar nicht nur der Mensch in seiner Einzelexistenz, sondern vor allem auch in seiner gesellschaftlichen Verbindung, in der jene geistigen Kollektivkräfte erzeugt werden, die der lebendige Kern aller Institutionen sind."

Es kommt für Hintze nun freilich darauf an, wie man sich diese massenpsychologischen Vorgänge denkt:

„Denn jene gemeinschaftlichen Motivkomplexe, die das Leben einer eng verbundenen Gruppe von Menschen beherrschen, stammen doch in letzter Linie aus individuellen psychischen Akten her; sie sind der jeweilige Ausdruck für das Gemeinsame in diesen Akten, das in ihnen zu einer Art von objektiver geistiger Macht verschmilzt; auch wo sie durch Institutionen gewissermaßen befestigt worden sind, stellen sie keine konstante, unveränderliche Kraft dar, sondern sie sind in beständiger Umbildung begriffen, und zwar infolge einer Veränderung in den individuellen Impulsen, auf denen sie beruhen. Je primitiver die soziale Entwicklung, desto gleichartiger mögen die einer Gruppe angehörigen Individuen sein, desto unfreier mag der einzelne den Gesamttendenzen gegenüberstehen: dennoch beruht aller Fortschritt auf der vorhandenen Differenzierung und auf dem damit zusammenhängenden Gegensatz des individuellen und des kollektiven Geistes. Das individuelle Moment darf also auch für das kollektivistische Geschehen keineswegs vernachlässigt werden: wie in ihm überhaupt die Quelle der spezifischen Gruppenindividualität zu suchen ist, so ist es auch der wichtigste Motor für die weitere Entwicklung.

Mit der Anerkennung der psycho-physischen Lebenseinheiten als der Elemente aller sozialen Gebilde sind wir mitnichten zu der einseitig individualistischen Auffassung der Gesellschaft zurückgekehrt, wie sie im vorigen Jahrhundert herrschte. Wir setzen nur das psychische Leben des Individuums in eine organische Verbindung mit dem der gesellschaftlichen Gruppen. Wir wissen, daß die potenzierte Individualität, deren Wirksamkeit so oft die Geschicke der Völker bestimmt hat, in dem mütterlichen Boden des psychischen Gemeinschaftslebens wurzelt; aber wir wissen auch, daß dieses Gemeinschaftsleben durch individuelle Lebensäußerungen erzeugt und fortgebildet wird und daß eminente Individualität unmöglich wäre ohne jene latente Individualität, die wir auch den primitivsten Gesellschaftszuständen zuschreiben.

Es gibt im historischen Leben ebensowenig Vorgänge rein genereller Natur wie solche rein individueller Natur. Überall handelt es sich um ein Mit- und Gegeneinanderwirken der Kräfte des individuellen Lebens und der Kräfte des Gemeinschaftslebens, nur in sehr verschiedenem Verhältnis und mannigfacher Abstufung und Mischung beider Reihen. Es ist ein ungeheuer kompliziertes Geschehen, das man wohl zu beschreiben und zu zergliedern, aber nicht in seiner Gesamtheit aus wenigen einfachen Formen rationell zu erklären vermag.

Von diesem Standpunkt aus also kann ich auch nicht zugeben, daß es zwei verschiedene historische Methoden gebe, eine kollektivistische und eine individualistische; und ebensowenig, daß es zwei verschiedene historische Disziplinen gebe, die sogenannte politische und die sogenannte Kulturgeschichte ...“

Benedetto Croce

Der italienische Philosoph und Historiker Benedetto Croce (1866–1952) spricht sich Anfang der zwanziger Jahre hingegen ungewöhnlich scharf gegen die Soziologie aus:

„Die Klugen wissen jetzt auch, daß die Beziehung von ‚Geschichte‘ und ‚Soziologie‘ eine Beziehung zwischen ‚Geschichte‘ und einer gewissen Disziplin schematischen oder naturalistischen Charakters ist, daß die Wissenschaft von den explikatorischen Prinzipien der Geschichte noch nicht die Soziologie, wohl aber die Philosophie, die ganze Philosophie ist, die alles dazu beiträgt, historische Sätze zu bilden. Sie wissen außerdem, daß die Unterscheidung zwischen Geschichte und Soziologie die Soziologie nicht überflüssig machen, sondern die ihr zukommende nützliche Aufgabe schaffen will; und sie wissen, daß die oft notwendig gewordene feindliche Haltung gegenüber der Soziologie deswegen notwendig gewesen ist, weil diese erstens sich häufig in eine Art halb positivistische und halb phantastische Philosophie oder Metaphysik verwandelt hat; zweitens weil sie häufig, auch wenn sie die eigenen Grenzen nicht überschritt, ein Werk von Dilettanten war, die keine wissenschaftliche Erziehung und Tradition besitzen, reinen Phrasendreschern, die nicht einmal wissen, daß ‚Soziologie' ein barbarischer Name für alles das ist, was man seit Jahrhunderten ‚politische Wissenschaft' genannt hat, deren Zuständigkeit höchstens zu erweitern gewesen wäre, wie man dies im übrigen mit Hilfe der deskriptiven Ökonomie, der Religionswissenschaft, der Anthropogeographie und ähnlichem bereits getan hat. Ist das Studium der Soziologie für den Historiker unerläßlich oder nützlich? Wenn das Studium der politischen Wissenschaft unentbehrlich oder nützlich war, dann ist nicht einzusehen, warum das Studium der Soziologie dies nicht auch sein soll, trotz des barbarischen Namens und wenn sie nur mit Umsicht und Urteil ausgeführt wird."

Wilhelm Dilthey

Weniger einfach liegen die Dinge bei Wilhelm Dilthey (1833–1911). Auch diesen Altmeister der Geisteswissenschaft, ihren eigentlichen Schöpfer, müssen wir zu den Gegnern der Soziologie rechnen. Allerdings polemisiert Dilthey nur gegen eine bestimmte, verengte und sich selbst mißverstehende Art der Soziologie. Er wendet sich nur gegen die ethischen Verdrehungen einiger Soziologien. Die Untersuchung der wahren Zusammenhänge zwischen Sitte, Literatur, überhaupt jeglicher Äußerung des „objektiven Geistes" und dem tragenden Grund sozialer Verbände lag ihm selbst nur zu sehr am Herzen. Dilthey ging immer vom Einzelwesen und seiner Psyche aus, vom „System der Triebe", von der „Struktur des Seelenlebens". Von hier aus suchte er dann die Fäden zur Gesellschaft. Er trat auch für eine Art umgekehrte Evolutionstheorie bzw. eine rückwärtsgewandte Genetik ein: man solle aus den jeweils vorhandenen Erscheinungen die vermutlichen Ursprünge zu deuten suchen, nicht aber aus den hypothetischen Urzuständen die heutigen Erscheinungen. Dilthey vertrat damit also die genau entgegengesetzte Ableitungsmethode, wie sie Nietzsche anwandte, der die heutigen psychologischen und soziologischen Zustände bei den Menschen jeweils aus fiktiven Urmodellen zu erklären versuchte.

Dilthey wollte seinem ersten Band der Einleitung in die Geisteswissenschaften eine Ergänzung folgen lassen, wo die „Darstellung der großen socialen Prozesse von Arbeittheilung, Differencierung, Anpassung etc. in der Gesellschaft und der in ihnen gebildeten äußeren Organisation derselben sowie ihrer Kultursysteme“ als „empirisches Komplement“ folgen sollte. Schrittweise wollte Dilthey die Entstehung der leitenden sittlichen Ideen in der „aktiven menschlichen Gesellschaft ableiten“. Ansatzpunkte für eine echte geisteswissenschaftliche Soziologie gibt es bei Dilthey also in Hülle und Fülle. Und wir werden später noch darauf hinzuweisen haben, wie groß der Einfluß Diltheys auf die sog. Wissenssoziologie gewesen ist. Vor allem Karl Mannheim verwendet den Diltheyschen Struktur- und Typenbegriff, um die letzten und feinsten theoretischen Grundlagen seiner höchst komplizierten Wissenssoziologie aufzubauen.

Die folgenden Ausführungen Diltheys zeigen die Ablehnung der westlichen erstarrten Soziologie und seine Beschreibung einer Art geisteswissenschaftlicher Soziologie, die für ihn eben nur eine Art Auffassungsweise ist:

„Meine Polemik gegen die Soziologie betraf das Stadium ihrer Entwicklung, wie es durch Comte, Spencer, Schäffle, Lilienfeld charakterisiert war. Der in diesen Arbeiten enthaltene Begriff derselben war der einer Wissenschaft des gesellschaftlichen Zusammenlebens der Menschen, die als ihre Gegenstände auch Recht, Sitte, Religion in sich schloß. Sie war also nicht eine Theorie von den Formen, die das psychische Leben unter den Bedingungen der gesellschaftlichen Beziehungen der Individuen annimmt. Einen solchen Begriff von Soziologie hat Simmel aufgestellt. Soziologie hat dann die gesellschaftliche Form als solche, die bei der Variation dieselbe bleibt, zum Gegenstand. Diese gesellschaftliche Form als solche stellt sich nach ihm dar in einer Anzahl voneinander trennbarer Verbindungsweisen der Menschen. Solche sind Überordnung und Unterordnung, Nachahmung, Arbeitsteilung, Konkurrenz, Selbsterhaltung der sozialen Gruppe, Bildung von Hierarchien, Vertretung, Parteibildung. Und es gilt nun, diese Formen induktiv festzustellen und psychologisch zu deuten. Diese Gesellschaft ist nur die Summe dieser einzelnen Verbindungskräfte, die zwischen diesen Elementen stattfinden. Die Gesellschaft als solche wäre nicht mehr nach dem Wegfall dieser Verbindungskräfte.

Die Aussonderung eines solchen wissenschaftlichen Gebietes muß ich natürlich anerkennen, sie beruht auf dem Prinzip, nach welchem Verhältnisse, welche konstant bleiben als Formen des Zusammenlebens bei der Variation der Zwecke desselben und seiner Inhalte, für sich studiert werden können. Habe ich ja doch selbst schon in meiner „Einleitung" vor Simmel die äußere Organisation der Gesellschaft als ein besonderes Gebiet charakterisiert, als in welchem, psychologisch angesehen, Herrschafts- und Abhängigkeitsverhältnisse und Gemeinschaftsbeziehungen wirksam sind. Meine Auffassung unterscheidet sich von der Simmels zunächst dadurch, daß ich diese verbindenden Kräfte nicht einfach auf die angegebenen psychischen Momente zurückführen kann, sondern den Naturzusammenhang von Geschlechtsgemeinschaft, Erzeugung, so entstehender Homogenität der Familie, Rasse sowie andererseits örtlichem Zusammenwohnen als ebenso wichtig ansehe.

Meine Verwerfung der Soziologie kann sich sonach nicht auf eine solche Disziplin beziehen, sondern sie betrifft eine Wissenschaft, welche alles dasjenige, was de facto in der menschlichen Gesellschaft stattfindet, in einer Wissenschaft zusammenfassen will. Das Prinzip, welches dieser Zusammenfassung zugrunde liegt, wäre: was in der menschlichen Gesellschaft in dem Verlauf von deren Geschichte abläuft, muß zur Einheit desselben Gegenstandes zusammengefaßt werden.

Dies wäre geradezu geschlossen als: da in der Natur mechanische physikalische, chemische und Lebensprozesse verbunden sind und innerhalb derselben materiellen physischen Welt ablaufen, so müssen sie in eine Wissenschaft zusammengefaßt werden. Tatsächlich ziehen die Naturwissenschaften nur die Folgerung: die Einzelwissenschaften müssen immer bereit sein, die von ihnen aufgefundenen allgemeinen Wahrheiten allgemeineren, etwa astronomische Wahrheiten den mechanischen, physiologische den chemischen unterzuordnen oder umgekehrt Anwendungen der mechanischen Wahrheiten in der Astronomie usw. aufzusuchen. Aber eine allgemeine Naturwissenschaft ist immer nur eine problematische Perspektive, nicht der Ausgangspunkt. Und ebenso streben die Geisteswissenschaften darnach, die Beziehungen der von ihnen aufgefundenen Wahrheiten durch Unterordnung und Anwendung festzustellen, aber sie können nicht mit der Konstituierung einer solch allgemeinen, noch ganz problematischen Wissenschaft beginnen...

Denkt man sich nun eine solche Wissenschaft funktionierend, so ist sie entweder ohne ein einheitliches Prinzip eine Zusammenfassung aller Geisteswissenschaften, die aus der Verwebung des Lebens in der Gesellschaft als Einzelwissenschaften ausgesondert sind. Dann ist sie, wie Simmel richtig bemerkt, der große Topf, auf den die Etiquette Soziologie aufgeklebt wird: ein neuer Name, aber keine neue Erkenntnis. Oder sie ist die unter erkenntnistheoretischen-logischen-methodischen Gesichtspunkten zusammengefaßte Enzyklopädie der auf dem Grunde der Psychologie sich erhebenden Einzelwissenschaften. Dann bezeichnet Soziologie nur die Philosophie der Geisteswissenschaften in ihrem zweiten Teil.

So aber ist die Soziologie nicht gemeint, welche Comte, Spencer usw. [vertreten]. Diese sieht vielmehr in der Gesellschaft, in der in ihr wirksamen Differenzierung und Integration, in der Solidarität der Interessen, in ihrem Fortschritt zu einer dem gemeinsamen Nutzen entsprechenden Ordnung das Prinzip, aus welchem Religiosität, Kunst, Sitte, Recht erklärlich sind. In diesem Sinne habe ich die Soziologie als ‚metaphysisch' bezeichnet."

Nach Dilthey krankt die Soziologie des 19. Jahrhunderts an folgenden Fehlern:

„1. Gegeben sind uns Individuen in gesellschaftlichen Beziehungen. Diese Grundtatsache hat zwei Seiten. Das Individuum bildet durch seine Struktureinheit ein in sich geschlossenes Ganze. Weder der Grund noch der Zweck des individuellen Daseins kann durch irgendeine Beweisführung reduziert werden auf die Gesellschaft. Hieraus wird deutlich: es ist eine metaphysische Hypothese, wenn man die letztere Annahme macht.

2. Vieles in den Zweckzusammenhängen der Gesellschaft kann aus der bloßen Sozialität abgeleitet werden. Aber schon

ein Zusammenhang wie die Entwicklung der Philosophie ist ebenso nach Grund und Zweck in dem Individuum an sich angelegt als in der Gesellschaft. Noch deutlicher zeigt sich diese Zweiseitigkeit in der Religiosität und in der Kunst. Könnte man sich ein einziges auf der Erde hinschreitendes Individuum denken, so würde dieses bei einer für die Entwicklung zureichenden Lebensdauer diese Funktionen in völliger Einsamkeit aus sich entwickeln.

3. Aber auch im Recht ist ein Prinzip der Bindung an das gegenseitig Festgestellte enthalten, das nicht nur durch gesellschaftlichen Zwang wirkt und dessen utilitarische Ableitung eine wenig befriedigende Hypothese ist. Und ebenso verhält es sich mit der Sittlichkeit.

4. Sonach ist diese Soziologie gar nicht wissenschaftliche Erkenntnis, die durch ein Gebiet definiert wäre, sondern sie ist eine bestimmte Richtung der Auffassung, wie sie im 19. Jahrhundert in einer gegebenen Lage sich geltend macht. Und durch diese Richtung bestimmt, ist sie eine Methode, die von einem angenommenen Erklärungsprinzip aus möglichst viele Tatsachen ihrer Erklärung unterwirft. Eine solche Methode ist heuristisch wertvoll, und die evolutionistische Gesellschaftslehre hat ja in der Tat belebend gewirkt. Aber da dieselbe an die genannten Tatsachen anstößt, welche ebensogut individuell als sozial erklärt werden können, so zeigt sich darin ihre Unfähigkeit, eine Wissenschaft zu konstituieren. So ist Soziologie schließlich der Name für eine Anzahl von Werken, welche nach einem großen Erklärungsprinzip die gesellschaftlichen Tatsachen behandeln, für eine Richtung des erklärenden Verfahrens: der Name für eine Wissenschaft ist sie nicht..."

Heinrich Rickert

Auch Heinrich Rickert (1863–1936), der Philosoph und Wissenschaftssystematiker, weist Ansprüche der Soziologie zurück.

Bei dem Urteil Rickerts über die Soziologie muß man berücksichtigen, daß er, ähnlich wie Dilthey, allein die naturwissenschaftliche Richtung der Soziologie ins Auge faßte. Man versteht diese Einseitigkeit nur, wenn man sich die gesamte Konzeption Rickerts überlegt. Rickert, zusammen mit Wilhelm

Windelband (1848–1915), der Begründer der von Kants und Fichtes Systemen ausgehenden Südwestdeutschen (Philosophen-)Schule, hat sein Lebenswerk der methodologischen Unterscheidung von Natur- und Geisteswissenschaft gewidmet. Während die Naturwissenschaft gesetzebildend, generalisierend ist, bedient sich die Kulturwissenschaft nach Rickert der idiographischen Methode, hat es mit einmaligen Ereignissen zu tun. Das ist nichts anderes als Windelbands Scheidung zwischen idiographischer Ereigniswissenschaft und nomothetischer Naturwissenschaft (Windelband, Geschichte und Naturwissenschaft, 1894). Die Kulturwissenschaft, die Geschichte vornehmlich, hat es nach Rickert mit Werten zu tun. Nicht so die Naturwissenschaft, die begreiflicherweise bei Rickert in eine etwas schiefe Stellung gerät. Sobald man, der Einfachheit halber, als Soziologie nur jene eine naturwissenschaftliche Behandlungsweise sozialer Zusammenhänge ansieht, wird die Soziologie zwangsläufig in eine ungünstige Position, in einen völlig unberechtigten Gegensatz zur Kulturwissenschaft gedrängt.

1896, als Rickert sein Buch über die „Grenzen der naturwissenschaftlichen Begriffsbildung“ zum ersten Male veröffentlichte, konnte er unter dem Stichwort „Soziologie“ nichts Einheitliches und Bedeutendes vorfinden. Nach dem Ersten Weltkrieg hat sich die Soziologie aber zunehmend als eine geschichtliche Wissenschaft besonderer Art entwickelt. Man vergleiche z. B. die Auffassung von Soziologie bei Max Scheler, Hans Freyer, Alfred Weber, Karl Mannheim. Mit solchen Formen der „Soziologie“ hat sich Rickert – seiner ursprünglichen Konzeption gemäß – nicht auseinandergesetzt. Im Grunde steckt hinter dem Mißverständnis, demzufolge die Soziologie bei Rickert rettungslos auf die Seite der Naturwissenschaft geriet, ein tieferes Problem: nämlich die Frage nach dem Kollektiven und Individuellen in der Geschichte selbst.

„Die generalisierende Darstellung des gesellschaftlichen Lebens bezeichnet man als Soziologie. Sowenig Erfreuliches diese Wissenschaft mit dem wenig erfreulichen Namen bisweilen produzieren mag, so wenig läßt sich unter logischen Gesichtspunkten gegen eine naturwissenschaftliche oder generalisierende Darstellung der gesellschaftlichen Wirklichkeit einwenden. Ob es möglich ist, bis zu Gesetzesbegriffen des menschlichen Zusammenlebens vorzudringen, denen man mit einiger Wahrscheinlichkeit eine mehr als empirische Geltung zusprechen darf, kann allerdings zweifelhaft scheinen, denn im allgemeinen wird die naturwissenschaftliche Behandlung um so mehr Aussicht auf Erfolg haben, je umfassender der Begriff ist, unter den ihr Material fällt, und es wird um so schwerer sein, zu Gesetzesbegriffen zu gelangen, je höherer Ordnung das Historische ist, das man naturwissenschaftlich oder generalisierend darstellen will. Aber es handelt sich bei solchen Erwägungen nur um graduelle Unterschiede, und die naturwissenschaftliche Darstellung eines relativ Historischen höherer Ordnung oder die generalisierende Begriffsbildung gegenüber einem relativ Individuellen, wie das Leben der menschlichen Gesellschaft es gegenüber dem menschlichen Seelenleben überhaupt bildet, ist schon deshalb niemals vollständig ausgeschlossen, weil man ja immer Begriffe bilden kann, die wenigstens empirisch überall gelten, wo man bis jetzt überhaupt gesellschaftliches Leben vorgefunden hat.

Schließlich müssen wir sogar noch hinzufügen, daß die menschliche Gesellschaft im allgemeinen nicht schon das relativ Historische höchster Ordnung zu sein braucht, das sich naturwissenschaftlich oder generalisierend behandeln läßt. Es kann vielmehr, ebenso wie in der Biologie, auch innerhalb der generalisierenden Soziologie noch Spezialwissenschaften geben, welche die allgemeine ‚Natur' irgendwelcher besonderen Vorgänge der gesellschaftlich seelischen Wirklichkeit, z. B. der Politik, des wirtschaftlichen Lebens, der Kunst, der Wissenschaft usw. darzustellen streben, d. h. versuchen, die betreffenden Vorgänge unter ein System allgemeiner Begriffe zu bringen. Das seelische Leben ist eben nirgends prinzipiell der generalisierenden oder naturwissenschaftlichen Behandlung entzogen, und niemand kann daher der Naturwissenschaft eine generalisierende Darstellung derselben Objekte wehren, mit denen es die Geschichte im üblichen Sinne des Wortes zu tun hat ..."

Rickert betont die Grenzen einer naturwissenschaftlichen Soziologie:

„Daß endlich auch in den Disziplinen, die seelisches Leben darstellen, ebenso wie in den Wissenschaften von der Körperwelt, wenigstens logisch eine Scheidung der naturwissenschaftlichen von den historischen Bestandteilen vollzogen werden muß, bedarf jetzt keiner besonderen Erörterung mehr, und nur darauf wollen wir noch mit einem Worte ausdrücklich hinweisen, daß die logische Möglichkeit einer generalisierenden Soziologie, d. h. einer Lehre von dem gesellschaftlichen Leben der Menschen als Naturwissenschaft, ebenfalls nichts an dem prinzipiellen Gegensatz von Naturwissenschaft und Geschichte, wie wir ihn aufgestellt haben, ändern kann. Es ist zwar gegen die naturwissenschaftliche, generalisierende Behandlung des gesellschaftlichen Lebens der Menschheit logisch nichts einzuwenden, aber wir müssen zugleich bestreiten, daß eine solche Wissenschaft uns sagen könnte, wie sich das Leben der Menschheit in seinem einmaligen individuellen Verlaufe wirklich gestaltet hat.

Der Grund dafür liegt auf der Hand. Ist auch die Gesellschaft ein relativ Historisches hoher Ordnung, so geht doch von dem gesellschaftlichen Leben, das den Historiker interessiert, um so weniger in die Begriffe der Soziologie ein, je vollkommener sie als Naturwissenschaft geworden ist, d.h. je allgemeiner ihre Begriffe gelten. Deshalb müssen wir, um zur Klarheit über die Methode zu kommen, zwischen einer naturwissenschaftlichen generalisierenden und geschichtlichen individualisierenden Darstellung der menschlichen Gesellschaft ebenso unterscheiden wie zwischen naturwissenschaftlicher und historischer Biologie. Der Umstand, daß eine generalisierende Naturwissenschaft gesellschaftliches Leben zu ihrem Gegenstand machen kann, bedeutet für die Methode der Geschichtswissenschaften nicht das geringste. Individualisierende oder historische Gesellschaftswissenschaft ist um nichts weniger möglich wie generalisierende oder naturwissenschaftliche.

So wenig wir demnach, wenigstens unter rein logischen Gesichtspunkten, gegen eine naturwissenschaftliche, d. h. generalisierende Soziologie vorzubringen haben, so entschieden halten wir an der Unmöglichkeit einer naturwissenschaftlichen Geschichte fest. Niemals kann die Soziologie als generalisierende Wissenschaft an die Stelle der Geschichte treten. Sie ist daher auf das nachdrücklichste zu bekämpfen, sobald sie den Anspruch erhebt, die einzige Wissenschaft vom „geschichtlichen Leben" der Menschen oder gar Geschichtswissenschaft selbst zu sein, denn sie versucht damit, Geschichte als Darstellung einmaliger Entwicklungsreihen überhaupt unmöglich zu machen …"

Ernst Troeltsch und Max Weber: Religionssoziologie und die Lehre vom Idealtypus

Die Soziologie der Religion als bewußt betriebene Spezialwissenschaft reicht nicht weiter als bis zur Jahrhundertwende zurück. Das Problemgebiet erstmals in voller Deutlichkeit herausgegriffen, fruchtbar bearbeitet und den Namen Religionssoziologie eingebürgert zu haben, ist das Verdienst Max Webers. Seine Freunde Ernst Troeltsch und Werner Sombart waren ebenfalls Pioniere der neuen Disziplin.

Ganz bestimmte wissenschaftstechnische und organisatorische Bedingungen mußten gegeben sein, ehe eine Religionssoziologie auf breiter vergleichender Grundlage möglich wurde, ehe die Vielfalt der Erscheinungen religiös-sozialer Art das Kernproblem überhaupt sichtbar machte. Wir sind allerdings schon an verschiedenen Stellen in früheren Jahrhunderten, so vor allem bei Francis Bacon, einer religionssoziologischen Problemstellung oder wenigstens der Beobachtung eines Zusammenhanges, der zur Problemstellung hätten führen können, begegnet.

Die nötige Kenntnis außerchristlicher Religionen und ethnographischen Materials, verbunden mit der aufklärerischen, gesellschaftskritischen, sozusagen vorwissenschaftlich-objektiven Betrachtung religiös-sozialer Erscheinungen, bringt zum erstenmal im 18. Jahrhundert ausgeprägtere Anklänge einer Religionssoziologie. Es war Vicos selbständiger Blick, der erstmalig die Religion als die stärkste und unmittelbarste Integrationsmacht der Gesellschaft erkannte. Seine gut ausgewerteten Kenntnisse der Kultur anderer Lebenskreise, seine soziologisch verallgemeinernde vergleichende Religionskunde verraten bereits ein Verständnis, das drei Vierteljahrhunderte später Hegel und wiederum später auf englischem Boden Benjamin Kidd (1858–1916) zur wissenschaftlichen Reife entwickelten. Herder, Schleiermacher, verschiedene mittlere und späte Romantiker haben ebenfalls an der Schwelle einer Art Religionssoziologie gestanden.

Das 19. Jahrhundert brachte dann auf den verschiedensten Gebieten, wie Theologie, Philosophie, Literaturwissenschaft, Jurisprudenz, Archäologie und Anthropologie, ein gegenüber früher so ungeheuer reiches und verdichtetes religionskundliches Material zusammen, daß es nur mehr der leichten Aufmerksamkeitssteigerung einiger Gesellschaftswissenschaftler zur Zeit der Jahrhundertwende bedurfte, um die verschiedenen wechselseitigen Beziehungen zwischen Religion und politischem Verband, zwischen Religion und Wirtschaftspolitik, zwischen Religion und Familiengliederung, Arbeitsteilung und Bevölkerungsbewegungen zu entdecken.

Zugleich wurde man auch auf die soziologischen Sonderformen religiöser Vereinigungen und auf die soziologisch aufschlußreiche Wirksamkeit bestimmter Typen der religiösen Autorität (Stifter, Reformer, Prophet, Seher, Heiliger, kirchliche Hierarchien) aufmerksam.

Der deutsche Zweig der Soziologie näherte sich dem religiösen Problem teils über theologisch-soziale (Ernst Troeltsch), teils über wirtschaftlich-juristische (Max Weber) Forschungen.

Ernst Troeltsch

Ernst Troeltsch wurde 1865 in Augsburg geboren, er starb 1923 in Berlin. Er war protestantischer Theologe, Kulturphilosoph. Seit 1892 ao. Professor der systematischen Theologie in Bonn, 1894 ord. Professor der Theologie, seit 1910 auch der Philosophie in Heidelberg, wurde Troeltsch 1914 Prof. der Philosophie in Berlin. Er schrieb u.a.: „Die Soziallehren der christlichen Kirchen und Gruppen“ (1919), „Der Historismus und seine Probleme“ (1922), „Gesammelte Aufsätze zur Geistesgeschichte und Religionssoziologie“ (1924), „Der Historismus und seine Überwindung“ (1924).

Troeltsch war mit einem soziologischen Blick höchsten Ranges ausgestattet. Er drang mit einer ungewöhnlich feinen, empfindlichen Sonde in die geistige Welt ein. „Die heutige Welt verstehen heißt die moderne Geisteswelt in ihrer Verfilzung mit den fortdauernden Mächten der vorangegangenen Welten und den von ihr darein hineingegebenen neuen geistigen Gehalt verstehen.“ Auf die Frage, ob sich die christliche Gemeinschaft infolge der Erfüllung der ganzen modern denkenden Welt mit dem „sprödesten Subjektivismus in religiösen Dingen“ auflösen wird, gab Troeltsch – nach der Darstellung seines Schülers und Biographen Walter Köhler – eine Antwort, „die in der Gegenwart nur Verstärkung erfahren hat: die große, naturrechtlich-individualistische Welle ist im Verlaufen begriffen, und auf allen Gebieten regt sich eine neue Soziologie“. Schon in Troeltschs Heidelberger Vorlesungen über Glaubenslehre wird der soziologische Blickpunkt deutlich. Religiöse Klarheit in den Wirren des modernen Lebens hat nicht so sehr der einzelne, wohl aber die Gemeinschaft als zusammenhaltende Gemeinsamkeit nötig (Köhler).

Troeltschs Weg zur Soziologie findet sich in seiner Autobiographie geschildert:

„Doch gab es noch einen Grund, der mich verhinderte, dieser Aufgabe einer Ausarbeitung der Religionsphilosophie und damit des philosophischen Systems mich hinzugeben. Auch nach der historischen Seite hin kam das Ganze wieder ins Rollen. Ich wurde nämlich durch gewisse sich mir neu aufdrängende Problemstellungen von neuem in die historischen Untersuchungen über Wesen und Geschichte des Christentums hineingerissen, und zwar mit fast stürmischer Bewegung. Praktische Aufgaben der Sozialpolitik, Nachdenken über politische und soziale Dinge, der ganze, bei dem Deutschen ja so überaus spät, wenn überhaupt erfolgende Eintritt in die politische Pubertät: All das ließ mir auf einmal das Problem der Geistesgeschichte ganz anders, unendlich viel komplizierter und abhängiger erscheinen. Von diesen Eindrücken erregt, stürzte ich mich in soziologische Studien, die freilich weniger eine fertige Erkenntnis als eine neue Art zu sehen bedeuteten. Die ganzen geschichtsphilosophischen und entwicklungstheoretischen Ideen, die bisher einseitig ideologisch gewesen waren, wie bei Hegel und Dilthey, und die doch eine so große Rolle auch in jeder Religionsphilosophie spielen mußten, verwandelten sich. Aus allen bisherigen Lösungen wurden neue Probleme. Zugleich geriet ich in den Bannkreis einer so übermächtigen Persönlichkeit wie Max Weber, dem diese für mich aufdämmernden Wunder längst Selbstverständlichkeiten waren. Und von da her ergriff mich die Marxistische Unterbau-Überbaulehre mit der größten Gewalt; nicht als ob ich sie ohne weiteres für richtig gehalten hätte, aber sie enthält jedenfalls eine niemals zu umgehende, wenn auch in jedem Einzelfall besonders zu beantwortende Fragestellung. Die Fragestellung war also die: Wie weit ist Entstehung, Entwicklung, Abänderung, moderne Stauung des Christentums soziologisch bedingt und dieses selbst etwa ein aktiv gestaltendes soziologisches Prinzip? Außerordentlich schwierige Fragen, über die es kaum irgend brauchbare Vorarbeiten gab! Und doch konnte man von einer reinen Dogmen- und Ideegeschichte des Christentums nicht mehr sprechen, wenn man dieses Problem begriffen hatte. Dieses Mal unterließ ich jede programmatische Vorarbeit und machte mich statt alles bloßen Mundspitzens sofort mit unbeschreiblicher Mühe ans Pfeifen. Die Aufforderung zur Rezension eines elenden Buches von Nathusius über die „Soziale Aufgabe der evangelischen Kirche" brachte mir meine und unsere Unwissenheit über diese Dinge zu Bewußtsein, und ich schrieb statt einer Rezension ein Buch von annähernd tausend Seiten. Das wurde nun eine Geschichte der christlich-kirchlichen Kultur, eine volle Parallele zu Harnacks Dogmengeschichte, bei der ich alles Religiöse, Dogmatische und Theologische nur als Untergrund der sozialethischen Wirkungen oder als Spiegel und Rückwirkung der soziologischen Umgebungen ansah, je nach den Zeiten bald mehr so, bald mehr so..."

Seinem ursprünglichen Weg zur Soziologie entsprechend, kann Troeltsch der aus dem Marxismus erwachsenden Soziologie einen gewissen Wert nicht abstreiten:

„Die ökonomisierte Dialektik ist also trotz aller Übertreibungen und Ungeheuerlichkeiten doch eine äußerst fruchtbare Fragestellung und eine Einstellung auf dynamische Lebenszusammenhänge, die in der letzten Wirkung der Historie ein stärkeres und konkreteres, ein tieferes und breiteres Leben zugleich mit einer sicheren Gliederung mitzuteilen imstande sind..."

Troeltsch entscheidet sich für eine Soziologie als Einzelwissenschaft:

„Wer sich mit soziologischen Studien und mit der Literatur über Soziologie beschäftigt hat, gewinnt dadurch unzweifelhaft eine neue Einstellung auf alle historischen Dinge und auch auf die im geschichtlichen Leben erwachsenden objektiven Kulturwerte. Alles rückt in ein etwas anderes Licht sowohl des kausalen Verständnisses als der Auffassung von Normen und Werten. Um so mißlicher ist aber dann der Umstand, daß diese Wissenschaft es noch nicht zu einem einigermaßen feststehenden Begriffe und zu einer dementsprechend anerkannten Methode gebracht hat. Wer diesen Dingen nachgeht, muß vielmehr jedesmal erst seine persönliche Auffassung von Begriff und Methode darlegen. Das hängt dann freilich stets mit den zentralsten philosophischen und wissenschafts-theoretischen Grundanschauungen zusammen, und da dieser Zusammenhang nicht jedesmal ausführlich zugleich dargelegt werden kann oder von den Autoren selbst oft ohne klares Bewußtsein um ihn in irgendeiner mehr oder minder verschwommenen Form vorausgesetzt wird, so ist es überaus schwierig, den jedesmal mit dieser Disziplin und ihren Forschungen verbundenen Sinn klar zu erfassen. In der Hauptsache handelt es sich aber doch um zwei allein mögliche Grundanschauungen, von deren Unterscheidung aus man sich den Weg durch das Gestrüpp dieser Wissenschaft durchbahnen kann. Entweder sieht man in ihr eine Einzelwissenschaft allgemeinbegrifflicher Haltung, die Formen und Bedingungen der Vergesellschaftung überhaupt vergleichend zu schematisieren sucht und dadurch zu einer wichtigen Hilfswissenschaft für die Geschichte und für die Kulturphilosophie wird, zu einer Voraussetzung für die Erfassung der immer gesellschaftlich gearteten oder doch gesellschaftliche Voraussetzungen und Wirkungen enthaltenden historischen Vorgänge und ebenso für die immer in Entstehung, Formung und Wirkung gesellschaftlich bedingten Kulturwerte. Oder man sieht darin die Generalwissenschaft, die von der Gesellschaft an sich, d.h. von der Menschheit und den in ihrem Dasein sich verschlingenden Gemeinschaftsinteressen handelt und eben damit sowohl die Entwicklungsgeschichte als das Idealziel der Menschheit konstruiert, eine Zusammenfassung von Geschichte, Geschichtsphilosophie, Kulturphilosophie und Ethik in einer neuen allumfassenden und die wissenschaftliche Generalmethode befolgenden Wissenschaft. Will man sich die Unterschiede an Namen verdeutlichen, so darf man vorbehaltlich aller ihrer Besonderheiten für die eine Seite etwa Tönnies, Simmel, Vierkandt, für die zweite Auguste Comte und Herbert Spencer samt ihren unzähligen Nachfolgern nennen.

Von beiden Möglichkeiten scheint mir nur die erste berechtigt und die zweite die Quelle aller Irrtümer und Verworrenheiten ..."

Über Max Webers Soziologie schreibt Troeltsch einmal:

„Max Weber, der eine ungewöhnlich eindringende logische Selbstbesinnung mit ebenso ungewöhnlicher Kraft der Forschung verbindet, hat methodisch seinen Anschluß an Rickert erklärt, was eine Absage an jede Art dialektischen oder organischen Entwicklungsbegriffes bedeutet. Er sieht darin nichts als Romantik und falsche emanatistische Logik. Eben damit hat er auch bewußt auf jede Universalgeschichte verzichtet und an deren Stelle eine vergleichende Soziologie gesetzt, die auch aus der Vergleichung noch jeden Rest einer universalgeschichtlich teleologischen Gesamttendenz austilgt. Davon wird später noch zu reden sein. In der Praxis seiner Forschung überwiegt aber doch auch bei ihm die intellektuale Anschauung der großen soziologischen Komplexe und der großen Entwicklungszusammenhänge. Hier scheint insbesondere gerade Marx auf ihn einen tiefen und dauernden Eindruck gemacht zu haben. Die begleitende kausale Kontrolle und Rücksicht auf die einzelmenschlichen Motivationskausalitäten gibt dann nur gleichzeitig jene enorme anschauliche Wirklichkeitssättigung, die Webers Arbeiten alle auszeichnet. Auch hat er auf die Bilder dieser großen Zusammenhänge überall die Marxistische Fragestellung nach dem Zusammenhang von Unterbau und Überbau angewendet und gerade hiermit die interessantesten und bedeutsamsten Ergebnisse seiner Forschung erzielt..."

„Auch Max Webers Lehre von den Idealtypen gehört hierher, in denen er durch weltgeschichtliche Vergleichung die typischen Hauptformen der Sozialökonomie feststellt und mit denen er die logische Natur und die wissenschaftliche Art der sogenannten Nationalökonomie bestimmt hat; bei der grundlegenden Wichtigkeit des Ökonomischen gewinnt das zugleich welthistorische Bedeutung. Das ist dann eben Soziologie in dem einzigen Sinne, den ich dieser Wissenschaft zugestehen kann, nicht eigentlich Geschichte. Universalgeschichte als Soziologie: dagegen ist nichts einzuwenden. Aber solche Soziologie ist dann eben gerade nicht Geschichte und nicht Geschichtsphilosophie, sondern eine generalisierende Hilfswissenschaft beider, die sehr lehrreich und interessant, aber noch sehr unterentwickelt ist..."

Max Weber

Max Weber wurde 1864 in Erfurt geboren, er starb 1920 in München. Nationalökonom, Historiker und Soziologe, habilitierte sich Weber 1892 in Berlin, wurde dort 1893 ao. Professor, 1894 in Freiburg i. Br., 1897 in Heidelberg, 1919 in München. Weber schrieb u. a.: „Geschichte der Handelsgesellschaften im Mittelalter“ (1889), „Die protestantische Ethik und der Geist des Kapitalismus“ (1901), „Wissenschaft als Beruf“ (1919), „Gesammelte Aufsätze zur Religionssoziologie“, 3 Bde. (1920 ff.), „Wirtschaft und Gesellschaft (1921), „Gesammelte Aufsätze zur Wissenschaftslehre“ (1922), „Wirtschaftsgeschichte“ (1924).

Die Grundzüge von Webers Soziologie wurden uns bereits in den vorstehenden Äußerungen seines Freundes Troeltsch geschildert. Weber gilt als eine der bedeutendsten deutschen Persönlichkeiten seiner Zeit. Er übte einen kaum zu überschätzenden Einfluß auf die weitere Entwicklung der Sozialwissenschaften aus: sowohl durch seine Schriften als auch durch seine persönliche Lehrtätigkeit. In die Dynamik, Farbigkeit und begriffliche Leistung seines Werks führt wohl am besten eine Schrift von Karl Jaspers ein, der selbst, gerade auch als Philosoph, den Einfluß Max Webers unmittelbar im zwischenmenschlichen Verkehr erlebte. Wir besitzen ferner die Jugendbriefe Webers und eine große Biographie Marianne Webers von ihrem verstorbenen Mann. Besser als bei manchem anderen Sozialforscher läßt sich deshalb bei Weber die Entwicklung seiner wissenschaftlichen Grundhaltung verfolgen.

Max Weber versuchte, die soziologische Methode aus dem Widerspruch zwischen Individualerkenntnis und Gesetzmäßigkeit durch seinen Begriff vom Idealtypus herauszuführen. Wie schwierig und ungeklärt Theorie und Anwendung des Idealtypus geblieben sind, geht schon aus der umfangreichen Sekundärliteratur hervor, die über den Max Weberschen Typenbegriff entstanden ist. Am Typenbegriff läßt sich auch wohl am besten die Frage erörtern, ob die Soziologie eine Natur- oder Kultur-(Geistes-)Wissenschaft ist. Ernst Troeltsch hat dieses Grundproblem der gesetz- bzw. typenbildenden Kultur- und Sozialwissenschaften ebenfalls scharf herausgestellt und für lösbar gehalten: „Ihre Methode ist derjenigen der Naturwissenschaften nahe verwandt, weil sie mit den Mitteln der Induktion und Vergleichung und der Voraussetzung der Regel- und Analogiehaftigkeit alles Geschehens an die historische Welt gehen und demgemäß allgemeine, der Erforschung des einzelnen dienende Regeln anstreben. Ihre Möglichkeit ist darin begründet, daß die historische Welt ihre individuellen Gebilde doch eben immer nur aus einem allgemeinen Gleichartigkeiten unterliegenden Stoffe in gleichbleibenden psychologischen Formen und unter dem stärksten Einfluß dauernder Naturverhältnisse emporbildet. Trotz aller Zufälle und aller Freiheit stellt sich infolgedessen eine mittlere Linie immer wieder her."

Weber ging es vor allem auch um das Problem der Verantwortlichkeit. Er wollte aus der Sozialwissenschaft alle Werturteile verbannen. Der Wissenschaft geht es stets um möglichst strenge Kausalanalyse. Der Zusammenhang von Ursache und Wirkung ist eingebettet in eine Unzahl subjektiver Wertideen. Und je nach den leitenden Wertideen seiner eigenen Zeit wird der Forscher bei seiner Arbeit stets nach einigen ausgewählten Wertideen Ausschau halten. Es ist demnach für Max Weber ein sinnloser Gedanke, daß es das Ziel der Kulturwissenschaften sein könne, „ein geschlossenes System von Begriffen zu bilden, in dem die Wirklichkeit in einer in irgendeinem Sinne endgültigen Gliederung zusammengefaßt" werden könnte.

Max Webers Wertskepsis findet sich schon in einem frühen Brief:

„Daher ist auch damit, daß man von einem Menschen sagt, er ist durch die Verhältnisse da- und dazu gekommen, noch nichts getan, das gibt nur dem Verstande den Anhaltspunkt, mittels dessen er sich die Entwicklung des sittlichen Zustandes des Betreffenden plausibel macht. (Denn das will er immer, auch da, wo er eigentlich nichts zu erklären findet...) Aber damit ist ein moralisches Urteil noch nicht gefällt... Das Urteil darüber, ob es gut oder schlecht ist, was er getan hat, und unser Urteil über seine Verantwortlichkeit dafür wird dadurch nicht berührt, denn in dieser Beziehung kann ich den Verstand nicht um Rat fragen, der steht in dieser Beziehung vor einem Rätsel. Und noch dazu vor einem für ihn unlösbaren, denn er kann nicht nur nie sagen, warum jemand für seine Handlungen moralisch verantwortlich ist, sondern er kann nicht einmal erklären, was „verantwortlich sein" bedeutet... Wir stehen hier eben an den Grenzen des menschlichen Begriffsvermögens und treten in eine ganz andere Welt, wo eine ganz andere

Seite unseres Geistes die Beurteilung der Dinge unternimmt...“

Wenn heute auch vorwiegend dem Theoretiker Max Weber das meiste Interesse gewidmet wird, so darf nicht vergessen werden, daß Weber als Historiker in einigen Gebieten (Wirtschafts- und Religionsgeschichte vor allem) Großartiges geleistet hat. Jedenfalls ruht bei ihm – was leider selten der Fall ist – die Methodologie auf einem ungewöhnlich breiten Erfahrungsmaterial. Das Rechtsstudium Webers stand unter dem Zeichen der deutschen historischen Schule, und die Dissertation „Zur Geschichte der Handelsgesellschaften im Mittelalter“ deutete den Hang zur Wirtschaftsgeschichte und zum Problem bestimmter Genossenschaften und Institutionen an.

Bedeutsam war Webers Erweiterung der Unterbau/Überbau-Theorie des Marxismus. Er zeigt, etwa am Zusammenhang zwischen Protestantismus und Kapitalismus, daß nicht nur ökonomische Verhältnisse die geistigen Gebilde und Ideologien schaffen, sondern umgekehrt sehr wohl ein geistiges Wertesystem bestimmte soziale Strukturen prägen kann. Der Mensch ist also nicht, wie im Marxismus, ein Anhängsel an die wirtschaftlichen Produktionsverhältnisse, sondern eine bestimmte Geisteshaltung wird primär zu bestimmten sozialen Verhaltensweisen, Schichtungen und Institutionen führen. Auch für dieses Kernstück der Weberschen Sozialwissenschaft findet sich eine frühe Briefstelle:

„Was übrigens die Verhältnisse und ihren Einfluß auf den Menschen anlangt, so bin ich immer erstaunt gewesen, wie verhältnismäßig gering derselbe ist. Dem ungeheuren Abstand unserer Verhältnisse von denen eines Teiles der niederen Klassen – in den äußeren Lebensbedingungen fast so groß wie der zwischen Mensch und Tier, denn ein Teil der Tiere führt ein fast menschenwürdigeres Dasein – entspricht im Verhältnis – natürlich nur im Verhältnis! – entfernt kein so großer Abstand des sittlichen Bewußtseins...“

Webers Lehre vom Idealtypus

Entscheidende Überlegungen widmete Weber der Begriffsbildung der Soziologie:

„Die Soziologie bildet – wie schon mehrfach als selbstverständlich vorausgesetzt – Typen – Begriffe und sucht generelle Regeln des Geschehens. Im Gegensatz zur Geschichte, welche die kausale Analyse und Zurechnung individueller, kulturwichtiger Handlungen, Gebilde, Persönlichkeiten erstrebt. Die Begriffsbildung der Soziologie entnimmt ihr Material, als Paradigmata, sehr wesentlich, wenn auch keineswegs ausschließlich, den auch unter den Gesichtspunkten der Geschichte relevanten Realitäten des Handelns. Sie bildet ihre Begriffe und sucht nach ihren Regeln vor allem auch unter dem Gesichtspunkt: ob sie damit der historischen kausalen Zurechnung der kulturwichtigen Erscheinungen einen Dienst leisten kann. Wie bei jeder generalisierenden Wissenschaft bedingt die Eigenart ihrer Abstraktionen es, daß ihre Begriffe gegenüber der konkreten Realität des Historischen relativ inhaltsleer sein müssen. Was sie dafür zu bieten hat, ist gesteigerte Eindeutigkeit der Begriffe. Diese gesteigerte Eindeutigkeit ist durch ein möglichstes Optimum von Sinnadäquanz erreicht, wie es die soziologische Begriffsbildung erstrebt. Diese kann – und das ist bisher vorwiegend berücksicht – bei rationalen (wert- oder zweckrationalen) Begriffen und Regeln besonders vollständig erreicht werden. Aber die Soziologie sucht auch irrationale (mystische, prophetische, pneumatische, affektuelle) Erscheinungen in theoretischen, und zwar sinnadäquaten Begriffen zu erfassen. In allen Fällen, rationalen wie irrationalen, entfernt sie sich von der Wirklichkeit und dient der Erkenntnis dieser in der Form: daß durch Angabe des Maßes der Annäherung einer historischen Erscheinung an einen oder mehrere dieser Begriffe diese eingeordnet werden kann. Die gleiche historische Erscheinung kann z. B. in einem Teil ihrer Bestandteile „feudal", im anderen „patrimonial", in noch anderen „bürokratisch", in wieder anderen „charismatisch" geartet sein. Damit diese Worte etwas Eindeutiges meinen, muß die Soziologie ihrerseits „reine" („Ideal"-)Typen von Gebilden jener Art entwerfen, welche ja in sich die konsequente Einheit möglichst vollständiger Sinnadäquanz zeigen, eben deshalb aber in dieser absolut idealen reinen Form vielleicht ebensowenig je in der Realität auftreten wie eine physikalische Reaktion, die unter Voraussetzung eines absolut leeren Raums errechnet ist. Nur vom reinen („Ideal"-)Typus her ist soziologische Kasuistik möglich. Daß die Soziologie außerdem nach Gelegenheit auch den Durchschnitts-Typus von der Art der empirisch-statischen Typen verwendet: – ein Gebilde, welches der methodischen Erläuterung nicht besonders bedarf, versteht sich von selbst. Aber wenn sie von „typischen“ Fällen spricht, meint sie im Zweifel stets den Ideal-typus, der seinerseits rational oder irrational sein kann, zumeist (in der nationalökonomischen Theorie z.B. immer) rational ist, stets aber sinnadäquat konstruiert wird.

Man muß sich klar sein, daß auf soziologischem Gebiete „Durchschnitte“ und also „Durchschnittstypen“ sich nur da einigermaßen eindeutig bilden lassen, wo es sich nur um Gradunterschiede qualitativ gleichartigen sinnhaft bestimmten Verhaltens handelt. Das kommt vor. In der Mehrzahl der Fälle ist aber das historisch oder soziologisch relevante Handeln von qualitativ heterogenen Motiven beeinflußt, zwischen denen ein „Durchschnitt“ im eigentlichen Sinn gar nicht zu ziehen ist. Jene idealtypischen Konstruktionen sozialen Handelns, welche z.B. die Wirtschaftstheorie vornimmt, sind also in dem Sinn „wirklichkeitsfremd“, als sie – in diesem Fall – durchweg fragen: Wie würde im Fall idealer und dabei rein wirtschaftlich orientierter Zweckrationalität gehandelt werden, um so das reine, durch Traditionshemmungen, Affekte, Irrtümer, Hineinspielen nichtwirtschaftlicher Zwecke oder Rücksichtnahmen mindestens mitbestimmte Handeln 1. insoweit verstehen zu können, als es tatsächlich ökonomisch zweckrational im konkreten Falle mit bestimmt war oder – bei Durchschnittsbetrachtung – zu sein pflegt, 2. aber auch: gerade durch den Abstand seines realen Verlaufes vom idealtypischen die Erkenntnis seiner wirklichen Motive zu erleichtern? Ganz entsprechend würde eine idealtypische Konstruktion einer konsequenten mystisch bedingten akosmistischen Haltung zum Leben (z.B. zur Politik und Wirtschaft) zu verfahren haben. Je schärfer und eindeutiger konstruiert die Idealtypen sind: je weltfremder sie also, in diesem Sinne, sind, desto besser leisten sie ihren Dienst, terminologisch und klassifikatorisch sowohl wie heuristisch. Die konkrete kausale Zurechnung von Einzelgeschehnissen durch die Arbeit der Geschichte verfährt der Sache nach nicht anders, wenn sie, um z.B. den Verlauf des Feldzuges von 1866 zu erklären, sowohl für Moltke wie für Benedek zunächst (gedanklich) ermittelt (wie sie es schlechthin tun muß): wie jeder von ihnen, bei voller Erkenntnis der eigenen und der Lage des Gegners im Fall idealer Zweckrationalität disponiert haben würde, um damit zu vergleichen: wie tatsächlich disponiert worden ist und dann gerade den beobachteten (sei es durch falsche Information, tatsächlichen Irrtum, Denkfehler, persönliches Temperament oder außerstrategische Rücksichten bedingten) Abstand kausal zu erklären. Auch hier ist (latent) eine idealtypische zweckrationale Konstruktion verwendet.

Idealtypisch sind aber die konstruktiven Begriffe der Soziologie nicht nur äußerlich, sondern auch innerlich. Das reale Handeln verläuft in der großen Masse seiner Fälle in dumpfer Halbbewußtheit oder Unbewußtheit seines „gemeinten Sinns". Der Handelnde „fühlt" ihn mehr unbestimmt, als daß er ihn wüßte oder „sich klarmachte", handelt in der Mehrzahl der Fälle triebhaft oder gewohnheitsmäßig. Nur gelegentlich, und bei massenhaft gleichartigem Handeln oft nur von einzelnen, wird ein (sei es rationaler, sei es irrationaler) Sinn des Handelns in das Bewußtsein gehoben. Wirklich effektiv, d.h. voll bewußt und klar, sinnhaftes Handeln ist in der Realität immer nur ein Grenzfall. Auf diesen Tatbestand wird jede historische und soziologische Betrachtung bei Analyse der Realität stets Rücksicht zu nehmen haben. Aber das darf nicht hindern, daß die Soziologie ihre Begriffe durch Klassifikation des möglichen „gemeinten Sinns" bildet, also so, als ob das Handeln tatsächlich bewußt sinnorientiert verliefe. Den Abstand gegen die Realität hat sie jederzeit, wenn es sich um die Betrachtung dieser in ihrer Konkretheit handelt, zu berücksichtigen und nach Maß und Art festzustellen.

Man hat eben methodisch sehr oft nur die Wahl zwischen unklaren oder klaren, aber dann irrealen und „idealtypischen" Termini. In diesem Fall aber sind die letzteren wissenschaftlich vorzuziehen ..."

Zweckrationales Handeln

Zur Theorie menschlichen Handelns leistete Weber einen einflußreichen Beitrag durch die Herausarbeitung des Zweckrationalen als Idealtypus:

„Die spezifische Evidenz des zweckrationalen Sichverhaltens hat natürlich nicht zur Folge, daß etwa speziell die rationale Deutung als Ziel soziologischer Erklärung anzusehen wäre. Bei der Rolle, welche ‚zweckirrationale' Affekte und ‚Gefühlslagen' im Handeln des Menschen spielen, und da auch jede zweckrational verstehende Betrachtung fortgesetzt auf Zwecke stößt, die ihrerseits nicht mehr wieder als rationale ‚Mittel' für andere Zwecke gedeutet, sondern nur als nicht weiter rational deutbare Zielrichtungen hingenommen werden müssen – mag ihre Entstehung als solche dann auch weiterhin Gegenstand ‚psychologisch' verstehender Erklärung sein –, könnte man ebensogut das gerade Gegenteil behaupten. Allerdings aber bildet das rational deutbare Sichverhalten bei der soziologischen Analyse verständlicher Zusammenhänge sehr oft den geeignetsten ‚Idealtypus': Die Soziologie wie die Geschichte deuten zunächst ‚pragmatisch', aus rational verständlichen Zusammenhängen des Handelns. Derart verfährt z. B. die Sozialökonomik mit ihrer rationalen Konstruktion des ‚Wirtschaftsmenschen'. Ebenso aber überhaupt die verstehende Soziologie. Denn als ihr spezifisches Objekt gilt uns nicht jede beliebige Art von ‚innerer Lage' oder äußerem Sichverhalten, sondern Handeln. ‚Handeln' aber (mit Einschluß des gewollten Unterlassens und Duldens) heißt uns stets ein verständliches, und das heißt ein durch irgendeinen, sei es auch mehr oder minder unbemerkt, ‚gehabten' oder ‚gemeinten' (subjektiven) Sinn spezifiziertes Sichverhalten zu ‚Objekten'. Die buddhistische Kontemplation und die christliche Askese der Gesinnung sind subjektiv sinnhaft auf für die Handelnden ‚innere', das rationale ökonomische Schalten eines Menschen mit Sachgütern auf ‚äußere' Objekte bezogen. Das für die verstehende Soziologie spezifisch wichtige Handeln nun ist im speziellen ein Verhalten, welches 1. dem subjektiv gemeinten Sinn des Handelnden nach auf das Verhalten anderer bezogen, 2. durch diese seine sinnhafte Bezogenheit in seinem Verlauf mitbestimmt und also 3. aus diesem (subjetiv) gemeinten Sinn heraus verständlich erklärbar ist. Subjektiv sinnhaft auf die Außenwelt und speziell auf das Handeln anderer bezogen sind nun auch die Affekthandlungen und die für den Ablauf des Handelns, also indirekt, relevanten ‚Gefühlslagen', wie etwa: ‚Würdegefühl', ‚Stolz', ‚Neid', ‚Eifersucht'. Die verstehende Soziologie interessieren daran aber nicht die physiologischen und früher sogenannten ‚psychischen' Erscheinungsformen: Pulskurven z. B. oder Verschiebungen des Reaktionstempos und dergleichen, auch nicht die nackt psychischen Gegebenheiten, z. B. die Kombination der Spannungs-, Lust- und Unlustgefühle, durch die sie charakterisiert werden können. Sondern sie differenziert ihrerseits nach den typischen sinnhaften (vor allem: Außen-) Bezogenheiten des Handelns, und deshalb dient – wie wir sehen werden – das Zweckrationale als Idealtypus, gerade um die Tragweite des Zweckirrationalen abschätzen zu können. Wenn man den (subjektiv gemeinten) Sinn seiner Bezogenheit als die ‚Innenseite' des menschlichen Verhaltens bezeichnen wollte – ein nicht unbedenklicher Sprachgebrauch! –, nur dann würde man sagen können: daß die verstehende Soziologie jene Erscheinungen ausschließlich ‚von innen heraus', d.h. aber dann: nicht durch Aufzählung der physischen oder psychischen Phänomene, betrachtet. Unterschiede der psychologischen Qualitäten eines Verhaltens sind also nicht schon als solche für uns relevant. Gleichheit der sinnhaften Bezogenheit ist nicht gebunden an Gleichheit der im Spiel befindlichen ‚psychischen' Konstellationen, so sicher es ist, daß Unterschiede auf jeder Seite durch solche auf der andern bedingt sein können. Aber z.B. eine Kategorie wie ‚Gewinnstreben' gehört schlechterdings in keine ‚Psychologie'. Denn das Streben nach ‚Rentabilität' des ‚gleichen' geschäftlichen Unternehmens kann bei zwei aufeinanderfolgenden Inhabern nicht nur mit absolut heterogenen ‚Charakterqualitäten' Hand in Hand gehen, sondern direkt in seinem ganz gleichen Verlauf und Enderfolge durch gerade entgegengesetzte letzte ‚psychsiche' Konstellationen und Charakterqualitäten bedingt sein, und auch die (für die Psychologie) letzten dabei maßgebenden ‚Zielrichtungen' brauchen keinerlei Verwandtschaft miteinander zu haben. Vorgänge, welche nicht einen auf das Verhalten anderer subjektiv bezogenen Sinn haben, sind um deswillen nicht etwa soziologisch gleichgültig. Im Gegenteil können gerade sie die entscheidenden Bedingungen, und also: Bestimmungsgründe des Handelns in sich schließen. Auf die in sich sinnfremde ‚Außenwelt', auf Dinge und Vorgänge der Natur, ist ja das Handeln zu einem für die verstehenden Wissenschaften sehr wesentlichen Teil sinnhaft bezogen: das theoretisch konstruierte Handeln des isolierten Wirtschaftsmenschen z.B. ganz ausschließlich. Aber die Relevanz von Vorgängen ohne subjektive ‚Sinnbezogenheit', wie etwa des Ablaufs der Geburten- und Sterbeziffern, der Ausleseprozesse der anthropologischen Typen, ebenso aber die nackt psychischen Tatbestände, besteht für die verstehende Soziologie ganz ebenso lediglich in ihrer Rolle als ‚Bedingungen' und ‚Folgen', an denen sinnhaftes Handeln orientiert wird, wie etwa für die Wirtschaftslehre diejenige von klimatischen oder pflanzenphysiologischen Sachverhalten ..."

Allerdings spielen nach Weber auch nicht zweckrationale Motive eine Rolle:

„Die Soziologie nimmt natürlich Notiz nicht nur von der Existenz ‚vorgeschobener Motive' des Handelns, von ‚stellvertretenden Befriedigungen' von Triebrichtungen und dergleichen, sondern erst recht davon: daß auch schlechthin ‚unverständliche' qualitative Bestandteile eines Motivationsablaufs diesen in der eingreifendsten Weise auch in seiner sinnhaften Bezogenheit und in der Art seiner Auswirkung mitbestimmen. Das in seiner sinnhaften Bezogenheit ‚gleiche' Handeln nimmt schon bei rein quantitativ verschiedenem ‚Reaktionstempo' der handelnd Beteiligten zuweilen einen im schließlichen Effekt radikal verschiedenen Verlauf. Eben solche Unterschiede und erst recht qualitative Stimmungslagen lenken die ihrer ‚sinnhaften' Bezogenheit nach ursprünglich ‚gleich' angesponnenen Motivationsketten im Effekt oft in auch sinnhaft heterogene Bahnen.

Es sind für die Soziologie 1. der mehr oder minder annähernd erreichte Richtigkeitstypus, 2. der (subjektiv) zweckrational orientierte Typus, 3. das nur mehr oder minder bewußt oder bemerkt, und mehr oder minder eindeutig zweckrational orientierte, 4. das nicht zweckrational, aber in sinnhaft verständlichem Zusammenhang, 5. das in mehr oder minder sinnhaft verständlichem, durch unverständliche Elemente mehr oder minder stark unterbrochenem oder mitbestimmtem Zusammenhang motivierte Sichverhalten und endlich 6. die ganz unverständlich psychischen oder physischen Tatbestände ‚in' und ‚an' einem Menschen durch völlig gleitende Übergänge verbunden. Daß nicht jedes ‚richtigkeitsrational' ablaufende Handeln subjektiv zweck-rational bedingt war, weiß sie, und daß insbesondere nicht die logisch-rational erschließbaren, sondern die – wie man sagt – ‚psychologischen' Zusammenhänge das reale Handeln bestimmen, ist ihr selbstverständlich. Logisch läßt sich z. B. aus mystisch-kontemplativer Religiosität die Unbekümmertheit um das Heil anderer, aus dem Prädestinationsglauben Fatalismus oder auch ethischer Anomismus als ‚Konsequenz' erschließen. Tatsächlich kann die erstere in bestimmten typischen Fällen zu einer Art von Euphorie führen, welche subjektiv als ein eigentümliches objektives Liebesgefühl

‚gehabt‘ wird: – soweit liegt ein wenigstens partiell ‚unverständlicher‘ Zusammenhang vor –, und es wird nun dieses Gefühl oft als ‚Liebeskosmismus‘ in sozialem Handeln ‚abreagiert‘: – ein natürlich nicht ‚zweckrational‘, wohl aber psychologisch ‚verständlicher‘ Zusammenhang. Und der Prädestinationsglaube kann, bei Vorhandensein gewisser (durchaus verständlicher) Bedingungen, sogar in spezifisch rational verständlicher Art die Fähigkeit zu aktiv ethischem Handeln dem Gläubigen zum Erkenntnisgrund seiner persönlichen Seligkeit werden lassen und damit diese Qualität in teils zweckrational, teils sinnhaft restlos verständlicher Art zur Entfaltung bringen. Andererseits aber kann nur der Standpunkt des Prädestinationsglaubens einerseits in ‚psychologisch‘ verständlicher Art Produkt sehr bestimmter, wiederum in ihren Zusammenhängen sinnhaft verständlicher Lebensschicksale und (als Gegebenheiten hinzunehmender) ‚Charakter‘-Qualitäten sein. – Genug: die Beziehungen zur ‚Psychologie‘ sind für die verstehende Soziologie in jedem Einzelfall verschieden gelagert. Die objektive Richtigkeitsrationalität dient ihr gegenüber dem empirischen Handeln, die Zweckrationalität gegenüber dem psychologisch sinnhaft Verständlichen, das sinnhaft Verständliche gegenüber dem unverstehbar motivierten Handeln als Idealtypus, durch Vergleichung mit welchem die kausal relevanten Irrationalitäten (im jeweils verschiedenen Sinn des Wortes) zum Zweck der kausalen Zurechnung festgestellt werden.“

Verstehen und kausales Erklären

„Wogegen sich die Soziologie aber auflehnen würde, wäre die Annahme, daß ‚Verstehen‘ und kausales ‚Erklären‘ keine Beziehung zueinander hätten, so richtig es ist, daß sie durchaus am entgegengesetzten Pol des Geschehens mit ihrer Arbeit beginnen, insbesondere da die statistische Häufigkeit eines Sichverhaltens dieses um keine Spur sinnhaft ‚verständlicher‘ macht und optimale ‚Verständlichkeit‘ als solche gar nichts für die Häufigkeit besagt, bei absoluter subjektiver Zweckrationalität sogar meist gegen sie spricht. Denn dessenungeachtet sind sinnhaft verstandene seelische Zusammenhänge und speziell zweckrational orientierte Motivationsabläufe für die Soziologie durchaus dazu qualifiziert, als Glieder einer Kausalkette zu figurieren, welche z.B. mit ‚äußeren' Verumständungen beginnt und im Endpunkt wieder auf ‚äußeres' Sichverhalten führt. ‚Sinnhafte' Deutungen konkreten Verhaltens rein als solche sind natürlich auch für sie, selbst bei größter ‚Evidenz', zunächst nur Hypothesen der Zurechnung. Sie bedürfen also der tunlichsten Verifikation mit prinzipiell genau den gleichen Mitteln wie jede andere Hypothese. Sie gelten uns als brauchbare Hypothesen dann, wenn wir ein im Einzelfall höchst verschieden großes Maß von ‚Chance' dafür annehmen dürfen, daß (subjektiv) ‚sinnhafte' Motivationsverkettungen vorliegen. Kausalketten, in welche zweckrational orientierte Motivationen durch deutende Hypothesen eingeschaltet sind, sind ja unter bestimmten dafür günstigen Umständen, und zwar gerade auch in bezug auf eben jene Rationalität, direkt der statistischen Nachprüfung und in diesen Fällen also einem (relativ) optimalen Beweise ihrer Gültigkeit als ‚Erklärungen' zugänglich. Und umgekehrt sind statistische Daten (und dazu gehören z.B. auch viele Daten der ‚Experimentalpsychologie'), wo immer sie den Ablauf oder die Folgen eines Verhaltens angeben, welches irgend etwas verständlich Deutbares in sich schließt, für uns erst dann ‚erklärt', wenn sie auch wirklich im konkreten Fall sinnhaft gedeutet sind.

Der Grad der Richtigkeitsrationalität eines Handelns endlich ist für eine empirische Disziplin eine empirische Frage. Denn empirische Disziplinen arbeiten, wo immer es sich um die realen Beziehungen zwischen ihren Objekten (und nicht: um ihre eigenen logischen Voraussetzungen) handelt, unvermeidlich mit dem ‚naiven Realismus', nur je nach der qualitativen Art des Objekts in verschiedenen Formen. Auch die mathematischen und logischen Sätze und Normen sind daher, wo sie Objekt soziologischer Forschung sind, z.B. wenn der Grad ihrer richtigkeitsrationalen ‚Anwendung' zum Ziel statistischer Untersuchung wird, für uns gerade ‚logisch' gar nichts als: konventionelle Gepflogenheiten eines praktischen Sichtverhaltens – obwohl ihre Geltung doch andrerseits ‚Voraussetzung' der Arbeit des Forschers ist. Gewiß gibt es jene wichtigen Problematiken innerhalb unserer Arbeit, in welchen gerade das Verhältnis des empirischen Verhaltens zum Richtigkeitstypus auch reales kausales Entwicklungsmoment empirischer Vorgänge wird. Aber diesen Sachverhalt als solchen aufzuzeigen, ist nicht etwa eine das Objekt des empirischen Charakters beraubende, sondern eine durch Werkbeziehungen bestimmte, die Art der verwendeten Idealtypen und ihre Funktion bedingende Zielrichtung der Arbeit. Die wichtige und selbst in ihrem Sinn schwierige allgemeine Problematik des ‚Rationalen' in der Geschichte braucht hier nicht nebenher erledigt zu werden. Denn für die allgemeinen Begriffe der Soziologie jedenfalls ist, logisch betrachtet, die Verwendung des ‚Richtigkeitstypus' prinzipiell nur ein Fall der Bildung von Idealtypen, wenn auch oft ein höchst wichtiger Fall. Gerade dem logischen Prinzip nach versieht er diese Rolle prinzipiell nicht anders, wie, unter Umständen, ein zweckmäßig gewählter ‚Irrtumstypus' sie, je nach dem Zweck der Untersuchung, auch versehen kann. Für einen solchen ist freilich noch immer die Distanz gegen das ‚Gültige' maßgebend. Aber logisch ist es auch kein Unterschied, ob ein Idealtypus aus sinnhaft verständlichen oder aus spezifisch sinnfremden Zusammenhängen gebildet wird. Wie im ersten Fall die gültige ‚Norm', so bildet im zweiten Fall eine empirisch zum ‚reinen' Typus sublimierte Faktizität den Idealtypus. Auch im ersten Fall ist aber nicht das empirische Material geformt durch Kategorien der ‚Geltungssphäre', sondern es ist eben nur der konstruierte Idealtypus dieser entommen. Und es hängt durchaus von den Wertbeziehungen ab, inwieweit gerade ein Richtigkeitstypus zweckmäßig wird..."

Wissenssoziologie und Zeitdiagnose

Zu den interessantesten und zugleich bis heute aktuell gebliebenen Spezialsoziologien gehört die sog. Wissenssoziologie. Sie erhielt diesen Namen und erreichte ihren ersten Höhepunkt in dem soziologisch so ungemein fruchtbaren ersten Jahrzehnt nach dem 1. Weltkrieg. Die Weimarer Republik, die Jahre von 1919 bis 1929 etwa, sahen im deutschsprachigen Raum Mitteleuropas eine ungewöhnliche Blüte der geisteswissenschaftlichen, aber auch der ökonomisch orientierten Soziologie. Vor allem Karl Mannheim und Max Scheler prägten in diesem Jahrzehnt den Forschungsansatz, den man bis heute Wissenssoziologie nennt.

Will man nicht im uferlosen Strom all jener Bemerkungen und Ansichten untergehen, die seit zwei Jahrtausenden immer wieder über die Beziehungen zwischen dem Menschen (der in jeder anthropologischen Sicht mit einem kulturschaffenden Bewußtsein begabt erscheint) und seiner (sozialen) Umwelt aufgetreten sind, so muß man scharf einschränken. Es geht nicht an, alle Autoren und Disziplinen, welche über das Wissen auf der einen und die Gesellschaft auf der anderen Seite etwas aussagen, in die Vorgeschichte der Wissenssoziologie aufzunehmen. Wieviel Wissenssoziologisches klingt nicht bereits in den glänzenden Bemerkungen der französischen Moralisten, überhaupt der Milieutheorien des 18. Jahrhunderts oder auch bei einem Autor wie Schleiermacher an! Allein wenn man Wissenssoziologie im engeren Sinne als Lehre von der Verbundenheit der Bewußtseinssphäre (soweit sie zu „Wissen“ gefestigte Gehalte aufweist) mit dem sogenannten sozialen Sein definiert, läßt sich das Problemgebiet abgrenzen.

Des einfachen und nun einmal eingeführten Gebrauches halber wird hier von „Wissenssoziologie“ gesprochen werden. Im Grunde ist der Name des Problemgebietes nicht so wichtig.

Sehr wahrscheinlich würden andere Bezeichnungen größere Berechtigung gehabt haben. Wenngleich sich auch kaum ein besseres, einfach zusammengesetztes Substantiv finden läßt. Man kann zwar zutreffend von der Soziologie der Denkgebilde, der Bewußtseinssphäre sprechen; Wortbildungen wie „Denksoziologie" oder „Bewußtseinssoziologie" sind aber unzweckmäßig. Auf jeden Fall hat man unter „Wissen" im Fall der Wissenssoziologie das denkbar weiteste Gebiet zu begreifen. Es handelt sich nämlich keineswegs nur um die Soziologie dessen, was man so schlechthin unter „Wissen" begreift. Gesicherte Kenntnis, in Form von Wissen, kann zwar Gegenstand soziologischer Betrachtung werden. Es ließen sich z.B. die soziologischen Verhältnisse der verschiedenen Mönchsorden und ihr Zusammenhang mit der Bearbeitung von Wissensgehalten im Mittelalter untersuchen. Oder man verfolgt – so z.B. Max Scheler – die Entstehung der abendländischen Wissenschaft aus bestimmten soziologisch faßbaren Bedingungen heraus. Eine andere Fragestellung könnte auf die Veränderung des scheinbar so souveränen naturwissenschaftlichen Wissens unter dem soziologischen Druck einer staatlichen Diktatur zielen. Es ist auch kein Geheimnis, daß mittels des Angebots von unzähligen Durchschnittsköpfen im Zeitalter der Massenbevölkerungen der Spezialist das Feld der eigentlichen Wissenschaft in einer Weise überwuchert, die den Sinn, die urtümlichen Strukturen der methodischen Wissenserweiterung in fragwürdige Bahnen lenkte. All das sind zweifellos höchst fesselnde Fragen, denen sich mit dem Instrument einer Art von „Wissenssoziologie" beikommen läßt. Doch ist diese Art der Soziologie des Wissens für uns hier von untergeordneter Bedeutung.

Die eben aufgeführten Beispiele zeichnen sich nämlich durch folgende Merkmale aus, die von vornherein eine Schranke bedeuteten: erstens ist nur von einem verhältnismäßig begrenzten Wissen – vornehmlich im Sinne von wissenschaftlichem Wissen – die Rede. Zweitens wird dieses Teilwissen lediglich auf seinen äußerlich ersichtlichen Zusammenhang mit einigen bestimmten sozialen Gruppen oder soziologischen Konstellationen hin untersucht. Das wäre also die einfachste Bedeutung von „Wissenssoziologie". Jeder nicht ganz sachblinde Wissenschaftshistoriker wird eine derartige Gruppierung von ohne weiteres verständlichen Gesichtspunkten unter seinem Handwerkszeug haben. Wissenschaft wird z.B. selten auf dem flachen Land getrieben, vielmehr müssen irgendwelche finanziellen Mittel aus einem wirtschaftlichen Vorgang oder einer Ansammlung von Einzelmenschen (Städte) vorliegen, um Bibliotheken und Institute zu schaffen. Es gehört auch meist Anregung des Gesprächs dazu, nicht zuletzt die Möglichkeit der Lehre. Universitäten konnten und können also nicht zu jeder Zeit und an jedem Ort aus dem Boden schießen.

Leicht verständlich ist ferner, daß ein zum Leben erwecktes soziales, der Wissenschaft gewidmetes Gebilde – eine Universität, ein Seminar o.ä. – allmählich eine tradierbare Form von Wissenserwerb ausbildet, der die einzelnen Mitglieder ziemlich ausnahmslos und unwillkürlich folgen.

All das gehört nicht zum eigentlichen Problem der „Wissenssoziologie". Man würde hier vielleicht von der gemäßigten Form einer wissenssoziologischen Betrachtungsweise sprechen dürfen; während wir bei einem „Sozialphilosophen", wie Karl Mannheim weithin einer ist, der radikalen Wissenssoziologie begegnen. Diese unterscheidet sich von der bisher angedeuteten Form in folgenden Punkten: Es handelt sich nicht mehr um einen Teil des Wissens bzw. einen Teil des menschlichen Bewußtseins, sondern das gesamte Bewußtsein, die ganze sog. Aspektstruktur des Menschen ist von der Position des Betreffenden im sozialen Raum abhängig. Und es herrscht nicht mehr ein stärkerer oder schwächerer, unverbindlicher Zusammenhang, sondern das betreffende Bewußtsein ist nach dieser Lehre ausweglos an die von der sozialen Struktur vorgeschriebene Form gebunden und erhält auch seinen Inhalt vorwiegend von hier aus diktiert. Stellen wir zwei Beispiele gegenüber: der Student einer (mittelalterlichen) Universität mag durch seinen freiwilligen Eintritt in jene Institution bestimmte Denkformen und Wissensgehalte übernommen haben, in denen sich die Spuren einer an dieser Universität herrschenden soziologischen Situation nachweisen lassen. Das Urteilsvermögen dieses Studenten, der Jurisprudenz etwa, außerhalb seiner Disziplin konnte aber mit jener Prägung seitens der Universität sehr wenig zu tun haben. Und selbst in seinen rechtswissenschaftlichen Ansichten mochte sich, je nachdem welcher Kopf er war, unser Student grundsätzlich von der tradierten Meinung zu einer eigenen befreien. Es war nicht von vornherein ausgeschlossen.

Ganz anders der Prototyp des Beispiels der radikalen Wissenssoziologie. Der Proletarier des 19. Jahrhunderts wird nach dieser Lehre in eine bestimmte Bewußtseinslage ausweglos hineingeboren. Der Mensch hinter der Maschine, dem nie mehr zu eigen ist als er für eine Woche zum Leben braucht, habe nur ein getreu seiner ganzen Klasse von Schicksalsgenossen gleichendes Bewußtsein. Dessen Inhalte mögen in persönlichsten Dingen ein wenig variieren; im wesentlichen sei das Bewußtsein (das natürlich jegliches Wissen einschließt) dieser Menschen völlig an die Klasse oder die Schicht innerhalb dieser Klasse gebunden. Die Klasse ist bekanntlich nicht auf einen Ort beschränkt. Den Proletarier gibt es überall. Und überall denke er nur so, wie es ihm dank seiner Stelle innerhalb der sozialökonomischen Verhältnisse zukomme. Das lehrt in groben Zügen Karl Marx, der Ausgangspunkt zur eigentlichen radikalen Wissenssoziologie.

Bei dieser kommt es grundsätzlich auf zwei Hauptsphären an. Die Sphäre der Bewußtseinsinhalte, also der Denkgebilde, und die Sphäre des sog. sozialen Seins. Zwischen den beiden Sphären besteht ein fester Zusammenhang. (Mehr sei vorerst nicht behauptet.) Während die Lage der geistigen Ebene zunächst wenig der Diskussion bedarf, verhält es sich mit dem sog. sozialen Sein schwieriger. Für uns hier genügt es aber, wenn man sich darunter den Boden der praktischen Wirklichkeit vorstellt, auf dem der Angehörige einer bestimmten Schicht und Klasse im Alltagsleben steht.

Es wird also behauptet, des Menschen Denken werde von diesem ihn umgebenden Boden der Wirklichkeit her bestimmt. Mit Recht fragt sich der Leser, ob denn das sehr weit über die Lehren vom Milieu hinausgehe. Worin besteht das Neue? Denn wer hätte je ernstlich behauptet, der Mensch lebe geistig völlig autonom und autark aus sich heraus? Sosehr auch die mitgebrachte Veranlagung am Aufbau der Psyche ihren Anteil hat, ungemein viel wird von Geburt an aus der mitmenschlichen Umwelt hinzuströmen – ehe ein urteilsfähiger Mensch entwikkelt ist. Eine „soziale" Determination des Bewußtseins und eine von der sozialen Lage bestimmte Auswahl des Gewußten ist eigentlich selbstverständlich. Hinter dem Anspruch der radikalen Wissenssoziologie müssen ganz andere Anliegen und Theorien verborgen sein. Bloße Milieutheorie ist sie nicht.

Ein wesentliches Kennzeichen des wissenssoziologischen Ansatzes scheint uns die beträchtliche Verengerung der beteiligten Sachlage zu sein. Offenbar nicht das gesamte Feld der sozialen Umwelt, das Milieu, soll die Bewußtseinsstrukturen beeinflussen, sondern jeweils nur ein charakteristischer Ausschnitt aus der Umwelt des Menschen hat dieses Vorrecht, und zwar das in der Politik entscheidende Gebiet der sozialökonomischen Verhältnisse. Obgleich dieses soziale Sein der um die Wirtschaft zentrierte Teil der menschlichen Interessen ist, soll es die gesamte Struktur des Bewußtseins, ja sogar die geltende Logik selbst mitkonstruieren. Auf der Seite der außergeistigen Faktoren also eine Einengung auf die soziale Lagerung, gegenüber der geistigen Ebene aber eine ungemeine Ausdehnung des Anspruchs auf eine eindeutig außergeistige Determination – das ist die in der radikalen Wissenssoziologie geschaffene Situation. Jeder, der sich einen eigenen Gedanken, ein bestimmtes Urteil probeweise vornimmt und versucht, die darin versteckten Spuren seiner persönlichen „Lagerung" im sozialen Raum festzustellen, wird ahnen, welche verästelte Problematik hinter dem Anspruch der Wissenssoziologie liegt. Es geht um die Frage, ob und wieweit sich in den menschlichen Denkakten die Eigenschaft des Menschen als soziales Wesen nachweisen läßt.

Wie an vielen Stellen unseres Buches angedeutet wird, mußte eine Soziologie auch des intellektuellen Verhaltens, der geistigen Strukturen notwendig aus der geisteswissenschaftlichen Gesamtentwicklung seit der Aufklärung entstehen. Es ist allerdings fraglich, ob man die Entstehung der Wissenssoziologie so eng mit der Geschichte des Ideologie-Begriffs verknüpft denken darf, wie die Marxisten annehmen. Uns scheint die Tendenz zur Ideologie-Enthüllung nur ein verhältnismäßig kleiner Teil der unmittelbaren Vorgeschichte zu sein. Für die bei einem Karl Mannheim gipfelnde radikal zugreifende Wissenssoziologie war der breite Ansatz des historischen Bewußtseins (Historismus) wesentlich. Als wichtigsten Begründer der (deutschen) Kultursoziologie aus dieser historischen Richtung nennt Mannheim Wilhelm Dilthey. Dessen prinzipielle Ablehnung der Soziologie bezog sich letztlich auf die „westliche Gestalt" dieser Disziplin. Als Gegenpol zu Dilthey finden sich die ganz anders gerichteten wissenssoziologischen Versuche von Karl Marx und Lorenz v. Stein. Marx versuchte die Analyse der ökonomischen Bedingungen, aus denen sich die emotional-begriffliche Welt des Geistigen in ihrem wechselvollen Weg durch die Geschichte ausformt. Wenn auch Ideen und Werte nicht die Haupttriebkräfte des sozialen Prozesses waren, so spielten sie für Marx in der sozialen „Maschine", nach einem Wort Schumpeters, „die Rolle von Transmissionsriemen".

Das Problem, was es mit diesem Übertragungsprozeß auf sich habe, ist aber nur der eine Pol. Wenn sich nach dem Ersten Weltkrieg die Wissenssoziologie als eine „höchst interessante Nachkriegserscheinung" entfaltete, so war es gerade die Spannung der Linien Dilthey und Marx, aus der – nach Mannheim – „beinahe alles, was an historisch-soziologischer Forschung in Deutschland, u. a. Max Weber, Alfred Weber, Scheler, Lukács, entstand".

Nietzsche war der andere, mehr destruktive und individualpsychologisch vorgehende Denker, dessen Einsichten die Lehre von der Ableitbarkeit der menschlichen Erkenntnisstrukturen aus sozialen Bedingungen vorbereiteten. Wieweit – gerade über Nietzsche – der amerikanische Pragmatismus hinzukommt, kann nur angedeutet werden. Eduard Baumgarten hat gezeigt, daß über Emerson auf Nietzsche Einflüsse des frühen amerikanischen Pragmatismus wahrscheinlich sind.

Ein wissenschaftsgeschichtlicher Vergleich von Nietzsche, Psychoanalyse und Wissenssoziologie trägt zweifellos zum besseren Verständnis der letzteren bei; insbesondere wenn man ihr sachliches und geschichtliches Verhältnis zu Nietzsche und Freud untersucht. Der „Irrtum des Bewußtseins" wird in diesen drei Spielarten der modernen Enthüllungstechnik jeweils ein wenig verschieden begriffen. Es ergibt sich dadurch die Möglichkeit einer gerechteren Wertung aller drei Formen des Zweifels am „intellektuellen Verhalten".

Max Scheler

Allem Anschein nach war es Max Scheler (1874–1928), der die Bezeichnung „Wissenssoziologie" prägte. Allerdings hat schon 1909 Wilhelm Jerusalem einen Artikel mit dem Titel „Die Soziologie des Erkennens" veröffentlicht. Wie bei so vielen der bisher vorgeführten Autoren bestand auch bei Scheler eine außerordentlich enge Verbindung zwischen Philosophie und Soziologie. Die letztere trat bei ihm erst in seinen späteren Jahren hervor.

Ausgehend vom Idealismus seines Lehrers Rudolf Eucken,

entwickelte Scheler eine psychologisch-transzendentale Methode, die, ergänzt durch Anregungen Edmund Husserls, Schelers Zugehörigkeit zur sog. Phänomenologischen Richtung einleitete. Das philosophische Hauptwerk Schelers „Der Formalismus in der Ethik und die materiale Wertethik“ (1913–1916) enthält schon deutlich wissenssoziologische Problembehandlungen, da Scheler das Ethos des Handelns nach den einzelnen Menschen, Gruppen, Völkern und Zeiten scheidet.

Sozialpsychologisch tief gesehene Partien finden sich in der 1913 veröffentlichten Schrift „Zur Phänomenologie und Theorie der Sympathiegefühle und von Liebe und Haß“ (5. A.: „Wesen und Formen der Sympathie“, 1948). Nach dem Ersten Weltkrieg hatte Scheler soziologische Lehrstühle – in Köln und zuletzt in Frankfurt – inne. In dieser Zeit, von 1919 bis 1928, arbeitete er seine groß skizzierte Kultursoziologie aus. Die „Wissenssoziologie“ Schelers war vor allem von unmittelbarem Einfluß auf Karl Mannheim, der sich mit ihr eingehend auseinandersetzte.

Wesen und Begriff der Kultursoziologie entwickelt Scheler in folgendem Textabschnitt, der die Schwierigkeit dieses Autors erkennen läßt:

„Zur Festlegung des Oberbegriffes ‚Soziologie‘ ... dienen uns ... zwei Merkmale: erstens, daß diese Wissenschaft es nicht mit individuellen Tatsachen und Ereignissen, sondern mit Regeln, Typen (Durchschnitts- und logischen Idealtypen) und womöglich Gesetzen zu tun hat. Und zweitens, daß sie die ganze Fülle des (vorwiegend) menschlichen, objektiven und subjektiven Lebensinhaltes, heiße er wie immer, analysiert und deskriptiv wie kausal nach seiner tatsächlichen, also nicht „normativen“ oder ideal seinsollenden Determiniertheit durch die zeitlich sukzessiven und gleichzeitigen Verbindungs- und Beziehungsformen erforscht, die zwischen Menschen sowohl im Erleben, Wollen, Handeln, Verstehen, Aktion und Reaktion als auch in objektiv realer und kausaler Art bestehen, das heißt also in einer solchen Art, die in keiner Weise in das „Bewußtsein von Etwas“ der beteiligten Menschen zu fallen braucht.

Die obersten Einteilungen der Soziologie ... richten sich uns nach den Gesichtspunkten: 1. Wesensbetrachtung und Erforschung zufälliger Tatsachen, das heißt reine = apriorische und anderseits empirisch-induktive Soziologie. 2. Gleichzeitige oder sukzessive Verknüpfung und Beziehung der Menschen und Gruppen, das heißt soziologische Statik und Dynamik (Comte). Von aller Geschichtsphilosophie scheidet die soziologische Dynamik ihr Ausschluß objektiv gemeinter Zweck-, Wert- und Normbetrachtung, also ihr streng kausaler und (künstlich) wertungsfreier Standort, was die Heranziehung von Wertschätzungen, Idealen usw. als psychischer und historischer Kausalfaktoren natürlich nicht ausschließt. 3. Untersuchung des vorwiegend geistig bedingten und auf geistige, das heißt ‚ideale Ziele' gerichteten Seins und Handelns, Wertens und Verhaltens des Menschen, und Untersuchung des vorwiegend durch Triebe (Fortpflanzungstriebe, Nahrungstriebe, Machttriebe) und zugleich auf reale Veränderung von Wirklichkeiten intentional gerichteten Handelns, Wertens und Verhaltens nach ihrer sozialen Determiniertheit."

Dieses „vorwiegend", weil ja jeder wirkliche Akt eines Menschen geistig und triebhaft zugleich ist, ermöglicht Scheler die Unterscheidung zwischen einer Kultur- und Realsoziologie:

„Gewiß verändert auch der experimentierende Physiker, der Maler, der Musiker die Wirklichkeit, wenn er experimentiert, malt, musiziert, komponiert usw.; aber doch nur um ein ideales Ziel zu erreichen, zum Beispiel wahres Wissen über Natur zu finden, einen künstlerisch wertvollen Sinngehalt sich und anderen zur Anschauung und zum Genusse zu bringen usw. Und gewiß hat es andererseits der Wirtschaftsführer wie der einfache Industriearbeiter niedrigster Qualifikation, der Mensch als produzierendes und konsumierendes Wesen überhaupt, hat es jeder Arbeiter, dessen Endziel Veränderung eines Wirklichen ist (der praktische Techniker im Unterschiede vom Gelehrten und Technologen zum Beispiel), der führende Politiker wie derjenige, der seine Stimme zur Wahl abgibt, mit einer Fülle vorbereitender, speziell geistiger, auf Ideales gerichteter Tätigkeiten zu tun, aber eben doch nur um eines realen Zieles willen, das heißt um eine Veränderung der Wirklichkeit zu bewirken. Einmal endet die Tätigkeit in der idealen, das andere Mal in der realen Welt ... Ohne den Nahrungstrieb und das objektive Ziel, dem er biologisch dient, die Ernährung, würde es keine Wirtschaft geben – und auch keine Verlage, und keinen Kunsthandel. Ohne Machttrieb würde es keinen Staat geben, auch keine staatliche Kulturpolitik und kein staatlich gesetztes Recht, welche Angelegenheit es immer sei, die es regle. Nur das ist an obiger These richtig, daß es ohne Geist und seine normative Regelung keine Wirtschaft gäbe, keinen Staat usw. Und darum ist für die Kultursoziologie eine Geistlehre des Menschen und für die Realsoziologie eine Triebلehre des Menschen eine notwendige Voraussetzung.

Diese letzte Einteilung der Soziologie in Kultur- und Realsoziologie des Über- und Unterbaues des gesamten menschlichen Lebensinhalts ist freilich eine Scheidung, die zwar zwei extreme Pole setzt, in deren Bereich es jedoch eine Fülle vermittelnder Übergänge gibt: zum Beispiel die Technik, deren Gestaltung ebenso von ökonomischen als staatlich-rechtlichen, als wissenschaftlichen Faktoren abhängig ist; oder im Gegensatz zu ‚reiner' zweckhaft utilitarische, respektive durch die Wertungen und Ideale der je Mächtigen, etwa einer religiösen Herrschaftskaste, bedingte Kunst. Aber eben nach diesen beiden Polen hin eine soziologisch bedingte Erscheinung typologisch zu kennzeichnen und nach Regeln zu bestimmen, was etwa an ihr durch die autonome Selbstentfaltung des Geistes, zum Beispiel die logisch-rationale Entwicklung des Rechtes, durch die immanente Sinnlogik der Religionsgeschichte usw., bedingt sei und was andererseits durch die Determination der stets durch eine ‚Triebstruktur' bedingten soziologischen Realfaktoren der jeweiligen ‚Institutionen' und ihrer Eigenkausalität – das gerade ist eine Hauptaufgabe der Soziologie. Ohne die genannte Unterscheidung von Kultur- und Realsoziologie aber kann sie diese Aufgabe nicht lösen."

Diese Scheidung ist nun nach Scheler eine ontologisch und nicht nur ‚methodisch' gegründete, aber eine für das Endziel der Soziologie insofern vorläufige Scheidung:

„Als erst in der Erkundung der Arten und Ordnungsfolgen des Zusammenwirkens der idealen und realen, der geistig und triebhaft bedingten Bestimmungsfaktoren des stets sozial wesentlich mitbedingten Lebensinhaltes des Menschen ihre letzte und eigentliche Aufgabe besteht. Ja, in der Erkenntnis eines obersten Gesetzes der Folgeordnung – nicht der Zeitfolge im Sinne einer faktischen Sukzession der Erscheinungen der Menschheitsgeschichte, die das falsche, ja logisch widersinnige Ideal A. Comtes gewesen ist; widersinnig, da die Geschichte des Menschen nur einmal abläuft – der Wirksamkeit der idealen und realen ‚soziologisch' bedingten, das heißt durch Beziehungen zwischen Menschen, Beziehungsarten und Gruppierungen bedingten Faktoren der Determination jedes Gesamtlebensinhaltes der Menschengruppen sehe ich ein oberstes Ziel aller überdeskriptiven und klassifizierenden, das heißt aller kausalen Soziologie. Es handelt sich also nicht nur um Phasenregeln, die auf Wirtschafts-, Machtverhältnisse, Fortpflanzungsverhältnisse und -formen (um die oberste Einteilung der Realfaktoren zu nennen) verschiedener Gruppen und Kulturen in ihrem zeithaften Werden zutreffen, respektive auf Religion, Metaphysik, Wissenschaft, Kunst, Recht in ihrem Werden in der Zeit als ‚Idealfaktoren' zutreffen, sondern, so wichtig auch diese deskriptive Aufgabe als vorläufige sein mag, es handelt sich um etwas ganz anderes: nämlich um ein Gesetz der Ordnung der Wirksamkeit der Ideal- und Realfaktoren, aus dem zu jedem Zeitpunkt des historisch-zeitlich sukzessiven Ablaufs sozial-menschlicher Lebensprozesse das ungeteilte Ganze des Lebensinhalts der Gruppen sich aufbaut; nicht um ein Gesetz der fertigen Gewordenheiten in der Zeitfolge, sondern um ein Gesetz des möglichen dynamischen Werdens irgendwelcher Gewordenheiten in der Ordnung des zeithaften Wirkens."

Soziologie und Philosophie: Stepun und Freyer

Der in den zwanziger Jahren voll zur Geltung gekommene „Soziologismus", die Neigung, Soziologie zur (existentiellen) Grundwissenschaft schlechthin zu machen, führte um 1930 zu erneuten philosophischen Betrachtungen über das Wesen der Soziologie. Vor allem auch das unmittelbare Verhältnis zwischen Soziologie und Philosophie wurde zum Problem.

Fedor Stepun (1884–1965), ein seit 1922 in Deutschland wirkender russischer Soziologe, Literat und Philosoph, ging auf dem Deutschen Soziologentag 1930 auf den philosophischen Hintergrund der Soziologie ein:

„Wie verschiedenartig man das Objekt der Soziologie auch fassen mag, eines ist klar: die Soziologie hat es mit dem Leben, aber nur mit dem wertbezogenen menschlichen Leben zu tun. (Damit wäre alles abgeschnitten, was mit ‚Ventil' und ‚Magen' in die naturwissenschaftliche Vorgeschichte der modernen Soziologie gehört.) Das wertbezogene menschliche Leben ist uns aber in doppelter Gestalt gegeben. Einmal als kristallisiertes

Leben, geronnenes Leben, als Erlebnisgehalt von Kulturgestalten. Ein zweites Mal als fließendes und verfließendes Leben, als ein Leben, das sich in ein und demselben Akte formt und entformt (wie eine Wogenkonfiguration im Meer) und eine Art lebender Form bedeutet. Wenn man will, kann man, wie ich es tue, die erste Lebensform den Gegenstandswert und die zweite den Zustandswert nennen. Nun kommt aber meine methodisch entscheidende Behauptung: Die Soziologie hat es, wenigstens primär, nicht mit den Gegenstandswerten zu tun (diese sind Objekte der Kulturwissenschaft), sondern mit den lebendigen Formen der Zustandswerte. Damit hängt ihre ganze methodische Eigenart und ihre eigenartige Problematik zusammen. Man bedenke nur: das Leben, welches uns in Form von Gegenstandswerten entgegentritt, ist etwas durchaus Eindeutiges. Es wird uns von dem behauenen Stein, von der pigmentierten Leinwand, vom Wort und Notentext gleichsam entgegengereicht. Wenn wir nur unser eigenes Wünschen und Wollen ausschalten und gehorsam auf die Gegenstandswelt der Kunstdinge hinschauen und hinhören, so können wir den ihnen innewohnenden Erlebnisgehalt wiederholt entgegennehmen. Ganz anders liegt es bei den Zustandswerten. Das Frankfurter Parlament, die Pariser Kommune, das mittelalterliche Gotteserlebnis sind in ihrer Ganzheit und Einheit, sind als solche überhaupt nicht da, sie sind als Erlebnisgehalte der Vergangenheit in keinem Dingsubstrat eindeutig beherbergt. Wir müssen sie alle aus dem Stückwerk einzelner Aufzeichnungen und Formungen mit Zuhilfenahme unseres deutenden Erlebens in uns selber aufbauen. Und dieser Aufbau ist das schwierigste Problem der Soziologie. Sie erlauben eine persönliche Bemerkung, die mir methodisch sehr wertvoll zu sein scheint. Ich habe mich seinerzeit, vor dem Ausbruch des Krieges, recht viel mit der großen Französischen Revolution beschäftigt. Nach der bolschewistischen Revolution kehrte ich zu dieser Beschäftigung zurück. Und da fand ich mich vor die verhängnisvolle Frage gestellt: War die Französische Revolution in Wirklichkeit so, wie ich die russische erfahren habe, oder wird sich das Wesen der russischen auch einmal zu der Höhe verklären, wie die wissenschaftlichen Werke uns die Französische Revolution zeigen? Ich bin heute der festesten Überzeugung, daß ich nur durch meine russischen Erfahrungen die Möglichkeit bekommen habe, das wahre Wesen des Jahres 1789 zu begreifen, solche Realitäten wie Blut, Schuld, Rausch und Wahnsinn in ihrem Sein und Sinn wirklich zu begreifen. In den meisten wissenschaftlichen Werken werden diese Realitäten kaum gesehen: Blut wird zu einer Art revolutionärem Kolorit, Schuld zur Folge von historischen Umständen, der produktive Wahnsinn der Revolution teils zu einem wohlverständlichen Sinn, teils zu unbegreiflichem Widersinn. Aus dieser Erfahrung ergibt sich die Frage: Wie bewegt sich die soziologische Arbeitsweise fort, in welcher Richtung: vom Zustandswerte auf den Gegenstandswert hin, oder umgekehrt? Ich verteidige mit aller Bestimmtheit die lebendige Form des Zustandswertes als das eigentliche Objekt und Gebiet der Soziologie. Natürlich heißt das nicht, daß wir als Soziologen die gegenständliche Welt objektiver Kulturgestaltungen in unserer Forschung ignorieren; d.h. nur, daß der Soziologe auch dort, wo er mit objektiven Kulturgestaltungen der Vergangenheit sich befaßt, in erster Linie die Thematik des sich immanenten fließenden Lebens, die Thematik der lebendigen Form im Auge behält. Die lebendige Form der Vergangenheit wird aber immer eine Abwandlung unseres Gegenwartserlebnisses sein. Das Leben ist ja in jedem einzelnen Augenblicke eine unaufteilbare Lebenstotalität. Das heißt aber letzten Endes, daß der Soziologe seinen Gegenstand nie als einen fertigen vorfinden kann, daß er seinen Erkenntnisgegenstand stets selber und stets von neuem erschafft. Dem Akt des soziologischen Erkennens geht das Erschaffen des soziologischen Erkenntnisobjektes voraus."

Der Kulturphilosoph und Soziologe Hans Freyer (1887–1969) gab 1930 in seiner bei Hegel anknüpfenden „Soziologie als Wirklichkeitswissenschaft" eine sehr konzentrierte Darstellung und Erörterung der – existentiell notwendigen – philosophischen Soziologie. Die folgenden Textproben reflektieren auch unmittelbar auf die Entstehungsgeschichte der Soziologie und die besondere Affinität zwischen einer Wissenssoziologie und den Denkvollzügen des Soziologen selber:

„Der Traum, daß die Soziologie die Krisis des Zeitalters überwinden könne, indem sie sie durchschaut, daß Politik eines Tages angewandte Soziologie sein werde, wie Technik angewandte Physik ist, steht an der Wiege der Soziologie. Wenn von diesem Traum auch nur ein bescheidener Bruchteil Wirklichkeit werden soll, so kann das nur so geschehen, daß die Soziologie als eine Wissenschaft eigenen Prinzips und eigenen Rechts konstituiert wird. Dadurch, daß man alle Erscheinungen, die das Merkmal des Gesellschaftlichen an sich tragen, mit Fremdworten bezettelt und sauber in Typen ordnet, wird man der gesellschaftlichen Welt nicht wissenschaftlich Herr. Vor allem wird man auf diese Weise nie den Punkt entdecken, von dem aus diese Welt bewegt werden kann. Es ist pure Naivität und in Dingen der Wissenschaft schlechterdings verboten, sich darauf zu verlassen, die Verwandtschaft der Gegenstände und ihr offensichtlicher realer Zusammenhang garantiere schon die Einheit der Wissenschaft von ihnen...

Eine Soziologie aber ist das wissenschaftliche Selbstbewußtsein einer gesellschaftlichen Wirklichkeit. Zudem ist sie im Stand ihrer Probleme und in der inneren Form ihres Denkens unentrinnbar durch ihre Geschichte bestimmt. Aus diesen beiden Gründen ist es für unsere Soziologie unmöglich, Konstruktionsmodelle und Produktionsweisen, die anderswo ausgebildet worden sind und sich dort bewährt haben, ohne weiteres als Norm für die eigene Entwicklung anzunehmen. Sie würde nichts gewinnen, sondern nur verlieren, wenn sie die Bedingungen ihrer Existenz und ihres Wesens abzustreifen und in eine fremde Gestalt zu schlüpfen versuchen wollte..."

Freyer betont, daß das Begriffssystem der Soziologie kulturgebunden sei:

„Die soziale Struktur Amerikas ist zwar gewiß nicht schlechthin einfacher als diejenige der europäischen Staaten, aber gewisse Dimensionen, die hier unwegdenkbar sind, fehlen ihr bestimmt. Auch soziologisch ist es von Belang, wenn ein Land ohne Basalte und ohne verfallene Schlösser ist. Andere, sehr viel handgreiflichere Probleme – Einwanderungsfragen, Rassefragen, Assimilationsfragen – treten in der Gesamtstruktur geradezu an die Stelle der historisch bedingten, historisch komplizierten europäischen Gliederungen. Die soziologischen Begriffe der Klasse, des Proletariats, des Handwerks, des Beamten, aber selbst die Begriffe der Großstadt, des Bauern, des Staats, hier und dort angelegt, ergeben einen stark verschiedenen Ausschlag. Oder vielmehr: es ist gar nicht dasselbe Begriffssystem, das hier und dort angelegt werden könnte und nur in jedem Fall zu anderen inhaltlichen Resultaten führte. Jede Soziologie, die mit ihrer Aufgabe ernst macht, konkrete Wissenschaft von der gesellschaftlichen Wirklichkeit zu sein, wird sich von Anfang an bewußt sein müssen, daß ihre Begriffe dieser Wirklichkeit auf den Leib geschrieben, also historisch gesättigt zu sein haben. Noch ihre abstraktesten Kategorien werden ein Minimum historischer Sättigung aufweisen müssen. Die Gesamtanlage ihres Systems wird von dieser Forderung bestimmt sein müssen. Es wäre nicht schwer, gewisse charakteristische Eigentümlichkeiten der amerikanischen Systeme der Soziologie, zum Beispiel das Zurücktreten der sozialen Gebilde vor den sozialen Verhaltungsweisen und Handlungsformen, die zentrale Stellung von Begriffen wie Attitüde, Rolle, Situation, behavior-pattern usw. auf Wesenszüge der sozialen Wirklichkeit, auf die diese Begriffe gemünzt sind, zurückzuführen. Diese Wirklichkeit ist in der Tat sehr viel mehr ein Gefüge aus sozialen Haltungen als ein Gefüge aus sozialen Gebilden. Die Soziologie ist verpflichtet, ihr System in dieser Weise bis in die Fundamente hin dem inneren Aufbau der sozialen Wirklichkeit adäquat zu machen. Nur so kann sie begreifen, deuten, lebenswirksam werden. Die Einsicht aber, daß eine Soziologie ‚das organische Produkt einer bestimmten Kultur und darum in eine andere Kultur nicht einfach übertragbar ist', muß durch diese Überlegung erst recht befestigt werden..."

Charakteristisch ist für Freyer die „Zeitlichkeit" der soziologischen Begriffe:

„Gesellschaftliche Gebilde sind also – das ist ihre zweite logische relevante Eigenschaft – der konkreten Zeit eingelagert. Die Zeit ist für sie nicht jene neutrale Sphäre, in der sich die Mannigfaltigkeit der Gebilde entfaltet und der Formenwandel zwischen ihnen vor sich geht. Sie ist natürlich erst recht nicht die abstrakt gedachte Variable, die den Fortschritt eines physikalischen Prozesses von einem Zeitpunkt zum andern zu bestimmen gestattet, sondern sie ist konkretes Früher oder Später. Sie hat eine eindeutige Richtung. Sie ist unumkehrbar. Sie „vergeht", d.h., sie setzt durch den prägnanten Zustand der Gegenwärtigkeit hindurch Zukunft in Vergangenheit um.

In diese konkrete Zeit sind die gesellschaftlichen Gebilde eingebettet. Jedes einzelne steht in realen, zeitlich bestimmten Zusammenhängen mit denjenigen, aus denen es hervorgegangen ist, und mit denjenigen, in die es übergeht. Jedes einzelne ist an einen bestimmten Zeitpunkt gebunden und kann von diesem nicht gelöst werden, ohne daß es ein wesentliches Merkmal verliert. Der geschichtliche Ort, an dem es verwurzelt ist, kann natürlich enger oder weiter gefaßt werden. Er kann als Epoche größten Ausmaßes, sagen wir als Jahrtausend, bestimmt werden. Eine bestimmte Größe bleibt er auch dann. Ein geistiges Gebilde bleibt, was es ist: bündiger Zusammenhang von autonomer Gültigkeit, wenn wir es von seinem geschichtlichen Ursprung ablösen. Vielmehr: wir lösen es gar nicht ab, es hat sich selbst abgelöst, es steht wesentlich in eigener Welt. Deuten wir es außerdem als Produkt oder Symptom seiner Epoche, so tritt eine neue Fragestellung hinzu. Ein gesellschaftliches Gebilde aber, aus der konkreten Zeit herausgehoben, wird aus Wirklichkeit zu Schemen. Es ist wesentlich zeitgebunden, zeiteingeordnet, geschichtlich bezogen, geschichtlich gesättigt. Und alle Begriffe der Soziologie werden, wenn sie ihrem Gegenstand adäquat sein sollen, diesen Einschlag von Geschichtlichkeit in sich aufnehmen müssen...

Wir haben soeben die Grundlage für die These gewonnen, daß die Soziologie notwendig ein System des Nacheinander sein muß. Ihre Begriffe, bis zum abstraktesten hin, müssen einen Pfeil in sich tragen, der im Sinne der Zeit gerichtet ist. Ihre Kategorien müssen historisch lokalisiert und miteinander im Sinne der Zeitfolge verbunden sein. Jeder soziologische Begriff hat nicht nur die Struktur, sondern auch die Dynamik der gesellschaftlichen Erscheinung, die seinen Inhalt bildet, in sich aufzunehmen. Er muß die Verbindungen, die nach rückwärts und nach vorwärts führen, die Bewegung, die durch das gesellschaftliche Gebilde hindurchläuft, seine Realdialektik mitenthalten. Es wird sich zeigen, daß selbst die allgemeinsten, scheinbar zeitlos gültigen Begriffe, z.B. der des Tausches, diesen historischen Einschlag in sich haben: vorausgesetzt, daß sie wirklich soziologisch gedacht sind. Patriarchalisches Fürstentum, schollenpflichtige Arbeit, freie Konkurrenz, freien Arbeitsmarkt, aber auch Stände, Klassen, Staaten – alles das gibt es nur in je einer ganz bestimmten geschichtlichen Stunde; und diese historische Note ist in die soziologischen Begriffe aufzunehmen..."

Jede Soziologie beruht somit viel mehr als irgendeine andere Wissenschaft auf einer philosophischen, religiösen oder politischen Vorentscheidung. Die voraussetzungslosen Soziologien – Vilfredo Pareto suchte eine zu schaffen – sind erst recht an den Positivismus des 19. Jahrhunderts gebunden. Immerhin ist Pareto in der objektiven Axiomatisierung recht weit gekommen; nur wird eine solche scheinbare Voraussetzungslosigkeit oft als unfruchtbar bezeichnet.

Die drei Sphären konkreter Lebensgestaltung, die hinter soziologischen Theorien und Einzelarbeiten stehen, sind einmal die pragmatisch auf common sense und Fortschrittsoptimismus gegründete amerikanische Soziologie, zweitens die vorwiegend in Europa wirkende, christlich (meistens katholisch) und geschichtsphilosophisch orientierte Soziologie und zuletzt die dialektische Gesellschaftslehre des historischen Materialismus,also des Marxismus.

Diese drei Fronten werden nicht in jeder soziologischen Fragestellung sichtbar. Ein Gebiet der Soziologie hingegen hat jene Gegensätze bis zur letzten Konsequenz herausgebildet: und das ist eben die Soziologie des Wissens.

Schon vor der Entstehung der „modernen" Soziologie bei Auguste Comte hat, wie wir sahen, Schleiermacher in Fragmenten zur Staatslehre Beobachtungen zu Regeln erweitert, die sich eindeutig auf den Zusammenhang zwischen politischer Struktur des Gesellschaftskörpers und Wissensformen bezogen. Nicht zuletzt die Theologie legt die Beobachtung solcher Zusammenhänge nahe. Ernst Troeltsch kam über seine religionsgeschichtlichen Studien überhaupt erst zur Soziologie, und große Teile der soziologischen Leistung Max Webers liegen auf religionssoziologischem Gebiet.

Selbst ein scheinbar so handgreifliches Thema wie die Soziologie der Revolution hat man primär wissenssoziologisch verstanden. „Ebensogut wie die Frage nach der Beeinflussung revolutionärer Politik durch moderne Wissenschaft kann (und muß) die umgekehrte nach der Wirkung der Revolutionen auf Verfahren und Organisation der modernen Wissenschaft gestellt werden" (Carl Brinkmann, Soziologische Theorie der Revolution, 1948).

Die Wissenssoziologie ist für die Bekenner der drei verschiedenen Lebenssysteme von hervorragender Anziehungskraft. Handelt es sich doch darum, den notwendigen Zusammenhang zwischen gewünschter Gesellschaftsform und geistigem „Überbau" bzw. zwischen vertretener Geisteshaltung und vorhandener Sozialwirklichkeit nachzuweisen; wodurch vom De-facto- zum De-jure-Standpunkt geschritten werden soll.

Man wird es nicht ganz als Zufall oder persönlich gebundenes Kuriosum ansehen dürfen, daß einer der anregendsten Soziologen in der ersten Hälfte des 20. Jahrhunderts, daß Karl Mannheim (1893–1947) in seinem Werk alle drei Fronten durchlaufen hat: vom ausgesprochenen Marxismus über den angloamerikanischen, behavioristischen, pragmatischen Instrumentalismus bis hin zur Einmündung in ein religiöses, genauer in ein christliches Verständnis des großen Themas, wie geistige Produktion und Rezeption des Individuums und die soziale Sphäre zusammenhängen. Ohne eine Prognose für andere Verläufe geben zu können, ist es doch aufschlußreich, wenn man sich den Verlauf der Mannheimschen Wissenssoziologie vom Marxismus über Pragmatismus zur christlichen Theologie vor Augen führt. Wir erblicken darin eine so typische Kurve in der problemgeschichtlichen Entwicklung der Soziologie, daß auf ihre Phasen näher eingegangen werden soll.

Zunächst handelt es sich bei der Wissenssoziologie um die allgemeine und wertfreie Behauptung, daß des Menschen Horizont von soziologischen Schranken nicht allein begrenzt, sondern von Besonderheiten seines gesellschaftlichen Ankergrundes weitgehend ermöglicht und geschaffen wird. Hierbei scheint die Kollektivierung, die Entthronung des autonomen Geistes zwar ihren Triumph zu feiern, zugleich aber scheint der Intellekt seinen letzten Vorhang vor seiner Herkunft weggerissen zu haben. Noch ist es ungewiß, ob der Geist von dem Auftreten der auf ihn angewandten soziologischen Perspektive allein eine Demütigung erfuhr oder ob er zu seiner Befreiung gerade dieser Einsicht in seine soziale Bedingtheit bedurfte. Unablässig hat sich Mannheim mit dieser Frage befaßt. Um die Mitte der zwanziger Jahre kristallisierte sich der erste Standpunkt Mannheims nach dem Studium Max Webers, Schelers und von Marx heraus. Man kann, ungeachtet aller Kompromißversuche Mannheims, sagen, daß die Linie Hegel–Marx überwog. Die Wissenssoziologie Mannheims war im Fundament marxistisch. Dem ökonomischen Unterbau wird ein Primat in der Formung der Kulturelemente zugesprochen. Sooft auch Mannheim diese Behauptung einzuschränken sucht, der Ökonomismus bricht immer wieder durch. Diese erste Stufe, deren Höhepunkt das seinerzeit heftig diskutierte Buch „Ideologie und Utopie“ (1928) war, schließt mit der Emigration Mannheims ab. Von seinem Frankfurter Lehrstuhl aus ging Mannheim 1933 ins Ausland, um bald in England seinen neuen Wirkungskreis zu finden.

In den Arbeiten Mannheims nach 1933 tritt ein deutlicher Interessenwandel auf. Die zweite, die angloamerikanische Phase beginnt. Dieser Knick in der Problementwicklung bei Mannheim muß in größere Zusammenhänge gestellt werden. Es ist wohl angängig, in den zwanziger Jahren einen entscheidenden Transformations- und Disintegrationspunkt unserer Epoche zu sehen. An zahlreichen Stellen im Mannheimschen Werk der ersten Phase wird mit nervösem Scharfsinn die Sonderfunktion des Augenblicks hervorgehoben. Nach Mannheim habe jeder, der zu dieser Zeit die soziale Sphäre soziologisch durchleuchtet, eine einmalige Gelegenheit, hinter sonst dicht verhüllende Schleier zu dringen. Man kann also die destruierende Funktion Mannheims in diesem Jahrzehnt von 1923 bis 1933 ohne Schwierigkeit vielen anderen Erscheinungen dieser Zeit zuordnen. Die Spielarten der Psychoanalyse, ihr Einfluß auf die angelsächsische Literatur, existenzphilosophische und lebensphilosophische Strömungen sowie extrem historistische Positionen gehören hierher.

Es ist der späte Höhepunkt einer großen Desillusionierung, wie sie Nietzsche bereits in seinem überempfindlichen Ästhetizismus vorwegnahm. Jetzt ist die ganze Erscheinung verbreitert. Menschen in der Krise scheuen kein Mittel, um hinter die Ursachen der Krise zu kommen. Die marxistische Dialektik, vereint mit Wilhelm Diltheys verstehender Psychologie, sollte Mannheim dazu die Mittel liefern. Das hört nach 1933 bei Mannheim auf. Einesteils wird das eine Folge seiner Auswanderung nach Großbritannien gewesen sein. Er fand dort einen Boden vor, der in der Gesamtkrise noch um einige Phasenlängen zurücklag. Andernteils ist um den Anfang der dreißiger Jahre ein Abebben der Dialektik allgemein feststellbar. Zumindest flauten manche Zuspitzungen des dialektischen Materialismus ab. Bezeichnenderweise läßt sich das in erster Linie für jenes Land zeigen, an das sich die linksradikalen Wissenssoziologen Deutschlands ideologisch mehr oder weniger anlehnen zu können glaubten. Vielleicht dank der inneren staatlichen Integration, vielleicht aber auch nicht ohne jeglichen Zusammenhang mit immanenten Strukturänderungen trat um diese

Jahre gerade in der Sowjetunion eine Revision des vulgär-materialistischen Marxismus offiziell in den Vordergrund. Belege dafür bringt das allerdings prosowjetische Buch von Fritz Lieb: „Rußland unterwegs“, 1945. Selbstverständlich ist das nur ein Fragment aus höchst verwickelten und vielschichtigen Verhältnissen. Zu einem Teil mag es aber die Relativierung der Wissenssoziologie eingeleitet haben und die Entwicklung Mannheims in größere Zusammenhänge stellen.

Das Leben in der Weimarer Republik hatte Mannheim eine Beliebigkeit der politisch-weltanschaulichen Standorte in ihrer wechselseitigen Polarisierung vorgegaukelt. „Liberal“ und „demokratisch“ wurde einfach identifiziert. Die richtige Politik wurde für lehrbar gehalten. Eine persönliche Entscheidung unterblieb. Ästhetisches Liebäugeln mit dem Geist und marxistische Grundposition sollten vereinigt werden.

Nach 1933 verbot die zunehmende Realität der Diktaturen den Sozialtheoretikern das bisher ziemlich ungefährliche Tanzen auf gleitenden Standpunkten und bewies zugleich, daß im sozialpsychologischen Geschehen eben sehr andere denn ökonomische Faktoren tiefste und plötzliche Wirkungen hervorbringen können. Ab 1933 bekommt Mannheim die Mittel für eine eigentliche Kulturpathologie in den Griff. Er befaßt sich nicht mehr mit den Substraten eines sozialen Seins, sondern führt seine Analyse aus der Linie Hegel–Marx–Lukács in das Lager der westlichen Soziologie hinüber.

Das Elitenproblem (Pareto, Ortega y Gasset) nimmt jetzt einen breiten Raum ein. Die schwierige Frage nach dem letzten Zusammenhang zwischen Gesellschaft und Kultur – vergesellschaftetem Bios und Geist – wird durch das vermittelnde Prinzip der Eliten ausgeschaltet. Wie sich eine Elite aus der Masse ablöst, läßt sich sehr gut mit einer rein positiven Soziologie begreifen. Die Kulturarbeit der Elitenglieder gehört aber schon weitgehend ins Gebiet der Individualpsychologie, die immerhin in ihren theoretischen Grundlagen weniger bedroht sein dürfte als die Soziologie. Mannheim zieht sich in einen Kreis zurück, in dem mit den Mitteln bloßer Milieu-Theorie, bloßer Umweltlehre gearbeitet werden kann. Er bringt nach 1933 seine Lehre in fruchtbare Beziehungen zu ähnlichen Richtungen des amerikanischen Pragmatismus, dessen Schüler in den dreißiger und vierziger Jahren bereits die Auseinandersetzung mit der europäischen, speziell Mannheimschen Wissenssoziologie aufnahmen. Mannheim zeigte sich nach seiner Emigration als ein so einfühlungsfähiger Sozialwissenschaftler, daß er jetzt bestimmte marxistische, besonders die Linksradikalen anziehende Erörterungen unterläßt. Er stellt sich auf den angelsächsischen Hörer- und Leserkreis ein. Die Zweideutigkeit des jüngeren Mannheim, die ihn bald zum Marxisten, bald zum Konservativen stempeln ließ, ist nun vorbei.

Die dritte Phase Mannheims blieb – seines plötzlichen Todes im Januar 1947 wegen – in den Anfängen stecken. Sie hat sich aber deutlich genug abgezeichnet, um für die dritte, die christlich interessierte Spielart der Soziologie typisch zu sein. In dem ersten postum erschienenen Buch Mannheims wird die vorgeschlagene Verbindung von Soziologie und Theologie noch deutlicher. Das Buch „Freedom, Power, and Democratic Planning", New York 1950, schließt nach einer am Begriff der Persönlichkeit und des Selbst orientierten Analyse unserer gegenwärtigen Existenz mit folgendem Ausblick.

In dem noch vor uns liegenden Abschnitt der Übergangsperiode (mit deren Untersuchung sich Mannheim zeit seines Lebens befaßte) müsse eine „dynamische" Religion drei Aufgaben in unserer Gesellschaftsordnung erfüllen. Die eine besteht in der Diagnostik dieser gesellschaftlichen Übergangsphase, mit anderen Worten: unsere religiösen Führer müssen alle Werkzeuge und Daten der heutigen Sozialwissenschaften in ihr Instrumentarium zur Leitung des einzelnen und der Gruppen aufnehmen. Zum zweiten müsse diese Religion (deren Konfessionalität Mannheim nicht weiter definiert) ihre Aufmerksamkeit auf wirklich wesentliche Probleme lenken, um so in die Lage zu kommen, drittens, das menschliche Verhalten auf den verschiedenen Stufen des gesellschaftlichen Lebens zu integrieren.

Blicken wir zunächst noch einmal auf die beiden anderen Positionen zurück.

Die marxistische Soziologie legte den Nachdruck auf die Bestimmung des sozialen Seins. Es wurde – grob gesagt – als wirtschaftliche Sphäre definiert und sollte den Überbau der Kultur einschließlich der individuellen Handlungen determinieren. Der angloamerikanische Zweig der Soziologie, dem sich Mannheim in der zweiten Phase zuwandte, arbeitet mit dem Begriff eines kulturell (zivilisatorischen) Superorganismus, der vorwiegend das äußere Verhalten (conduct), die sog. „Führung“ eines Menschen, seine Gewohnheiten und Reaktionsweisen bestimmt. Im Gegensatz zur marxistischen Wissenssoziologie, die jegliche Bewußtseinshaltung unabänderlich vom ökonomischen Unterbau abhängen läßt, gewährt eine auf bloßen „conduct“ gerichtete Soziologie des intellektuellen Verhaltens eine Heilungsmöglichkeit vom Gruppenwahn. Während Mannheims marxistisch beeinflußte Wissenssoziologie nur recht wenig verständliche Wege für die Befreiung des sozial gebundenen Denkens angab, sieht Mannheim in seiner zweiten Phase in der psychoanalytischen Selbsterforschung des einzelnen einen Weg, um hinter die sozialgebundenen, situationsmäßigen Wahnvorstellungen zu gelangen und sich bei der Suche nach Wahrheit vom Standort seiner Gruppe, Klasse oder Nation unabhängig zu machen.

Die erste Phase Mannheims hatte gegen die religiösen Weltauslegungen unserer Zeit teilweise sehr ausfallende Bemerkungen gefunden, die wohl nicht zuletzt die scharfe Kritik eines E. R. Curtius an Mannheim hervorriefen. Curtius sah in Mannheims Wissenssoziologie eine besonders bedenkliche und ausweglose Form des modernen Nihilismus. Die zweite Phase mit ihrer wissenschaftlichen Stellungnahme möglichster Wertfreiheit steht den religiösen Belangen zumindest neutral gegenüber.

In der dritten Phase, die in der zweiten Hälfte von Mannheims englischem Exil begonnen haben wird, trat er in freundschaftlichen Gedankenaustausch mit einer Gruppe christlicher Denker. In seiner letzten Schrift vor seinem Tod, „Diagnosis of our Time“, London, 4. A. 1947, druckte Mannheim einen Essay ab, den er für diese christliche Intellektuellengruppe verfaßt hatte. Unter dem Titel „Auf dem Weg zu einer neuen Sozialphilosophie“ werden „christliche Denker durch einen Soziologen herausgefordert“. Diese Herausforderung (challenge) meint aber eine friedfertige Stimulation der gegenseitigen Standpunkte, nicht böswilligen Streit.

Wir können hier die Grundgedanken Mannheims lediglich kurz umreißen. Sein Haupttheorem ist, daß im Massenzeitalter nur eine Form der geplanten Demokratie, eine „Planung für Freiheit“ Aussicht hat, sich gegen die Bedrohungen des Totalitären durchzusetzen. Diese Theorie im einzelnen, die z. B. vor allem von Wilhelm Röpke völlig abgelehnt wurde, kann hier nicht erörtert werden. Für unsere Betrachtung allein wesentlich ist, daß Mannheim in seiner geplanten Demokratie sich die Frage vorlegt, wie kann das Christentum diese geplante Gesellschaft durchdringen. Mannheim glaubt, je mehr das Zeitalter der Planung fortschreite, desto mehr würde sich ein allgemeiner Kodex der Verhaltensregeln in Form der Summa des Thomas von Aquin herausschälen. Es käme auf die schöpferische Gabe der Fähigen an, einen soziologisch in die Situation passenden Kodex richtigen Verhaltens zu schaffen, der christlich fundiert sei. Die christlichen Denker sollten mehr als bisher theologisches und soziologisches Denken ineinander verschmelzen.

Für Mannheim ergibt sich die konkrete Frage, wie Soziologie, die „am meisten säkularisierte" Wissenschaft, mit der Theologie zusammenarbeiten könne. Mannheim schlägt vor, die Soziologie völlig frei ihre Analysen vortreiben zu lassen. Wo ihre Grenze liege und die theologischen Kategorien beginnen, würde sich dann von selbst ergeben. Übereinstimmend mit den meisten seiner früheren Kritiker erkennt Mannheim in der letzten Phase die Persönlichkeit als den äußeren Rahmen, wo diese Grenze der Soziologie liege.

Mannheim über die Wissenssoziologie

Die folgenden Aussagen Mannheims über die Wissenssoziologie stammen aus seiner Frühphase, also vor dem Exil in England, und zeigen, in welch subtiler Weise er das Wechselspiel zwischen Bewußtsein und sozialem Sein zu analysieren suchte:

„Es ist ein Irrtum, zu meinen, daß es nur in der politischen Sphäre Ideologien gibt; die marxistische Ideologie-Enthüllung hat sich nur zufällig, von ihrem speziellen Gesichtskreis aus bestimmt, auf dieses Gebiet der gesellschaftlichen Wirklichkeitsverdeckung konzentriert – unsere ganze alltägliche Wirklichkeit ist eigentlich verstellt, und auch der hellste Kopf unter uns ist voll von ererbten übernommenen Fehldeutungen, wenn es sich um die Gesellschaft handelt. In diesem Sinne ist die Bereinigung der Grundbegriffe und Fehldeutungen des Alltags, eine Klarlegung der Kräfte und Interessen, die die Geschichte gesellschaftlich bestimmen, eine ganz wesentliche pädagogische Mission der Soziologie, besonders jenes Zweiges, den wir Ideologienlehre genannt haben.

Noch vertiefter geht an diese Selbstrevision des Denkens die Wissenssoziologie im engeren Sinne des Wortes heran. Sie will jenseits der bewußten und halbbewußten Lügen des Alltags und der Parteiungen jenen konstitutiven Fehlansatz des Denkens herausarbeiten, der in den Wissenschaften selbst vorkommt und für den der Wissenschaftler in persona meistens gar nicht zur Verantwortung zu ziehen ist. Ihre Aufgabe liegt also in der Beseitigung all jener Verdeckungen, die aus Partikulareinstellungen entstehen, aus Partikulareinstellungen, die der natürlichen Begrenztheit und Beschränkung der Einzelwissenschaften, der Lebenskreise und der historischen Situation entstammen. Wir sehen heute immer klarer, daß der Denkapparat stets nur zur Erhellung bestimmter Seiten und Zusammenhänge der Welt geeignet ist, eben jener Seiten und Zusammenhänge, die zu durchdringen einer Lebenssituation, einer historisch-sozialen Seinslage von ihrem Wirkzentrum her aufgegeben ist. Jedes Erkennen und Erhellen ist aber auch gleichzeitig ein Verdecken, so daß eine Sichtweise nicht nur mit dem charakterisiert ist, was sie mit ihren Begriffen, Aspekten, Kategorien und Fragemodi zu erfassen in der Lage ist, sondern auch dadurch, was sie übersieht und geflissentlich überdeckt. In einem Zeitalter, in dem durch eine Ausweitung der Kommunikation, durch ein Zusammenwachsen der Lebensräume ein Aufeinanderstoßen der bisher getrennt sich entwickelnden Partikularaspekte unvermeidlich ist, entsteht die Aufgabe der Konfrontierung und der Verbindung dieser Aspekte. In dieser Situation hat dann die Wissenssoziologie als Vermittlerin zu dienen, indem sie dazu verhilft, einmal die falschen Aspekte zu beseitigen, von den möglichen Aspekten aber dann einem jeden seine Partikularität in concreto nachzuweisen. Sie versucht aufzuzeigen, wie sich an den verschiedensten Punkten des Zusammenstoßes auch gleichzeitig eine Verbindung und Aufhebung der bisher getrennten Blickfelder in einem umfassenderen Ganzen vorbereitet und wie darin eine höhere Einheit menschlichen Wissens Gestalt gewinnt ..."

Das Wechselspiel zwischen Kulturobjektivationen und sozialer Struktur geht nach Mannheim wie folgt vor sich:

„Wenn wir aber, die Berechtigung der von anderen Ansätzen ausgehenden synthetischen Versuche anerkennend, der Kultursoziologie dennoch eine ganz besondere Verpflichtung zuschreiben, diesen Problemen nachzugehen, so liegt das daran, daß nach unserer Ansicht der Zusammenhang der verschiedenen Kulturgebiete in der Wirklichkeit selbst seinen konzentrischen Punkt im Gesellschaftsleben hat. Wenn man sich nämlich fragt: Warum hängen die verschiedenen Kulturgebiete in ihrer Entfaltung zusammen?, so nicht deshalb, weil sie Teilstücke eines irgendwo freischwebenden Geistes, sondern weil sie Ausdruck des Lebens und der Schicksale ganz bestimmter Menschengruppen sind. Mit der Existenz dieser Menschengruppen hören auch die geistigen Objektivationen auf. Ändert sich das Schicksal dieser Gruppen, so ändert sich auch Inhalt und Gestalt des zu ihnen gehörenden geistigen Lebens. Von der Soziologie aus muß also in erster Linie die Verklammerungsproblematik des historisch-geistigen Geschehens aufgerollt werden. Sie allein hat von der Sozialgeschichte her die Möglichkeit, jene Geschehensebene zu betrachten, die wir als Sphären der Kulturobjektivationen zu bezeichnen gewohnt sind. Mit der Sozialgeschichte einer Periode erfaßt man auch jenen grundlegenden Geschehenszusammenhang, an den die Geschichte der Kulturobjektivationen sich organisch anschließt...

Um in den Geschehenszusammenhang einer Gruppe einzudringen, kann man mit der Analyse der Wirtschaftsform beginnen. Von dort aus wird man stets weitergetrieben werden zur Analyse der Macht- und Herrschaftsform, die sich an diese Wirtschaftsform angliedert, in ihr angelegt oder durch diese ermöglicht ist. Die Macht- und Herrschaftsform wird die des Heeres mitgestalten wie die der Verwaltung. Die Wirtschaftsform wird von einer anderen Seite her gleichzeitig auch sehr weitgehend die Familienform prägen. Diese selbst aber wird durchaus unmittelbar auf die Erziehung und auf die soziale Menschenprägung einwirken. Die Familienform prägt die Ausgestaltung der Sexualität und der Erotik, also auch eine ganz breite Schicht in der Gefühlsformung. Von hier aus ist dann der Einbruch in die Analyse der Lyrik und der Dichtkunst möglich usw. Daraus ist zu ersehen, daß die Darstellung der Verklammerungsproblematik noch keine Entscheidung über das Primat im historischen Geschehen bedeutet, vielmehr ist damit nur eine Richtung des Fragens angedeutet, die von den Wandlungen der geistigen Objektivationen eindringen will. Das eigentlich Soziologische liegt in der Betonung dieser Interdependenz der Geschehnisreihen, in dem Suchen nach der mutmaßlichen ursprünglichen Verklammerung der Ereignisse, in dem Eifer, nichts isolierend und abstraktiv zu sehen, sondern die Grundstrukturen jener Symbiose nachzuzeichnen, in der sich jene Elemente und Sphären in der Wirklichkeit befinden, die die abstrakte Wissenschaft nur vorläufig von der Einheit des Geschehens abgehoben und für sich betrachtet hatte. Das ‚soziologische Denken' besteht im wesentlichen eben in diesem ‚Kohärent-sehen-Können', in dieser Erfassung jeder scheinbar isolierten Gegebenheit vom sozialen Lebenszusammenhang her..."

Für Mannheim bleibt die Soziologie aber die angemessene Lebensorientierung:

„Die Soziologie wird im Widerstreit der verschiedenen kollektiv vorgegebenen Einstellungen zur Gesellschaft geboren, und wenn man schon einen Generalnenner für die Zurechnung aller ihrer Strömungen haben will, so müßte man wohl sagen, daß die Soziologie die angemessene Lebensorientierung des Menschen der industriellen Gesellschaft ist, wobei es offenbleibt, ob diese Gesellschaft auf kapitalistischer oder sozialistischer Grundlage durchorganisiert wird. Der Mut und der Wille zur rationalen Betrachtung auch des gesellschaftlichen Lebensraumes entsteht erst auf dieser Gesellschaftsstufe. Denn diese Gesellschaft kann auf die Dauer nicht bestehen, wenn die an ihr beteiligten Individuen nicht rationale Voraussicht üben können, wenn sie es nicht lernen, auf Grund sachhaltiger Diagnosen verantwortlich zu handeln..."

Alfred Weber

Die Kultursoziologie Alfred Webers (1868–1958) gehört in diesen Zusammenhang. Nicht zuletzt war Mannheim von ihm stark beeinflußt. Im Gegensatz zu den wissenssoziologischen Versuchen, die marxistischen Grundpositionen entstammen und deshalb doch stets mehr oder minder eine einseitige Abhängigkeit der Kultur- und Gemütsfunktionen vom sozialökonomischen Untergrund annehmen, fließt bei Weber eine andersgeartete Metaphysik ein. Nach ihm arbeite die Geschichte immer über den Menschen, über den Genius ihrer Gestaltungen heraus. „Der anonyme und kollektive Strom der Geschichte und der weltbedeutsame Genius stehen also nicht bloß in Verrechnung. Sie konkurrieren miteinander; ebenso wie sie zusammenwirken im Herausstellen der letztgültigen Symbole und Gestalten" (Das Tragische und die Geschichte, 1943). Was den Kulturstrom sozusagen in neue Formen lenkt, ist nach Alfred Weber nicht eine bloß naturale, sachliche, ökonomische Daseinsmasse, sondern die Neu-Aggregierung geschieht infolge kultureller Vorformen, also infolge geistiger Traditionen, die auch im Zustand der Veränderung noch wirken. Kultur ist danach also nicht Überbau über Gesellschaft oder dergleichen, „sondern deren von innen vor sich gehende Formung". Dort, wo bei Mannheim (und ähnlichen Geistern) der Hegelsche Gesamtprozeß der Geschichte in seiner starren Sinnrichtung dient, um irgendeinen absoluten Standort zu retten, tritt bei Weber das ‚Kulturwollen' auf. Nicht zuletzt denkt er auch in größeren Kultursystemen (ähnlich der wissensoziologisch fundierten Philosophiegeschichte von Alois Dempf), während Mannheims Diagnostik sich in der Regel auf zeitlich begrenztere Perioden richtete. So gelangt Weber auch zu weitgespannten kultursoziologischen Menschentypen (so wäre der kommende Typ der in ihren unklaren Anfängen vor uns heute entstehenden Geschichtsepoche der „vierte Mensch", während Webers „dritter Mensch" die Zeit der Hochkulturen ab etwa 4000 v. Chr. durchlebte).

Am Schluß seines knappen Buches „Der Dritte oder der Vierte Mensch. Vom Sinn des geschichtlichen Daseins" (1953) versucht A. Weber, seine Kultursoziologie von derjenigen Alexander Rüstows („Ortsbestimmung der Gegenwart", 3 Bde., 1950ff) zu unterscheiden. Im Gegensatz zu A. Weber, dem es aufs Zeigen der „konkreten Vielgestaltigkeit und deren möglichst ungebrochene Eingliederung in den Gesamtverlauf" ankommt, verfolgt Rüstow einen großen Einheitstrend, den Durchbruch der Freiheitsentfaltung in der Geschichte. A. Weber hat an sich nichts gegen solche großgesehene Perspektiven, fährt dann aber fort:

„... man muß sich darüber klar sein: eine solche stark theoretisch konstruktiv soziologische Art zu arbeiten ist etwas grundlegend anderes als eine solche, die ihren Ehrgeiz darin sieht ... das Allgemeine, was sie vermittelt, überall aus der ganz konkret umrissenen geschichtlichen Gestalt herauswachsen zu lassen. Diese Soziologie, die von mir vertreten wird, ist selbstverständlich nicht weniger theoretisch als die andere. Aber ihre Theorie ist möglichst immanent. Sie will absichtlich in den Dingen selbst liegende Lichtquellen benutzen, weil ihr die Geschichte letztlich zu vielfältig erscheint, als daß man sie von einer zu großen Entfernung oder Vereinfachung her ohne Sachgefahr zu fassen vermöchte.

Aber die eine und die andere Art, soziologisch zu arbeiten, sind doch wieder als Versuche, aus der Geschichte selbst deutend Allgemeines zu begreifen, letztlich sich nahestehend. Und beide sollten sich über den metahistorischen Hintergrund, den sie dafür brauchen, klar sein. Ohne Bezug auf einen derartigen Hintergrund ist das von ihnen zu eruierende Allgemeine und eine tiefere in dasselbe eingeschlossene Bedeutung ohne Boden."

Die amerikanische Soziologie

Wird die Soziologie national gebunden bleiben?

Ernst Troeltsch erklärte vor dem Ersten Weltkrieg einmal, es könne eigentlich keine Weltgeschichte, sondern nur eine europäische, höchstens westliche Geschichte geschrieben werden. Von dem inzwischen durch die besondere Dynamik, die Ansprüche, ja die für viele so faszinierende Interessantheit der Entwicklungsländer geschaffenen neuen Problemansatz wußte er nichts, ahnte ihn höchstens. Überschaut man nun am Anfang der siebziger Jahre unseres Jahrhunderts die weltweite Situation der Soziologie, so scheint es fast, als ob die von Troeltsch für die Historie vor einem halben Jahrhundert behauptete Begrenzung auch jetzt noch für unsere Disziplin gelte, obgleich sie eine Wissenschaft sein möchte, die Vorurteilslosigkeit, Toleranz, ja Internationalismus auf ihre Fahne geschrieben hat. Wir reden immer noch von den Soziologien der verschiedenen Nationalstaaten, und zwar nicht im Sinne eines soziologischen Verständnisses der einzelnen politischen Gebilde, sondern in der Annahme, es gäbe in der deutschen, französischen, amerikanischen, polnischen, sowjetrussischen oder lateinamerikanischen Fachsoziologie gewisse Auffassungen, Methoden, Begriffe, Traditionen und Probleme, die mehr mit dem jeweiligen Land als solchem zu tun haben als etwa mit der Rückwirkung der landeseigentümlichen sozialen Probleme auf eine an sich übernationale wissenschaftliche Beschäftigung mit ihnen.

Das hat verschiedene Ursachen. Da die Soziologie einerseits akademisch mehr mit den Vorurteilen und der Eifersucht der Konkurrenzdisziplinen (z.B. Geschichte, Volkswirtschaftslehre, Ethnologie) zu kämpfen hat, anderseits aber auch noch manchmal auf außerakademische politische Hindernisse stößt, fand und findet ihre Entwicklung in den verschiedenen Gegenden der Welt ungleichmäßig statt. Daraus ergibt sich der Eindruck, daß sie zu einem bestimmten Zeitpunkt je nach dem Land verschiedene Reifestufen besitzt, die für den Kenner oft einfach durch die Nennung des Landes impliziert werden. Das darf aber nicht mit der ebenso geläufigen Aussage verwechselt werden, Land X sei führend auf dem Gebiet Y; denn damit ist ja noch nicht behauptet, wenn Land Z das Fach Y betreibe, sähe es grundsätzlich anders aus als im Lande X.

Wie sehr selbst heute noch die Soziologie daran krankt, daß sie in nationale Soziologien getrennt geblieben ist, hob 1973 der französische Soziologe Julien Freund (Universität Straßburg) hervor. Nach ihm kennen die deutschen Soziologen: „im allgemeinen die französischen Soziologen der Gegenwart nur über die Aussagen der Amerikaner oder durch Arbeiten, die ins Englische übersetzt wurden. Genauso verhält es sich mit der Kenntnis der französischen Soziologen über die deutschen. Gewiß, Raymond Aron wird in Deutschland gelesen, doch nur, weil mehrere seiner Werke ins Deutsche übertragen wurden; man kennt in Frankreich auch – jedoch weniger – René König oder Schelsky auf Grund der Übersetzung des einen oder anderen ihrer Bücher. Dagegen sind in Frankreich die Soziologen der nachfolgenden Generation, beispielsweise Dahrendorf, Habermas oder Eisermann, fast unbekannt; ebensowenig kennt man Touraine, Crozier oder Balandier in Deutschland. Zweifelsohne gibt es Ausnahmen, doch liegt dies nur daran, daß dieser oder jener Spezialist den entsprechenden Spezialisten im anderen Land kennt. Es sind die Ausnahmen, die die Regel bestätigen. Diese Unkenntnis auf beiden Seiten mag überraschen, handelt es sich doch um zwei benachbarte Länder, die eine gemeinsame Grenze und auch eine ähnliche kulturelle Vergangenheit aufzuweisen haben. Und hat nicht auf beiden Seiten die europäische Stunde geschlagen? Es scheint, daß die größte Entfernung Annäherung, die Nähe aber Distanz schafft – ein sehr bedauerlicher Tatbestand."

Es wäre sicher wünschenswert, wenn wir am Ende nicht mehr von einer amerikanischen, deutschen oder indischen – geschweige denn von einer marxistischen oder christlichen – Soziologie sprechen müßten, sondern von einer Soziologie, die sich zwar von Fall zu Fall den Sonderproblemen einzelner politischer und ethnischer Landschaften widmen mag, aber in der Methodenwahl und Begriffsbildung, ja selbst in der vorwissenschaftlichen Auswahl von Rangordnungen des Forschenswerten, nicht national gebunden ist. Erst dann werden ihre Befunde übernational vergleichbar sein, so daß Theorien über die sozialen Prozesse, den Kulturwandel, die Verstädterung, das Aufstiegsstreben usw. mit übernationaler Geltung konstruiert werden können. Zur Erreichung dieses Ziels müßten manche Soziologien allerdings auch ihre Hegemoniebestrebungen aufgeben.

Und da wir (glücklicherweise, weil es ein Irrweg sein könnte) von einer rein formelhaften Fachsprache in der Soziologie, die sich von den natürlichen Sprachen gelöst hat – und manche haben das ja versucht –, noch weit entfernt sind, setzt eine allgemeine, national ungefärbte Soziologie auch voraus, daß die Soziologen sich in mehr als einer Sprache bewegen können. Würde man sich nämlich, wie etwa im internationalen Flugverkehr, auf eine Weltsprache wie das Englische als die Universalsprache für die Soziologie einigen, so führte das zweifellos zu einer Hegemonie. Selbstverständlich hat die englische Sprache große Vorzüge für die soziologische, nationalökonomische und politikwissenschaftliche Erfassung der sozialen Wirklichkeit. Und in Skandinavien bedient sich die Soziologie weithin des Englischen. Ob es aber dem deutschen soziologischen Schrifttum der letzten Jahre viel geholfen hat, sich mancher angelsächsischer Neologismen und Wortungetüme zu bedienen, ist fraglich – und geradezu grotesk in jenen Fällen, wo das englische Wort lediglich die Übersetzung eines ursprünglich deutschen Fachausdruckes ist. Wir meinen hierbei natürlich nicht die Begriffe wie Zeitgeist, Gestalt oder Weltanschauung, die im Englischen unübersetzt gebräuchlich sind, oder Trend, Test und meinethalben auch noch Status, wenn sie im Deutschen erscheinen. Aber muß man im deutschen Schrifttum wirklich von Frustrierungen (ein Begriff, hinter dem eine ganze, sehr fragwürdige Anthropologie und Sozialphilosophie steckt), Sozialisation, „elaboriertem Code“ und ähnlichen Ausdrücken lesen? Es wäre heilsam, sich gerade im amerikanischen Schrifttum weiter umzusehen. Man merkte dann, mit welch beißendem Spott hochgebildete Kulturkritiker, Autoren, ja seit einigen Jahren auch Soziologen den Jargon der Soziologie unter die Lupe nehmen.

Es hat übrigens einen sehr guten wissenschaftlichen Grund, wenn es einmal in der eigenen Sprache – ob sie nun die französische, englische oder deutsche ist – wirklich nichts Entsprechendes für einen soziologischen Fachausdruck aus einer anderen zu geben scheint, genau nachzudenken und zu erforschen, wieso er unübersetzbar ist. Dann wird sich nämlich hin und wieder zeigen, daß es in der eigenen Kultur das betreffende Moment in der sozialen Wirklichkeit nicht oder nicht in dem Maße wie in der anderen gibt. Im Gegensatz zu den Naturwissenschaften ist die Wechselwirkung, die gegenseitige Abhängigkeit zwischen Sozialwirklichkeit und der dafür vorhandenen Sprache doch so groß, daß es äußerst selten und nur in genau begründeten Fällen vorkommen kann, daß wir durch direkte Übernahme eines Neologismus in der Soziologie eines anderen Landes unmittelbar einen Erkenntnisdurchbruch gegenüber der eigenen Gesellschaft erzielen.

Ich möchte das an Hand eines Begriffes erläutern, der wohl zu den originellsten Begriffsbildungen in der amerikanischen Soziologie der letzten zwanzig Jahre gehört. Es ist der von Gerhard Lenski eingeführte und inzwischen sehr gebräuchlich gewordene Begriff von der ausreichenden bzw. unzureichenden Statuskristallisation. Philologisch bereitet er sicher keine Schwierigkeiten. Man braucht keine Übersetzung.

Bei der Untersuchung von Umfrageergebnissen im Gebiet von Groß-Detroit entdeckte Lenski in den fünfziger Jahren, daß nicht alle Amerikaner ein geschlossenes, harmonisches, also – wie er sagte – kristallisiertes Statusbewußtsein haben, sondern in manchen Fällen ein unausgeglichenes. Der Prediger mag z. B. im Umkreis seiner Gemeinde ein verhältnismäßig hohes Ansehen genießen, ist aber wirtschaftlich so schlecht gestellt, daß er sich sozial ausgelassen vorkommt. Ein neureicher Geschäftsmann, der außerdem von einer sozial wenig angesehenen Minderheit kommt, mag wirtschaftlich an der Spitze seiner Gemeinde stehen, sieht sich aber infolge seines Minderheitsteilstatus, vielleicht auch dank mangelnder Bildung, von manchen Vereinen und Veranstaltungen ausgeschlossen oder bildet sich das zumindest ein. Der Dozent an einem kleinen College mag zwar religiös, ethnisch und bildungsmäßig „hoch" liegen, findet sich aber wieder einkommensmäßig auf der Stufe der Handarbeiter. Und so geht es weiter. Der Leser kann sich andere Kombinationen leicht ausdenken. Nach Lenski haben solche über mehrere Klassenstufen oder Prestigelagen hinweggezerrte Menschen (die aber nicht ohne weiteres im Sinne des orthodoxen Klassenkonfliktes verstanden werden dürfen) nun gewisse Verhaltens- und Anpassungsschwierigkeiten, die sich empirisch z. B. zeigen, wenn man ihre Stimmabgaben bei Wahlen untersucht. Es zeigt sich nämlich, daß sie – übrigens im Gegensatz zur Lehre des Marxismus – in ihrem politischen Verhalten nicht einfach von der ökonomischen Situation, der Klasse aus erklärt werden können. Der arme Prediger und Dozent, der steinreiche Unternehmer, den die „falschen" Vorfahren, den Filmstar, den die mangelnde Bildung bedrücken, sie alle können sich für Parteien und Programme begeistern, die ein Ummodeln der bestehenden Gesellschaft versprechen, während Personen mit einem Status, der in sämtlichen Bestimmungsstücken auf einer Ebene liegt, weniger dafür zu haben sind.

Dieser Begriff erleuchtet nun tatsächlich die politische Landschaft der Vereinigten Staaten. Es ist aber fraglich, ob er viel zur Erkenntnis beisteuert, wenn man ihn in eine Gesellschaft hineinträgt, wo ein einziges Standesmerkmal allgemein ausreicht, um dem Inhaber einen schwankungsfreien Ort in der sozialen Hierarchie zu schaffen. Und dies hängt u. a. vom Anspruchsniveau einer Gesellschaft, dem Vorhandensein eines standesgemäßen Konsums und vor allem vom Ausbildungssystem ab.

Für die Soziologie spielt die Transferierbarkeit ihrer Begriffe, wie schon in der Einleitung gezeigt wurde, eine große Rolle. Manchen amerikanischen „Urbanisierungsspezialisten", Stadt- und Verstädterungssoziologen fiel erst nach dem Zweiten Weltkrieg auf, daß ihre Begriffe und Theorien fast ausschließlich für amerikanische Städte und Vororte Geltung hatten. Ein Zentralproblem, ja fast ein Leitmotiv der Forschung überhaupt, ist hierbei der Fragenkreis, der sich aus der Tatsache ergibt, daß es in den Vereinigten Staaten so ungemein wichtig ist, wer neben wem wohnt. Daher z. B. die verschiedenen Theorien über die allmählichen Veränderungen und Abfolgen, die Minderungen im Wert von Stadtteilen und Nachbarschaften. Derlei hat mit der Bauweise, der Finanzierung, der Lebensdauer von Gebäuden, dem Baumaterial, aber auch mit dem obligatorischen Ellbogenaneinanderreiben, dem Egalitarismus in der amerikanischen politischen Alltagsphilosophie zu tun. In Ländern aber, wo Mieter über eine ganze Skala sozialer und beruflicher Klassen hinweg 100 Jahre lang, Generation auf Generation vertikal übereinander in einem vielstöckigen Mietshaus wohnen können, ohne auf den Gedanken zu kommen, daß sie es ihrem Stand schuldig geworden sind, umzuziehen (was in europäischen Ländern durch den Mieterschutz, die Erbhofwohnung, den Wohnungsmangel obendrein oft schwer gewesen wäre), in solchen Ländern werden viele Vorstellungen der amerikanischen Stadtsoziologie sinnlos.

Hingegen haben sich die Soziologen praktisch aller Länder seit dem Anfang der fünfziger Jahre in zunehmendem Umfang mit einem geographisch ausgebreiteten Problemkreis befaßt, der zum erstenmal in konkreten politischen, pädagogischen, wirtschaftlichen, medizinischen und juristischen Zwangslagen verlangte, daß die sonst so unverbindlich geäußerten Begriffe und Theorien auf ihre lokale Anwendbarkeit, ihre Verantwortbarkeit, ihre Gegenstandsadäquatheit geprüft werden: die Entwicklungsländer. Jetzt merkten zahlreiche Fachsoziologen, wie schwer es ist, mit Begriffen wie Mittelklasse, Aufstiegsstreben, Stand, Status, Fortschrittlichkeit, Gemeinsinn, Gemeinschaft, Familiensinn in Gegenden zu forschen, deren Bewohner keineswegs zu solchen Kategorien passen, in solchen Begriffen denken, geschweige denn handeln.

Es ist nicht einmal nötig, gleich an Entwicklungsländerprobleme in Übersee zu denken. Wer beispielsweise für die Länder der Europäischen Wirtschaftsgemeinschaft eine mehr und mehr europäische Soziologie anstrebt, die vor allem bei manchen Harmonisierungsbestrebungen – etwa auf dem Gebiet der Sozialversicherung – eine Rolle spielen sollte, würden auf grundsätzlich ähnliche terminologische Probleme stoßen.

Natürlich sind ortsgebundene Fragestellungen und Begriffsbildungen in der heutigen Soziologie immer noch zulässig. Man braucht nicht einen unrealistischen Universalismus anzustreben. Das Begriffsgerüst muß offenbleiben, sowohl nach dem Allgemeinen als auch nach dem Besonderen hin.

Seit dem Ende des Zweiten Weltkrieges ist in der ganzen Welt das Fach, die Betrachtungsweise der Soziologie fast gleichbedeutend mit amerikanischer Soziologie geworden. Keine Wissenschaft hatte sich in der ersten Hälfte des 20. Jahrhunderts so einseitig, so ausschließlich in den USA entwickelt, in den Vordergrund des öffentlichen Interesses gebracht wie die Soziologie. Obgleich sie deshalb schon bald auch unter einem europäischen Antiamerikanismus oder in der Sowjetunion bis Anfang der 60er Jahre unter dem Verdacht einer „imperialistischen" Disziplin leiden mußte, dehnte sich der Einfluß der amerikanischen Soziologie, ihrer Begriffe, Theorien und vor allem ihrer Methoden und Verfahrensweisen während der letzten zehn Jahre über die ganze Welt aus. Die Soziologie der Gegenwart ist somit weithin ablesbar, verstehbar in ihrer typischsten Form, der amerikanischen Soziologie. Man darf allerdings nicht an ihrer Oberfläche stehenbleiben.

Für den uneingeweihten europäischen Betrachter könnte z. B. die Unzahl von jährlichen Neuerscheinungen auf dem Gebiet der Soziologie in den Vereinigten Staaten den Anschein einer bewundernswerten soziologischen Schöpferkraft erwekken. Tatsächlich bringen aber die meisten dieser Bücher den Problemstand und die Problembehandlung der Soziologie nicht ums Geringste voran. Ihr Vorhandensein beruht auf einem Umstand des amerikanischen Lehrbetriebs, der den wissenschaftlichen Fortschritt auf den meisten Gebieten, nach Ansicht verschiedener Beobachter, eher hindert als fördert.

Wieso es zu dieser Bücherflut ziemlich wertloser Ergüsse kommt, läßt sich durch ein Beispiel zeigen: man nehme an, es sei in der Bundesrepublik obligat für jeden, ehe er seine Schulbildung abschließen kann, einen Kochkurs mitgemacht zu haben. Jeder Schuler muß ein Kochbuch kaufen, aber seine Auswahl liegt beim jeweiligen Kochlehrer, nicht bei einer regionalen Unterrichtsbehörde, und dieser Kochlehrer kann das Buch nach Belieben von Semester zu Semester wechseln. Begreiflicherweise werden sehr viele Köche, unterschiedlicher Begabung, und sehr viele Verleger, mit unterschiedlichem Verantwortungsbewußtsein, versuchen, einen möglichst großen Teil dieses riesigen Marktes für Kochbücher zu erringen. Zumal die Beförderung zum Oberkoch meist von der Verfasserschaft eines Kochbuches abhängt. Da aber dem Geschmack und der Verdaulichkeit Grenzen gesetzt sind und das Wesentliche der Kochkunst seit vielen Jahren gleich geblieben ist, ändert sich am Inhalt der Kochbücher nicht viel. Und ihre Zahl sagt nichts aus über den kulinarischen Fortschritt in einem Lande. Und so verhält es sich mit der soziologischen Literatur in den USA. Die meisten Lehrbücher auf diesem Gebiet sind für die Geschichte der Disziplin völlig belanglos. Sie werden auch von den wissenschaftlichen Bibliotheken in Amerika nicht angeschafft.

Von Europa aus gesehen, sieht die amerikanische Soziologie ungefähr so aus: eine Unmenge von ziemlich ungebildeten und naseweisen Leuten, denen unkritisch von privaten und öffentlichen Stellen Geld gestiftet wird, befassen sich unter einem übergroßen Aufwand an elektronischen Geräten und statistischen Methoden mit einer Unzahl von Fragen, die meistens allzu intim oder allzu belanglos sind. Die Ergebnisse dieser Geschäftigkeit werden dann in einer für den Nichtsoziologen zunehmend unverständlichen, prätentiösen und unästhetischen Fachsprache mitgeteilt.

Bemerkenswert ist nun, daß genau diese Karikatur in den Vereinigten Staaten selbst gang und gäbe ist. Ein Zeichen dafür sind die häufigen Apologien empfindlicher Soziologen, die über das Unrecht und Mißverständnis klagen, das ihnen in fast allen Kulturzeitschriften und in den Publikationen für den allgemeinen Leser entgegengebracht wird.

Diese scharfe Kritik an der landeseigenen dominierenden Soziologie trifft in der Regel nicht die Schwesterdisziplinen, wie Kulturanthropologie, Ethnologie oder Politologie; höchstens, in geringerem Maße, einige Schulen der Ökonomie. Die Kritik kam seit etwa zwanzig Jahren nicht allein von geistvollen, hochgebildeten Autoren wie Jacques Barzun, Romanist und Dekan sämtlicher Fakultäten der Columbia University, sondern auch von akademischen Fachsoziologen wie C. Wright Mills (1916–1962); zwei Kritiken übrigens, die beide auf deutsch zugänglich sind. Man könnte Mills noch als Außenseiter abtun. Aber auch der im deutschen Hochschulleben bekannte Howard Becker (1899–1960), zur Zeit seines Todes Präsident der American Sociological Association, scheute sich nicht, vor dem leeren, selbstgefälligen Positivismus seines Faches zu warnen.

Die sarkastische Kritik an den Modekrankheiten der Soziologie, die der russisch-amerikanische Altmeister Pitirim A. Sorokin (1889–1968) im Jahr 1956 veröffentlichte, verhinderte nicht, daß 1963 von einem erheblichen Prozentsatz der Mitgliedschaft seine Nominierung für die Präsidentschaft der Soziologengesellschaft durch Petition erzwungen wurde. Und kurz danach wurde er auch in dieses Amt gewählt.

Man kann heute noch nicht endgültig das Gewicht, den Einfluß dieser Selbstkritik einschätzen. Es wäre auch schade, wenn sie zu weit ginge und zu erfolgreich wäre. Schließlich hat die amerikanische Soziologie zweifellos in den vergangenen zwanzig Jahren ein imposantes Instrumentarium bereitgestellt. An sich ist gegen elektronische Datenverarbeitungsmaschinen nichts einzuwenden. Max Weber sprach in seiner Rede „Wissenschaft als Beruf" (1919) davon, daß auch auf seine alten Tage ein Soziologe sich nicht zu schade sein dürfe, vielleicht zehntausend öde Rechenaufgaben auszuführen, um ein Körnchen Wahrheit festzunageln. Heute kann er das von der Technik besorgen lassen.

Zunächst müssen aber die verschiedenen Ebenen genannt werden, auf denen uns eine „amerikanische" Soziologie entgegentreten kann. Zwar ist eine Gesellschaftswissenschaft standortgebundener als eine Naturwissenschaft, aber in manchen Ländern ist dieser Standort mehrdimensionaler als in anderen.

1. Das Amerikanische an dieser Soziologie ist einmal durch die Methodenwahl, die Vorliebe für bestimmte Verfahren angedeutet. Das sog. Quantifizieren gilt immer als besser, selbst wenn eine Morphologie sozialer Gebilde, eine typologische Untersuchung für eine bestimmte Aufgabe ihre Vorzüge hätte.

2. Es gibt eine besondere Tradition amerikanischer Soziologie, aufgebaut aus landeseigenen Problemen, aus markanten Persönlichkeiten, Zeitschriftenherausgebern und Abteilungen an einigen Hochschulen.

3. Heute erscheint die amerikanische Soziologie (als *American Sociological Association*) aber auch außerdem als eine mit erheblichen Mitteln ausgestattete, profilierte Interessen- oder Druckgruppe, mit allgemeinen sozialpolitischen Ambitionen, die einen hauptamtlichen Fachsoziologen mit Stab in Washington etabliert hat, um die Belange der Fachgenossenschaft zu vertreten.

4. Die amerikanische Soziologie hat eine umfassende pädagogische Aufgabe übernommen. Jährlich müssen sich viele Millionen von Studenten mit einem ihrer zahlreichen auf die

USA zugeschnittenen Lehrbücher beschäftigen. Sie ist Gesellschafts- oder Gemeinschaftskunde im Rahmen der Allgemeinbildung und zieht gerade daraus die Mittel zu ihrer personellen und publizistischen Aufblähung. Obwohl sie in der Regel eine progressistische Geisteshaltung als obligatorisch für den Soziologen postuliert, versucht sie heute doch nicht – im Sinne des ursprünglichen Positivismus eines Comte –, einen Religionsersatz, eine Weltanschauung zu bieten, sondern höchstens einen kulturellen und sozialen Relativismus. Zu den gegenwärtigen Lehrbüchern in Massenauflage, die ernsthaft versuchen, eine solide, theoretisch konsequente, durchdachte und empirisch auf interdisziplinärer Ebene abgesicherte allgemeine Soziologie darzustellen und somit einen echten Beitrag zur Disziplin zu leisten, gehören wohl an erster Stelle die Werke von Arnold W. Green und Robert Bierstedt.

Um die von und für eine Gesellschaft hervorgebrachte Soziologie zu verstehen, um ihre Stärken und Schwächen zu sehen, müssen wir die zentralen sozialen Probleme dieser Gesellschaft in Erinnerung rufen: Koexistenz zahlreicher Minderheiten, Land- und später Stadtflucht, sozial überhomogene Satellitenwohngemeinden, Antiintellektualismus, chronische Notstandsgebiete, unübersichtliche illegitime Machtpositionen auf allen Stufen der politischen Struktur.

Die Probleme der Minderheiten

Vor einigen Jahren hieß es noch, in leichter Übertreibung, die amerikanische Soziologie sei eigentlich nur die Soziologie des Studenten, da dieser als Versuchsperson und Informationsquelle dominierte. Das ist heute, dank der sprunghaft angewachsenen Forschungsgelder, nicht mehr so. Aber man könnte die Kritik dahin erweitern, daß sie mehr und mehr die Soziologie der lokalen Minderheiten und Minderheitenprobleme geworden ist. Bis zu einem gewissen Grade kommt man hier einem gesellschaftlichen Anspruch entgegen. Es ist nun einmal *die* soziale Frage der USA, obschon sie vom mexikanischen Saisonarbeiter bis zur etablierten Negerelite reichte.

Ohne Zweifel haben die Vereinigten Staaten ein Minoritätenproblem, das sich der Soziologie aufdrängt, von ihr aber auch seit Jahrzehnten offen forciert worden ist. Aus begreiflichen Gründen rekrutiert das Fach aber auch eine disproportionale Zahl seiner Jünger, gerade der aktivsten, aus den Minderheiten. Viele schreiben ihre Diplom- und Doktorarbeit über die partikularen Schwierigkeiten ihrer oder einer ähnlichen Minderheit und bleiben dann oft dieser Thematik für den Rest ihrer Karriere verhaftet. Wissenssoziologisch hat das, wie allgemein zugegeben wird, die Folge einer Verzerrung und Überschätzung der Probleme. Man stelle sich vergleichsweise vor, aus irgendeinem Grunde hätten nach dem Zweiten Weltkrieg die Flüchtlinge in Westdeutschland die meisten Soziologen und Sozialpsychologen gestellt und die anfänglichen Eingliederungs- und Unterbringungsschwierigkeiten zum zentralen Problem der neubelebten Disziplin erklärt. Es hätte dann wohl hauptsächlich eine vorzügliche, aber von der übrigen sozialen Wirklichkeit isolierte Flüchtlingseingliederungssoziologie bei uns gegeben, die voller Ressentiment auf alle Alteingesessenen blickte.

Dem oben erwähnten Umstand verdankt man auch die für Amerika so bezeichnende Attitüdenmesserei in der Soziologie. Hier herrscht Positivismus und Szientismus am meisten. Auf dem Gebiete der sog. Messung von Änderungen in Haltungen, Gesinnungen, Einstellungen bzw. Attitüden hat man mathematisch gewiß Fortschritte gemacht. Es geht hierbei um die Verfeinerung einer Spezialwissenschaft, mit der u. a. festgestellt werden soll, wo und wie weit und mit welchen sozialpolitischen oder legislativen Maßnahmen ein Fortschritt in Richtung auf die ersehnte vorurteilslose Gesellschaft erzielt worden ist.

Mit ausgeklügelten Verfahren werden beispielsweise die Einstellungen von Studenten, von Mietern in Wohnkasernen gegenüber tatsächlichen und fiktiven Minderheiten zu Beginn einer Vorlesung oder Mietperiode gemessen. Nach einer Weile – am Ende der Vorlesungsreihe, nach Monaten des Zusammenwohnens mit Farbigen – mißt man wieder und stellt mit Befriedigung fest, daß der Prozentsatz der „Vorurteilslosen", also jener, die auf soziale Distanz keinen Wert legen, gestiegen ist. Am Rande sei vermerkt, daß diese Spezial-Wissenschaft aber völlig unfähig war, die ab 1954 in den Vereinigten Staaten tatsächlich beobachtbare schwere Aggravation der Rassenkoexistenz vorherzusagen. Man könnte sich mit einem solchen Versagen leichter abfinden, wenn nicht gerade dieser Teil der Soziologie so großen Wert auf Vorhersage legen würde.

Es gibt selbstverständlich zahlreiche Einzelstudien über das Problem der Ausschließung von Minderheiten, die, hätte man sie einmal ohne Rücksicht auf die Utopie der vorurteilslosen Gesellschaft zusammengefaßt, eine wirklichkeitsgetreuere Diagnose und Prognose ermöglicht hätten. Im Gegensatz zu früheren Annahmen hat sich neuerdings etwa gezeigt, daß Spannungen und Abneigungen zwischen Gruppen nicht ohne weiteres nur einem Mangel an Gedankenaustausch und zu seltener alltäglicher Berührung zu verdanken sind. Vereinzelt ist auch gesehen und belegt worden, daß gerade innerhalb der diskriminierten Minorität starke soziale Kontrollen wirksam sind, die den Fähigeren und an sich von der Majorität weniger zurückgestoßenen Mitgliedern den beruflichen und sozialen Aufstieg aus Neid, oft mit erstaunlichem Erfolg, zu vereiteln suchen. Erstaunlich ist immer wieder, wie sehr die inneramerikanische Beschäftigung mit der Soziologie der Minderheiten, d. h. also, wie man sagt, mit „zwischen den Gruppen auftretenden Problemen“, die entsprechenden Erscheinungen in der übrigen Welt ignoriert oder bagatellisiert. Ob es sich nun um Sprachenstreitigkeiten in Belgien, auf Ceylon oder in Nordindien handelt, um Minderheitenprobleme in Norditalien, Indonesien oder auf den Philippinen, in Indien oder Südamerika, ganz abgesehen von der Geschichte dieser Beziehungen; überall fällt eines auf: die zur Agitation, zu Politisierung des Konflikts benutzten Wünsche und Motive der Minorität zielen auf genau das Entgegengesetzte wie in den USA ab. Lokalautonomie, gesonderte gesellschaftliche Einrichtungen, Separatismus – nie aber die An- und Einschmelzung.

Man sieht also, wie das staatsbürgerliche Problem der USA, die Assimilierung zahlreicher Einwanderer aus den verschiedensten Völkern, das Problemsehen und -erfassen in der Soziologie bestimmt hat: der typische amerikanische Soziologe kann – im Ablauf der Zeit – Minderheitenprobleme überhaupt nur im Sinne einer stetigen Annäherung und wechselweisen Integration begreifen. Im Laufe der Jahrzehnte ist es ihm auch gelungen, die Elite einiger Minderheiten davon zu überzeugen. Wir sehen also, wie spezifisch amerikanische Umstände über und für die Soziologie ein Aufgabengebiet erzeugt haben, dessen Erforschung nicht ohne weiteres für den Rest der Welt brauchbare Verallgemeinerungen abwirft.

Der in dieser Soziologie immanente Erlösungsglauben und Missionseifer verführt auch gerne zu dichotomischen Begriffsbildungen. Man teilt die Bevölkerung in weiße und schwarze Schafe ein, und der Sozialwissenschaftler betrachtet es als seine vornehmlichste Aufgabe, die Zahl der weißen zu vermehren. Allgemeiner gesagt: sowohl in den Theorien als auch in den davon gewonnenen Forschungshypothesen der amerikanischen Soziologie findet man eine Vorliebe für Dichotomien, die oft länger beibehalten werden, als die tatsächlichen Entwicklungen und Zustände es rechtfertigen.

Auch die von F. Tönnies 1887 publizierte Dichotomie von Gemeinschaft und Gesellschaft erfreute sich bis zur Gegenwart – nicht zuletzt in der Soziologie der Landbevölkerung ein besonders gepflegter Zweig – großen Ansehens, obwohl gerade in den USA der soziale und technische Wandel der beiden letzten Jahrzehnte eher Voraussetzungen für eine Umkehrung geschaffen hat: der heutige Stadt- und Vorstadtbewohner, z.B. dank seines Kraftfahrzeugs, ist wieder mehr in gemeinschaftliche Wechselbeziehungen verflochten als mancher einsame Landbewohner.

Es entspricht der amerikanischen Mentalität, die Menschen in zwei Kategorien einzuteilen, wovon die eine zu den irgendwie Auserwählten zählt. Der amerikanische Soziologe wirft diese Tendenz seinen ungebildeten Mitbürgern zwar gerne vor, baut sich dafür sogar imposante Theorien, merkt aber selten, daß die erfolgreicheren Bücher seines Faches oft auf nicht minder groben Gabelungen der sozialen Wirklichkeit beruhen.

1950 erschienen gleichzeitig zwei Werke, beide Ergebnis von Kollektivautorschaft, die sicher zu den bekanntesten Büchern der amerikanischen Soziologie bzw. Sozialpsychologie, gehören: das Buch von David Riesman über die Einsame Masse und das von Theodor W. Adorno mit anderen herausgegebene umfangreiche Werk über die „Autoritäre Persönlichkeit“. Beide Publikationen, vor allem aber das letztere, provozierten eine ungeheure Sekundärliteratur, beide standen aber auf einer äußerst schwachen und anfechtbaren erfahrungswissenschaftlichen Basis. Beide sind mittlerweile in Kontrolluntersuchungen, die sich ihnen ausschließlich und an sich wohlgesinnt widmeten, ihres empirischen und theoretischen Nimbus entkleidet worden. In beiden Büchern handelt es sich im wesentlichen um eine Zweiteilung der Befragten in solche, mit denen sich die Autoren identifizieren, und solche, die sie entweder bemitleiden oder verurteilen.

Bei der „Autoritären Persönlichkeit" (deren fragwürdige Annahmen übrigens schon früh von Leopold v. Wiese erkannt und in der „Kölner Zeitschrift für Soziologie" kritisiert worden waren) handelt es sich um die an einem kalifornischen Studentenmaterial abgelesene These, wonach es in der amerikanischen Gesellschaft präfaschistische, sog. autoritäre Charaktertypen und im Gegensatz dazu egalitär-demokratische gäbe, wobei man ursprünglich, wie sich inzwischen aber empirisch erwiesen hat, unhaltbarerweise, annahm, daß – außerhalb des tiefen Südens – die gute, d.h. die egalitär-demokratische Persönlichkeit im wesentlichen bei der Demokratischen Partei gefunden wird, die faschistische aber bei den Republikanern. Die Unterschiede sollen sich bis ins wahrnehmungspsychologische Verhalten hinein zeigen. John Madge in einer ungemein lesenswerten Darstellung der wesentlichen empirischen Forschungsprojekte in der Soziologie der letzten Jahrzehnte (The Origins of Scientific Sociology, 1962) widmet ein recht kritisches, zum Teil auch anerkennendes Kapitel der „Autoritären Persönlichkeit" (Kapitel 11: „The Human Roots of Fascism"). Vom Standpunkt der heutigen wissenschaftlichen Soziologie wirft er den Verfassern aber vor, daß sie ziemlich genau gewußt hätten, was sie bei ihren Versuchspersonen finden wollten, lange ehe sie das erste Interview ausführten.

Bis etwa 1965 begegnete der Amerikaner dem Wissen und der Wissenschaft selten mit der europäischen Skepsis. Die Soziologen in den Vereinigten Staaten, seien sie nun seit vielen Generationen schon im Land oder erst vor dreißig Jahren eingewandert, standen in einer Routine der wissenschaftlichen Kleinarbeit. Amerika verdankte die geschlossene Entwicklung seines sozial-wissenschaftlichen Bewußtseins dem Umstand, daß hier bis zur Mitte der sechziger Jahre kaum, wie in Europa seit rund hundert Jahren, ideologische Verdachtsmomente gegen die Aufrichtigkeit des Wissenschaftlers und seine Zweckdienlichkeit innerhalb der menschlichen Gesellschaft geäußert worden waren. Ungeachtet eines gewissen Antiintellektualismus im Volk, herrschte bis in die 2. Hälfte unseres Jahrhunderts hinein eine starke wissenschaftliche Zuversicht. Gerade für die

Soziologie war dies wichtig. Man glaubte, mit ihrer Hilfe die menschlichen Beziehungen bessern zu können, und förderte deshalb die Sozialwissenschaften. In den Vereinigten Staaten war ferner die Intelligenzschicht in der Regel fähig, sich guten Mutes auf die eigenen Wurzeln und die eigene Mission zu besinnen. Die letztere fällt allerdings weithin mit einem oft sehr unbedenklich vertretenen Fortschrittsglauben zusammen. Eine Ausnahme machte hier unter den bekannten Soziologen in Amerika wohl vor allem Pitirim Sorokin (1889–1968; seit 1923 in den Vereinigten Staaten). Seine, wie man es nannte, Misanthropie, seine – Pareto gleichende – schlechte Meinung vom Politiker und seine großangelegte Kritik am Fortschrittsgedanken machen ihn in der „modernen Demokratie unpopulär". Recht wesentlich für das „gute Gewissen" des amerikanischen Wissenschaftlers dürfte im Gegensatz dazu die große Bedeutung gewesen sein, die man der Wissenschaft als Instrument zur Kontrolle, zur Regulierung des gesamten Lebens zumaß. Die ständig wachsende Rationalisierung des Lebens, getragen von den jeweils jüngsten Erkenntnissen der theoretischen und angewandten Wissenschaften, wurde bis vor kurzem in den Vereinigten Staaten mit einem ausgeprägten Optimismus immer bewußter angestrebt.

Die seit jeher in Amerika besonders auffallende Furcht, den sozialen Normen nicht gerecht zu werden, kann auch in fragwürdige Fehlorientierung führen. Diese Gefahr hob eine sozialpsychologisch-soziologische Studie hervor: David Riesman, The Lonely Crowd, A Study in the Changing of American Character, Yale University Press 1950, stellte dem früheren nach innen orientierten („inner-directed") Menschen den heutigen am andern („other-directed") orientierten Menschen gegenüber. Und wieder ist es bezeichnend für die sozialwissenschaftliche Zuversicht, daß auch dieser fremdorientierte Mensch, gerade dank eines wissenschaftlich aufgeklärten Sozialmilieus, Chancen haben soll, seine Selbständigkeit, wenn auch abgewandelt, zurückzugewinnen. Allerdings machte sich Riesman über die vermutliche Ferne dieser Metamorphose kaum Illusionen.

Dieter Oberndörfers Studie „Von der Einsamkeit des Menschen in der modernen amerikanischen Gesellschaft" (1961) führte manche der Riesmanschen Thesen weiter. Sie fußt auf selbstgewonnenen Beobachtungen in den USA sowie auf einer oft erfreulich selbständigen Auswertung der amerikanischen Standardliteratur zum Problemkreis, der im Titel des Buches mit dem Modewort angezeigt ist.

Gesellschaftliche Voraussetzungen für die amerikanische Denkweise

Der holländische Kulturhistoriker J. Huizinga berichtete schon Ende der zwanziger Jahre in einem Essay über den amerikanischen Geist, wie auffallend im Gespräch mit amerikanischen Intellektuellen gewisse Worte, Parolen des Denkens, stets wiederkehren, „die eine bestimmte geistige Zielspannung verraten". Es sind Worte wie „outlook", „approach", „a new approach". Sie tauchen vor allem in sozialwissenschaftlichen Ausführungen ungemein häufig auf. Diese Worte spiegeln nach Huizinga „eine gewisse Haltung des Denkers: er hält Ausblick, er rekognosziert, er schleicht sich heran, kurz, er ist ein Jäger". Es ist eindrucksvoll, zu sehen, wie deutlich Huizinga die funktionelle Bedeutung des Begriffes „approach" im amerikanischen wissenschaftlichen Leben bereits vor 40 Jahren beobachtet hat. Es ist eine typisch amerikanische Einstellung zu jedem Problem überhaupt; eine gewisse unverbindliche, alles noch offenlassende, stark interessierte Haltung gegenüber einer neuen Frage, die uns die Dinge stellen. – Huizinga glaubt ferner, das Wort „problem" werde in den Vereinigten Staaten durchfühlter und echter gebracht als in Europa. „The outstandig problems of today" (deren sich so viele amerikanische Soziologen annehmen) seien keine hohle Phrase. Auch der vielgeschmähte „Behaviorismus", jene Lehre der Sozialpsychologen, die sich nur mit dem äußerlichen Verhalten von Tier und Mensch befaßt, dürfte lediglich eine Übersteigerung dessen sein, was an Gewicht und echter Erkenntnis hinter dem Wort behavior tatsächlich steckt. Das „behavior" kann reguliert werden. Es ist der Kontrollpunkt für anständiges Betragen in der Gesellschaft, für „orderly conduct"; auch dies ist ein wesentlicher Begriff der amerikanischen Sozialpsychologie. Huizinga erkannte bereits, daß sich in den Vereinigten Staaten sämtliche Wissenschaften zu einem Bund mit gemeinsamer Strategie zusammengeschlossen hätten. Symptome hierfür sind Wendungen wie: „intelligent control of human behavior", „intelligent control of the social process". Man sieht, wie die Soziologie bei dieser Strategie die leitende Position erstrebt. Huizinga hat auch richtig bemerkt, daß dieselben Kräfte, welche die Mechanisierung der Kultur verursachen – der technisch unendlich erleichterte Gedankenaustausch, die alles ordnende Organisation, Mikrofilmverfahren, hochrationalisierte Klassifikations- und Registratursysteme für alles Gedruckte, Anwendungen der statistischen Methode, Fragebogenverfahren, Lochkartenmethode, Test- und Punktsystem –, doch in Amerika einen Zusammenhang des wissenschaftlichen Denkens und, noch viel wichtiger, des sozialen Willens geschaffen haben, wie ihn Europa in diesem Maß nicht kennt. Dieser soziale Wille schuf sich die genuine Wissenschaft, die Soziologie, als sein Instrument. „Die amerikanischen Männer und Frauen der Wissenschaft arbeiten als Kameraden gemeinsam an einer Anzahl gutgestellter, zentraler Fragen ..., ihre Gleichgesinntheit, ‚like mindedness' (Ausdruck von J. Dewey), ist ein Korrelat ihrer kulturellen Demokratie." Huizinga berührte damit die in der soziologischen Arbeit Amerikas sehr wichtige Tatsache, daß oft die Probleme von anderen gestellt und von wieder anderen bearbeitet werden.

Man darf die wissenssoziologische Bedeutung, die Brauchbarkeit einer ordentlichen und in sich zufriedenen Gemeinschaftsbasis für die wissenschaftliche Arbeit nicht unterschätzen. Die ausgesprochen moderne Weise der wissenschaftlichen Team-Arbeit erwuchs im 19. Jahrhundert aus der Praxis der naturwissenschaftlichen und industriellen Laboratorien. Vor allem die großen medizinischen und biologischen Erkenntnisse um die Jahrhundertwende sind bereits Resultate einer wohlorganisierten, wenn auch meist persönlich-kongenialen Gruppenarbeit gewesen. Von der Naturwissenschaft und Medizin ging die Methode der Team-Arbeit hinüber auch zu den sogenannten Geisteswissenschaften. Anthropologie, Psychologie, Soziologie, allgemeine Sprachwissenschaft, aber auch umfangreiche historiographische Arbeiten werden immer mehr auf viele Köpfe zugleich verteilt. Das wissenschaftliche Standardwerk soll nicht der hochindividuelle und in manchem vielleicht einseitige Ausdruck des einzelnen sein, sondern soll gleichsam die Billigung und redaktionelle Bearbeitung eines Miniaturparlaments von Gelehrten erfahren. Nach M. Lee entstand die Vorliebe für gruppenmäßige Beschäftigung mit soziologischen Problemen in den zwanziger Jahren aus der Arbeit von Soziologen wie Giddings, R. E. Park, E. W. Burgess, Louis Wirth und Paul F. Lazarsfeld.

Im ganzen gesehen, kann man – wie Lee um 1950 bemerkt – in der amerikanischen Soziologie zwischen den Anhängern der „Forschung am Fließband“ und den „einsamen Wölfen“ unterscheiden. Haupteinwände gegen den Einzelgänger sind seine unterstellte impressionistische Methode, Intuition (verstehende Methode) oder gar die Behauptung, ein grilliger Außenseiter könne die auf Konformität abgestellte amerikanische Gesellschaft nicht angemessen begreifen. Ist diese letzte Vermutung auch abwegig, so steht dahinter doch das Wissen um eine amerikanische Gesellschaft als primäres und in einigen Aspekten eben doch schon sehr homogenes Laboratorium des Soziologen, das von vornherein andere Probleme stellt, als sie etwa der europäische Forscher zu finden gewohnt war und ist.

Für die Sonderform des sozialwissenschaftlichen Bewußtseins dürfte auch die verhältnismäßige Jugendlichkeit des amerikanischen Selbstbewußtseins verantwortlich sein. Selbstverständlich war der breite Unterstrom des amerikanischen Nationalselbstbewußtseins seit den Kolonialtagen vorhanden. Aber dieses Selbstbewußtsein hat sich in Amerika, umgekehrt wie in Europa, von unten nach oben verlagert. Es stieg vom Erfahrungsbereich des Farmers und Grenzers auf zu einem typischen amerikanischen Bildungs- und Wissenschaftsziel. Viele Fachausdrücke der amerikanischen Sprache mit all ihrer praktischen Resolutheit und Realistik stammen aus der Umgangssprache jener alten Pioniere. Maßgebend für diese Aufwärtsentwicklung und den Optimismus des amerikanischen Bildungsideales waren so einflußreiche Gestalten wie Benjamin Franklin, Ralph Waldo Emerson, William James und John Dewey. Diese „genealogische Reihe“ der amerikanischen Kulturphilosophie hat Eduard Baumgarten in seinem zweibändigen Werk über den amerikanischen Pragmatismus sehr gut dargestellt.

Nicht vergessen darf man angesichts der Problemstellungen in der amerikanischen Soziologie auch die andersartige Einstellung des Amerikaners zur Technik. Nur mit ihrer Hilfe konnte und kann er seinen ungeheuren Kontinent meistern, nur mit ihrer Hilfe konnte sich das 200-Millionen-Volk zu einer sozialen Einheit großen Selbstbewußtseins integrieren. Die Technik ist in den Vereinigten Staaten viel notwendiger und selbstverständlicher sowohl in den landschaftlichen als auch in den sozialen Raum eingebaut. In Amerika mußte die Soziologie sehr früh die geschichtsphilosophische Metaphysik verlassen und sich einer Unzahl sehr genau bestimmbarer Probleme der sozialen Wiederanpassung in der technisierten Welt annehmen.

Der „übersozialisierte" Mensch

Karl Mannheim wies schon vor vierzig Jahren darauf hin, wie sich der Schwerpunkt der soziologischen Problematik in Europa und Amerika völlig verschieden herausbildete. In Europa konzentrierte sich die Soziologie auf das Problem der starken Klassenspannungen. In Amerika, wo die wirtschaftliche Sphäre nicht so eingeengt war, interessierten die Probleme der „Sozialtechnik" und Organisation viel mehr als Klassenkämpfe und die ihnen zugeordneten Ideologien. (Die Fixierung auf „Klassen" im Sinne von Marx wurde in der amerikanischen Soziologie erst wieder bei der jüngsten Generation ihrer Jünger, seit den sechziger Jahren, Mode). Die europäische Soziologie versuchte stets eine wissenschaftliche Diagnose der gegenwärtigen Epoche. In der europäischen Formulierung soziologischer Probleme klingt stets die besorgte Frage nach der Zukunft mit; immer strebte der europäische Soziologe deshalb eine „Totalperspektive" zu gewinnen. Anders in Amerika. Hier bedeutete soziologische Arbeit die Lösung unmittelbarer technischer Probleme des alltäglichen gesellschaftlichen Lebens. Der Soziologe fragt hier: Wie kann ich dieses konkrete Einzelproblem anpacken? Das Gestern und Morgen kümmerte verhältnismäßig wenige. Das Ganze, der „Totalprozeß" der Gesellschaft, wird schon von selber die richtige Bahn finden, tröstete sich der amerikanische Optimismus nicht selten. Der amerikanische Soziologe bis etwa 1960 litt nicht am Erbe Hegelscher Philosophie, die in Europa von den Diagnostikern der sozialen Sphäre so unerbittlich einen deutlichen Standort auf der Grenzscheide zwischen Vergangenheit und Zukunft forderte.

Die Abwesenheit einer geschichtsphilosophischen Dimension in der amerikanischen Soziologie verhinderte bzw. verminderte lange Zeit das antitechnische Pathos, das erst Ende der sechziger Jahre im Zusammenhang mit der neuen Umweltbesorgtheit (die neue soziale Bewegung von „ecology" und

„conservationism“) in Amerika erscheint. Manche Europäer mögen sich bei ihren vergleichsweise winzigen geographischen Lebensbereichen in den möglichen Verzicht auf die technische Welt hineinträumen. Der Amerikaner konnte das kaum und hatte deshalb eine viel natürlichere Aufmerksamkeit für alles, was die Technik erfordert und gebiert. Sie bringt neue Probleme. Die Soziologie soll sie lösen – hier und jetzt.

Vielleicht am klarsten ausgedrückt wird das amerikanische Kulturideal in einem Satze John Deweys. Er schreibt: „Die kluge Anerkennung der Kontinuität von Natur, Mensch und Gesellschaft allein wird eine Entfaltung der [als soziale Funktion verstandenen] Sittlichkeit sichern. Diese wird ernst, aber nicht fanatisch sein. Sie wird ohne Sentimentalität sein, zugeschnitten auf die Wirklichkeit, aber ohne Konventionalität. Sie wird wirklichkeitsvertraut sein, ohne die Form der Profitrechnung anzunehmen. Sie wird idealistisch, jedoch nicht romantisch sein.“

Kontinuität heißt bei Dewey soviel wie Gesellung und Wechselwirkung. Wie geradezu notwendig die amerikanische Soziologie aus dem harten Gleichheitsbegriff der angelsächsischen Demokratie erwächst, zeigt sich in folgenden Worten Deweys: „Demokratie hat es nicht mit Mißgeburten und Genies zu tun, auch nicht mit göttlichen Führergestalten, sondern mit assoziierten Individuen, von denen ein jedes dank des Verkehrs mit anderen irgendwie das Leben eines jeden deutlicher abhebbar macht.“

Die Stärke und Schwäche der amerikanischen Soziologie liegt also in der Annahme begründet, daß der überdurchschnittliche Mensch eine Ausnahme ist, die man bei sozialwissenschaftlichen Betrachtungen fast unbeachtet lassen kann. Die Entstehung der soziologischen Wissenschaft aus dem Gleichheitsideal der amerikanischen und der von dieser ideologisch beeinflußten großen Französischen Revolution ist unverkennbar. Dieser Motivzug findet im 20. Jahrhundert bei Dewey seinen deutlichen und bewußten Ausdruck.

In den dreißiger Jahren unseres Jahrhunderts kamen erhebliche Teile der europäischen, insbesondere deutschen Soziologie, teils über die Emigrantenprofessoren, teils über die Publikationen jüngerer amerikanischer Soziologen, die in Deutschland in den zwanziger Jahren studierten (Talcott Parsons, Howard Becker), nach Amerika. Vor allem Parsons machte sich in dieser Beziehung durch die Einführung Max Webers verdient. Aber zunächst herrschte als Grundhaltung in der amerikanischen Soziologie doch eine für europäische Begriffe flache egalitäre Konzeption der sozialen Welt. Deweys Ethik ist z.B. ausgesprochen „statistisch“ orientiert. Man wird die Handlungen und Motive eines Menschen nicht nach einmaligen Handlungen beurteilen, sondern auch den typischen Folgen, „die sich an die allgemeine Tendenz mehrerer Handlungen“ anschließen. Weil also selbst im sittlichen Verhalten des Menschen für die amerikanische Auffassung nicht der Einzelfall ausschlaggebend ist, sondern der statistische Mittelwert, erklärt sich vielleicht der Optimismus in die sozialtechnische Möglichkeit, das Gemeinschaftsleben infolge genauer Kenntnis der soziologischen Vorgänge zu regulieren und zu verbessern.

Unter dem Einfluß von Emile Durkheim, E. R. Ross, aber auch von John Dewey, vereint mit den kollektivistischen Tendenzen und Hoffnungen der letzten 40 Jahre, hatte sich in der amerikanischen Soziologie eine unkritische Überschätzung des Sozialen im einzelnen Menschen entwickelt. Man sprach ab 1960 kritisch von der „übersozialisierten Konzeption des Menschen“. Es handelt sich dabei um einen recht antiquierten Determinismus, dessen zentrale Begriffe „soziale Kontrolle“ und „Sozialisierung“ sind. Die letztere meint natürlich nicht Nationalisierung, Überführung ins Gemeineigentum, sondern im engsten Sinne die ontogenetische Menschwerdung des Kindes und Jugendlichen, die die Rollen des Erwachsenenlebens lernen müssen. Um was es sich dabei im Grunde handelt, hat man in der deutschen Entwicklungspsychologie des Kindes und Jugendlichen schon vor langer Zeit begrifflich erfaßt. Das Thema, die Problemstellung wird aber in der gegenwärtigen amerikanischen Soziologie in einer Breite und mit einem Entdeckungseifer betrieben, der weit über das hinausgeht, was sich in der Prägung des Kindes etwa dank des sozialen Wandels an neuen Problemen gestellt hat. Eine nicht mehr überschaubare Literatur ist hier entstanden, die den verschiedenen sozialen Vorurteilen nachspürt, die man unbewußt im Reifungsprozeß aufnimmt. Das geschieht in der Absicht, Einsichten und Hebel zu gewinnen, mit denen dann einmal der ideale vorurteilslose Mensch produziert werden soll.

Daß der Sozialisationsbegriff mit anpassungsmechanistischen Vorstellungen von seiten der Soziologie überlastet worden ist, betonte z. B. Gerhard Wurzbacher in dem diesem Problemgebiet gewidmeten Sammelwerk „Der Mensch als soziales und personales Wesen, Beiträge zu Begriff und Theorie der Sozialisation" (1963): „Es werden hier Vorstellungen eines Anpassungszwanges der Heranwachsenden an die an Erfahrung und gesellschaftlicher Macht absolut überlegene Erwachsenengeneration und des abhängigen Individuums an die übermächtige Gesellschaft in dem Sinne erzeugt, daß die Gesellschaft sich ihre Mitglieder nach ihren Zielen und Normen formt." Das seit den westlichen Studentenunruhen, etwa seit 1967, in Europa wie in Nordamerika beobachtbare Sich-Aufbäumen gegen die Rollenerwartungen der Gesellschaft, gegen Rollenzwänge (das z. B. Hans Peter Dreitzel als „Leiden an der Gesellschaft" beschrieben hat) zeigt deutlich die Verquickung und die Wechselwirkungen zwischen Soziologie und sozialer Wirklichkeit. Bis in die frühen sechziger Jahre hinein, durchaus zum Unbehagen europäischer individualistischer Beobachter, schwelgte die amerikanische Soziologie und Sozialpsychologie geradezu im Ethos und Pathos der sich selbst gegebenen Aufgabe: den Heranwachsenden von der Aussichtslosigkeit zu überzeugen, sich gegen die Normen, die Rollenerwartungen seiner Gesellschaft zu stemmen. Anpassung, adjustment, war oberster Wert, war Pflicht. Dies hing u. a. damit zusammen, daß die amerikanischen Soziologen sich als immer mächtigere und wichtigere Sozialingenieure, social engineers, betrachteten, die mit einer so überzeugten jungen Generation die ideale Gesellschaft bauen würden. Mit dem anarchistischen Individualismus der späten sechziger Jahre, der Rauschgiftgeneration, den Jüngern der „Gegenkultur" (contra culture), dem Lebensstil des „doing your own thing" gingen diese Hoffnungen der Sozialingenieure, darunter die ältere Elite der amerikanischen Sozialwissenschaftler, in die Brüche.

Die Sozialisierungstheorien überschneiden sich natürlich oft mit den Vorstellungen der Psychoanalyse, obgleich diese in der Regel vom Zwang der Gesellschaft ja befreien möchte.

Für die Soziologie im engeren, fachwissenschaftlichen Sinne hingegen ist in den letzten Jahren der Einfluß, die Bedeutung der Psychoanalyse eher zurückgegangen. (Der einzige in Amerika geborene legitime Psychoanalytiker der um die Mitte des Jahrhunderts wirkenden Generation, der zugleich genial Ansätze für eine soziologische Tiefenpsychologie sah und bereitstellte, war Harry Stack Sullivan [1892–1949]. Sein vorzeitiger Tod unterbrach diese Entwicklung). Gewiß, sie spielt für manche Kulturanthropologen, Ethnologen und Soziologen eine Rolle, die sich mit dem Problemdreieck Persönlichkeit – Kultur – Gesellschaft befassen – also gerade der Schule Talcott Parsons –, aber – und hier wirkt sich der Methodenpurismus der amerikanischen Soziologie heilsam aus – die große Schwierigkeit, die Unmöglichkeit, psychoanalytische Begriffe für quantitative Verhaltensforschung zu standardisieren, hatte schon früh eine Abkühlung gegenüber dieser Richtung bewirkt. Das ist um so bemerkenswerter, als manche Grundannahmen der groben Psychoanalyse (die Gesellschaft ist an allem menschlichen Versagen und Scheitern schuld, nicht der einzelne) der amerikanischen Soziologie noch durchaus kongenial sind, zumindest einem Teilgebiet, nämlich der Kriminologie, die in den USA in der Regel nicht im Rahmen der Jurisprudenz gepflegt wird. Hier hat sich der psychoanalytische Einfluß noch behauptet. Allerdings ist trotz einer Überfülle von Arbeiten und Daten die amerikanische Lehre vom Verbrechen recht dürftig geblieben und hat wenige brauchbare Theorien anzubieten. Vor einigen Jahren ließ z. B. ein Kongreßausschuß, der sich mit der Jugendkriminalität befaßte, eine Reihe von Experten aufmarschieren, um mit ihnen am Ende in einer Schrift die resignierte Feststellung zu treffen: es gibt keine befriedigende Theorie, die das erklärt, was uns mit Sorge erfüllt.

Jedes amerikanische Lehrbuch der Kriminologie bietet verschiedene Theorien an: differentielle Assoziation, d. h. falsche Gefährten, Vorbildmangel oder falsche Vorbilder, elterliche Spannungsverhältnisse, zuviel oder zuwenig Geld als Jugendlicher, zu weiche und zu harte Eltern, mangelhafte Sozialisierung usw. Aber angesichts der Zahl der Verbrecher, der Kriminalsoziologen und der verfügbaren Forschungsgelder ist das Wissen in Amerika über das Wesen des Verbrechens unbefriedigend geblieben. Das hängt nicht zuletzt mit dem ungelösten Problem der Kausalanalyse in der Soziologie zusammen. Dies erkannte schon vor dreißig Jahren der Soziologe Robert Morison MacIver.

MacIver stellte den Mangel an Kausalanalysen in der amerikanischen Soziologie in seinem Werk Social Causation (1942) fest. Nach einer philosophischen Auseinandersetzung mit dem Kausalbegriff und der Betrachtung von Kausalanalysen in anderen Wissenschaften suchte MacIver die Grenzen der sozialwissenschaftlichen Kausalforschung aufzuzeigen. Der allgemeine Eindruck, der sich auch aus dem in diesem Werk vorgeführten Material amerikanischer Spezialforschung ergibt, ist der, daß zwar eine überwältigende Menge von Tatsachenfeststellungen erarbeitet wurde, jedoch die eigentlich wesentliche Ursachenforschung nachhinkte. So zeigte MacIver zum Beispiel, wie man sehr genau die Region der höchsten Kriminalität in Großstädten feststellte, aber nur vage Andeutungen zu machen pflegt, weshalb gerade in dieser einen bestimmten Region der höchste Prozentsatz von Verbrechen bzw. von Verbrechern auftritt. Nach ihm kann man die Probleme vielleicht so zusammenfassen:

Das Hauptproblem einer erfolgreichen und belangvollen Sozialwissenschaft, und das heißt hier Soziologie, liegt darin, in einem konstruktiven geistigen Akt ein Maximum bekannter Tatsachen in die kausalanalytisch am meisten aufschlußreiche Beziehung zu setzen. Dabei bleibt es sehr schwer und stets nur annähernd möglich, die qualitativen und quantitativen Kausalfaktoren eines soziologischen Vorganges festzustellen.

MacIver erklärte zur kausalen Rekonstruktion: „Was wir rekonstruieren, ist das relativ zusammenhängende Schema der Dinge, zu dem das untersuchte Phänomen gehört. Jede Handlung ist der Akt einer Persönlichkeit, und jede Persönlichkeit ist das Ergebnis eines sozialen Systems. Jedes soziale System stellt einen zugehörigen Kulturkomplex dar... Jedes soziale Phänomen ist der Ausdruck eines Bedeutungssystems. Aus einer unendlichen Vielfalt von Einzelbefunden stücken wir das System zusammen – nicht als Außenseiter, sondern in gewissem Maß als Mitwirkende."

Zwar könne man die Fehlergrenze herunterdrücken, eine vollständige Genauigkeit bleibe uns vorenthalten: „Die Einheit, wie zusammenhängend sie auch sein mag, zeigt Abweichungen und Widersprüche. Die von uns konstruierten Systeme fassen nicht alle von uns in ihnen entdeckten Erscheinungen in ein notwendiges Ordnungssystem zusammen. Das besondere Phänomen kann der Ursprung des Systems sein, aber jede Geburt ist sowohl Verschiedenheit als auch Gleichheit."

Aus diesem Grund bleibe, wie MacIver betonte, jede Verifizierung einer wesentlicheren Hypothese über soziale Verursachung unvollständig: „Der eigentlich dynamische Kern (des Geschehens) entzieht sich unserer Analyse. Wir messen seine Erscheinungsformen, aber stets enthüllen sich neue Aspekte, stets werden wir in neue Richtungen geführt, tauchen neue Verknüpfungen auf, die wir nicht vorhersehen konnten, die vielleicht unvorhersehbar waren. Bei der Erforschung sozialer Kausalität ... befinden wir uns inmitten einer ausgesprochenen Dynamik. Man kann sie hier vielleicht einfach menschliche Natur nennen. Was wir verfolgen, sind ihre unendlich wechselnden Reaktionen auf unendlich wechselnde Situationen; wir entdekken Kontinuität im Wechsel und Wechsel in der Kontinuität; wir messen das gemeinsame Auftreten von Faktoren und Regelmäßigkeiten in der Abfolge; wir erkunden das von jeder Gruppe unterhaltene Wertsystem, das fortwährend rekonstruiert wird, wobei die Mittel den Zwecken und die Endabsichten den Mitteln, durch alle Wechselfälle des Gruppenerlebnisses hindurch, angepaßt werden. Indem wir all diesen Spuren und Anzeichen folgen, nicht in einem Einzelfall, sondern in zahlreichen Fällen, gewinnen wir eine sich weitende und vertiefende Kenntnis. Von vielen Winkeln aus versuchen wir die menschliche Natur und ihre Funktion zu verstehen. Und wenn diese menschliche Natur eine irgendwie geartete grundlegende Identität durch all ihre veränderlichen Erscheinungsformen besitzt, müssen diese Winkel auf einen nie erreichbaren Punkt hin konvergieren. Dieser Punkt wäre das Ziel kausalen Wissens."

MacIver gehörte zu den überragenden Persönlichkeiten unter den amerikanischen Soziologen, blieb aber in Europa ziemlich unbekannt. MacIver wurde 1882 in Schottland geboren. Nach vielseitiger Lehrtätigkeit in Schottland, Kanada und den USA wurde er 1929 an die Columbia-Universität berufen, wo er bis zu seinem Tode 1970 wirkte. MacIver war der 30. Präsident der amerikanischen Soziologengesellschaft. Er kam von klassischer Geschichte, politischer Wissenschaft und Ökonomie zur

Soziologie, focht gegen eine Ersetzung der Soziologie durch bloße Statistik und schrieb u. a.: „Community – A Sociological Study“ (1917), „Labor in the Changing World“ (1919), „Elements of Social Science“ (1921), „The Modern State“ (1926), „Relation of Sociology to Social Work“ (1931), „Society – Its Structure and Changes“ (1932), „Economic Reconstruction“ (1934), „Leviathan and the People“ (1939), „Social Causation“ (1942), „The Web of Government“ (1947) „The Ramparts We Guard“ (1950), „The Prevention and Control of Delinquency“ (1966).

Machtstrukturen und Machtelite

Zu den wesentlicheren Problemkreisen in den letzten zwanzig Jahren gehörte auch das Phänomen der Macht. Es handelt sich hier um die Strukturen der Macht, um Machtbildungen, die Ausübung von Macht, vor allem um solche Erscheinungsformen der Macht, die im Grunde außerhalb der formalen politischen Institutionen liegen. Der amerikanische Soziologe, als Typus, schwankt zwischen einem naiven und aus der Geschichte des Landes gut begreiflichen Anarchismus und der Befürwortung einer zentral dirigierten Gesellschaft. Mit den geschichtlich gewordenen Machtverhältnissen seiner oder einer anderen Gesellschaft findet er sich nie recht ab. Einige wenige, so z. B. Richard T. La Piere von der Stanford University in seiner lesenswerten „Theorie der sozialen Kontrolle“ (1954), haben zwar den von John K. Galbraith für die Wirtschaftswirklichkeit der USA vorgeschlagenen Begriff von den countervailing powers, also den sich gegenseitig die Waage haltenden Machtballungen, in die Soziologie übernommen. Beherrschend wurde aber in der „Machtforschung“ seit Mitte der 50er Jahre das Interesse an grauen Eminenzen, also der Versuch, auf allen Ebenen des Gemeinwesens, von der Kleingruppe bis zur Nation, die Positionen aufzuspüren, die ihrem Inhaber eine der Öffentlichkeit meistens unbekannte oder unklare, auf jeden Fall aber von der formalen politischen und rechtlichen Struktur des Landes nicht vorgesehene Machtausübung ermöglichen.

Diese Richtung akzentuierte sich 1953 mit Floyd Hunters Buch über die Machtstruktur einer Großstadt, „Community Power Structure“ – die „Machtstruktur der Gemeinde“ –, gemeint war die einer südöstlichen Großstadt (Atlanta, Georgia), deren heterogene Bevölkerung von einem inoffiziellen Konsortium verschieden situierter Machtträger regiert wurde.

Bei dieser Schule machenden Untersuchung handelte es sich um eine im wesentlichen auf persönlichen Beobachtungen und Interviews aufgebaute Analyse der tatsächlichen Machtverhältnisse, also um die Identifizierung jener Schlüsselfiguren, mit ihren Querverbindungen, deren partieller oder totaler Konsensus erreicht werden muß, ehe ein wesentliches Projekt politisch überhaupt erst möglich wird.

In manchen dieser Studien – und amerikanische Ethnologen haben sie inzwischen auch für Städte in entlegenen Provinzen Südamerikas und Afrikas geliefert – klingt der Vorwurf des Autors mit, daß es eigentlich nicht so undemokratisch zugehen sollte, aber insgesamt, im Verein mit den früheren Arbeiten, so vor allem von L. Warner und August B. Hollingshead über die Klassenstruktur amerikanischer Orte, geben sie doch ein geordnetes Tatsachenmaterial in Kategorien, die für die weitere Forschung, auch in anderen Ländern, anregend waren.

1956 kam jedoch mit einem ähnlichen Zentralbegriff und aus dem gleichen Geiste, aber mit wesentlich größeren Ambitionen C. Wright Mills' „Power Elite", worin der prärevolutionäre Gesellschaftskritiker ein Porträt der nationalen Machtelite der USA versucht. Wie ernst man in den seriösen offiziellen Soziologenkreisen dieses sehr einseitige Gemälde aber nahm, zeigte z.B. ein umfangreicher Angriff, eine Art Widerlegung Mills, die Talcott Parsons in World Politics 1957 publizierte und später in eine Aufsatzsammlung aufnahm. Parsons wies auf die doch viel mehr verteilte – diffuse – Macht in der amerikanischen Sozialwirklichkeit hin („The Distribution of Power in American Society", World Politics, Bd. 10, Oktober 1957; auch in T. Parsons, Structure and Process in Modern Societies, 1960).

Im Gefolge von Mills' Machtelite, als Begriff, tauchte ein wenig später der in England zum Modebegriff gewordene Ausdruck vom Establishment, also den Etablierten, in der amerikanischen Gesellschaftstheorie und -kritik auf. Es gibt nun sicher Erscheinungen – gerade auf dem Gebiet der gemachten und manipulierten öffentlichen Meinung –, die zur Formulierung solcher Begriffe verlocken. Interessanterweise haben diese in Amerika bisher geprägten Begriffe für das Phänomen der Machtelite eins gemeinsam: sie kümmern sich wenig um eine Zirkulation der Eliten, im Sinne Paretos etwa. Sie suchen vielmehr eine Führungsschicht nachzuweisen, die zumindest seit 40 oder 50 Jahren die zentralen Tendenzen im amerikanischen Leben – gleichgültig, welche Partei im Weißen Haus oder im Kongreß regiert – bestimmt habe.

Der Funktionalismus: Parsons und Merton

Der Funktionalismus, genauer die strukturell-funktionale Theorie, galt seit der Mitte des Jahrhunderts in der anglo-amerikanischen Soziologie, seit Mitte der sechziger Jahre aber auch in der deutschen Soziologie, als Hauptwidersacher, als Gegenspieler der revolutionären Soziologen, deren Typus als erster C. Wright Mills verkörpert hatte.

Als Hauptvertreter des Funktionalismus in der Soziologie gilt unbestritten Talcott Parsons (geboren 1902). Parsons wollte ursprünglich Medizin studieren und befaßte sich deshalb am Anfang seines Hochschulstudiums eingehend mit Biologie. Die Vertrautheit mit ihren Methoden und Problemen wirkte sich in einem vertieften anthropologischen Verständnis der Sozialwissenschaften aus, zu denen sich Parsons bald wandte. Für viele Jahre gilt Parsons Bemühen der Antwort auf folgende Frage: Was ist die systematische Stellung der außerwirtschaftlichen Aspekte des ökonomischen Verhaltens (behavior)?

Studienjahre in London (1924–1925), unter L. T. Hobhouse und Morris Ginsberg, nicht zuletzt unter dem großen Vertreter einer funktionellen Anthropologie, Bronislaw Malinowski, gaben Parsons weitere Einblicke in die Vielfalt sozialer Institutionen und ihre funktionellen Abhängigkeiten. Malinowski, geboren 1884 in Polen, gestorben 1942, war seit 1927 o. Professor an der Universität London und schrieb u. a.: „Sex and Repression in Savage Society“ (1927), „Magic, Science and Religion“ (1948).

Nach London kam ein zweimaliger Studienaufenthalt an der Heidelberger Universität, wo die – für Max Webers Wirkung auf die amerikanische Sozialwissenschaft so wichtige – Begegnung Parsons' mit dem großen deutschen Sozialwissenschaftler, genauer mit seinen Werken und dem in Heidelberg besonders lebendigen Andenken an Max Weber, stattfand. – 1930 erschien die von Parsons besorgte Übersetzung des Grundpfeilers der Weberschen Religionssoziologie: Die protestantische Ethik und der Geist des Kapitalismus.

Parsons erwarb den Dr. phil. an der Universität Heidelberg mit seiner Dissertation über „The Concept of Capitalism in the Theories of Max Weber and Werner Sombart“ 1927. Seit 1927 war Parsons an der Harvard-Universität, seit 1944 als o. Professor. 1946 wurde er der erste Chairman des Harvard Department of Social Relations.

Um 1950 waren die meisten größeren Werke Max Webers in englischer Sprache bereits verfügbar. Das I. Kapitel von „Wirtschaft und Gesellschaft“ wurde 1947 von Parsons in einer englischen Übersetzung mit einer längeren, kritisch wertenden Einleitung herausgegeben.

1937 erschien das umfangreiche Werk Parsons': The Structure of Social Action – A Study in Social Theory with Special Reference to a Group of Recent European Writers. Es sind Pareto, Durkheim und Max Weber, die hier in ihrer Problemfülle untersucht und in die künftige (theoretische) Problementwicklung der amerikanischen Soziologie eingefügt werden. Zentralproblem für Parsons sind die Werte. Allerdings ist für ihn das Wertelement eine durchaus positive Kategorie, nicht etwas, das man möglichst ausscheiden müßte. Zur Wertproblematik kam Parsons durch ein Studium der Werke des britischen Nationalökonomen Alfred Marshall. Ihn interessierte dabei die Rolle sozialer Werte, auf denen die Theorie der kapitalistischen Wettbewerbsordnung ruht. (Marshall wird im oben genannten Buch, vor Pareto, näher untersucht.)

In einer folgenden größeren Veröffentlichung (The Social System, Glencoe [Ill.], 1951) sowie in dem Beitrag „Values, Motives and Systems“ zu dem Sammelband „Toward a General Theory of Action“ (Cambridge [Mass.], 1951, hrsg. von Parsons und E. A. Shils) zeigt sich die Entwicklungsrichtung der theoretischen Soziologie, wie sie T. Parsons eingeleitet hat, noch deutlicher. Die Schranken zwischen allgemeiner Soziologie, Kulturanthropologie und Psychologie sind im Interesse einer integrierten Wissenschaft vom sozialen Handlungsfeld aufgehoben. Immer mehr Nachdruck wird auf das Studium der Persönlichkeit (personality) und ihrer mit den sozialen Institutionen verknüpften Wertorientierungen gelegt.

Das Programm der strukturell-funktionellen Theorie legte

Parsons schon früh fest. Es müsse möglich sein, ein paar Grundregeln aufzustellen, an Hand deren man sich an die mehr technische Aufgabe machen könne, systematisch eine soziologische Theorie aufzubauen. Für diese stellte er fünf Erfordernisse auf: Zwar könne es auch legitime wissenschaftliche Arbeiten geben, die jeder systematischen Theorie entbehren. Parsons erinnert daran, daß Morphologien, Klassifizierungen und empirische Verallgemeinerungen der verschiedensten Art in der Entwicklung vieler Wissenschaften eine wichtige Rolle gespielt haben. Die höchste Ebene wissenschaftlicher Entwicklung sei jedoch nicht ohne Begriffsbildung auf der Stufe, die man gewöhnlich das theoretische System nennt, erreichbar. Je näher die Sozialwissenschaft diesem Ziel komme, desto größer werde die ihr zur Verfügung stehende Möglichkeit der Voraussage sein.

Das der Soziologie zugrunde liegende theoretische System müsse, zweitens, breiter sein als das der Soziologe selber. Es müsse eine Theorie sozialer Systeme sein. Parsons möchte „irgendwie ein theoretisches Schema ausarbeiten, das unser Gebiet mit anderen verbindet, die in gleicher Weise Teil desselben breiteren Grundsystems sind".

Drittens müsse die für die Soziologie fruchtbarste systematische Theorie dem „strukturell-funktionellen" Typ entsprechen, der heute in der theoretischen Biologie, vor allem in der Physiologie, üblich sei. Das wichtigste an einer solchen strukturell-funktionellen Theorie liegt nach Parsons darin, daß der Gebrauch von Strukturkategorien (structural categories) dynamische Probleme bis zu dem Punkt vereinfache, „wo eine erhebliche Anzahl von ihnen mit den uns in naher Zukunft vielleicht verfügbaren beobachtungsmäßigen und analytischen Mitteln empirisch bearbeitet werden könnte".

Viertens muß die Theorie innerhalb des, wie Parsons es nennt, „Handlungs"-Rahmens des Beobachtbaren formuliert werden. Sie kann also nicht völlig behavioristisch sein in dem Sinne, daß sie keinerlei Bezug habe auf den Gesichtspunkt des Handelnden selbst und zu dem, was man ihm als seine inneren oder subjektiven geistigen Prozesse zurechnet. Dieses Postulat sei, so betont Parsons, wichtig, wenn man den größtmöglichen Nutzen aus den Motivationskategorien der heutigen Psychologie ziehen will, die mit Haltungen, Sentiments, Zielvorstellungen, Komplexen und ähnlichem arbeitet.

Als fünftes Ziel seines theoretischen Ansatzes erklärte Parsons, soweit als irgend möglich, müsse das theoretische System in Form eigentlich operativer Begriffe gefaßt werden. Das Ideal sei, theoretische Kategorien solcher Art zu haben, „daß die empirischen Werte der in Frage stehenden Variablen die unmittelbaren Ergebnisse unserer Beobachtungsmethoden sind".

Parsons wehrte sich schon früh gegen ein Mißverständnis: Die Soziologie solle nicht den Anspruch erheben, die enzyklopädische Wissenschaft des gesamten menschlichen Verhaltens zu sein. Sie solle vielmehr ihren Platz unter den verschiedenen Sozialwissenschaften finden. Deshalb sind für Parsons auch die Institutionen der logische Brennpunkt der Soziologie. Damit möchte er die Soziologie keineswegs auf eine formale, klassifizierende Behandlung der Struktur von (sozialen) Institutionen beschränken. Die Institutionen sind nur der Brennpunkt ihres Interesses, und nahezu jeder Teil des sozialen Systems, der Einfluß auf die dynamischen und funktionellen Probleme der Institutionen hat, soll als soziologisch definiert werden.

Von hier aus gesehen, läßt sich die soziologische Theorie nach Parsons in fünf Hauptabteilungen gliedern:

1. Eine systematische Untersuchung der strukturellen Differenzierung und Integration von institutionellen Formen auf vergleichender Basis. Parsons nennt dies „reine" oder „formale" Soziologie. Ihr Unterschied zum Programm Simmels oder v. Wieses liege in ihrer Beziehung zu den anderen Zweigen soziologischer Theorie.

2. Die Theorie der dynamischen Wechselbeziehung von Institutionen und Kultur. Hier sei der Hauptpunkt, wo Soziologie und die theoretisch wesentlichen Aspekte der Anthropologie zusammenkommen. Zu diesem Gebiet rechnet Parsons auch die Wissenssoziologie und Religionssoziologie.

3. Die Theorie von der Motivierung institutionellen Verhaltens. Nach Parsons Auffassung sollte diese Theorie den Begriff der (sozialen) Rolle als Mittelpunkt haben. Sie würde ferner den soziologisch relevanten Teil der Theorie vom Gesellungsprozeß und von der Charakterstruktur umfassen. Ein anderer wichtiger Aspekt sei die theoretische Analyse der strukturellen Verallgemeinerung von Zielvorstellungen im institutionellen Verhalten. Dieses ganze Gebiet ist natürlich, wie Parsons betont, ein Hauptberührungspunkt zwischen der Theorie sozialer Systeme und der Psychologie.

4. Die Theorie von der Motivation abweichenden Verhaltens und von dem Problem der sozialen Kontrolle. Diese Theorie würde die Motivquellen für (von der Norm) abweichendes Verhalten hinsichtlich seiner Beziehungen zum sozialen Status und zur sozialen Rolle der betreffenden Individuen untersuchen; vor allem auch den in solchen Situationen bestehenden Druck. Umgekehrt würde sie auch die Kontrollmechanismen untersuchen, wodurch das abweichende Verhalten in einem verhältnismäßig geringen Umfang gehalten wird.

5. Der letzte Zweig soziologischer Theorie ist nach Parsons Entwurf die dynamische Theorie vom institutionellen Wechsel. Man müsse dabei einsehen, daß vom theoretischen Gesichtspunkt her dies eine Synthese aller anderen Zweige des gesamten theoretischen Systems erfordern würde. Man könne unmöglich die Dynamik der Veränderung verstehen, ohne die strukturelle Grundlage zu kennen, von der jeder gegebene Veränderungsvorgang seinen Auszug nimmt. Man könne sie auch nicht verstehen, ohne von den Möglichkeiten neuer Definitionen der Situation, wie sie in der Kulturtradition verfügbar sind, Kenntnis zu haben.

Parsons warnte auch davor, seine Ausführungen über die Rolle soziologischer Theorie als eines Begriffsschemas mit dem Problem der Soziologie als einer totalen Sozialwissenschaft in ihrer Beziehung zu anderen Wissenschaften zu verwechseln. Parsons glaubt zwar, daß der Platz der Soziologie unter den Sozialwissenschaften in erster Linie auf der hervorstechenden Rolle ihrer Theorie ruhen muß. Auf der anderen Seite aber werde ein im empirischen Feld arbeitender Soziologe unvermeidlich mit vielen Dingen zu tun haben, die nicht in diesem theoretischen Sinne ausgesprochen soziologisch sein müssen.

In den 60er Jahren baute Parsons seine Soziologie (ob man sie nun Theorie, System oder bloße Taxonomie nennen möchte, bleibe offen) immer weiter aus. Zu nennen wären vor allem die Bücher „Social Structure and Personality“ (1964), „Societies: Evolutionary and Comparative Perspectives“ (1966).

Robert K. Merton und Sorokin

Neben Parsons zählt vor allem Robert K. Merton zu den führenden Vertretern der strukturell-funktionalistischen Schule. Merton, geboren 1910, Soziologieprofessor an der Columbia-Universität, Direktor im Bureau of Applied Social Research, schrieb u. a.: „Science, Technology and Society in 17th Century England" (1938), „Social Theory and Social Structure. Toward the Codification of Theory and Research" (1949), „Sociological Research" (1963), „On Theoretical Sociology" (1967) sowie zahlreiche Artikel, vor allem zur Wissenssoziologie, ferner arbeitete er an einigen Veröffentlichungen Pitirim Sorokins mit.

Merton gehört zu jener jüngeren Gruppe amerikanischer Soziologen, die im wesentlichen erst zu publizieren begannen, als sie den Einfluß der europäischen Wissenssoziologie und theoretischen Soziologie, vornehmlich Max Webers und Vilfredo Paretos, bereits voll erfahren hatten. Zwar hat Merton immer wieder aus der empirischen soziologischen Forschung neue Antriebe und Anregungen erfahren, sich aber auch hier in der Problemstellung stets in der Nähe wissenssoziologisch bedeutsamer Datengruppen gehalten. Ihn beschäftigten in erster Linie die Soziologie der Wissenschaft, Bürokratie, Propaganda und der sozialpsychologischen Haltungen innerhalb der heutigen Gesellschaft (bzw. ihrer Institutionen).

Der problemgeschichtliche Standort dürfte bei Merton durch Durkheim, Max Weber, Karl Mannheim und vor allem durch Pitirim A. Sorokin geschaffen worden sein. Mit dem letzteren arbeitete Merton zusammen am Problem der sozialen Zeit.

Auf das schier unüberschaubar große Werk von Sorokin kann hier leider nicht im einzelnen eingegangen werden. Seine Grundannahmen bezüglich der Zusammenhänge von Person, sozialem und kulturellem System decken sich weitgehend mit denen von Parsons, und Sorokin hatte Anfang der 50er Jahre seinen Kollegen Parsons an der Harvard Universität auch öffentlich des Plagiats bezichtigt, ein Vorwurf, den Leopold v. Wiese in seiner „Kölner Zeitschrift für Soziologie und Sozialpsychologie" seinerzeit für behandelnswert hielt. Hier nur die wichtigsten Daten zu Sorokin:

A. Pitirim Sorokin, geb. 1889 in Touria, Rußland, studierte in Petersburg und erhielt hier den Doktor der Soziologie 1922; 1917 und 1918 journalistische und politische Tätigkeit, 1922 von den Bolschewisten zum Tode verurteilt, dann zur Verbannung begnadigt, kam Sorokin 1923 in die USA, 1924–1930 Professor für Soziologie an der Universität von Minnesota, seit 1930 an der Harvard Universität (Head des Department für Soziologie), später Leiter des Harvard Forschungszentrums für Altruismus. Sorokin schrieb u.a.: „Leaves from a Russian Diary“ (1924), „Sociology of Revolution“ (1925), „Social Mobility“ (1927), „Contemporary Sociological Theories“ (1928), „Principles of Rural-Urban Sociology“ (1929), „Social and Cultural Dynamics“, 4 Bde. (1937–1944), „Time Budgets of Human Behavior“ (1939), „Crisis of this Age“ (1941), „Society, Culture and Personality“ (1947), „The Reconstruction of Humanity“ (1948), „Altrustic Love“(1950), „Social Philosophies of an Age of Crisis“ (1950), „Fads and Foibles in Modern Sociology and Related Sciences“ (1956), „Sociological Theories of Today“ (1966).

Ungleich der Mehrzahl amerikanischer Soziologen hat für Merton die historische Perspektive erhebliche Bedeutung. Es war wohl die eingehende Beschäftigung mit der Wissenssoziologie Mannheim- und Schelerscher Prägung, also mit einem ungemein theoretischen Gebiet der Soziologie, die bei Merton zu einer Ausgewogenheit zwischen Empirie und Theorie führte.

Bereits in einem 1949 veröffentlichten Aufsatz zur Geschichte der soziologischen Theorie meinte Merton, es sei doch eine ungewöhnliche Tatsache, daß man vielerorts in der Soziologie die einfache Unterscheidung zwischen der Geschichte der Theorie und der gegenwärtig operativ verwandten Theorie noch nicht mache. Die Vorgeschichte der Soziologie, man denke an Comte oder Spencer, Hobhouse oder Ratzenhofer, sei doch keineswegs kumulativ gewesen. Die Begriffe in diesen Systemen würden selten auf den vorangegangenen Werken aufbauen. Sie seien typischerweise eher konkurrierende und alternative Begriffe als konsolidierte und zu einem zusammenhängenden Gebäude entwickelte Vorstellung. Deshalb sei so wenig von dem, was diese frühen Vorläufer schrieben, für die heutige Soziologie belangvoll geblieben. In einem berühmt gewordenen Satz meinte Merton: „Wir Soziologen von heute sind vielleicht nur geistige Pygmäen, aber ... wir sind nicht Pygmäen, die auf den Schultern von Giganten stehen.“ Die kumulative Tradition der Soziologie sei immer noch so gering, daß die Schultern dieser Giganten der Soziologie keinen sehr festen

Standort bieten. Zwischen der Physik des zwanzigsten Jahrhunderts und der gleichwertigen Soziologie stünden Milliarden von Arbeitsstunden unerhört kontinuierlicher, disziplinierter und kumulativer Forschung. Vielleicht, so schrieb Merton 1949, sei die Soziologie für ihren Einstein noch nicht bereit, weil sie erst ihren Kepler finden muß.

Die soziologische Theorie von heute, so warnte Merton schon vor 25 Jahren, sei in Gefahr und Versuchung, weil „Planer, Reformer und Reaktionäre, Wirtschaftler und Regierungsbeamte, Hochschulpräsidenten und junge Semester große Forderungen an die Soziologie stellen würden, obwohl es sehr unsicher sei, ob sie ein diesen Forderungen entsprechendes Wissen angesammelt hat". Zuletzt führe dieses Unsicherheitsgefühl aber doch dazu, „daß die Soziologen eine übereifrige, apologetische Haltung erwerben, als ob sie diesen Forderungen irgendwie gerecht werden müßten, wie verfrüht und extravagant sie auch sein mögen".

Merton schlug deshalb vor, daß die Soziologie Theorien mittlerer Reichweite entwickelt; sie würde sich totlaufen, wenn sie der umfassenden Theorie zuviel Aufmerksamkeit schenke. Nach Merton ist die Entwicklung spezieller Theorien, die sich auf begrenzte Tatsachenfelder anwenden lassen – z.B. Dynamik sozialer Klassen, die in Konfliktgruppen bestehenden Druckverhältnisse, Machtverschiebungen und Ausübung zwischenpersönlichen Einflusses –, wichtiger als die unmittelbare Suche nach „integrierten" Begriffsstrukturen, aus denen sich diese und andere Theorien ableiten ließen. Was man heutzutage soziologische Theorie nennt, so kritisierte Merton um 1950 sein Fach, sei gutenteils eine allgemeine Orientierung gegenüber bloßen Tatsachen, sei das Andeuten von Typen von Variablen, die man irgendwie in Rechnung zu stellen hat. Dabei ginge es aber weniger um klare, verifizierbare Feststellungen von Beziehungen zwischen spezifizierten Variablen. Man habe viele Begriffe, aber wenige bestätigte Theorien, viele Gesichtspunkte, aber wenige Theoreme, viele „approaches", aber wenig Endergebnisse.

Die Bedeutung der Empirie für die soziologische Theorie wird eben von Merton nie übersehen. Es bleibt seine zentrale These, daß empirische Forschung weit mehr leistet, als, in passiver Rolle, Theorien zu verifizieren und zu prüfen. Sie veranlaßt vielmehr Theorienbildung, formuliert Theorien neu, leitet sie in andere Richtungen, klärt sie. Unter gewissen Bedingungen, so glaubt Merton, führen selbst zufällige Forschungsergebnisse zu einer sozialen Theorie.

Unmittelbaren Einfluß empirischer Forschungsarbeit auf die Theorie sah Merton auch schon früh in der Schaffung soziologischer Statistiken, die in Form theoretisch bedeutsamer Kategorien organisiert sind. Ursprünglich habe sich der Soziologe meist mit schon zuvor gesammelten statistischen Serien begnügen müssen, die gewöhnlich für nichtsoziologische Zwecke gedacht waren. Sie konnten deshalb nicht in Kategorien gefaßt werden, die direkt für ein gegebenes theoretisches System etwas aussagten. Dies führte nicht nur zu vielen Fehlerquellen, wie Merton meint, sondern hieß auch, daß die Theorie auf die zufällige Verfügbarkeit der Daten zu warten hatte. Seit den vierziger Jahren sei dies immer weniger der Fall. Erforscher der Gemeindeorganisation bauen z.B. Statistiken der Klassenstruktur, des vergesellschafteten Verhaltens und der Cliquenbildung auf. Das wirke wieder auf theoretische Interessen. Ethnologische Forschungen beginnen quantitative Daten zu liefern, die die Theorien neu orientierten. Merton wies auch auf die ungeheuren Materialmengen soziologischer Art hin, die während des Zweiten Weltkrieges, teilweise mit neuartigen Forschungsmethoden, angesammelt wurden und das Interesse an der soziologischen Theorie der Gruppenmoral, der Propaganda und der Führerschaft verstärkten.

Die strukturell-funktionalistische Richtung der Soziologie hat auf seiten der radikal Egalitären ihre Kritiker. So versucht sie beispielsweise, ohne soziale oder politische Werturteile, die Rolle der sozialen Schichtung in der arbeitsteiligen Gesellschaft zu erforschen, und kommt, z.B. in den vielbeachteten Arbeiten von Kingsley Davis und W. E. Moore, zum Schluß, daß die Möglichkeit des sozialen Auf- und Abstieges wichtige Funktionen erfüllt, so etwa die ausreichende Besetzung der verschieden gelagerten Stellen in der Arbeitswelt.

Zu den spannenderen Kontroversen in der soziologischen Fachwelt der USA, ausgetragen vor allem in den Spalten der American Sociological Review, gehörte seit 1953 die Auseinandersetzung zwischen Kingsley Davis, W. E. Moore, die für die funktionale Theorie eintreten, und den egalitären Kritikern wie Melvin Tumin.

Der Streit schlug sich aber auch in britischen Zeitschriften nieder, so zum Beispiel zwischen Edward Shils (für eine funktionale Deutung britischer Krönungszeremonien) und Norman Birnbaum, einem damals nach England von Amerika emigrierten Kritiker dieser „Verschwendung".

Merton hat es deshalb schon vor einem Vierteljahrhundert für nötig gehalten, die funktionalistische Richtung gegen den Vorwurf des Konservativismus zu verteidigen:

„Von vielen Seiten und mit steigendem Nachdruck hört man den Vorwurf, was immer auch an geistiger Leistung in der funktionalen Theorie stecken möge, sie sei unvermeidbar einer ‚konservativen' (selbst einer ‚reaktionären') Perspektive verpflichtet. Für manche dieser Kritiker ist die funktionelle Analyse nicht viel mehr als eine Aufwärmung der Doktrin aus dem 18. Jahrhundert, wonach öffentliches und privates Interesse grundsätzlich und stets identisch seien. Man betrachtet sie als eine säkularisierte Version von Adam Smith' Lehre, der beispielsweise in seiner Theorie der moralischen Empfindungen von ‚der harmonischen Ordnung der Natur, unter göttlicher Leitung' schrieb, der ‚man die Wohlfahrt der Menschen dank des Funktionierens seiner individuellen Antriebsstrukturen verdanke'. Somit ist, nach diesen Kritikern, die funktionelle Theorie lediglich die Auffassungsweise des konservativen Sozialwissenschaftlers, der die gegenwärtige Ordnung der Dinge, den genauen Status quo, verteidigen möchte und sich gegen die Ratsamkeit jeglichen Wandels, wie bescheiden er auch sei, wendet. Gemäß dieser Kritik übersähe der funktionelle Analytiker zielsicher die Warnung de Tocquevilles, doch nicht das Vertraute mit dem Notwendigen zu verwechseln: ‚... was wir notwendige Einrichtungen nennen, sind oft nichts anderes als Einrichtungen, an die wir uns gewöhnt haben ...'

Es muß sich aber erst zeigen, ob die funktionelle Analyse in der Tat unausweichlich diesem verführerischen Trugschluß erliegt. Immerhin, auf Grund des Vorhergehenden, können wir wohl verstehen, daß das Postulat der Unentbehrlichkeit [sozialer Einrichtungen], falls es übernommen würde, leicht diesen Ideologieverdacht erwecken kann. Myrdal ist einer der jüngsten und außerdem typischen Kritiker, die einen unvermeidbaren konservativen Einschlag in der funktionellen Analyse behaupten."

Gerade weil sich die Soziologie in den Vereinigten Staaten so leidenschaftlich und oft utopisch für alle möglichen Programme engagiert, dabei aber offiziell einem positivistischen Wissenschaftsideal treu zu bleiben sucht, ist es wohl zutreffend, wenn man als einen der ungelösten Widersprüche ihre institutionalisierte Unaufrichtigkeit gegenüber dem Normativen erblickt. Sie will sich ausschließlich als empirische Wissenschaft geben und verstanden wissen und bläut das den Studenten unentwegt ein, gehört aber – sozusagen unter dem Ladentisch – von allen akademischen Disziplinen in den Vereinigten Staaten zu den sozialpolitisch aktivsten und am einseitigsten normativen.

Sie ist gekennzeichnet durch ein Wunschdenken, eine naive Utopie von einer Gesellschaft, die gerade den Soziologen nicht mehr brauchen würde.

Man findet bei amerikanischen Soziologen und ihren Fachvereinigungen nicht selten die Verwechslung und Vermischung von wissenschaftlichen und sozialpolitischen Anliegen – eine Verwirrung, die um so merkwürdiger ist, wenn man an die von denselben Gruppen betonte Doktrin von der Wertfreiheit der Sozialwissenschaften denkt.

Man hätte erwarten können, daß in einer Nation von der Größe der Vereinigten Staaten nicht nur die Technik, sondern gerade auch die Soziologie einen wesentlichen Beitrag zur Integration der einzelnen Landesteile leisten würde. Schließlich lesen Millionen von College-Studenten mindestens eines der Standardlehrbücher, von denen die meisten eine Art Gesellschaftskunde für die USA enthalten. Eher hat die Soziologie aber das Gegenteil gesucht. Würde sich der Student auf eines dieser Lehrbücher stützen und die eigenen Beobachtungen dementsprechend abwerten, so würde sein Verständnis der eigenen Gesellschaft kaum in dem Maße vertieft und geordneter werden, wie wir es von einem obligaten Lehrfach erwarten. Die amerikanische Soziologie – im an sich begreiflichen Eifer, dem Studenten die provinziellen Scheuklappen abzunehmen – wirkt auf verschiedenen Ebenen eher spaltend. Sie sät Mißtrauen gegen die nun einmal notwendigen Führungsschichten der Nation, ihre Wirtschaftsgeschichte, ihr Finanzsystem, gegen bestimmte geographische Regionen u. ä. Wenn der amerikanische

Leser seine eigene Geschichte durch die Brille der landläufigen Soziologie betrachtet, wird er eigentlich zur Ablehnung großer Teile seiner sozialen und nationalen Wirklichkeit veranlaßt. Das mag die Stadt mit ihrer typischen Ökologie sein oder die Machtstruktur seiner Gemeinden, und anderes mehr. Ralf Dahrendorf in seinem lesenswerten Buch (Die angewandte Aufklärung: Gesellschaft und Soziologie in Amerika, 1963, S. 226) kam zum Schluß: „Die amerikanische Soziologie war durchweg schlechter als die Gesellschaft, in der sie stand."

Selbstverständlich erinnern wir uns an die Bezeichnung der Soziologie als einer Oppositionswissenschaft. Sie war es, und sie kann sich auch weiterhin so verstehen. Aber wir müssen heute doch fragen, ob eine im ewigen Verneinen erstarrte Disziplin mit den Allüren und Attitüden verflossener Generationen sich nicht selbst aufs Nebengleis stellt? Vielleicht schließt sich eine solche Disziplin, der ewig nichts recht ist, auch vom Verständnis und vom Mitgestalten der Zukunft aus.

Ja vielleicht sollten wir uns fragen, ob die Soziologie als besondere Oppositionswissenschaft heute überhaupt noch ihre Berechtigung hat? Soll sich eine Disziplin als gesellschaftlicher Wachhund vordrängen und dabei der Rechts- und Wirtschaftswissenschaft, der Politischen Wissenschaft, der Philosophie und Staatslehre predigen? Wohl kaum! Es hat sich ja auch schon einmal gezeigt, daß eine isoliert stehende Soziologie als Oppositionswissenschaft höchstens emigrieren kann.

Wahrscheinlich rührt das große Unbehagen vieler amerikanischer Soziologen an der Gesellschaft seit 1950 vom Schwinden bzw. der Änderung des Bodens für eine eigentliche Oppositionswissenschaft, wie man sie zwischen 1920 und 1950 verstand. Melvin Tumin gab das in einem Aufsatz in Social Forces (Bd. 36, 1957) zu: nicht nur unser Volk, sondern selbst viele junge Fachgenossen sind zufrieden geworden. Man wirft jetzt der eigenen Gesellschaft – meistens im Jargon von J. K. Galbraith' „Gesellschaft des Überflusses" – alles mögliche vor, ohne sich zu fragen, ob nicht auch die Ansatzpunkte der eigenen Gesellschaftskritik einer Revision bedürften.

Was hält der amerikanische Soziologe der eigenen Gesellschaft eigentlich alles vor? Ungleiche soziale und wirtschaftliche Aufstiegschancen, Verführung in der Wertewahl, Monopole in den Führungspositionen, Machtballungen, Diskriminierungen gegen Minderheiten und dergleichen mehr.

Im Grunde sind das alles die in jeder größeren Gesellschaft zu erwartenden Vorgänge und Ungleichmäßigkeiten – Tatbestände, mit denen sich die Soziologie zwar immer beschäftigen wird, die abzuschaffen aber weit über ihre Kräfte und ihren Auftrag hinausginge. Die Ablehnung der eigenen und damit oft auch der gesamten westlichen Gesellschaft bei einigen amerikanischen Soziologen geht so weit, daß sie erklärt haben, um die für den Soziologen angemessene Blickstellung zu erlangen, müsse man vom Ressentiment gegenüber der eigenen Gesellschaft erfüllt sein. So z.B. George Simpson auf S. 168 in „A Sociologist Abroad", The Hague 1959. Und Edward Shils in seinem Aufsatz über C. Wright Mills schreibt:

„Professor Mills meint, die Soziologie hätte mehr zu gewinnen von einer feindseligen Einstellung zur vorhandenen Gesellschaftsordnung als von einer unkritischen Einordnung in sie ... weder diese Auffassung noch ihr Gegenteil ist richtig. Weder der blinde Haß des Entfremdeten noch die unkritische Bejahung des Patrioten öffnet den Weg zur Wahrheit über die Gesellschaft" (World Politics, Bd. 13 [Juli 1961] S. 608).

Es ist aufschlußreich, sich einige der großen Themen im amerikanischen Leben anzusehen, denen die Soziologie so gut wie keine Beachtung geschenkt hat: Vielleicht wäre an erster Stelle hier an die sprichwörtliche Philanthropie, die private und meistens freiwillige Finanzierung aller nur erdenklichen Projekte, zu denken. Abgesehen von ein paar winzigen Studien, die festgestellt haben, daß ohne den Druck sozialer Kontrollen auch in Amerika nicht immer gegeben wird, hat die Soziologie wenig Interesse bezeugt an den Ursachen und Implikationen des tatsächlich erstaunlichen Altruismus. Eine Deutung wäre, daß in der von einigen zentralen Figuren der amerikanischen Soziologie angestrebten Gesellschaft die private Philanthropie, des großen Mäzens wie des kleinen Mannes, keinen Platz mehr haben soll. Eine andere Deutung wäre, daß dem Amerikaner der eigene Altruismus, auf allen Ebenen, so selbstverständlich ist, daß er ihn nicht näher untersuchen möchte.

Wir haben verschiedene Studien – viel daran allerdings bloße Behauptung oder Spekulation – über die Einsamkeit des Menschen in den USA, aber mit der angesichts der ungeheuren Entfernungen erstaunlichen Zusammengehörigkeit der Menschen – als Familienmitglieder, ehemalige Nachbarn usw. – hat man sich kaum befaßt.

In den allerletzten Jahren ist das wohl etwas besser geworden, aber wenn man sich eines der verbreiteten Lehrbücher über „soziale Disintegration" ansieht, wundert man sich, daß die amerikanische Gesellschaft noch nicht auseinandergefallen ist. Insoweit die meisten integrativen Prozesse in einer Gesellschaft, begreiflicherweise, mit dem Status quo verknüpft sind, ihm dienen – der typische amerikanische Soziologe aber seine Gesellschaft, wie sie ist, weithin ablehnt, neigt er zur Überbewertung die Gesellschaft auflösender Prozesse. Diese gibt es zwar, aber zunächst sehen wir es doch als die Pflicht einer wissenschaftlichen Disziplin an, sich mit dem Verständnis des Funktionierens der Systeme zu befassen, für die sie zuständig ist, nicht mit der Pathologie. Infolge ihres Relativismus und Reformstrebens ist aber die amerikanische Soziologie so unwillig geworden, irgend etwas als normal anzusehen, daß sie m. E. viel zu früh mit der Pathologie beginnt und von pathologischen Erscheinungen fasziniert bleibt. Damit sei keineswegs über die außerordentlichen Schwierigkeiten, den Begriff des Normalen in der sozialen Wirklichkeit für eine gegebene Zeitperiode zu bestimmen, hinweggesehen. Aber die soziologische Aufgabe sollte doch stets sein, soviel als möglich von dem zu begreifen, was zum normalen Funktionieren ihrer Gesellschaft gehört.

Zur Situation der Soziologie seit 1950

Seit etwa 1950 war bei einigen führenden Soziologen immer stärker ein Ungenügen an der seit den dreißiger Jahren unübersehbar anschwellenden soziologischen Detailforschung zu beobachten. Was die Forderung nach einer grundsätzlichen Besinnung und Neuorientierung der Forschungsprojekte wachrief, war nicht so sehr die Tatsache dieser Materialhäufung, sondern das Unvermögen der Soziologie, diese Tatsachenmenge theoretisch zu verarbeiten. Es gibt heute kaum noch Gebiete zwischenmenschlicher Beziehungen und wenige gruppenmäßige oder individuelle Einstellungen zu öffentlichen Fragen, die nicht einer regelmäßigen soziologischen Beobachtung und Registrierung unterliegen. Vor allem in den Vereinigten Staaten und, oft unterstützt durch Forschungsbeiträge der Regierung und Stiftungen, auch in den für amerikanische Soziologen zugänglichen ausländischen Gebieten wurde seit der Mitte des Jahrhunderts die soziale Struktur nach zahlreichen Gesichtspunkten durchforscht. Liest man diese meist sehr kurzen Veröffentlichungen über die verschiedenen Teilprobleme in den verschiedensten Segmenten der sozialen Sphäre, so drängt sich ein Verdacht auf, dem T. H. Marshall und Robert Bierstedt schon früh Ausdruck gaben: Verdankt man diese Unzahl soziologischer Befunde rein empirischer Art nicht zuletzt der Überzahl von Soziologen, die sich irgendwie betätigen müssen?

Dahinter ist der kaum bestreitbare Sachverhalt versteckt, daß die Theoretiker der Soziologie in den letzten zwanzig oder dreißig Jahren mit den Empirikern und Positivisten nicht Schritt halten konnten; ja vielfach gar nicht wollten, weil für die Projekte der letzteren mehr Geldmittel zur Verfügung standen.

Unverkennbar überschneiden sich auch viele soziologische

Arbeiten, und viel Energie wird vergeudet. Gar nicht selten wird ein bestimmtes Problemgebiet wie Neuland bearbeitet, obgleich einschlägige Untersuchungen längst veröffentlicht sind, nur daß sie sich eben einer anderen Begriffssprache bedienen.

Während andere Wissenschaften in der Regel im 19. Jahrhundert ein – wenn auch theoretisch meist noch offenes, praktisch die Problementfaltung aber begrenzendes Begriffsgerüst erhielten, ist die Soziologie in dieser Hinsicht noch ziemlich ungebunden. Nach wie vor ist die Klassifizierung eines Einzelproblems bei ihr recht willkürlich. Wer etwa in der Biologie, Physik, Chemie, Zoologie arbeitet, kann ein unerwartetes Teilresultat oder ein bewußt erforschtes Problemgebiet – von einigen jüngsten Ausnahmen abgesehen – eindeutig und verhältnismäßig rasch in den Rahmen der betreffenden Wissenschaft einordnen. Umgekehrt ist es in solchen Wissenschaften, ungeachtet der ungeheuren Ausdehnung, immer noch möglich, in der Literatur festzustellen, wieweit eine bestimmte Problemstellung bereits erforscht ist. Der Chemiker kann etwa nach einem bestimmten Reaktionsablauf, einem Verbindungstyp oder nach einem bestimmten chemischen Element, das in seiner Problemstellung die Hauptrolle spielt, das vorhandene Schrifttum durchsehen, das z.B. in wöchentlich erscheinenden Zentralblättern katalogisiert wird. An etwas Ähnliches dachte Karl Mannheim, als er in den dreißiger Jahren eine zentrale Problem- und Ergebniskartei der Soziologie vorschlug. Der Umfang der regelmäßig geleisteten und veröffentlichten soziologischen Arbeit fordert das. Zwar gibt es seit rund 20 Jahren die „Sociological Abstracts“, aber ein derartiges Unternehmen ist in der Soziologie zur Zeit sehr schwierig: Die Chemie in unserem Vergleich hat eine naturgegebene Systematik, das periodische System der Elemente, ferner eine Unterscheidung in anorganische und organische Chemie, um von weiteren Feinheiten gesetzmäßiger Art abzusehen. Viel wichtiger ist aber, daß jedes Element und die meisten Verbindungen und Reaktionen in jedem chemischen Laboratorium identisch definiert werden. Gerade das hat die Soziologie noch nicht erreicht. Es gibt noch keine gemeinsame, verläßliche Sprache der Sozialwissenschaften. So nennen viele Soziologen in verschiedenen Ländern nach wie vor „Gruppe“, was genaugenommen nur „soziale Kategorie“ heißen dürfte (die Mitglieder einer Gruppe kennen sich, die einer sozialen Kategorie in der Regel nicht). Andere wieder scheuen den Begriff „Neid“ und bezeichnen alle Widrigkeiten zwischen Menschen und Gruppen als Aggression. Da aber die Problemgeschichte der Soziologie im wesentlichen die Geschichte ihrer Begriffe ist, bietet sie kein in notwendiger Abfolge zusammenhängendes Bild ihrer Entwicklung.

Es ist vermutlich nicht allein die Schuld mangelnder Absprache zwischen den Soziologen, wenn sie in verschiedenen Ländern und Veröffentlichungen gleichlautende Begriffe sehr unterschiedlich anwenden. Vielmehr wird auch die in den Begriffen gesuchte Wirklichkeit nicht überall dieselbe sein. Man müßte also nicht nur die Begriffe aufeinander abstimmen, sondern auch noch regionale Modifikationskoeffizienten vorsehen. Es ist z.B. ein Unterschied, ob das Wort „Kultur“ von einem amerikanischen Soziologen (anthropologischer Richtung) in bezug auf einen Indianerstamm in Neumexiko verwandt wird oder ob es von einem deutschen Kultursoziologen ausgesprochen wird. Begriffe wie Institution, Verhalten, Handlung, soziale Rolle, Familie werden oft sehr verschieden definiert (oder ohne Definition einfach gebracht), je nachdem, ob der betreffende Forscher von der Historie, Psychologie, Ökonomie, Sozialpsychologie oder Anthropologie zur Soziologie kam.

Oder, um die Schwierigkeit von einer anderen Seite her zu beleuchten: Die zeitgenössische Soziologie steckt voller Allgemeinbegriffe und allgemeiner Gebiete, z.B. „Bevölkerung“, „Familie“, „städtisch“, „Zivilisation“, „Revolution“ usw. Man kann auf sie nicht verzichten. Aber es wird gerade darauf ankommen, die Methodologie jener Übergangsstellen näher zu untersuchen, wo sich der Individualfall aus den Allgemeinbegriffen herausschält.

Ich möchte die Frage hier nicht entscheiden müssen, ob es je zu einem geschlossenen Begriffssystem der Soziologie kommen kann und soll. Die Versuche im 19. Jahrhundert, das gesamte soziale Geschehen in ein paar mehr oder minder willkürlich herausgeschnittene Begriffe zu bannen, führten nur zur Sterilität. Das Begriffsgerüst der Soziologie muß so aufgebaut werden, daß neue Forschungsergebnisse bzw. Neugestaltungen in der sozialökonomischen Sphäre im Rahmen des vorhandenen Begriffsschatzes assimiliert werden können, ohne das bereits Erarbeitete fortwährend von Grund auf neu formulieren zu müssen. Man müßte sonach bei jeder soziologischen Teiltheorie schärfer und bewußter trennen zwischen dem Allgemeinen und dem Individuellen. Theodor Litt formulierte dieses methodologische Problem 1941 wie folgt: „Unmöglich kann eine Verallgemeinerung, die sich im Hin und Her eines ständigen Wechselverkehrs mit Einzelerkenntnissen bildet, berichtigt, bereichert und ausbaut, in ihrer logischen Struktur zu einer Exaktheit durchdringen, die den in die Verallgemeinerung eingehenden Einzelbefunden abgeht. Jeder Versuch einer solchen logischen Verfestigung müßte ja den Austausch zum Stocken bringen. Das durch geisteswissenschaftliche ‚Induktion' gewonnene Allgemeine muß sich in dem Zustand von Beweglichkeit erhalten, in dem es der Vermählung mit dem immer neu zuströmenden Besonderen fähig bleibt."

Aufmerksamkeit verdient der wachsende Nachdruck, mit dem sich die gegenwärtige Soziologie wieder des Wertproblems annimmt. Wir müssen natürlich unterscheiden zwischen dem Wertproblem in der Methode und dem Wertproblem (social values) als empirischem Aufgabengebiet, d.h. als Wirkfaktor. Tatsächlich berührten sich aber beide. Man wird erfolgreich eine Untersuchung geltender Wertsysteme innerhalb der sozialen Sphäre nur ausführen können, wenn man selber ein bestimmtes Wertsystem besitzt und methodisch bewußt zu machen versteht. Aus einem Wertagnostizismus oder Wertnihilismus heraus kann man kaum die Symbolsprache und die Intensität fremder Wertsysteme angemessen erforschen. Man denke nur an die Religionssoziologie.

In den sozialen Werten und Wertsystemen hat die Soziologie ein großes Problemgebiet. Wenn die Soziologie erfahren will, weshalb bestimmte soziale Institutionen, Gruppenformen, wirtschaftliche Vorgänge und dergleichen an Anziehungskraft verlieren, während andere vielleicht vorgezogen werden, so führt der Weg über eine Analyse der Wertwahl. Hier mündet die Soziologie aber letztlich in Problemstellungen, die wieder zur Philosophie führen.

Überschätzter sozialer Wandel?

Abschließend darf man ruhig zugeben, daß in den letzten 100 Jahren – und besonders in den letzten 50 Jahren – Soziologen und andere Sozialwissenschaftler auf manchen Gebieten vielfach phantasiert haben. Sie diagnostizierten soziale oder demographische Prozesse, die angeblich den Charakter der zwischenmenschlichen Beziehungen grundsätzlich verändert hätten. So hat man das Ende, zumindest die extreme Schrumpfung der traditionellen Familie immer wieder, auch noch seit 1950, verkündet. Es läßt sich aber seit Ende der fünfziger Jahre und ganz deutlich seit etwa 10 Jahren in der internationalen westlichen soziologischen Literatur über die Familie und andere soziale Probleme ein deutlicher Wandel feststellen. Man hat eine ganze Reihe von Annahmen revidiert: Hypothesen und Prognosen bezüglich der Vermassung, der zunehmenden Anonymität, des Kontaktverlustes, der Vereinsamung, der Verlorenheit und der zwischenmenschlichen Gleichgültigkeit, die angeblich als Folge des technischen und sozialen Wandels, der Verstädterung usw. eingetreten sein sollen.

Man hatte nämlich bei jenen soziologischen Prognosen zwischen 1900 und 1950 die kontakterhaltenden und kontaktermöglichenden technischen und wirtschaftlichen Veränderungen außer acht gelassen. Es ist z.B. frappierend, wenn sich bis 1957 in keiner einzigen amerikanischen empirischen Untersuchung über die angebliche Vereinsamung der alternden Bevölkerung, der Personen über 65, die Frage nach der regelmäßigen Benutzung des Telefons findet. Mittlerweile hat man seine Bedeutung begriffen und bekommt durch Aufzeichnung der heute für die meisten Personen, zumindest in den Vereinigten Staaten, wirtschaftlich ohne weiteres möglichen telefonischen Kommunikation ein ganz anderes Bild vom Netz regelmäßiger zwischenmenschlicher Kontakte, gerade auch innerhalb der weiteren Familie.

Ferner haben sich die Soziologen bis etwa zur Mitte dieses Jahrhunderts bei der Beschäftigung mit dem sozialen Wandel wenig um die Frage gekümmert, weshalb, wodurch, inwieweit und wann hört ein sozialer Wandlungsvorgang auch wieder auf, so daß feste Strukturen, Verhaltensmuster, Insitutionen, kurz daß eine Vorhersehbarkeit des Verhaltens unserer Mitmenschen wieder entstehen kann? Denn fast jeder soziale Prozeß, wenn er aufgrund seiner anfänglichen Ursachen oder Ziele, sich stetig intensivierend, weiterliefe, müßte wohl am Ende sich selbst aufheben, in sein Gegenteil umschlagen.

Man muß unterscheiden zwischen einem Wandel, der sozial,

d. h. aus zwischenmenschlichen Prozessen rührend, und nur sozial zustande kommt, sozial ist und bleibt, und auf der anderen Seite einem Wandel, der aus der Veränderung oder dem Neuauftreten nicht primär sozialer Variablen stammt, aber im sozialen gesellschaftlichen Bereich Veränderungen bewirkt. So ist z. B. die stetige Verlängerung der Lebenschancen, der Lebenserwartung auf 70 oder mehr Lebensjahre ein zunächst außersozialer Vorgang. Er hat hygienische, medizinische, ernährungsphysiologische und ähnliche Ursachen. Dieser Prozeß hat dazu geführt, daß heutige westliche Bevölkerungen ungefähr zu 13% aus Personen über 65 Jahren bestehen, während es vor 100 Jahren nur etwa 4% gewesen sind. Aber diese Verdreifachung des Bevölkerungsanteiles der über 65jährigen ist zunächst nur ein bevölkerungsstatistisches, ein demographisches Faktum. Die grundsätzlichen Verhaltensweisen zwischen Großeltern, Eltern und Enkeln müßten an sich unabhängig davon sein, ob es eine große Zahl oder eine sehr kleine Zahl von Personen über 65 in einer Bevölkerung gibt.

Weiterhin darf man nicht glauben, die Einwirkung technischer und wirtschaftlicher Änderungen auf das zwischenmenschliche Verhalten, die zwischenmenschlichen Einstellungen und das Bewußtsein über die Bedeutung zwischenmenschlicher Kontakte würde diese in einer kumulierenden oder gleichmäßig sich intensivierenden Weise verändern. Vielmehr ist der Einfluß des technischen und wirtschaftlichen, des siedlungsgeographischen Wandels auf die zwischenmenschlichen Kontakte und Verhaltensweisen am ehesten mit einem Quantensprung in der Atomphysik vergleichbar: Wenn es zu einer bestimmten Stufe des technischen, wirtschaftlichen oder siedlungsgeographischen Wandels gekommen ist, treten innerhalb einer relativ kurzen Frist vermutlich alle Veränderungen im sozialen Bereich, im zwischenmenschlichen Zusammensein ein, die, durch diesen Wandel verursacht, überhaupt eintreten können. Danach kann es wieder auf Jahrzehnte hin keine nennenswerten Veränderungen geben. Ich will das an einem Beispiel erläutern: die technische Neuerung, die Menschen am Anfang dieses Jahrhunderts in die Lage versetzte, drahtlos über beliebig große Entfernungen hinweg miteinander im Wechselverkehr Kontakt aufzunehmen. Der quantitative und auch der technisch qualitative Unterschied ist sehr groß zwischen dem Funkverkehr im Jahr 1920 von einem beschädigten Schiff auf dem Ozean zu einer Hafenstation und dem Funkverkehr zwischen der Mannschaft einer Apollokapsel auf dem Weg zum Mond und ihrer Bodenstation. Technisch und distanzmäßig ist es ein unvorstellbarer Unterschied, aber wenn wir eine vergleichende Inhaltsanalyse des Funkverkehrs um 1920 und 1970 zwischen Männern in einer kritischen Situation in einem fernen Vehikel und der sicheren Boden- oder Hafenstation vornehmen würden, würde sich zeigen, daß die menschlichen Einstellungen, die Redewendungen, der Humor oder der Mangel an Humor sich nicht geändert haben. Man hat die Durchschlagskraft der quantitativen technischen Veränderungen auf menschliches Sozialverhalten in der Regel überschätzt.

Familiensoziologie zwischen Empirie und Theorie

Das gilt auch für die Familie als vermeintliches Opfer der Änderungsprozesse wirtschaftlicher, technischer und siedlungsgeographischer Art. Bis vor etwa 10 oder 15 Jahren vertraten die meisten Soziologen in den westlichen Ländern die Meinung, die Industrialisierung und die Verstädterung habe die Zerstörung der traditionellen Familienstrukturen bewirkt oder ausgelöst und damit zur isolierten Kernfamilie geführt. Hinter dieser Prognose und Diagnose versteckte sich „ein sehnsuchtsvolles Idealbild einer vorindustriellen Familie“, wie es der amerikanische Familiensoziologe William J. Goode genannt hat, das der Wirklichkeit wohl zu keiner Zeit ganz entsprochen hat. In seinem großen Werk „World Revolution and Family Pattern“ (1963) untersuchte Goode, Familiensoziologe an der Columbia University, den Wandel der Familienstrukturen im Zuge der weltweiten sozialen Wandlungsvorgänge. Mit „Weltrevolution“ meint er in erster Linie einen rapiden sozialen Wandel, nicht eine politische Revolution. Doch hat die Revolution die russische Familie nicht grundsätzlich verändert. Entgegen all dem, was man anfänglich in der Sowjetunion legislativ anstrebte, ist seit den dreißiger und vierziger Jahren gerade in der Sowjetunion der „Familismus“, die Familienbezogenheit, in den Vordergrund getreten und gesetzlich geschützt worden. (Ludwig Liegle: Familienerziehung und sozialer Wandel in der Sowjetunion, Berlin 1970.)

An Hand eines vergleichenden Materials der Familienstrukturen aus westlichen Ländern, aus Japan, Indien, China und arabischen Ländern fand Goode, daß die Großfamilie oder die erweiterte Familie auch in anderen und früheren Gesellschaften keineswegs immer die alleinige Familienstruktur gewesen war, sondern es haben in der Regel wohl immer Kernfamilien (Gattenfamilien) neben den erweiterten Familien oder den Großfamilien bestanden. Natürlich kann man über den relativen Anteil dieser verschiedenen Familientypen in einer gegebenen Gesellschaft zu einer gegebenen Zeit streiten; er läßt sich nur sehr schwer rekonstruieren. Doch gilt heute als einigermaßen gesicherte Auffassung in der Familiensoziologie, daß die u.a. von Emile Durkheim, dem französischen Soziologen, am Ende des letzten Jahrhunderts behauptete soziale Evolution in Richtung einer Kontraktion, einer Schrumpfung der Familie nicht zutrifft. Ja einige amerikanische Soziologen, z.B. Frank Fürstenberg (1966), glauben, die Industrialisierung und Verstädterung sei nicht so sehr der Wirkfaktor gewesen, der die Kernfamilie erzwungen habe, sondern umgekehrt habe schon in der vorindustriellen Phase, etwa um 1830/1840 in den Vereinigten Staaten, eine Tendenz zur Kernfamilie bestanden, die ihrerseits ein Faktor für die Möglichkeit der Industrialisierung gewesen sei.

Anfang der sechziger Jahre veröffentlichte Studien und Symposien (vor allem amerikanische) über die Lage der Familie und die Beziehungen erwachsener Kinder zu ihren Eltern bestätigen das angedeutete Bild. Vgl. z.B. B. E. Shanas und G. F. Streib (Hrsg.): Social structure and the family: Generational relations, 1965. Das meiste, was sich in deutschsprachigen neueren Sammelwerken über empirische Familiensoziologie findet (z.B. im 2. Band des Handbuchs der empirischen Sozialforschung, herausgegeben von R. König, 1969), sind Verallgemeinerungen über die heutige Familienstruktur aufgrund amerikanischer Forschungen. Man kann aber nicht gut diese amerikanischen Befunde als für Europa bedeutungslos beseite schieben, wenn man andererseits behauptet, die industrialisierte, verstädterte, moderne Gesellschaft habe die Schrumpfungen der Familie verursacht. Denn wenn dies so ist, dann müßte das auch in den Vereinigten Staaten eingetreten sein. Wenn es dort nicht in dem bisher vermuteten Maße zu beobachten ist, müßten wir auch in Europa ähnliche entgegengesetzte, die Schrumpfung verhindernde Tendenzen für wahrscheinlich halten.

Es gibt heute zwei demographische Faktoren, die dazu führen, daß mehr Generationen gleichzeitig leben. Es wird in der Regel (neuerdings umstritten) heute früher geheiratet als vor 100 Jahren, und die Menschen werden früher in ihrem Leben Großeltern. Außerdem haben sie eine längere Lebenserwartung. Die Wahrscheinlichkeit, daß drei Generationen miteinander etwas zu tun haben, ist somit für einen größeren Teil der Bevölkerung heute größer als vor 100 Jahren. Auch für amerikanische Soziologen war noch um 1960 die Hypothese ein Ausgangspunkt, daß es heute in den Vereinigten Staaten überwiegend eine isolierte Kernfamilie gäbe.

Von den übrigen Familienmitgliedern in der weiteren Sippe und von der älteren Generation würde die Gattenfamilie nicht nur getrennt leben, sondern es würde auch gegenseitig wenig Kontakt gepflegt. Man glaube sich gegenseitig wenig schuldig zu sein. Das Hilfeleistungsverhaltensmuster (help pattern) im Vergleich zu früheren Jahrhunderten sei sehr schwach geworden. Zu seiner Überraschung, entgegen dieser Hypothese fand Marvin Sussman, gestützt nicht nur auf eigene Untersuchungen, sondern auch auf die anderer amerikanischer Sozialforscher, daß dies nicht zutrifft. Neben Beziehungen auf horizontaler verwandtschaftlicher Ebene sind gerade die Kontakte zwischen den Kernfamilien mehrerer Generationen sehr ausgeprägt. Wesentliche Bedeutung kommt vor allem den Dienstleistungen als zusätzliche Funktionen innerhalb der Verwandtschaft zu. Tätigkeiten wie Einkaufen oder Beaufsichtigen und Versorgen der Kinder, Erteilen von Ratschlägen, der Verkehr mit den Ämtern für Familienangelegenheiten wird von irgendwelchen Familienmitgliedern für andere geführt. Die Nachkommen von älteren Personen übernehmen die Pflege im Krankheitsfall, gewähren Unterkunft, begleiten ihre Angehörigen, verbringen einen Teil der Freizeit bei diesen; man hilft sich bei Umzügen, bei Hochzeiten und in Krisenzeiten.

Verschiedene Untersuchungen, die ebenfalls diese Kontaktfrequenz erheben wollten, in Österreich, in der Bundesrepublik und in anderen europäischen Ländern, haben in den letzten zehn Jahren eine ähnlich überraschende Kontakthäufigkeit zwischen der alternden Bevölkerung und ihren Kindern und Enkeln festgestellt. Alle Annahmen über die Mobilität, die

Umzugshäufigkeit, die Streuung der neugegründeten Haushalte in heutigen mobilen Industriegesellschaften haben offenbar nicht berücksichtigt, daß in der Regel irgendwelche Familienmitglieder aus zwei oder drei Generationen überraschend nahe beieinander wohnen bleiben und sich auch einander verhältnismäßig häufig besuchen. Ebenso hat Peter Townsend in einer Londoner Unterschichtgegend gefunden, daß die Großfamilie keineswegs im großstädtischen Slum fehlt (The Family Life of Old People – an Inquiry in East London, 1957). Townsend beobachtete ebenfalls ein Verhaltensmuster der gegenseitigen Hilfeleistung zwischen den Generationen. Auch L. Rosenmayr, Soziologe an der Universität Wien, betont aufgrund eigener Untersuchungen in Österreich und unter Heranziehung von Befunden aus anderen Ländern, daß selbst bei getrennter Haushaltsführung und siedlungsgeographischer Haushaltstrennung in der heutigen Industriegesellschaft eine starke Tendenz bestehe, daß sich die Kinder in der Nachbarschaft der elterlichen Wohnung ansiedeln. („Soziologie des Alters", in: Handb. der emp. Sozialforschung, Hrsg. R. König, Bd. 2, 1969).

Ganz allgemein läßt sich sagen, daß etwa $^2/_3$ der Eltern in den westlichen Industrieländern nahezu täglich Kontakt mit einem ihrer erwachsenen Kinder haben. Besonders überraschend ist dies in den Vereinigten Staaten, wo es große geographische Mobilität und riesige geographische Entfernungen gibt. Und doch sind auch nach einer Untersuchung von 1965 in den USA nur 5% der Eltern vom nächsten Kind durch mehr als eine Tagereise getrennt.

Eine Widerlegung der These von der isolierten Kernfamilie und den vereinsamt lebenden alten Personen bildet aber auch der Befund, daß selbst bei getrennter Haushaltsführung ein erheblicher Zusammenhalt der Drei-Generationen-Familie bestehenbleibt, vor allem, wenn man die gegenseitigen Hilfeleistungen im Interview genau erhebt. Rosenmayr beruft sich in seinem Handbuchartikel auf Gordon F. Streibs Untersuchung (1965), nach der in Amerika das Gefühl der Verpflichtung bei den Kindern so stark sei, daß sie im allgemeinen mit ihren alten Eltern zusammenkommen oder ihnen Hilfe leisten, wenn diese es verlangen. Auch Ethel Shanas konnte mit einer Untersuchung von Entscheidungsfragen zeigen, daß in erster Linie innerhalb der Großfamilie eine Vertrauensperson gesucht wird, wenn man für eine wichtige persönliche Entscheidung Rat sucht. Selbstverständlich kann dabei die Intensität der geschilderten Familienbeziehungen im Lebenszyklus verschieden stark sein. Es gibt, und das kann bei manchen Untersuchungen verzerrend in Erscheinung treten, verschiedene Phasen im Familienzyklus. In der einen Phase zieht man sich von einer anderen Generation in der gleichen Familie etwas zurück. Später wieder nähert man sich ihr. Je älter die erwachsenen Kinder werden und je älter ihre eigenen Eltern werden, desto mehr nimmt auch die Kontaktfreudigkeit und das gegenseitige Sichschätzen, Anerkennen und Helfen wieder zu.

Leider krankt die Soziologie, allerdings kaum mehr als etwa die Nationalökonomie in manchen Ländern, an einer recht unkritischen Begeisterungsfähigkeit für einzelne Modebegriffe, die irgendwie von Nichtsoziologen in die öffentliche Diskussion gebracht werden und unversehens den Rang soziologischer Begriffe erlangen. Ehe man es sich versieht, fangen Soziologen an, nach dem Tatbestand zu forschen, der doch existieren muß, da ein so schöner Ausdruck dafür geprägt worden war. Hier denke man an Schlagworte wie das vom nationalökonomischen Essayisten John K. Galbraith eingeführte von der „Gesellschaft des Überflusses“ (1958), das sich allerdings schon vorher in sachlicherer historischer Literatur wie etwa David Potters „People of Plenty“ (1954) angekündigt hatte. Die Masse, der Massenmensch, der Organisationsmensch, die Pyramidenkletterer, die Statussucher, die egalitäre Mittelstandsgesellschaft, all diesen populärsoziologischen Pseudobegriffen müssen wir mit Mißtrauen begegnen, ohne von vornherein auszuschließen, daß sie einmal auch etwas Richtiges gesehen haben können.

Eines dieser Pseudoprobleme, die man einfach aus einem an sich unbestreitbaren sozialen oder technischen Wandel ableitet, ist sehr wahrscheinlich die sog. größere Kompliziertheit des modernen Lebens, das angeblich dem Normalbürger über den Kopf gewachsen ist. Man hat diesen Begriff der Kompliziertheit des Lebens nie präzisiert oder empirisch nachgeprüft, aber den damit angepeilten Tatbestand nicht selten als Ursache für Fehlhaltungen, Neurosen und ähnliche Schwierigkeiten gerade der älteren und jüngeren Menschen unterstellt.

Eine kurze Überlegung, ungetrübt von sozialpolitischem Wunschdenken, zeigt aber bald, wie doch für fast jede Belastung oder zusätzliche Komplizierung im heutigen Leben irgendeine mehr oder minder symmetrische Entlastung oder Entflechtung durch eben dasselbe „moderne" Leben eingetreten ist. Zumindest hätte man nach dieser Entlastung im sozialen Wandel forschen müssen, anstatt sich mit dem Kassandraruf über das kaum mehr erträgliche komplizierte Leben zu begnügen.

Die Zersplitterung des soziologischen Gegenstandes

Besorgniserregend ist die in den letzten zwanzig Jahren beschleunigte Auflösung des soziologischen Untersuchungsgegenstandes in belanglose und unübersehbar zahlreiche Zwergprobleme. Veranlaßt oft durch einen gegenstandsfremden akademischen Geltungsdrang, vor allem in Ländern, deren personalverschwenderisches Bildungssystem zu einer Inflation an Soziologen führt, hat diese nicht mehr durch eigentliches Wissenwollen bewirkte Zersplitterung zu einem anarchischen Zustand der Disziplin geführt. Immer weniger Soziologen hatten die Zeit, Kraft und den Mut, einen größeren Problembereich, einen weiteren Wirkungszusammenhang überhaupt für die Forschung in Erwägung zu ziehen.

Es hieß, die Zeit der großen soziologischen Systeme sei vorbei, wobei man allerdings übersah, daß in den früheren Systemen ja nicht ununterbrochen in Allgemeinheiten geredet wurde, sondern zahlreiche, oft sehr präzise erfaßte und dargestellte Einzelbeobachtungen in der Sicht einer größeren Fragestellung vorgeführt wurden. Die Soziologie, gleichgültig wo und von wem sie betrieben wird, ist heute selbstverständlich eine empirische Wissenschaft, die sich nicht auf Introspektionen und einmalige Beobachtungen stützen kann, sondern die Nachprüfbarkeit, die Wiederholung ihrer Beobachtungen voraussetzt, wobei sich dann allerdings dank der Historizität ihres Gegenstandes besondere erkenntnistheoretische Probleme stellen. Die Frage ist vielmehr, ob man sich so sehr vor einem gelegentlichen Einfall, einer vorerst kaum nachprüfbaren Hypothese fürchten soll, daß man sich für alle Zeiten mit ziemlich belanglosen, dafür aber hübsch „operationalisierbaren" Problemchen bescheidet. Das kann dazu führen, daß auf den Jahresversammlungen der Soziologie der „heroinsüchtige Jazzmusikant" mit dem gleichen Ernst und Eifer behandelt wird wie etwa die Struktur der Machtelite in der gesetzgebenden Versammlung – und auf gleicher Ranghöhe als soziologisches Problem.

Damit stellt sich die Frage, ob es Kriterien für den Problemrang, das Forschenswerte in der Soziologie, geben kann?

Für manche Autoren ist die Antwort einfach: die geschichtliche Dynamik, der Klassenkonflikt, die Industrialisierung, die Aufstiegswünsche der Entwicklungsländereliten und ähnliches trieben sozusagen die wesentlichen Probleme einer Zeit hervor. Diese Antwort ist nicht ohne weiteres abzulehnen. Gelegentlich dürften allerdings engagierte Literatenkreise am Hervorbringen der Probleme tüchtig mitgewirkt haben. Gewiß werden die Gegenwart erregende politische und soziale Probleme einen soziologischen Gegenstand als belangvoll legitimieren können. Doch besteht hier auch immer die Gefahr einer Infektion durch Modebegriffe und Modeprobleme.

Wichtiger als die von der Politik und Wirtschaft akzentuierten Probleme sind aber jene, die sich aus dem sukzessiven Problemdenken und Theorientesten einer Disziplin ergeben – also Fragen, die gelöst oder als unlösbar erklärt werden müssen, ehe der zentrale Kenntnisstand der Soziologie voranschreiten kann. Es sind Probleme somit an den Grenzen einer Wissenschaft, Hürdenprobleme, deren Lösung imperativ ist. Ließen sich für ihre Diagnose als Zentralprobleme Kriterien finden, wäre es relativ leicht, der Zerstreuung des soziologischen Gegenstands zu steuern. Damit ist kein Dirigismus, keine Problemoktroyierung verlangt, sondern nur ein ehrliches Bemühen, beim einzelnen, nach Möglichkeit sich bei der Auswahl des Forschungsgegenstands, bei der Themenwahl Rechenschaft zu geben, inwieweit nach geglückter Lösung ein echter Erkenntniszuwachs wahrscheinlich ist. Das war schließlich früher einmal die obligatorische Frage bei der Themenwahl für eine Dissertation – ein Kriterium aber, das gerade in der Soziologie der Vereinigten Staaten so gut wie vergessen ist, was Pitirim A. Sorokin (Fads and Foibles in Modern Sociology, 1956) zu dem berechtigten Vorwurf an seine Kollegen bewog, sie litten an einem Entdeckerkomplex, den sie ängstlich bemüht seien, durch ein Ignorieren der älteren Literatur zu beschützen.

Quellenverzeichnis

Wo nicht anders angegeben, wurden Übersetzungen fremdsprachlicher Texte vom Verfasser vorgenommen.

S. 36f.: Adolf Menzel: „Griechische Soziologie", Abhandlungen der Akademie der Wissenschaften, Wien, Philos.-histor. Klasse, 210. Bd., 1937, S. 17.

S. 38f.: Platon: Benützt wurde die Ausgabe der Politeia in der Philos. Bibliothek, hrsg. und übers. von Apelt. S. 63, S. 311–312, S. 314.

S. 40–46: Aristoteles: Benützt wurde: „Politik", hrsg. und übers. von Rolfes, Philos. Bibliothek, S. 3–4, S. 314–315, S. 127–128, S. 142–143, S. 144–145, S. 167–170 (gekürzt), S. 241. Benützt ferner ab S. 45 „Hauptwerke" in der Kroenerschen Taschenausgabe, hrsg. von Nestle: S. 269, S. 270–272.

S. 47f.: Poseidonios: Aus: „Die Nachsokratiker", hrsg. von Nestle, II. Bd., S. 87f.

S. 49–53: Lucretius: Texte aus: „Die Nachsokratiker", hrsg. von Nestle, I. Bd., S. 267–268, S. 271–273, S. 274–276, S. 274, S. 276f., S. 281f.

S. 58–60: Augustin: Benützt wurde: „Der Gottesstaat", Augustin-Auswahl in der Kroenerschen Taschenausgabe, hrsg. von J. Bernhart, S. 263, S. 288, S. 300–301, S. 325–326, S. 311–312.

S. 63: A. Dempf: Sacrum Imperium, 1929, S. 392.

S. 63–66: Thomas: Zitiert nach Grabmann: „Thomas von Aquin", 1946, S. 164f. (De regimine principum I, 1). Benützt wurde ferner ab S. 64 die deutsch-lateinische Thomas-Ausgabe, hrsg. vom Katholischen Akademikerverband, Salzburg, Bd. 20, S. 58–60, S. 41–42, S. 107–108. S. 65f. wieder zitiert nach Grabmann, a. a. O. S. 162ff.

S. 70f.: Kamlah, a. a. O., S. 150ff.

S. 78–80: Machiavelli: Benützt wurde „Gesammelte Schriften in fünf Bänden", hrsg. von Hanns Floerke. München 1925. Alle Zitate aus Bd. I, „Vom Staate" (Discorsi): S. 306–308, S. 140–141, S. 169–170, S. 120, S. 352–355, S. 447.

S. 81f.: Montaigne: Benützt wurde: „Die Essais", Ausw. von P. Sackmann in: Kroeners Taschenausgabe: S. 239–240.

S. 84f.: Bacon: Textstücke aus: „Essays", hrsg. von Schücking in: Sammlung Diederichs, S. 257–259, S. 228–230.

S. 90–92: Voltaire: Zitiert nach F. Meinecke, Die Entstehung des Historismus, Bd. I, 1936, S. 99, S. 111,

S. 95f.: Vico: Benützt wurde: „Die neue Wissenschaft über die gemeinschaftliche Natur der Völker", Berlin und Leipzig o. J., S. 79–81, S. 137–139.

S. 98–100: Montesquieu: Nach der Auswahl von F. Schalk, hrsg. unter dem Titel: „Montesquieu. Vom glücklichen und weisen Leben", Stuttgart 1944, S. 220–221. Zitiert nach E. Cassirer, Die Philosophie der Aufklärung, 1932, S. 280f.

S. 102–105: Rousseau: Aus: Le contrat social, I. Buch, 6. Kap., II. Buch, 11. Kap.

S. 106–108: Helvétius: Benützt wurde: Œuvres complètes", Nouvelle Édition, Vol. 4, Paris 1795, S. 24–27, S. 268, S. 285.

S. 110f.: D'Alembert: Benützt wurde: „Einleitung in die franz. Enzyklopädie von 1751", hrsg. von Hirscherberg, Philos. Biblioth., 1912, S. 33–34, S. 104, S. 106.

S. 112–116: Smith: Benützt wurde „Theorie der ethischen Gefühle oder Versuch einer Analyse der Prinzipien, mittels welcher die Menschen naturgemäß zunächst das Verhalten und den Charakter ihrer Nächsten und sodann auch ihr eigenes Verhalten und ihren eigenen Charakter beurteilen", hrsg. von W. Eckstein, Philos. Biblioth., 1926, Bd. I, S. 75–76, Bd. I, S. 127–128: Bd. II, S. 343–344, Bd. II, S. 348–349, Bd. II, S. 356–357.

S. 117f.: Ferguson: Zitiert nach Jogland, op. cit., S. 88, übersetzt von Jogland. Ebd. S. 64. Ab S. 118 Text aus „Grundsätze der Moralphilosophie", übersetzt von Ch. Garve, Leipzig 1772, S. 230f., S. 32f.

S. 120ff.: Möser: Alle Texte entnommen aus: „Deutsche Staatskunst und Nationalerziehung", hrsg. von P. Klaßen, Samml. Diederichs, o. J. Die folgenden Band- und Seitenzahlen entsprechen aber der 10bändigen Ausgabe Mösers, hrsg. von B. R. Abeken, Berlin 1842–1843: V, 76–79, X, 147–150, V, 144f., I, 145ff.

S. 130ff.: Herder: Zitiert wird nach dem Auswahlband in der Kroenerschen Taschenausgabe, Bd. 136, hrsg. von W. Koch, S. 43–44, S. 300–301, S. 153–154, S. 156.

S 133–138: Schleiermacher: Benützt wurde die Auswahlausgabe in vier Bänden, Philos. Biblioth., 2. A. Leipzig 1927: II, 11–12, II, 3–4, II, 7–11, III, 572–573.

S. 139f.: Fichte: „Die Grundzüge des gegenwärtigen Zeitalters", Philos. Biblioth., 2. A. Leipzig 1922, S. 25–26, Text S. 140 aus „Die Staatslehre", Philos. Biblioth. 1922, S. 41–42.

S. 141ff.: Herbart: Sämtliche Textstücke aus: „Allgemeine praktische Philosophie", Göttingen 1808, 1. Buch, S. 247–258.

S. 148–154: Hegel: Alle Texte aus der hist.-krit. Ausgabe im F. Meiner Verlag, Leipzig, Philos. Biblioth.

S. 148–151: „Die griechische und die römische Welt", S. 855–858.

S. 151–153: „Grundlinien der Philos. des Rechts", S. 154, S. 334, S. 186–187, S. 157, S. 188.

S. 153f.: „System und Geschichte der Philosophie", S. 147–148.

S. 157–161: Comte: Zitiert wird nach der deutschen Ausgabe des Hauptwerks „Cours de philosophie positive", 1830–1842, 2. A. 1923, die in drei Bänden den die „Soziologie" enthaltenden Teil des Gesamtwerks wiedergibt. I, 166, I, 167–168, I, 184–185, I, 198, I, 198–199, I, 268–269, II, 2–3, II, 6–8.

S. 169: E. Lewalter, „Wissenssoziologie und Marxismus", in: Archiv f. Sozialwissenschaft und Sozialpolitik, 64, 1930, S. 95.

S. 169ff.: E. Benz, „Franz von Baaders Gedanken über den ‚Proletarier'. Zur Geschichte des vor-marxistischen Sozialismus", in: Zeitschrift f. Religions- und Geistesgeschichte, I, 1948, S. 97ff.

S. 172: Th. Steinbüchel, Sozialismus, 1950, S. 225ff.

S. 173–179: Stein: Der wiedergegebene Text stellt eine stark gekürzte Zusammenfassung der Seiten 13–29 in „Geschichte der sozialen Bewegung in Frankreich von 1789 bis auf unsere Tage" dar. Erstausgabe 1850; zitiert nach dem I. Bd. der Ausgabe von 1921.

S. 180–183: Marx: Textstellen von Marx entnommen aus: „Zur Kritik der politischen Ökonomie", hrsg. von H. W. Dietz, Stuttgart 1921, Kapitel „Wirtschaft und Gesellschaft", S. XIII–XVIII, S. LV–LVI.

S. 183f.: Carl Brinkmann, Wirtschaftsformen und Lebensformen, 1950, S. 15f.

S. 184: Marx, a.a.O., S. LV–LVI.

S. 185f.: Engels: Zitate aus: „Die Entwicklung des Sozialismus von der Utopie zur Wissenschaft", 1891, Neuausgabe in „Sozialökonomische Texte", Heft 7, S. 42–43.

S. 186f.: Max Adler, in: Verhandlungen des 3. Deutschen Soziologentages, 1923, S. 43f.

S. 193: Max Weber, Wissenschaftslehre, S. 191.

S. 194–197: Nietzsche: Benützt wurde die Ausgabe seiner Werke in der Kroenerschen Reihe. Menschlich-Allzumenschliches, S. 310; Götzendämmerung, S. 158–159; Menschlich-Allzumenschliches, S. 197; Fröhliche Wissenschaft S. 38–39.

S. 202ff.: Durkheim: Benützt wurde: „Die Methode der Soziologie", autorisierte dt. Übers. nach der 4. A., Leipzig 1908: S. 12–13, S. 123–124, S. 171–172, S. 175–176.

S. 204–207: Giddings: Die „Principles of Sociology" werden nach der Übers. von J. Seliger in der Philos.-soziolog. Bücherei, Bd. 26, 1911, zitiert: S. 3–4, S. 15–19 (gekürzt).

S. 208–212: Gierke: Benützt wurde die Ausgabe der Rektoratsrede: „Das Wesen der menschlichen Verbände", 1902, S. 10f., S. 11f., S. 15ff., S. 20ff.

S. 214–217: Simmel: Benützt wurde die 1. A. seiner „Soziologie", 1908, S. 1–2, S. 3, S. 3–4, S. 4–6.

S. 219–224: v. Wiese: Zitate aus: „Soziologie – Geschichte und

Hauptprobleme", 3. A. 1947, S. 146–147. Ferner: „System der allg. Soziologie", 2. A. 1933, S. 108–111, S. 151–152.

S. 225–228: Tönnies: Zitiert nach Thurnwald, Soziologie von heute, 1932, darin Beitrag von T.: „Mein Verhältnis zur Soziologie", S. 104–105. Text ab S. 228 aus: „Gemeinschaft und Gesellschaft", 6./7. A. 1926, S. 247–248. Text S. 229 nach Thurnwald, a.a.O. S. 107.

S. 230f.: Heinrich Herkner, „Gustav Schmoller als Soziologe", Jahrbuch für Nationalökonomie und Statistik, Bd. 118, III. Folge, 63. Bd., 1922, S. 1ff.

S. 233–236: Schmoller: Benützt wurde die Neuausgabe der Schrift: „Die Volkswirtschaft ...", in: Sozialökonomische Texte, hrsg. von Skalweit, Heft 16/17, 1949, S. 77, S. 78, S. 16–17, S. 52, S. 53–54.

S. 237: Sombart: Zitat aus: „Die drei Nationalökonomien", 1930, S. 177–178.

S. 238–240: Brinkmann: Textstücke aus: „Gesellschaftslehre", 1925, S. 28–29, S. 3.

S. 243f.: Pareto: Benützt wurde: „Les systèmes socialistes", Bd. I, 1902: S. 77–80.

S. 244–246: Aus „Traité de sociologie générale", Bd. I, S. 1, S. 3–4, S. 36–38.

S. 246f.: „Manuel d'économie politique", Paris 1927, S. 40f.

S. 247–252: „Traité ...", Bd. I, S. 433–436, S. 452, S. 459, Bd. II, S. 791f., S. 1598–1600.

S. 253ff.: Sorel: Zitiert wird nach der Sorel-Auswahl von M. Freund, 1943: „Der falsche Sieg": S. 48–49, S. 71–72.

S. 256ff.: Hintze: Zitiert nach der Aufsatzsammlung: „Zur Theorie der Geschichte", 1942, S. 13–15, S. 17.

S. 258f.: Croce: Benützt wurde die deutsche Ausgabe der Werke bei J. C. B. Mohr, Tübingen. Bd. 4 der 1. Reihe, 1930: „Theorie und Geschichte der Historiographie": S. 299–301.

S. 260–263: Dilthey: „Einleitung in die Geisteswissenschaften", Bd. I, S. 420–422, S. 422–423.

S. 264ff.: Rickert: „Die Grenzen der naturwissenschaftl. Begriffsbildung", 5.A. 1929, S. 257–258, S. 262–264.

S. 269–272: Troeltsch: Ges. Schr., Bd. IV (Aufsätze zur Geistesgeschichte und Religionssoziologie), S. 10–12. Zitiert wurde ferner ab Seite 270 aus Ges. Schr., Bd. III (Der Historismus und seine Probleme): III, S. 350; IV, S. 705–706; Bd. III, S. 367–368, III, S. 715.

S. 274–282: Weber: Zitate S. 274–75 aus: „Jugendbriefe", o.J. S. 260–262. Alle weiteren Textstücke aus: „Gesammelte Aufsätze zur Wissenschaftslehre", 1.A. 1922, S. 520–523, S. 405–407, S. 411–414. Das Zitat von E. Troeltsch auf S. 273f. ist aus Der Historismus, S. 62.

S. 291–294: Scheler: Text aus: „Die Wissensformen und die Gesellschaft, Probleme einer Soziologie des Wissens", 1926; S. 2–6.

S. 294ff.: Stepun: „Verhandlungen des 7. Deutschen Soziologentages 1930 in Berlin", 1931; Diskussion über „Begriffsbildung in der Soziologie", S. 114–116.

S. 296–299: Freyer: Texte aus: „Soziologie als Wirklichkeitswissenschaft", 1930, S. 2–3, S. 5, S. 7, S. 86–87.

S. 306–309: Mannheim: Die Textproben stammen aus der Schrift: „Die Gegenwartsaufgaben der Soziologie", 1932, S. 19–21, S. 25–26, S. 41.

S. 310f.: Alfred Weber, „Der Dritte oder der Vierte Mensch. Vom Sinn des geschichtlichen Daseins", 1953, S. 226ff.

S. 313: Julien Freund, „Soziologie in Deutschland und Frankreich – Hier trennt der Rhein noch Welten", *Die Welt,* 4. August 1973, Nr. 180.

S. 315f.: G. Lenski, „Status Crystallization: A Non-Vertical Dimension of Social Status", American Sociological Review, Bd. 19, 1954.

S. 320: P. A. Sorokin, Fads and Foibles in Modern Sociology and Related Sciences, Chicago 1956.

S. 331f.: John Dewey zitiert nach E. Baumgarten, Der Pragmatismus, Bd. 2: Die geistigen Grundlagen des amerikanischen Gemeinwesens, 1938, S. 458.

S. 333: H. P. Dreitzel, Die gesellschaftlichen Leiden und das Leiden an der Gesellschaft, 1968.

S. 335f.: MacIver: „Social Causation", Boston 1942, S. 392f.

S. 341ff.: Talcott Parsons: „The Position of Sociological Theory", in: American Sociological Review 13, April 1948.

S. 345ff.: Robert K. Merton, Social Theory and Social Structure, 1949, S. 5, S. 6f., S. 9, S. 98, S. 107.

S. 348: Merton, Social Theory and Social Structure, 1957, S. 37.

S. 356: Theodor Litt, Das Allgemeine im Aufbau der geisteswissenschaftlichen Erkenntnis, 1941, S. 24.

Namenregister

Sachregister